Paul Kirchhof

Das Gesetz der Hydra

Paul Kirchhof

Das Gesetz der Hydra

Gebt den Bürgern
ihren Staat zurück!

DROEMER

Die Folie des Schutzumschlags sowie die Einschweißfolie sind
PE-Folien und biologisch abbaubar.
Dieses Buch wurde auf chlor- und säurefreiem Papier gedruckt.

Besuchen Sie uns im Internet:
www.droemer.de

Copyright © 2006 by Droemer Verlag
Ein Unternehmen der Droemerschen Verlagsanstalt
Th. Knaur Nachf. GmbH & Co. KG, München.
Alle Rechte vorbehalten. Das Werk darf – auch teilweise –
nur mit Genehmigung des Verlags wiedergegeben werden.
Umschlaggestaltung: ZERO Werbeagentur, München
Satz: Adobe InDesign im Verlag
Druck und Bindung: GGP Media GmbH, Pößneck
Printed in Germany
ISBN-13: 978-3-426-27407-1
ISBN-10: 3-426-27407-8

2   4   5   3   1

Inhalt

Vorwort

Wenn wir heute in der Kultur unserer Familien, im Frieden mit Freunden und Nachbarn, in der Freiheit unseres Verfassungsstaates und im Wohlstand unserer Volkswirtschaft leben, so begegnen wir uns gegenseitig in Achtung und Anstand, mit Rücksicht und Respekt in mitmenschlicher Offenheit. Wir wissen uns für Partner und Kinder verantwortlich, den Schwachen verbunden, unterscheiden zwischen dem eigenen und dem fremden Haus, suchen Distanz zur staatlichen Macht des Rechts und des Geldes, strengen uns an, Eigentum zu erwerben und zu pflegen.

Doch eine Hydra, dieses alles verschlingende Ungeheuer, geht um in Deutschland, reißt Zäune ein zwischen Mein und Dein, verheißt anstrengungsloses Einkommen, verlockt zur unermesslichen Staatswohltat, zur schrankenlosen Freiheit, zur Droge, zum Doping, verspricht ewige Jugend, einen unerschöpflichen Quell wirtschaftlichen Wachstums, grenzenloses Glück. Die Hydra steht für Maßlosigkeit; ihr Gesetz ist das Mehr, nie das Genug.

Diese Hydra hat viele Köpfe. Einige wirken in den Organen des Staates und erdrücken uns in einer Flut von Normen, Steuern, Subventionen und Schulden. Andere sitzen in den Verbänden und suchen dem Gesetzgeber die Feder zu Privilegien und Begünstigungen zu führen. Wieder andere streben in der Wirtschaft nach unermesslichem Reichtum. Die Hydra erhebt ihr Haupt aber auch in uns, wenn wir den Staat in unseren Hoffnungen auf Geld und Gut stetig überfordern, die eigene Freiheit in der Gewinnmaximierung überdehnen, unmenschliche Leistungen erwarten.

Wenn wir dieser vielköpfigen Hydra einen Kopf abschlagen, erwachsen zwei neue. Der Kampf gegen das Ungeheuer scheint die Bedrohung zu verdoppeln. Ist eine überflüssige Norm aufgehoben, haben Verbände schon zwei neue erkämpft. Ist ein Steuerschlupfloch gestopft, hat die Beratungsindustrie schon weitere Lücken entdeckt. Ist eine Subvention gestrichen, haben sich schon zwei um das im Budget freigewordene Geld beworben. Dem Gesetzgeber ergeht es wie dem Hasen im Wettstreit mit dem Igel.

Fordert ein Staat für die Unternehmen ein striktes Steuer-, Umwelt- und Verbraucherschutzrecht, bieten zehn andere Bevorzugung und Begünstigung an. Dient ein Unternehmen nicht nur dem Anteilseigner, sondern widmet seine Kraft vor allem den Kunden, dem Standort und der Umwelt, so treten hundert andere Kapitalgesellschaften auf den Plan, die den Anlegern ausschließlich kapitalverpflichtete Anlagemöglichkeiten bieten. Verspricht ein Politiker den schlankeren Staat, stellen drei andere mehr staatliche Zuwendungen in Aussicht. Anerkennt der Staat für einen Sozialhilfeempfänger einen höheren Existenzbedarf, mag das einem Beschäftigten Anlass sein, seine Niedriglohnarbeit zu kündigen. Befreit sich ein Bedürftiger aus dem Patronat eines staatlichen Finanzierungsprogramms, bietet ihm ein anderes Zuflucht und Wohlergehen. Und wer in einer Zeitung verleumdet worden ist, erwirkt gerichtlich eine Gegendarstellung, liest dann aber in 100 Artikeln nochmals über diesen Vorgang.

Das Abschlagen der Köpfe allein hilft also nichts. Erst als Herakles die Wunden der Hydra ausbrannte, wuchsen die Köpfe nicht mehr nach. Wir müssen die Kultur des Maßes wieder entdecken: Die Menschen helfen sich selbst, der Politiker dient dem Bürger, der Verband kämpft für das Gemeinwohl, die Wirtschaft fördert Wohlstand für alle. Zu schön, um nicht wahr zu werden.

Die Gegenwart stellt uns die Frage, ob es Schwerter gibt, die zum Kampf gegen die Hydra taugen. Und gibt es einen Herakles, der diesem Ungeheuer gewachsen ist?

Heidelberg, den 30. Juli 2006
Paul Kirchhof

I. Das Hydra-Prinzip

1. Ein kleines Märchen vom netten Ungeheuer

Es waren einmal Menschen, die lebten glücklich und zufrieden in ihrem Land. Da sie aber klein und schwach waren, ständig untereinander stritten und die Zahl ihrer Feinde wuchs, suchten sie nach einem Wesen, das Frieden sichere und sie beschütze. Stärker sollte es sein als sie alle und furchtlos, Schrecken bei den Feinden verbreiten und lieb sein zu ihnen. Deshalb stellten sie ein nettes kleines Ungeheuer an, das ihnen versprach, dafür zu sorgen, dass sie in Freiheit und Frieden leben konnten. Und wirklich – das dienstbare Ungeheuer, das auf den Namen Hydra hörte, erfüllte seine Aufgabe mit großem Erfolg. Sahen es die Feinde aus der Ferne, so erschraken sie vor seiner vielköpfigen Gestalt und ergriffen die Flucht. Das machte die Menschen stolz und zufrieden. Da das Untier gutmütig und für vielerlei zu gebrauchen war, suchten bald die Schwachen des Landes bei ihm Zuflucht. Wenn es Streit gab, so musste nur die Hydra gerufen werden, und schon wurde der Gerechtigkeit zum Durchbruch verholfen. Und wenn es Bäume auszureißen galt, die zu gewaltig waren für die kleinen Leute, auch wenn es ihrer viele waren, so spannte man das Ungeheuer vor die Last und die Bäume lösten sich wie von selbst aus ihren Wurzeln.

Mit der Zeit zeigte sich aber, dass das Ungeheuer auch ungeheuer hungrig war. »Wenn ich stark sein soll«, sagte die Hydra, »müsst ihr mir zu fressen geben, sonst kann ich euch nicht helfen!« Das sahen die kleinen Leute ein – und jeder von ihnen gab ein Kleines von dem Seinen, damit das gutmütige Ungeheuer nicht darbte und an Schwäche krankte. Das Ungeheuer fraß, erstarkte und sprach: »Ich habe aber nicht nur einen Kopf, sondern viele! Und alle sind hungrig. Soll ich etwa mit hängenden Köpfen unseren Feinden entgegentreten?« Da stöhnten die Menschen ein wenig, doch sie sahen ein, dass mehrere Köpfe hungriger sind als einer. So nahm ein jeder ein Größeres von dem Seinen, damit dem nützlichen Ungeheuer das Vielfache in den Rachen geworfen werde.

Bald geschah es, dass hie und da einer ein Feld vom Ungeheuer leer gefressen fand. Die Menschen stellten die Hydra zur Rede. Das Ungeheuer wand sich ein wenig und bekannte: »Es geschah aus Not! Es soll nicht wieder vorkommen!« Damit es wirklich nicht wieder vorkommen würde, schlugen die Klugen des Landes vor, ein Regelbuch für das gemeinsame Leben von Menschen und Ungeheuer zu vereinbaren. In diesem war das Verhalten aller Lebewesen im Lande bis ins Kleinste geregelt. Das Ungeheuer war zufrieden und setzte mit seiner Klaue eine Unterschrift unter das Werk. Bald aber fanden die Menschen, dass sich das Ungeheuer nicht an das Buch hielt. Sie sagten: »Liest du nicht, was geschrieben steht?« Die Hydra antwortete ihnen: »Ich lese es sehr wohl. Doch habe ich einige Regeln geändert. Denn ich bin es schließlich, die für Recht und Frieden sorgt. Und ich weiß, was das Beste für euer Land ist.«

Von diesem Tag an bekamen die kleinen Menschen Angst. Sie lebten fortan in Furcht und Schrecken und verfluchten den Tag, an dem sie das kleine Ungeheuer in ihren Dienst gestellt hatten. Einige sprachen untereinander, Streit und Krieg seien allemal besser als dieses Ungeheuer. Andere wollten selbst ein Ungeheuer werden, das die Regeln ändern könne und wisse, was für die Menschen gut sei. Wieder andere schlugen eine neue Ordnung vor, die das Ungeheuer fessele, so dass es zwar noch Streitende und Kämpfende zurechtweisen, sich aber nicht mehr über die Menschen erheben könne.

2. Die Hydra befiehlt das Beste

Wer einem anderen das Beste wünscht, ist ein guter Mensch. Wer das Beste befiehlt, ist ein Tyrann. Der Urlaubswunsch, du mögest viele Gipfel ersteigen, weckt die Vorstellung sonniger, sportlicher Ferien. Der Befehl, du musst täglich einen Berg erklimmen, riecht nach Trimmanstalt. Das klassische Menschenrecht auf Glück meint das Recht jedes Einzelnen, sein Glück zu suchen, ermächtigt nicht den Staat, den Bürgern ihr Glück vorzuschreiben. Freiheit herrscht nur dort, wo jeder sein Leben nach eigenem Gutdünken einrichten, das für ihn Beste selbst bestimmen darf.

Die ungeheure Wasserschlange Hydra, die bei Argolis im Sumpfe von Lerna lebte, besaß neun Häupter, und wenn Herakles ein Haupt abgeschlagen hatte, wuchsen an seiner Stelle zwei neue nach. Erst als Herakles mit einer Fackel die Wunden der Hydra ausbrannte und so das Nachwachsen der Köpfe verhinderte, konnte er das Ungeheuer besiegen. In das Giftblut tauchte er sein Schwert, dass von nun an unheilbare Wunden schlug.

Die Hydra, dieses alles verschlingende Ungeheuer, ist von Argolis nach Deutschland geflohen und beginnt hier ihren Schrecken zu verbreiten. Auf ihrer Wanderung ist sie schlauer geworden, damit noch gefährlicher: Sie tritt den Menschen nicht mehr als Ungeheuer gegenüber, das den Kampfesmut weckt, sondern verkleidet sich als Wohltäter, der mit jedem seiner neun Köpfe Subventionen, Steuervergünstigungen und Privilegien verspricht. Doch immer dann, wenn ein Bürger eines dieser Versprechen angenommen hat, verdoppelt sich einer ihrer Köpfe: Neben dem Haupt des leistenden Wohltäters erwächst das noch größere des steuerlichen Übeltäters.

Der Herakles in uns muss deshalb erst den Verlockungen der Hydra widerstehen, ehe er ihre Köpfe abschlagen kann. Und wenn er dann die Wunde ausbrennt, damit nicht zwei neue Köpfe nachwachsen, wird er sich einer wütenden Menge gegenübersehen, die weiterhin die Versprechungen des ungeheuren, alles verschlingenden Wohltäters hören und auf anstrengungsloses Einkommen hoffen will.

Doch ein Herakles muss kommen, der dem Ungeheuer die Köpfe abschlagen kann, der gegen das Gift der Zuwendungen, Subventionen,

Steuervergünstigungen und Privilegien immun ist und den Panzer der Gleichheit, des allgemeinen Gesetzes und der freiheitlichen Selbsthilfe anzieht. Das Ungeheuer ist verwundbar, wenn man die richtigen Waffen zur Hand hat.

Glaubt ein Herrscher, das für seine Untertanen Beste erkennen zu können und anordnen zu sollen, erhöht er sich in dieser Überheblichkeit und entwickelt sich zum Tyrannen. Optimierungsstrategien haben ihren Platz in der Welt des Wünschens, Hoffens und Empfehlens, nicht des Anordnens und Befehlens. Der Befehlende verfügt nicht über das beste Wissen und die besten Einsichten in das Wohl des anderen. Ein junger Mozart wird sich schon als Kind seinen Kompositionen widmen und insoweit sein Glück abweichend vom Regelverhalten seiner Altersgenossen definieren. Ein Carl Benz wird sein ganzes Augenmerk seinen technischen Experimenten zuwenden, mögen diese auch erst später von seinen Zeitgenossen verstanden werden. Und ein Van Gogh wird seine Bilder malen, auch wenn die Menschen seiner Zeit nicht bereit und in der Lage sind, diese Werke als Kunst zu erkennen und durch Honorierung anzuerkennen. Mozart, Benz und Van Gogh sind nicht auf Befehl entstanden. Sie wurden Komponist, Erfinder, Maler, weil sie die Freiheit hatten, in der sie sich entfalten konnten.

Auch ist ein Amtsträger – wie jeder Mensch – nur begrenzt in der Lage, mit seinen Vermutungen und Voraussagen in die Zukunft vorzugreifen. Deswegen überlässt der freiheitliche Staat diese Einschätzungen demjenigen, den es angeht. Als ich in der Oberstufe des Gymnasiums erwogen habe, Jura zu studieren, empfahl uns ein Vertreter des Arbeitsamtes, ein anderes, ein »Brotstudium« in naturwissenschaftlichen Berufen zu wählen. Jura sei – so das Wort des staatlichen Beraters in eigenwilliger Würdigung zweier ehrenwerter Berufe – die Vorbereitung auf den Beruf des Taxifahrers. Fünf Schüler unserer Klasse haben sich durch diesen Hinweis nicht entmutigen lassen, das persönliche Freiheitsrisiko des Jurastudiums gewagt und üben heute schöne – inhaltlich befriedigende, für die Richter leidlich, für den Anwalt glänzend ertragreiche – Rechtsberufe aus.

Freiheit ist auch das Recht zum Suboptimalen, zum Mittelmäßigen, zum Mäßigen. Wer das Zeug zum Geigenvirtuosen hat, sich aber eher dem Fußballspiel widmen möchte und dort nur einen mäßigen Erfolg erreicht, darf dieses sein Leben eigenverantwortlich gestalten, mag er auch den Menschen glanzvolle Konzerte vorenthalten. Und wenn der eine ständig Gedichte schreibt und mit einem Poesieband glücklich wird, während der andere ständig Bilanzen schreibt und sich an seinem hohen Kontostand freut, so darf der freiheitliche Staat den einen oder anderen Lebensweg nicht als den besseren bewerten. Freiheit heißt, sich von anderen zu unterscheiden, anders als der Nachbar handeln zu dürfen. Freiheit bedeutet auch, vorhandene Unterschiede in Begabung, Lebenserfahrung und Gestaltungswillen zu mehren, es besser als der Nachbar machen zu dürfen.

Der freiheitliche Rechtsstaat pflegt eine Kultur des Maßes, strebt nicht nach dem Maximum. Das Bemühen um den größtmöglichen Gewinn, die beste sportliche Leistung, die intensivste Form menschlichen Erlebens ist Sache des Bürgers, nicht des Staates. Hunger, Erwerbsstreben, Neugier und Forschungsdrang, der Wille nach Ansehen und Macht, Sinnlichkeit und Sexualität sind Antriebskräfte unseres Handelns. Viele Menschen würden diesen Neigungen maßlos folgen, gäbe der Staat nicht rechtsverbindliche Maßstäbe vor. Dem Menschen ist der Wille zur unbegrenzten Freiheit angeboren. Das Recht bettet diesen Freiheitswillen in eine gemeinsame Rechtsordnung aller Freien ein, begrenzt also die Freiheit und gewährt Freiheits*rechte*. Das Straßenverkehrsrecht verspricht nicht freies Belieben auf deutschen Straßen, sondern die Bewegungsfreiheit in der Sicherheit und Leichtigkeit eines geordneten Straßenverkehrs. Erst wenn die Regel gilt, dass rechts gefahren und links überholt wird, Fahrer und entgegenkommende Fahrzeugführer also die Art ihrer Begegnung nicht erst durch Verständigung oder durch Gewalt bestimmen müssen, ereignet sich tatsächliche Freiheit.

Für die Hydra gilt: *Die Macht des Staates wurde gerufen, damit wir in Freiheit leben, nicht damit wir unsere Freiheit verlieren.*

3. Die Hydra verspricht uns das Blaue vom Himmel

Eine Demokratie, die jedem das Wünschbare verspricht, wird ihre Bürger täuschen, enttäuschen.

Wer gleichbleibende Leistungen in der Renten- und der gesetzlichen Krankenversicherung verheißt, gleichzeitig aber Beitragserhöhungen ausschließt, hat entweder das Älterwerden unserer Gesellschaft und die Kosten einer erfolgreichen Medizin nicht erkannt, oder aber einen Finanzier außerhalb des Versicherungssystems im Blick, der statt der Versicherten fremde Lasten bezahlen soll. Dieser Dritte ist oft die nächste Generation, auf die wir durch überhöhte Staatsverschuldung die Lasten der Gegenwart abwälzen. Unsere Kinder sind wehrlos; sie sind noch nicht wahlberechtigt und können noch nicht vor dem Kanzleramt demonstrieren.

Der Staat will Frieden wahren und schaffen, aber Vereinigungsfreiheit, Reisefreiheit und Privatsphäre für alle, auch für den Störer, schützen. Er will die Vertragsfreiheit achten, bei der Wahl des Vertragspartners aber Gleichheit garantieren. Er soll Wetten organisieren, aber die Wettsucht austrocknen. Er will Arbeitslosen Arbeitsplätze anbieten, aber immer weniger als Arbeitgeber in Erscheinung treten. Er will privatisieren, dann aber die privaten Unternehmerentscheidungen regulieren. Er will Kindergärten und Studienplätze gebührenfrei anbieten, gleichzeitig aber Betreuung und Lehre verbessern. Bildung und Forschung habe der Staat finanziell besser auszustatten, aber die Steuern zu senken. Er müsse gleiche Sozialversicherungsleistungen garantieren, die Beiträge aber mindern. Er solle die Steuern vereinfachen, aber jedes Privileg retten.

Und wenn der Rechtsstaat jedem Menschen Schutz gegen Angriffe auf sein Leben zusichert, zugleich aber jeden staatlichen Eingriff in das menschliche Leben ausschließt, hat er gegen einen Terroristen, der ein Flugzeug auf ein Hochhaus lenkt, kein wirksames Mittel. Im Kriegsfall, in dem die kämpfenden Truppen, durch Uniform gekennzeichnet, einander gegenüberstehen, kann der Staat die Mitbetroffenheit Unbeteiligter nicht ausschließen, wenn er sich durch Handgranaten verteidigt. Die Polizei wird das Abwehrmittel auf den einzelnen

Störer abstimmen; der Soldat setzt die gegenüber dem Unbekannten in die Breite wirkende Granate ein. Deshalb wird der Staat auch dem Organisator eines terroristischen Angriffs kaum zusagen wollen, dass er das von suizidbereiten Menschen gesteuerte Flugzeug nicht an seinem Angriff hindern wird, wenn im Flugzeug auch Passagiere sitzen, die als Geiseln dienen sollen. Auch die Unterscheidung zwischen Unrechtstätern und Unschuldigen, die jedenfalls den Abschuss eines ausschließlich mit Angreifern besetzten Flugzeugs gestatten würde, bietet keine befriedigende Antwort. Nach dem Grundgesetz verwirkt niemand sein Recht auf Leben. Selbst die in einem sorgfältigen Verfahren, in Unbefangenheit und Verlässlichkeit zugemessene Todesstrafe ist abgeschafft. Dennoch wird der Staat seinem Auftrag nicht entrinnen, Leben vorbeugend zu schützen. Sein Blick richtet sich deshalb vor allem auf die wehrlosen Menschen in dem bedrohten Hochhaus, die auf Schutz hoffen.

Für den Staat gilt: *Er soll uns nicht versprechen, was er ohnehin nicht einhalten kann.*

4. Die Hydra will alles vorschreiben

Wer heute versucht, ein Unternehmen – zum Beispiel ein Restaurant – zu gründen, wird eine beunruhigende Erfahrung machen: Unversehens findet er sich in einem solchen Dschungel von Antragsformularen, Vorschriften, Verfahrensanweisungen, Nachweispflichten und Steuer- und Abgabelasten wieder, dass er starke Nerven braucht und teurer Beratung bedarf, bevor er auch nur ein einziges Glas Wein über den Tresen schiebt. Für sich genommen mag es sinnvoll und weise sein, dass der Staat allen nur denkbaren Gefährdungen von Verbrauchern, Arbeitnehmern, Umwelt- und Gesamtwirtschaft vorbeugend entgegenwirkt. Im Ergebnis aber könnte es mehr Straßencafés, mehr Firmengründungen, mehr Forschungslabors geben.

a) Die Pflicht zum Besten überfordert

Der Rechtsstaat überfordert sich und seine Organe, wenn er in seinen gesetzlichen Maßstäben das Beste fordert. Ein Straßenverkehrsrecht, das vom Fahrzeuglenker größtmögliche Sorgfalt fordert; das Steuerformular, das dem Steuerpflichtigen eine Erklärung nach bestem Wissen und Gewissen abverlangt; ein Verfassungsrecht, das vom Richter den schonendsten Ausgleich zwischen zwei gegenläufigen Rechtspositionen erwartet; ein Europarecht, das eine immer engere Union der Völker vorschreibt, regeln ein Recht ohne Haltepunkt, verlieren die Kultur des Maßes. Sie fordern Unmögliches, widerlegen sich deshalb selbst.

Der Fahrzeugführer wird bei der abendlichen Heimfahrt an seine Familie denken, sich die Gestaltung des Abends ausmalen, sich dadurch in einer menschlich vertretbaren und erwünschten Weise von der Konzentration auf den Straßenverkehr ablenken lassen. Die Forderung nach der größtmöglichen Sorgfalt ist deshalb inhuman. Der Steuerpflichtige, der sich bestes Wissen über geltendes Steuerrecht verschaffen will, braucht dazu mehr als ein Jahr, benötigt also eine größere Zeitspanne, als das Steuerrecht ihm für seine Erklärung einräumt. Sollte er ein solches Formular unterschrieben haben, wäre seine Aussage falsch. Der Richter darf mit seiner Leistung, wenn er die Bewertung befriedigend verdient und die Rechtsbeteiligten zufrieden stellt, zufrieden sein, mag der Stachel eines Willens zum Besseren auch stetig in ihm wirken. Und eine immer engere Union folgt einem Verdichtungsprinzip, das immer mehr beengt und letztlich den Atem raubt.

Das Ideal dieses von einer Kultur des Maßes geprägten Verfassungsstaates ist nun nicht der Beamte, dessen Amtsführung in verlässlicher Durchschnittlichkeit erblüht. Selbstverständlich setzt die Verfassung für Parlament, Regierung, Verwaltung und Rechtsprechung Leistungsanreize, erhofft und erwartet Spitzenleistungen, erklärt nur nicht das Alltägliche und Menschliche im Amt für rechtswidrig. Der Verfassungsstaat führt mit seinem Recht nicht ins Paradies, sondern bietet eine Ordnung nach der Vertreibung aus dem Paradies. Er verkündet die Ideale von Menschenrechten, der Herrschaft des Rechts, die Legitimation durch die Demokratie, die Verbindlichkeit des sozialen Staatszieles, regelt aber gleichzeitig Gewaltenteilung, eine Gerichtsbarkeit, selbst eine Staatshaftung, um in der Wirklichkeit von Trägheit, Flüchtigkeit, Befangenheit Rechtsfehlern und Verletzungen vorzubeugen oder Fehlerfolgen auszugleichen. Der Rechtsstaat verfolgt hohe Ziele, handelt aber in seinem Recht vom fehlerhaften Menschen. Das ist kein Widerspruch, sondern Klugheit.

Das Gesetz regelt gleichbleibende Verhaltensanforderungen für jedermann, die für Arm und Reich, Genie und Taugenichts, Staatsphilosoph und Ohnemichel gelten. Recht entstand ursprünglich durch stetige Übung, beschränkte sich also auf die Regel, die sich in den Gepflogenheiten guter Gewohnheit entwickelt hatte und die nach Überzeugung aller richtig und verbindlich war. Später wurde dieses Gewohnheitsrecht aufgeschrieben, gewann in der Schriftlichkeit ein höheres Maß an allgemeiner Ersichtlichkeit, Verlässlichkeit und Verbindlichkeit. Erst seit aus der guten Übung willentlich gesetztes Recht, aus bloßer Gewohnheit Satzung wurde, bietet die Befugnis, Recht zu setzen und durchzusetzen, Macht und Gestaltungsautorität. Der König wird vom Richter zum Gesetzgeber. Heute trennt die Demokratie die Kompetenz des Parlaments zur Gesetzgebung von der Kompetenz des Richters zur letztverbindlichen Entscheidung über den Inhalt des Gesetzes.

b) Die Normenflut erdrückt

Recht muss ein wertvolles, also ein rares Gut bleiben. Gegenwärtig wird das Recht durch eine Flut von Normen und Streitigkeiten fast erdrückt. Diese Flutkatastrophe droht die Idee von Recht und Individualrechten wegzureißen. Wenn der Steuerpflichtige zurzeit mehr als 50 000 Paragraphen zu beachten hat, kann er dieses Normenübermaß nur durch Resignation ertragen. Er gewöhnt sich daran, eine verbindliche Regel nicht beachtet zu haben; die Rechtsverletzung wird alltäglich. Der Rechtsstaat scheitert am Übermaß seiner Normen.

Die Unsicherheit im Recht raubt dem Freiheitsberechtigten Sicherheit und Bürgerstolz, führt zu einem Verlust der Freiheit. Je mehr er nach Rechtsmaßstäben suchen und die Rechtsverletzung fürchten muss, je mehr er auf staatliche Genehmigungen, Bewilligungen und Unbedenklichkeitserklärungen oder auf rechtlichen Rat angewiesen ist, desto weniger entfaltet er die Kraft seiner Tatsacheneinschätzung, seines Urteils und seines Willens. Wenn dann auch die Staatsbediensteten mit Verwaltungsvorschriften und Dienstanweisungen überschwemmt werden, erlahmt auch ihre Entscheidungsfreude. Eine normenvollziehende Gesellschaft wird passiv. In den Lehrplänen für Höhere Schulen brauchte das Preußische Ministerium 1901 vier Druckseiten für die Ordnung des Geschichtsunterrichts: Auf zwei Seiten wurde der Stoff für 19 bis 20 Wochenstunden Geschichtsunterricht in neun Schuljahren verteilt; weitere zwei Seiten dienten didaktisch-methodischen Bemerkungen. Die heute in Nordrhein-Westfalen gültigen Richtlinien und Lehrpläne dagegen brauchen für die Anweisungen für höchstens sieben Jahre Geschichtsunterricht zwei Bände mit 363 Seiten. Dabei entspricht die Fülle des Geschriebenen nicht immer einer Fülle der Gedanken. Die Preußische Richtlinie von 1901 enthielt die methodische Bemerkung: »Die freie zusammenhängende Wiedergabe des Gelernten durch die Schüler muss im Geschichtsunterricht nach Möglichkeit geübt werden.« Die Richtlinien und Lehrpläne von 1993 formulieren anders: »Lehrerdominantes Sozial- und lehrerzentriert asymmetrisches Kommunikationsverhalten werden bei den Schülerinnen und Schülern rezeptive Lern- und Verhaltensmuster erzeugen. Orientierung an den Lernbedürfnissen und Erkenntnisinteressen der Schülerinnen und Schüler, Unterstützung bei der Entwicklung eines Geschichtsbewusstseins, Selbständigkeit bei der Anwendung von Methoden werden deshalb nur über symmetrische Kommunikationsformen und -situationen zu erreichen sein, in denen Herrschaft mittels der Sprache durch sprachliche Hilfe ersetzt ist. Zu berücksichtigen sind zudem differierende Sprechstrategien und entwicklungspsychologisch bedingte Artikulationsgewohnheiten von Jungen und Mädchen, die mitunter und je nach Verhalten mit Leistungsbereitschaft und -fähigkeit oder auch Leistungsverweigerung verwechselt werden. Schließlich dient auch die gezielte begriffliche Artikulation und sprachliche Differenzierung von Frauen und Männern einer symmetrischen Kommunikation im Geschichtsunterricht.« Soll diese Sprache einschüchtern, auftrumpfen, herrschen?

Auch die steigende Zahl und immer längere Dauer der Gerichtsverfahren zeigen, dass das geltende Recht oft nicht Frieden schafft, sondern zum Streit einlädt. Die Neuzugänge haben sich 1984 bis 2004 bei den Arbeitsgerichten und den Verwaltungsgerichten fast verdoppelt, sind bei den Familiengerichten um fast zwei Drittel, bei den Sozialgerichten um ein Drittel – mit gegenwärtig deutlichem Anstieg – gewachsen. Diese Überforderung der Gerichte beruht auf der Fülle und Unübersichtlichkeit der Normen, dem Fehlen sinnstiftender Kodifikationen, der sprachlichen Flüchtigkeit und Unverständlichkeit der Gesetze; die Verwaltungsgerichte hatten ein früher fast nicht mehr handhabbares Asylrecht anzuwenden, die Sozialgerichte stehen heute vor der Flut der Hartz-I-,-II-,-III- und -IV-Gesetze. Das Übermaß gesetzlich begründeter Ansprüche und Forderungen steigert die Streitbereitschaft der Kläger. Hinzu tritt ein Rechtsberatungssystem, in dem der Anwalt mehr am Streit und weniger an der Schlichtung verdient.

Im 18. Jahrhundert hatten die Landesherren ihren Untertanen die Möglichkeit von Bittschriften eingeräumt, die dem Landesherrn erlaubten, einen Fall durch unmittelbaren Machtspruch des Herrschers – des obersten Richters – zu regeln. Der Herrscher gewann so Kenntnis über die Mängel und Missverhältnisse in der Rechtspflege, konnte diese korrigieren und auch die Rechte der landständischen Justiz verkürzen. Die Bittsteller gewannen einen Weg, ihre Rechtssache jenseits des langwierigen Laufs der Justiz zu regeln. Allerdings entwickelte sich dieses Bittschriftenwesen für die Herrscher bald zu einer Plage, der sie mit zahllosen Erlassen und drastischen Strafandrohungen entgegenzutreten suchten. Friedrich Wilhelm I. von Preußen erließ im Jahre 1739 ein Edikt, wonach, wenn ein Advokat oder Prokurator, die Seiner Königlichen Majestät durch Soldaten Memorialien in Prozess- oder auch Gnadensachen einreichen zu lassen sich unterstehen,»alsdenn Seine Königliche Majestät einen solchen … ohne alle Gnaden und Pardon aufhängen und neben ihm einen Hund hangen lassen wollen«. Diese Anordnung ist zwar für die damalige wie für die heutige Zeit ungeeignet, blieb deswegen auch ohne Wirkung. Sie macht aber eine Grundregel bewusst: Kompliziertheit zerstört Recht, Einfachheit stärkt Recht.

Für den Gesetzgeber gilt: *Rares Recht stärkt Freiheit, inflationär sich vermehrendes Recht erstickt die Kraft zur Freiheit.*

5. Die Hydra löst sich von ihrem Auftrag

Vor einigen Jahren suchte mich eine junge Mutter auf, die ihr Kind als Alleinerziehende geboren und im ersten Jahr selbst erzogen hatte, dann aber erleben musste, dass ihr das Zimmer im Studentenwohnheim gekündigt wurde, weil dort kein Baby wohnen durfte. Es störte die Examenskandidaten in den Nachbarzimmern. Gleichzeitig wurde ihr ein Kredit über 5000 Euro gekündigt, weil sie mit der Geburt des Kindes ihre Vermögensverhältnisse deutlich verschlechtert habe. Schließlich wurde sie nach einem Jahr von der Universität exmatrikuliert, weil sie die üblichen Studiennachweise nicht erbracht hatte. Jede dieser Belastungsentscheidungen war in der Teilperspektive der studentischen Wohnheimgemeinschaft, der kreditpolitischen Sicherheit und des universitären Leistungsprinzips verständlich. Alle hatten Recht, nur für die junge Mutter war kein Recht mehr da. Die Individualgerechtigkeit ging verloren, weil der Schutz der Mutter nicht Kündigung, sondern anpassende Hilfe gefordert hätte, im Übrigen die drei Einzelmaßnahmen nach dem Ideal von Mutterschutz und Kinderfreude aufeinander hätten abgestimmt werden müssen.

Blicken wir zurück in die Geschichte: Solange die Herrscher Teil der historisch gewachsenen, *selbstverständlichen Ordnung* waren, ihre Herrschaft und ihre Regierungsverantwortung gleichsam vorgefunden wurden, handelten sie als Gesetzgeber wie als Richter. Ihr Wille, eingebettet in Tradition, Religion und natürliche Vernunft, brachte gutes Recht zum Ausdruck und war dank seiner Richtigkeit verbindlich. Erst als die Gesetzgebungsautorität und die Richtigkeit des Rechts nicht mehr selbstverständlich in der Tradition ruhten, erweiterte sich der Entscheidungsraum des Herrschers. Die Waffe gegen seine Willkür waren nun *Vertrag und Vernunft*. Der Landesherr musste sich mit den Ständen über die Gesetzgebung einigen. Im Staatsvertrag verständigten sich Landesherr und Stände, dass dem Herrn Macht zum Schutze seiner Untertanen und zur Gewährleistung einer Ordnung übertragen werde, die Stände und später auch die einzelne Person behielten sich aber bestimmte Rechte vor. Im Zeitalter des Absolutismus setzte sich dann die Auffassung durch, dass an die Stelle der vertraglichen Vereinbarung mit den Ständen der *Gesetzesbefehl des Souveräns* treten müsse, das Gesetz sich aus hoheitlicher Setzung, nicht aus Übereinstimmung mit der traditionellen Rechtsidee oder dem Willen der Stände legitimiere. An die Stelle von Satzung und Ordnung traten Edikt, Dekret und Kabinettsorder.

Die naturrechtliche Lehre vom Herrschaftsvertrag lag dem Preußischen Allgemeinen Landrecht zugrunde. Einer seiner Autoren, Carl Gottlieb Svarez, sagte dazu in seinen Kronprinzenvorlesungen, dass die Rechtsverhältnisse zwischen Regenten und Untertanen »durch gegenseitige Einwilligung gegründet« werden. »Der Regent übernimmt dabei, das Volk nach den Gesetzen und nach dem bestimmten Zwecke der bürgerlichen Gesellschaft [...] zu regieren, und die Untertanen geloben an, ihm zu gehorchen und seinen Befehlen in allen das gemeinschaftliche Wohl betreffenden Dingen Folge zu leisten.« Man war übereingekommen, die bürgerliche Freiheit zu sichern, sich von der Willkür eines Menschen unabhängig zu machen und »nur die Gesetze, nicht aber die Grillen der Obrigkeit zur Richtschnur unseres Verhaltens« anzunehmen.

König Ludwig XIV. allerdings pflegte seine Ordres noch mit der Floskel »tel est notre plaisir« abzuschließen und so seine herrscherliche Willkür zum Ausdruck zu bringen. Dennoch wurde Gehorsam mehr und mehr den Regeln, nicht der Person geschuldet. Mit der »satzungsmäßigen Herrschaft« wurden die gesetzte Ordnung und der durch sie bestimmte Vorgesetzte zur Autorität. Regierung und Rechtspflege entschieden »ohne Ansehen der Person«. Die Aufklärung verselbstständigte das *systematische, aus der Vernunft geschaffene Gesetz* und legte auch dem Souverän im Namen der bürgerlichen Freiheit Schranken auf. Das Gesetz war nicht mehr Instrument absolutistischer Machtvollkommenheit, sondern deren Zügel. Es hatte sich aus der Vertragsgewalt der Interessenten und dem Beherrschungsanspruch des Fürsten gelöst, wandte die allgemeine Regel auch gegen Interessenten und gegen den Herrscher.

Heute liegt der Konflikt zwischen dem generellen, in seiner Allgemeinheit vernünftigen Gesetz und der individuellen Freiheit der einzelnen Person weniger in der Autorität des Gesetzgebers, sondern in der Spezialisierung und Formalität der einzelnen Teilrechtsbereiche.

Die Baubehörde fordert vom Bauunternehmer 17 Genehmigungen, beobachtet aber nicht, ob diese verwaltungstechnische Überforderung ihm die Finanzkraft und den Unternehmermut für seinen Bau raubt. Die Sozialbehörde legt dem Arbeitgeber bei Einstellung des ersten Arbeitnehmers Sozialformulare vor, die dieser nicht verlässlich ausfüllen kann, deswegen in ein Stück bewusst riskierter Illegalität gedrängt wird. Der Finanzbeamte vollzieht die im Gesetz vorgesehene Steuersubvention, fragt aber nicht danach, ob er den Bürger damit in eine ökonomische Torheit lockt und deshalb in wirtschaftliche Not bringt.

Unsere Rechtsordnung ist teilweise so differenziert und kompliziert, dass eine folgerichtig und widerspruchsfrei verwirklichte Teilrechtsordnung den einzelnen Menschen als Willkür erreicht. Dies gilt insbesondere für die wachsende Flut von Berichtspflichten, Antragserfordernissen, Genehmigungs- und Bewilligungsvorbehalten, Mitwirkungs-, Aufsichts- und Regulierungskompetenzen, Ausschreibungsbedingungen, Dokumentationspflichten und Datenschutzerfordernissen. Der Bürger seufzt vor der Norm und flieht das Recht.

Wenn Recht immer weniger eine Idee der Gerechtigkeit verfolgt, die Verwaltung nur noch den Buchstaben eines Gesetzestextes vollzieht, wird staatliche Regel zur Willkür, will bürgerliche Rechtschaffenheit mit Recht nichts mehr zu schaffen haben.

6. Jede Gemeinschaft braucht ein stabiles Regelbuch

Das demokratische Gesetz meint etwas anderes. Ich habe bei einem Vortrag einmal auf die Bedeutung eines allgemeinen, veröffentlichten Gesetzes verwiesen, das jedermann lesen und zur Grundlage seiner Planung machen könne. Ein Verwaltungsexperte meldete sich daraufhin in der Diskussion und sagte, er sei schon zufrieden, wenn die Beamten das Gesetz verstünden. Meine Antwort war: Das Gesetz könne nur befolgen, wer es verstehe. Außerdem dürfe es nur so viele Vorschriften für einen Lebensbereich geben, als der zuständige Ministerialrat aktuell im Gedächtnis behalten und in einfacher Sprache vermitteln könne. Später schrieb mir der Diskutant mit der Frage, ob der Kopf eines Beamten ein Mengentrichter für Gesetze sein solle. Die Frage habe ich bejaht.

Das Gesetz ist allgemein, gilt für jedermann, wirkt in die Breite. Diese Allgemeinheit des Gesetzes dient dem Souverän zunächst als Mittel, um seine Gesetzgebungsmacht wirksam zur Geltung zu bringen und seinen Machtanspruch auch gegenüber der Gerichtsbarkeit durchzusetzen. Später beansprucht das allgemeine Gesetz nicht nur eine Breitenwirkung, sondern entwickelt verallgemeinerungsfähige Maßstäbe, sucht eine von Ständen und Einzelpersonen gelöste Regelhaftigkeit und regelt *gleiche* Inhalte für jedermann. Ständische Privilegien und Sonderregelungen werden abgeschafft. Heute ringen wir vor allem um die Gleichheit vor der staatlichen Finanzgewalt. Die Einkommensteuer für die Kapitalgesellschaften darf nicht niedriger sein als für den Einzelkaufmann; der steuerpflichtige Gewinn für das internationale Unternehmen darf nicht weniger an das Gesetz gebunden sein als der Gewinn des Inlandsunternehmens. Die Subvention muss große und kleine, parteinahe und parteiferne Unternehmen gleichermaßen erreichen.

Deswegen bemühen sich die Rechtsordnungen der Staaten um Transparenz staatlicher Zahlungen und um *Distanz zwischen Parlament und Wirtschaft*. Steuern und Subventionen sind im Gesetz sichtbar zu machen, Subventionen in einem Subventionsbericht regelmäßig zu überprüfen. Abgeordnete dürfen keine Aufgaben in staatsnahen Unternehmen übernehmen, im Finanzbereich auch nicht in Unternehmen, die Subventionen erhalten. In Spanien ist Abgeordneten jede bezahlte Nebentätigkeit untersagt. Die USA verbieten den Abgeordneten die Vertretung anderer vor Bundesorganen, berufliche Dienstleistungen in Rechtsberatung, Treuhändertätigkeit, Immobilien- und Versicherungsgeschäften, bezahlte Leitungsfunktionen, bezahlte Lehrtätigkeit, die Entgegennahme von Vorschüssen für Buchveröffentlichungen und alle anderen Dienstleistungen, die als Deckmantel für Lobbyarbeit dienen. Andere Staaten, darunter auch Deutschland, setzen auf die selbstreinigende Kraft eines in der Öffentlichkeit sichtbaren politischen Lebens und verpflichten die Abgeordneten, über ihre

Tätigkeiten, Einkommen, Beteiligungen und Vermögensverhältnisse Angaben zu machen; teilweise wird nur der Parlamentspräsident, teilweise die Öffentlichkeit informiert. Das Entgegennehmen von Geschenken oder anderen Zuwendungen ist überall verboten.

Das Vernunftzeitalter wehrte sich gegen feudale Befugnisse und »wohlerworbene« Rechte. Die großen Kodifikationen des Preußischen Allgemeinen Landrechts – noch Abbild des untergehenden Ständestaates – und des Code Civil – Ausdruck einer neuen, individualisierenden Rechtskonzeption – *wollten eine in der Natur der Dinge und des Menschen vorgefundene Ordnung abbilden, wandten sich deshalb zunehmend gegen feudale Bevorzugung und herkömmliche Vorrechte.* Jeder Mensch, nicht nur bestimmte Stände, ist nun berechtigt, am Rechtsverkehr teilzunehmen und Verträge zu schließen. Jedermann – auch der Adel und der Klerus – schulden Steuern, wenn sie Einkommen erzielen, Vermögen haben oder Grundbesitz erwerben. Jeder Bürger besitzt ein Wahlrecht mit gleichem Stimmgewicht, mag er viel Steuern oder wenig bezahlen, das Risiko für ein großes oder kleines Vermögen tragen; die Wahlgleichheit bemisst sich nach dem Menschen, nicht nach seinem individuellen Vermögen.

Zur Allgemeingeltung des Gesetzes und seiner materiellen Verallgemeinerungsfähigkeit, der materiell gleichen Regel für alle tritt schließlich *die Beteiligung jedes Bürgers an den Entscheidungen des Gemeinwesens,* also die Forderung demokratisch legitimierter Repräsentation anstelle landständischer Versammlungen. Die gesetzgebende Gewalt wächst dem vereinten Willen des Volkes zu. Durch diese Repräsentation wird das Volk nicht in das Parlament eingeladen, sondern in der Idee des Volksganzen gegenwärtig. Jeder Wähler hat formal ein gleiches Wahlrecht pro Kopf, bei dem die Stimme des erfahrenen Staatsphilosophen den gleichen Zählwert hat wie die des unpolitischen Privatmanns. Diese Gleichheit des Wählers spiegelt sich in der eben falls formalen Gleichheit der Parteien. Deren Gewicht in Parlament und Regierung, aber auch bei der Parteienfinanzierung, der Werbung im öffentlich-rechtlichen Rundfunk oder dem Zugang zu kommunalen Einrichtungen richtet sich nach den Wählerstimmen.

Die Philosophie, insbesondere Kant, hat dann die Allgemeinheit des Gesetzes entpolitisiert, rein denkgesetzlich verstanden und wieder zum Vernunftprinzip zurückgeführt: Ein Gesetz sei allgemein, wenn es nicht im eklatanten Widerspruch zu den Vernunftprinzipien der Freiheit und Gleichheit stehe. Die Realität einer Wählerdemokratie mit gewandt und beharrlich vorgetragenen Gruppenanliegen und Interessentenorganisationen zeigt die Schwäche dieses Vernunftprinzips. Sie fordert ein Verfassungsrecht, das den Mehrheitswillen in Grenzen weist und insbesondere den Einzelnen gegen die Mehrheit schützt.

Ein Gesetz erreicht Allgemeinheit nur, wenn es dem Bürger vertraut ist, der Bürger also *Vertrauen zum Recht gewinnt,* das in seinen Regeln stetig ist und nachhaltig wirkt. Die Allgemeinheit des Gesetzes wehrt sich deshalb auch gegen den häufigen Wechsel, die ständige Neuregelung, die Nutzung des Gesetzes zur Regelung eines aktuellen Tagesbedürfnisses, das rückwirkende Gesetz. Der Mensch kann nicht in der Zukunft handeln, nicht heute die Fußballergebnisse von morgen in seinen Totozettel eintragen, nicht heute nach den Börsenkursen von morgen kaufen, nicht heute das Gesetz von morgen beachten. Die Demokratie gibt dem Bürger in dem stetigen Gesetz Rechtssicherheit und Planungsgrundlagen. Wer heute ein zweistöckiges Haus in Übereinstimmung mit dem Bebauungsplan errichtet, will nicht morgen hören, sein Haus dürfe wegen geänderter Planung nur ein Stockwerk haben. Wer sich zwei Jahre auf eine berufliche Abschlussprüfung mit bestimmten Themen vorbereitet hat, will nicht 14 Tage vor der Prüfung von der Nachricht überrascht werden, die Prüfungsordnung habe den Prüfungsstoff völlig verändert.

Der Gesetzgeber hingegen neigt – in der Monarchie wie in der gegenwärtigen Demokratie – zu tagespolitischer Aufgeregtheit, immer wieder wechselnden Aktionen, bemüht sich um das täglich beste, nicht das langfristig gute Gesetz. So erleben wir gegenwärtig etwa sechs bis zwölf Änderungen des Einkommensteuergesetzes im Jahr, oft hier eine Abschreibungsvergünstigung für die Industrie, dort eine geringfügig veränderte Pauschalierung für den Arbeitnehmer, hier eine Neuerung für die familiäre Kinderbetreuung, und immer wieder konjunkturpolitisches Ankurbeln und Bremsen. Eine Ausnahme gebiert die nächste, weil die Bevorzugung der Begünstigten die noch nicht Begünstigten in die Vorhallen des Parlaments treibt, um dort eine ähnliche Gunst zu fordern, also die Ungleichheit zu mehren. Der einmal Begünstigte ist nicht dankbar, sondern sinnt auf weitere Steuervorteile. Hier hat die Hydra viele Interessentenköpfe, die ihr Gift in das Parlament und ihre Ausschüsse speien, System und Gleichheit der Gesetze zerstören.

Das Ungeheuer der Hydra wirkt nur dann hilfreich, wenn es sich nach einem Regelbuch richtet, das für alle gilt und nicht alle vierzehn Tage nach Kassenlage oder strategischen Tagesinteressen geändert wird.

7. Wir hoffen auf Grundsatzkodifikationen

Das Schwert des Herakles liegt in einer systematischen Gesetzgebung, die bestimmte Wertungen benennt und folgerichtig im Gesetz verwirklicht. Das Bürgerliche Gesetzbuch ist von der Vertragsfreiheit geprägt. Das Strafgesetzbuch schützt Leib und Leben, Freiheit und Eigentum, Ehre und Frieden. Das Umweltgesetzbuch bewahrt die Natur und die Lebensgrundlagen des Menschen.

So kann ein Gesetzesgegenstand in einer einheitlichen Teilrechtsordnung systematisch und folgerichtig geregelt werden, wenn die Rechtsgemeinschaft eine gemeinsame Vorstellung von den Inhalten dieses Rechts entwickelt hat, ein einziges Gesetzgebungsorgan die Gesetzgebungsgewalt innehat und die Rechtswissenschaft die gemeinsame Rechtsidee in einem Rechtssystem und in einer allgemein verständlichen Sprache zum Ausdruck bringt. Eine solche Kodifikation bietet insbesondere das Bürgerliche Gesetzbuch vom 1.1.1900, das noch heute die freiheitliche Grundlage unseres Wirtschaftssystems ist und dem wir wesentlich unsere allgemeine Prosperität verdanken. Auch im Strafgesetzbuch ist es gelungen, eine Gesamtregelung des schlechthin verwerflichen, deswegen strafwürdigen Unrechts vorzulegen, das zwar in wesentlichen Bereichen, insbesondere des Ehrenschutzes, des Sexualstrafrechts und des Umweltschutzes, neue Wertungen aufgenommen hat, im elementaren Rechtsgüterschutz aber gleichbleibenden Wertungen folgt.

Die ersten großen Kodifikationen der Neuzeit nahmen bewährte Rechtsgepflogenheiten und verstreute gesetzliche Regelungen auf und brachten in einer systematischen Gesamtordnung den Herrschaftsanspruch des Souveräns zum Ausdruck. Das Preußische Allgemeine Landrecht hat die wichtigsten Regelungen des damaligen Rechts kodifiziert, dabei im Untergang des Ständestaates und der beginnenden Aufklärung noch die herkömmliche Standesordnung abgebildet. Demgegenüber schuf der Code Civil eine Privatrechtsordnung mit Jedermannsrechten, die insbesondere ein privatnütziges, frei verfügbares Eigentum anerkannte. Die allgemeine Gleichheit in Freiheit – in der Vertragsfreiheit – beginnt ihren Siegeszug und bestimmt seitdem das Wirtschaftsrecht.

Heute stehen wir vor den großen Kodifikationen des Steuerrechts, des Sozialrechts und des Arbeitsrechts. Allerdings ist die Ausgangsposition der Reformer eine andere. Zwar hat der Bundesgesetzgeber die Gesetzgebungszuständigkeit und die Wissenschaft hat Vorschläge zur Kodifikation dieser Rechtsgebiete vorgelegt. Es fehlt aber noch der Napoleon, der Herakles, der den Kodex gegen Stände und Besitzstände, gegen die Mächtigen des Geldes und der Medien durchsetzt. Die Stadt wartet auf ihren Herakles. Er ist schon in ihren Mauern, doch die Bürger wissen das noch nicht. Doch eines ist auch ihnen gewiss: *Die Macht des Ungeheuers kann nicht durch tausende von Strohhalmen, in den Stürmen und Winden der Zeit schwankenden Vorschriften gemäßigt, sondern nur durch die klare, unerschütterliche Struktur der Stadtmauer gebändigt werden, die Friedenskräfte einlässt, Zerstörungsgewalt fernhält.*

8. Die Gefahren der Hydra

Die Hydra verheißt das Mehr, verschlingt dabei aber die Kultur des gegenwärtig Erreichten. *Sie verspricht das Maximum und zerstört das Maß.* Sie ist unersättlich, weckt die Hoffnung auf das Unerreichbare, macht den Menschen unzufrieden und trägt im Begehren nach dem Besten einen Hang zur Selbstzerstörung in unsere Gesellschaft: Sie weckt den Traum vom Grenzenlosen, vernichtet aber Geborgenheit, Vertrauen und Zugehörigkeit.

Sie gaukelt den Menschen eine Herrschaft allein der Vernunft und nicht auch der menschlichen Gegensätze vor, verspricht die besten Gesetze, wenn die lautesten Interessen dem Parlament die Feder führen, entwirft das immer bequemere Bild von betreuungsbedürftigen Menschen, die sie bevormunden darf, verheißt absolute Gerechtigkeit, so dass die tägliche Annäherung an das Gerechte enttäuscht. Sie lässt den Menschen von der ewigen Jugend träumen, verlockt zum kinderlosen Lebensweg in eine sterbende Gesellschaft, schürt die öffentliche Neugierde auch nach Privatem und Intimem, verführt zu maßlosem Gewinnstreben, bietet immer höhere Steuerprivilegien zu Lasten der anderen Steuerzahler und drängt zu schier grenzenloser Staatsverschuldung.

Unsere Hydra will *entgrenzen,* verlegt so aber die Kontrollen vom Schlagbaum der Landesgrenze in das Landesinnere, stärkt damit ihre Macht und ihren Einfluss. Sie räumt Schranken menschlicher Begegnung beiseite, öffnet aber Schleusen eines Zustroms, der den Arbeitsmarkt, das Sozialsystem, auch die Garantie der inneren Sicherheit überfordern könnte.

Die Hydra will *enthemmen,* verlockt den Menschen, seine Erlebnis- und Leistungsmöglichkeiten über seine körperlichen und psychischen Grenzen hinaus auszudehnen. Drogen zerstören den Menschen, Doping schädigt lebenslänglich, das Ziel der Gewinnmaximierung sprengt Familien, Freundschaften, Kollegialität, Vernunft und Maß.

Die Hydra will *entwurzeln.* Sie stellt die kulturelle Mitte des eigenen Lebens in Sprache, Geschichte, Nachbarschaft, Zugehörigkeit in Beruf, Sport und Religion in Frage, propagiert unbedingte Flexibilität und ständige Anpassungspflichten, macht den Menschen immer tauglicher zum Erwerbsleben und immer untauglicher zur kulturell gestalteten Freiheit. Wer seine Nähe verloren und in der Weite keine Heimat gefunden hat, verliert das Fundament seiner Freiheit. Ungebundenheit ist nicht Freiheit.

Die Hydra nutzt eine Schwäche eines freiheitlichen Systems, die zugleich seine Stärke ist. Freiheit setzt auf Selbstbestimmung des Bürgers, sein Streben nach dem Besseren, seiner Verantwortlichkeit für den anderen Menschen. Gelingt es aber der Hydra, aus Freiheit Bindungslosigkeit zu machen, das Maß durch die Maßlosigkeit zu ersetzen, demokratische Herrschaft in Willkür zu führen, so speit sie ein Gift, das die freiheitliche Demokratie in ihrer Substanz zersetzt. Der Bürger wird von einer *staatsbürgerlichen Migräne* infiziert, die lähmt und nach einer helfenden Macht rufen lässt. Die Hydra wird dem Ruf eilfertig folgen, um ungezähmt zu herrschen. Der Niedergang beginnt.

II. Die Hoffnung auf den vernünftigen Staat

1. Das große Märchen vom vernünftigen Staat

Vor langer Zeit lebten in einer großen Stadt die Menschen glücklich und zufrieden beisammen. Eines schönen Tages aber machte sich Unmut breit und die Bürger der Stadt traten zusammen. Einer sprach: »Wie kommt es, dass ein Kaufmann ein falsches Gewicht bei seiner Waage benutzt?« Ein anderer sagte: »Weshalb stößt ein Wettkämpfer den anderen von der Bahn?« Und wieder einer sagte: »Wie ist es möglich, dass dieser da eine größere Stimme im Rat hat, weil er lauter die Stimme erhebt?« Und bald schrien sie durcheinander: »Wo ist der Edelmut geblieben? Wer hat die schönen Künste zerstört? Und wer die feinen, alten Sitten?«

Also beschlossen die vernünftigen Bürger, sich ein neues Gesetz zu geben. Sie taten einen heiligen Schwur und berieten eherne Anordnungen: Von nun an gelte wieder Höflichkeit! Keine Falschheit sei unter den Bürgern! Jeder begegne dem anderen mit Rücksicht! Den Kindern sei Ehrfurcht befohlen vor den Älteren! Langmut sei Vätern und Müttern auferlegt bei ihren Kindern! Liebe herrsche von nun an allüberall in der Stadt!

Und sie schrieben die neuen Gebote auf ein großes Papier. Ein jeder der Bürger zeichnete die Gesetze mit seinem Namen, damit sie für immer gelten sollten. Der Rat hängte das Papier an das Rathaus und stellte eine Wache davor, dass niemand unziemlich vorbeigehe, ohne den Geboten seinen Gruß zu erweisen.

Weil die vernünftigen Bürger aber Sorge hatten, einer könne gegen Anstand und Recht verstoßen, erfanden sie schreckliche Strafen. Den Kerker solle treffen, wer lieblos ist, den Pranger, wer schlechte Ware feilzubieten wage. Und sie ordneten an, dass zur Bestrafung noch etwas hinzukäme – dass nämlich für erlittene Unbill gleich ein Vielfaches geschuldet sein sollte zum gerechten Ausgleich. Sie nannten es Sühne und gingen fröhlich auseinander.

Allein – der Anstand kehrte nicht wieder und die Liebe wurde nicht größer in der Stadt. Im Dunkel der Nacht kamen Bürger zum Rat und klagten über diesen und jenen. Sie brachten Zeugen herbei und manches Zeugnis war falsch. Jener da, so sagten sie, hat falsch gemessen. Einer hat finstere Miene gezeigt. Und dieser da hat nicht gegrüßt. Und sie verlangten strenge Strafe und gebührlichen Ausgleich. Bald klagte die ganze Stadt. Ein jeder forderte von jedem – die Alten von den Jungen, die Jungen von den Alten, die Eltern von den Kindern, die Kinder von den Eltern. Bald erhielt nur noch jener etwas, der forderte. Die sich das Fordern versagten, wurden als die Dummen belacht. Manche wurden arm und bitter, weil falsches Zeugnis sie zu hartem Ausgleich zwang. Im Rat beschloss die Mehrheit, die Minderheit nicht mehr zu Worte kommen zu lassen, weil sie das Wort des Unverstandes nicht ertrage. Der Rat wagte nicht mehr, vor die Tür des Rathauses zu treten, da er nicht die offenen Hände der Bürger sehen und ihre Klagen anhören wollte. In der Gerichtsstube brannte nachts noch Licht, weil die Richter der vielen Klagen nicht mehr Herr wurden.

Da Leben und Freude flohen aus der Stadt, kamen die vernünftigen Bürger ein zweites Mal zusammen. Ein Weiser ergriff das Wort und sagte: »Hört, ihr Bürger, was uns den Anstand raubte, war nicht unsere Bosheit. Es waren die Gesetze gegen die Bosheit und die Anordnungen für den Anstand!« Da schrien die Bürger: »Weg mit allen Gesetzen!« Der Weise aber schüttelte den Kopf: »Die wenigen alten Gesetze, die wir früher hatten – sie sollen bleiben. Sie setzten dem Bösen eine Grenze und regelten ein freies Leben mit knapper Weisung. Das Gute aber kann man nicht befehlen. Es muss auf anderem Weg herbeigeführt werden.« Da rissen die Bürger den Wachen die ehernen Anordnungen aus der Hand und trampelten mit den Füßen darauf. »Halt!«, rief der Weise, »lasst uns eine Schule gründen, in der die Kinder lernen, was gut ist, aber durch Gesetze nicht geschaffen werden kann!« So taten es die Bürger. Und sie lebten fortan in guter Weise und mit geringem Streit.

2. Das Ideal der vernünftig ausgeübten Macht

Die Hydra hat sich neu verkleidet, verbirgt ihre alles verschlingenden Häupter unter dem Mantel der Vernunft. Der Staat beansprucht diese für sich, erklärt den Bürger für weniger vernünftig, sieht sich deshalb legitimiert, die Menschen zu beherrschen. Welcher Herakles wäre bereit, im Kampf gegen die Vernunft anzutreten, selbst die Rolle der Unvernunft zu übernehmen und die Rüstung des Toren zu tragen?

Macht soll stets vernünftig ausgeübt werden. Dieses theoretische Ideal ist nicht menschlich, es ist unmenschlich. Der Mensch folgt auch seinen Gefühlen, Neigungen, Gewohnheiten und Vorurteilen, unterwirft sich nicht dem Diktat unbefangener und selbstloser Vernunft. Selbst wenn wir den Philosophenkönig fänden, der frei wäre von Ehrgeiz und Erwerbsstreben, von Machthunger, Wissensdrang und Sexualität, oder uns ein König begegnete, der in mönchischer Askese diese Antriebskräfte menschlichen Handelns unterdrücken könnte, so wäre damit der Weg zu einer allein vernünftigen Herrschaft noch nicht gebahnt. Dieser Herrscher nämlich würde in seiner Selbstlosigkeit und Entrücktheit die ihm anvertrauten Menschen und deren Anliegen kaum verstehen, wäre im Übrigen den Gefährdungen des Mächtigen ausgesetzt, unterläge der Verführungskraft von Schmeichelei und Applaus, würde die Verlockungen des Geldes erleben, von Gruppen- und Verbandsbedrängnissen umgeben sein.

Der Verfassungsstaat entwickelt deshalb ein System des Entscheidens und Regelns, das begrenztes Wissen, beschränkte Urteilskraft, auch Parteilichkeit und Voreingenommenheit voraussetzen muss. Die Demokratie repräsentiert Menschen, nicht Gutmenschen. Sie teilt die Staatsgewalten in Gesetzgeber, Regierung und Rechtsprechung, in eine politisch gestaltende, deshalb auf Wiederwahl angewiesene Regierung und eine rechtsverantwortliche, auf Lebenszeit tätige Verwaltung, in Bund, Ländern und Gemeinden, zwischen Deutschland und der Europäischen Union. Die Verfassung sichert stetige Grundsatzregeln, regelt aber auch die Quellen und das Verfahren für die Erneuerung und Veränderung des Rechts. Staatliche Macht wird insbesondere durch die Grund- und Menschenrechte beschränkt, Verantwortlichkeit durch Aufsicht, Staatshaftung und Gerichtskontrolle gestärkt.

Sosehr eine unvernünftige Politik den Menschen und dem Gemein-wohl schadet, sosehr würde eine allgemeine Forderung nach Vernunft mit dem Prinzip der Freiheit kollidieren. Freiheit heißt auch, individu-eller Beliebigkeit den Vorrang vor allgemeiner Vernunft einzuräumen, die Bequemlichkeit des Guten der Anstrengung für das Bessere vor-zuziehen, den kurzfristigen Genuss der Gegenwart statt der nachhal-tigen Planung und Vorsorge zu wählen, das Erlebnis des Wagens und Gewinnens – beim Motorradfahren, Drachenfliegen oder Lottospiel – eher zu suchen als die nüchterne Einschätzung von Risiko und Er-folgschance.

Deswegen richtet sich die Erwartung vernünftigen Handelns weni-ger an den Menschen in seiner Freiheit und mehr an den Staat in seiner rechtlichen Bindung. Der Staat ist eine Schöpfung der Vernunft. Wir versprechen uns von staatlichem Handeln die gerechteste, vernünf-tigste oder wirtschaftlichste Ordnung.

3. Das Vertrauen in die Freiheit schwindet

Gegenwärtig allerdings scheint der Staat weniger bemüht, vernünftige Rahmenbedingungen für den freien Menschen zu schaffen, und mehr danach zu trachten, den irrenden Menschen rechtlich zu binden. Sein Vernunftvertrauen baut auf das Recht und kaum auf die individuelle Fähigkeit zur Freiheit. Das zeigt das neue *Gleichbehandlungsgesetz,* das dem redlichen Kaufmann und den kritischen Nachfragern nicht mehr die Selbstverständlichkeit der Nichtdiskriminierung zutraut, dem Unternehmer deshalb ein wesentliches Stück seiner Entschei-dungsfreiheit über Vertragspartner und Vertragsinhalt nimmt und den Vertragsschluss in erheblichen Teilen vorschreibt. Während bisher in unseren Lehrbüchern zur Vertragsfreiheit steht, dass jeder den an-deren als Vertragspartner ablehnen dürfe, weil ihm dessen Haarfarbe nicht gefalle, muss der Anbieter von Massenverträgen demnächst vor einer Antidiskriminierungsbehörde und einem Antidiskriminierungs-verband rechtfertigen, warum er dem einen Nachfrager einen Vertrag angeboten, dem anderen verweigert hat. Aus der prinzipiellen Vertragsfreiheit bis zur Grenze von Wucher und Sittenwidrigkeit droht ein prinzipielles Differenzierungsverbot mit begründungsbedürftigem Ausnahmevorbehalt zu werden. Die Vertragsfreiheit ist Ausdruck eines vernünftigen Rechts – das auf die gleiche Vernunft der Vertragspartner setzt –, scheint nun aber als Bedrohung der Vernunft verstanden zu werden. Der europäische Gesetzgeber und mehr noch das deutsche Gesetz vertrauen nicht mehr der Freiheit der Vertragspartner, sondern beanspruchen Vernünftigkeit nur für sich. In Zukunft werden wir zwar weiterhin den Ehepartner seines Geschlechts, seines Alters, seiner Schönheit und seiner Herkunft wegen wählen dürfen. Auch wird eine Fußballmannschaft weiterhin aus elf jungen Männern gebildet werden dürfen. Dem Großvermieter von Wohnungen oder dem Arbeitgeber aber käme eine Auswahl seiner Mieter oder Arbeitnehmer nach gleichen Kriterien teuer zu stehen. Auch hier ist die Übertreibung der Feind des berechtigten Anliegens.

Noch weniger Freiheitsvertrauen entwickelte der ursprüngliche Entwurf der Europäischen *Sonnenscheinrichtlinie,* die den Menschen insbesondere für die Arbeitsrechtsverhältnisse vorschreiben wollte, wie lange jemand sich der Sonne aussetzen darf. Während bisher jeder selbst gewusst hat, wann es ihm im Sonnenschein zu heiß wird und wann seine Haut einen schützenden Schatten braucht, schrieb der Richtlinienentwurf auf 28 Seiten in naturwissenschaftlichen Formeln vor, wann die Sonne zu meiden und Schatten zu suchen sei. Der Dachdecker dürfte im Hochsommer erst das Dach decken, wenn er sich selbst zum Eigenschutz ein Dächlein gebaut hat. Die Bedienung im Biergarten würde nicht mehr selbstbestimmt zwischen Licht und Schatten wählen, sondern angestrengt auf die Uhr schauen, um rechtzeitig das schützende Halbdunkel der Küche zu erreichen. Doch das Europäische Recht hatte gerade noch ein Einsehen: Die Richtlinie ist nur auf künstliche optische Strahlen anzuwenden. Wir dürfen also weiterhin in der Sonne unsere Freiheit genießen und dort der wachsenden Bürokratie für Strahlenlabors entfliehen, sind mit knapper Not der Verbannung in den Schatten entgangen.

Der Steuergesetzgeber traut dem Steuerpflichtigen nicht mehr zu, dass er selbst wisse, was er mit seinem selbstverdienten Einkommen zu tun habe. Deswegen drängt er ihn durch Steueranreize, in wenig ertragversprechende Branchen zu investieren, Unternehmen in wenig aussichtsreichen Regionen zu finanzieren, sein Kapital in unübersichtlichen Fonds und Immobilien anzulegen. Ebenso verteuert der Steuergesetzgeber staatlich unerwünschte Verhaltensweisen; er belegt das Kraftfahrzeug ohne Katalysator mit einer höheren Kraftfahrzeugsteuer oder ein umweltschädliches Verhalten mit einer besonderen Ökosteuer. Vielfach drängt der Steueranreiz in die ökonomische Unvernunft. Der Bundesgerichtshof hatte sich jüngst mit dem Problem der »Schrottimmobilie« zu befassen, die den Anlegern mit der Verlockung großer Steuerersparnisse angeboten worden ist, sich nunmehr aber als ein Akt der Kapitalvernichtung erweist. Nun mag jeder Bürger sein Geld in Freiheit verbrennen. Das staatliche Steuergesetz aber sollte ihn nicht in diese Torheit führen.

Der historische »Herrschaftsvertrag« gab den Bürgern die Möglichkeit, sich ihre Freiheit vorzubehalten und Herrschaft nur befristet und widerruflich anzuerkennen. Die heute Herrschenden scheinen diesen Freiheitsvorbehalt abschütteln zu wollen. Sie sprechen eher von Steuerungsinstrumenten als von Freiheit. Die Aufsichtsbehörde wird zur Regulierungsbehörde. Der Mensch erlebt weniger Freiheit vom Staat und mehr Freiheit durch den Staat. Das Recht, sein eigenes Glück selbst zu suchen, weicht einem staatlich definierten Glück. Der Regelbefund eines selbstbestimmten Menschen, der seinen eigenen Erwerb sichert, seinen Lebensbereich autonom gestaltet, als Freiheitsberechtigter in die Rechtsgemeinschaft eingebettet ist, scheint verloren zu gehen. Der Staat und die Europäische Union treffen immer mehr Regelungen, der Bürger verliert im Dickicht der ihn betreffenden Normen den Atem der Freiheit, die Bürokratie übernimmt die Herrschaft und »unbürokratische Lösungen« werden nur noch für Krisen- und Katastrophenfälle versprochen.

Der demokratische Verfassungsstaat muss deshalb sein Verständnis für die Freiheit zurückgewinnen. Er bindet in seinem unverbrüchlichen Verfassungsrecht die Politik in einer Grundsatzordnung, die erprobte Werte und bewährte Institutionen rechtsverbindlich an die Zukunft weitergibt, kulturelle Lebensformen und friedliches Zusammenleben sichert, in den Prinzipien von Gleichheit und Verhältnismäßigkeit eine vernunftorientierte Auseinandersetzung mit der vorgefundenen Wirklichkeit erwartet. Die Erneuerungsinstrumente der Freiheit und der parlamentarischen Demokratie sichern eine Zukunftsoffenheit, in der jeder freie Bürger und Mensch das Ungewohnte, noch Unerprobte wagen darf und so Gesellschaft und Staat erneuert. *Der Staat sucht ein Konzept zur Vernunft, der Verfassungsstaat bietet ein Konzept gegen die staatliche Unvernunft.* Die Verfassung ist *Nachschrift* von kultureller und politischer Erfahrung, gibt als das Gedächtnis der Demokratie gesicherte Einsichten, Werte und Institutionen an die Zukunft weiter.

4. Wirklichkeit, Wissen, Wollen – die drei Erkenntnisquellen für Recht

Die Verfassung ist auch *Vorschrift,* Vorausschrift von Verhaltensregeln, die das Wollen *einer demokratischen Mehrheit* rechtsverbindlich macht, dabei aber gegenwärtiges Wissen als Entscheidungsgrundlage nutzt und die vorgefundene Wirklichkeit freiheitlich respektiert. Der Verfassungsstaat folgt der Einsicht, dass staatliches Entscheiden – die Ausübung von politischer Macht – auf eine Achtung der Wirklichkeit, insbesondere der Bedürfnisse und der Entwicklung des Menschen in seiner Integrität, seinem Lebenswillen und seinem freiheitlich gestalteten Lebensbereich gestützt werden muss. Jede staatliche Maßnahme wird auch durch das Wissen, eine vertraute Kultur vor allem der Staatsorganisation, der Rechtsinstitute und der Erfahrungen für die menschliche Gemeinschaft bestimmt. In diesem Rahmen stützt sich der Staat, insbesondere die Demokratie, auf ein rechtlich geordnetes Wollen. Der dreifache Ursprung für Recht – Wirklichkeit, Wissen und Wollen – bestimmt die Grundmelodie des Verfassungsstaates.

Dieser Dreiklang klingt in dem schönen Wort der »*Rechtsquelle*«. In einer Quelle tritt das Wasser hervor, das sich vorher bereits im Berg gesammelt hat. Wirklichkeit und gewachsenes Wissen sind schon vorhanden und werden in der Quelle erstmals sichtbar. Der Mensch bemüht sich, dieses rare und wertvolle Gut möglichst vollständig zu erfassen. Er fasst diese Quelle, damit kein Wasser verloren geht oder verschmutzt wird. Doch auch diese Verfassung bietet dem Menschen nur das lebensnotwendige Wasser, wenn sie die schon vorhandene Wirklichkeit und das vorgefundene Wissen sichtbar ins Licht treten lässt, diese ersichtlichen Güter sodann fair verteilt und bei ihren Verteilungsentscheidungen Frieden und Maß wahrt. Die drei Entstehens- und Erkenntnisquellen für Recht müssen so zusammenwirken, zusammenklingen.

Der Respekt vor der *Wirklichkeit* begrenzt die Gestaltungsmacht des Rechts, die stets unter Vorbehalt des Möglichen steht. Unmögliches kann nicht gefordert, Unzumutbares nicht angeordnet werden. Die Anerkennung des Vorgefundenen ist vor allem Inhalt der Freiheit. Das Recht achtet den Menschen so wie er ist, heißt ihn in seiner vorgefundenen Würde willkommen, achtet ihn in seiner Körperintegrität, in seiner Entwicklung als Kind, Jugendlicher, Erwachsener, alternder und sterbender Mensch, in seinem Willen, eine Familie zu haben, ein Haus zu bauen, Einkommen zu erwerben und sich Anerkennung zu verdienen. Es nimmt seine Anliegen, Hoffnungen und Ziele auf, festigt seine Formen des Zusammenlebens, des arbeitsteiligen Wirtschaftens, der Religion und Weltanschauung, des Begegnens und Reisens.

Mein Großvater, ein Tischlermeister und Holzschnitzer, hat uns im Frühjahr, wenn aus den Bäumen neue Triebe sprießen, gelehrt, wie man aus diesen Trieben Trillerpfeifen macht. Die Baumrinde müsse durch sorgfältiges Klopfen vom Holz gelöst und in ihrer Klangfähigkeit erhalten, das Mundstück mit der Struktur des Holzes, nicht gegen sie geschnitzt werden. Später ist mir bewusst geworden, dass diese Achtung des Tischlers und Schnitzers vor seinem Material eine wesentliche Freiheitsbotschaft enthält. Der Mensch, mag er auch aus grobem Holz geschnitzt sein, erwartet von jedem, der ihm begegnet, Achtung vor seiner Person, seiner Lebenslage, seiner Freiheit. Die Wirklichkeit des Menschen ist auf seine Entwicklung in menschlichen Bedürfnissen und Freiheit, auf Friedlichkeit und Ordnung, auf familiäre Lebensgemeinschaften, auf Arbeit, Forschen, Kunst und Religion angelegt. Der Mensch lebt im Rhythmus von Knospen, Blühen und Welken, von Säen, Ernten und Genießen.

Der zweite Entstehens- und Erkenntnisgrund für Recht ist das *Wissen,* die kulturgeprägte Kenntnis vom Menschen und seinen Entfaltungsmöglichkeiten. Dieses Wissen formt eine vorgefundene Wirk-

lichkeit in gewachsenen und bewährten Institutionen und Gewähr-
leistungen. Die Würde des Menschen wird erkannt und deswegen als
Rechtsinstitut verfassungsrechtlich anerkannt. Das Zusammenleben
von Mann und Frau und die Elternschaft werden in der Garantie von
Ehe und Familie geformt. Das Zusammenwirken in Unternehmungen,
Vereinigungen, Parteien und Versammlungen wird rechtlich in Vereinen und Gesellschaften ermöglicht und gestützt. Die Freiheit des
Denkens und Wollens findet in der Meinungs- und Medienfreiheit ein
Fundament und wird sodann in Wahlrecht, Parlamentarismus und Repräsentation in eine Staatsverfassung weitergeführt. Modernes Verfas-
sungswissen öffnet das Grundgesetz für die europäische Integration,
für das Völkerrecht, für weltweites Wirtschaften und Austauschen.
Gesetzgeberische Entscheidungen zur Energiepolitik, über die Risiken
der Atomwirtschaft, die Tauglichkeit eines Arzneimittels oder die Vereinfachung von Steuer- und Sozialrecht setzen fundierte wissenschaftliche Kenntnisse voraus. Gesetzgebung ist zunächst Wissen, erst dann
Wollen.

Dieser wirklichkeitsverpflichtete und wissensoffene Staat baut in
der dritten Entstehens- und Erkenntnisquelle für Recht auf den *Willen,*
insbesondere den Willen der parlamentarischen Mehrheit und der
individuellen Freiheit, die als definiertes, also wiederum begrenztes
Recht gewährleistet ist. Die rechtliche Anerkennung eines rechts-
erheblichen Willens ist das Kernprinzip des Verfassungsstaates. Das
Parlament entscheidet, ob der Mehrwertsteuersatz 16 % oder 19 %
beträgt, die Läden am Samstag bis 14.00 Uhr oder bis 24.00 Uhr
geöffnet werden dürfen, der Studienplatz allein durch Steuern oder
auch durch Gebühren finanziert wird. Der freie Mensch entscheidet,
ob und wen er heiratet, welchen Beruf er ausübt, ob er eine Wohnung
kauft oder mietet. Doch der staatliche Wille ist nicht beliebig. Die
Verfassung kämpft gegen die staatliche Willkür und verbietet willkürliche Normsetzung. Die Mehrwertsteuersätze dürften nicht übermäßige 25 % betragen, die Ladenöffnungszeiten nicht auf die Mittags-
stunden beschränkt werden, die Studiengebühren nicht den begabten,
aber armen Bewerber fernhalten. Der Entscheidungsraum des Gesetzgebers ist deshalb verfassungsrechtlich begrenzt, insbesondere durch
die Grundrechte, durch ein öffentliches und gewaltenteilendes Ver-

fahren, auch durch die verschiedenen Gesetzgebungsbefugnisse des Bundesgesetzgebers, des Landesgesetzgebers und der Europäischen Union.

Die rechtliche Definition, also die Begrenzung der Freiheitsrechte, setzt auch dem individuellen *Wollen* klare, aber deutlich weitere Schranken. Es gibt keine Ehe ohne Unterhalt und Beistand für den Partner, keinen Beruf ohne Verantwortung für Kunden und Klienten, keine Miete ohne Pflichten gegenüber dem Eigentümer. Der freiheitliche Verfassungsstaat lebt aus dem Willen seiner Bürger, gewährleistet aber mit seiner Rechtsordnung, dass individuelle *Freiheit nicht zur Herrschaft über andere wird,* dass die Entscheidungsverantwortung des Gesetzgebers der Gleichheit der Bürger in Würde und Freiheit verpflichtet bleibt. Das Willensprinzip begründet die demokratische Gesetzgebungskompetenz des Parlaments, setzt ihm aber zugleich Grenzen. Das Freiheitsprinzip schützt die willentliche Selbstbestimmung des Menschen, stimmt sie aber auf die Rechte anderer ab.

Hinter der Hoffnung auf den vernünftigen Staat verbirgt sich somit die Erwartung, dass der Staat der vorgefundenen Wirklichkeit des Menschen gerecht werden möge, sich in der Kontinuität seiner Kultur gebunden weiß, in diesem Rahmen verantwortlich entscheidet. Diese Vernunft definiert das dem Menschen zustehende Freiheitsrecht und die Handlungsbefugnisse des Staates, bindet darüber hinaus aber nicht mehr denjenigen, der seine vernünftig gewährten Rechte in Befugnis oder Freiheit wahrnehmen will.

5. Der Staat lebt – ohne Alternative

Die Vernunft fordert also vom Verfassungsstaat, die vorgefundene Wirklichkeit und ihre freiheitliche Gestaltung zu achten, das kulturell gewachsene Wissen zu bewahren, auf dieser Grundlage Staat und Gesellschaft in den Prinzipien von Freiheit und Demokratie nachhaltig zu erneuern.

Dieser Erneuerungsauftrag baut auf die Existenz und Wirkungsmacht des Staates, setzt den Staat als stetige Mitte des politischen Lebens voraus. Allerdings sieht sich der Staat seit Langem auch einer Vorankündigung seines Endes gegenüber. Carl Schmitt hat 1932 das Ende der Staatlichkeit erwogen, Revolutionäre (Marx, Engels) haben den Tod des Staates vorausgesagt, Programme von Anarchisten wollten den Staat in der Anarchie auflösen. Alle diese Thesen von einer *poststaatlichen Gesellschaft* klingen in der Gegenwartsliteratur hörbar nach. Diese modernen Autoren mögen von Entdeckerfreude getrieben sein, wollen als Erste den Umbruch, die epochale Zäsur erkannt oder vorbereitet haben. Im Ergebnis allerdings haben Ankündigungen vom Ende des Staates eher eine Übermacht des Staates gefördert, den Hang zum Totalitären verstärkt.

Heute geben Ängstigungen durch den modernen Terrorismus den resignativen Stimmen zu Leistungskraft und Zukunft des Staates Auftrieb. Doch bestätigt gerade die gegenwärtige Friedens- und Sicherheitskrise, dass der Mensch in seinem Staat Zuflucht und politische Mitte findet. *Der Staat ist unverzichtbar, weil er Garant der Menschenrechte und Schuldner der sozialen Grundgewährleistungen ist.* Hätten wir den Staat nicht, wüssten wir nicht, wer den Anspruch auf Freiheit und Friede, auf Sicherung der sozialen Existenz, auf Gleichheit vor dem Gesetz und in der Bildung, auf soziale Hilfe bei ungenügender Krankheits- und Altersvorsorge erfüllen sollte. Der Kampf gegen den Staat wird so ungewollt zum Kampf gegen die Sicherheit, gegen den sozialen Staat, gegen die Menschenrechte.

Das Vertrauens- und Schutzverhältnis zwischen freiheitsberechtigtem Bürger und freiheitsverpflichtetem Staat braucht den Staat, der letztlich für eine Menschenrechtskultur geradesteht und sie für jedermann verwirklicht. Diese Menschenrechtsverantwortung des Staates wird – wohlmeinend, aber töricht – gefährdet, wenn die menschenrechtlichen Ansprüche zu sehr in die Breite wirken, sie Staat und Gesellschaft gleichermaßen verpflichten. Ein *Bildungskommissar der Vereinten Nationen* hat Deutschland besucht und geprüft, ob wir es unterlassen hätten, den Kindern aus armen und reichen Familien gleiche Bildungschancen anzubieten. Seine Kritik an einem unzureichenden Bildungsangebot ließ den Schuldner dieser Angebotspflicht im Dunkel rechtspolitischer Hoffnungen. Sind die Eltern verpflichtet, ihre Kinder beim Schreiben und Lesen, beim Musizieren und Sporttreiben, beim Erlernen von Sprache und Erwecken von politischem Interesse besser zu fördern? Sind die Miterzieher der Medien gehalten, in Rundfunkprogrammen, Fernsehsendungen und Zeitungen eine Fehlbildung des Kindes zu unterlassen und Bildung zu fördern? Wird vom Lehrer mehr Anstrengung und Disziplin im Unterricht verlangt? Müssen Mitschüler vermehrt eine Kultur des Helfens untereinander entfalten? Muss der Staat in seinem Schulsystem, insbesondere in seinen Schultypen, Fächerangeboten und Fördereinrichtungen mehr leisten? Ein gutgemeinter grundrechtlicher Schutzauftrag verliert sich in einem unbestimmten Kreis von Verpflichteten. Er gewinnt nur rechtliche Verbindlichkeit, wenn er den Staat zum Schuldner macht.

Dem Staat wachsen zusätzliche Aufgaben zu, wenn er für die Staatsbürger innerhalb der Europäischen Union mit ihrer Sprachenvielfalt, den Kompetenzüberlagerungen und dem Rechtswirrwarr eine Orientierungshilfe bietet, er in der Weltoffenheit der wirtschaftlichen Märkte, der Grenzenlosigkeit menschlichen Begegnens und Austauschens in Kultur, Wissenschaft und Reisen *Ausgangs- und Zielpunkt* bleibt, eine Heimat bewahrt. Der Staat hat insbesondere das Europarecht und das Völkerrecht seinen Bürgern inhaltlich, sprachlich und im Vollzug zu vermitteln. Je mehr das Recht sich vom Staat entfernt und in der Europäischen Union von der Kommission initiiert, vom Exekutivorgan des Rates beschlossen wird, desto mehr wächst dem Mitgliedstaat die Verantwortung zu, die Mitwirkungsrechte der Bürger, die Demokratie zu wahren. Und das elementare Recht eines Menschen, der mit der ihm übergeordneten Staatsgewalt nicht zurechtkommt, deshalb auswandern, einwandern, bei politischer Verfolgung Asyl suchen will, baut auf die Verschiedenheit der fast 200 Staaten dieser Erde.

Zum Staat gibt es *keine Alternative*. Er ist die einzige Organisation, die inneren und äußeren Frieden sichert, Freiheitsrechte in einer konkreten, unmittelbar vollziehbaren Rechtsordnung gewährt, den Menschen als seinen Bürgern die existenziellen Voraussetzungen individuellen Lebens und Entfaltens erschließt, die Vielfalt und Vielsprachigkeit sich überschneidender Rechtskreise in einem System und in einer Sprache vermittelt. Deswegen muss die notwendige Kritik am Staat bis zu konkreten Erneuerungsvorschlägen weitergedacht werden; sie darf den Staat nicht schwächen oder gar gefährden, hat vielmehr alle Kräfte zu sammeln, um seine Voraussetzungen zu erneuern und seinen Auftrag deutlicher zu bestimmen. Diese Sammlung in der Mitte des Staates braucht Abwehrkräfte gegen wohlfeile und leichtfertige Diagnosen unserer Zeit, die auf das gedachte Neue und nicht die erlebte und vertraute Stetigkeit setzen, allein auf die Macht der Ideen hoffen und sie nicht in der Erfahrung der Normalität entfalten.

Allerdings erleben wir heute deutliche Schwächen moderner Staatlichkeit. Dabei kommt uns die Aufgabe des Arztes zu, der seinen Patienten nicht nur zu beobachten, sondern zu heilen hat. Die Diagnose stellt den Staat vor allem vor drei Bewährungsproben:

a) Die Schwächung einer religiösen, sozialen und nationalen Gemeinsamkeit droht die innere Kulturgemeinschaft, den Zusammenhalt des Staatsvolkes zu lockern.

b) Im Erstarken organisierter Gruppenmacht suchen insbesondere Parteien, Verbände, Unternehmen, Massenmedien den Staat und seine Gesetzgebung in den Dienst ihrer Interessen zu stellen.

c) Die Weltoffenheit des Wirtschaftens, Wissens und Begegnens mindert die Wirkungsmacht des einzelnen Staates, erlaubt auch faktisch eine Wahl unter verschiedenen nationalen Rechtsordnungen, drängt auf internationale und supranationale Zusammenschlüsse.

6. Staatliche Vernunft setzt auf Freiheit

Der Auftrag, den weltoffenen Staat in seiner inneren Souveränität zu stärken, ist erkannt, wird aber im Umgang mit dem Staat nicht erfüllt. Wir begegnen dem Staat mit hochgradiger Unvernunft. Jeder ruft nach dem Staat und glaubt doch, öffentlich seine Geringschätzung für Staat und Politik bekunden zu sollen. Jahrhundertelang war der Kampf für die politische Vernunft der Kampf für den Staat. Heute sind wir uns des Staates so sicher, dass diese Sicherheit Unvernunft hervorbringt: Überforderung, Geringschätzung, das Totsagen des Staates.

Eine freiheitliche Staatsverfassung *wird nur in Hochkulturen gelingen,* in denen die Menschen dank innerer Bindung zur Freiheit bereit und kraft ihrer Ausbildung und Bildung zur Freiheit fähig sind. Freiheit baut auf Familie und Elternschaft, die Freiheitserfahrung, Lebensklugheit und Kulturtradition an die nächste Generation weitergeben; auf Schule und Wissenschaft, die Berufswissen, Lebenswissen und Kulturwissen erforschen und lehren; auf Religion und Kirchen, die menschliches Denken in der Frage nach Ursprung und Ziel des Lebens und der Welt weiten und Verantwortung vor Gott leben. Kern staatlicher Vernunft ist, auf diese Freiheit der Bürger zu setzen und einen Freiheitsraum gegen staatliches Regeln abzuschirmen. Freiheit baut auf die Kultur einer Freiheitsgewissheit, eines Vertrauens in den Menschen.

Menschenwürde und Menschenrechte mögen auch aus einem *Nützlichkeitsdenken* begründbar sein: Der Mensch hütet sich zu töten und zu verletzen, damit er nicht selbst Angriffen ausgesetzt wird. Dieses Denken allerdings greift zu kurz, wenn ein Mensch die Zukunft eines anderen maßgeblich bestimmt, er als Politiker über einen Asylanspruch entscheidet, als Arzt auf Gesundheit und Leben einwirken kann, als Lehrer das Wissen und Empfinden der Schüler prägt, als Richter über die Freiheit des anderen ein Urteil spricht. Vernunft bei Wahrnehmung staatlicher oder privater Macht folgt deshalb nicht schon aus Eigennutz, der eine Verletzung des anderen unterlässt, um nicht selbst verletzt zu werden. Die Vernunft, Menschenrechte zu achten und demokratische Verfahren zu wahren, folgt vielmehr aus Kultur und Verfassung, die Recht, Amt und Ethos kennen, bei Missachtung geschriebener Elementarvernunft mit rechtlicher Korrektur und persönlichem Nachteil drohen.

7. Der Staat als Garant einer Freiheitsordnung

Unsere Verfassung stattet den Staat mit hinreichender Mächtigkeit aus, damit er die freien Menschen in die Schranken des Rechts verweisen, den Rechtstreuen schützen, dem Rechtsbruch vorbeugen, den Rechtsbrecher mit Sanktionen belegen kann. Damit gewinnt der Staat *Macht zur Vernunft wie zur Unvernunft*. Der starke Staat ist Bedingung eines gestaltungskräftigen Rechts, aber auch Risiko von Willkür und Unterdrückung. Er ist Garant und Gegner der Freiheit.

Deswegen formt die Verfassung den Staat als freiheitliche Demokratie, die *stark ist für das Recht,* im Übrigen aber *konstitutionell schwach.* Der Verfassungsstaat bietet das Recht zu Ehe und Familie, kann die Menschen aber nicht zum Kind zwingen. Er eröffnet rechtliche Freiheitsräume zu Wissenschaft, Kunst und Religion, bleibt aber darauf angewiesen, dass Menschen mit Forscherdrang, Kunstsinn und religiösem Empfinden dieses Angebot annehmen. Er bietet Eigentümer- und Berufsfreiheit, baut dabei aber auf Menschen, die zur Erwerbsanstrengung und zur Pflege des Eigenen bereit und fähig sind. Der freiheitliche Staat gibt sich weitgehend in die Hand seiner Bürger, vertraut auf deren Kraft und Willen zur Freiheit.

Die Brücke zwischen individueller Freiheit und Staatsgewalt schlagen die Wahlen, in denen die Wähler Parlament und Regierung beauftragen, für sie Entscheidungen zu treffen. Der in der Vernünftigkeit des Rechts gebundene Staat rechtfertigt sich in dem zu Unvernunft und Beliebigkeit berechtigten Bürger. Die Demokratie hofft, dass die Repräsentanten des Staatsvolkes mit ihrem Amt ein Stück Eigennutz, Parteilichkeit, Vorurteil hinter sich lassen und an Urteilskraft, Ethos, Vernünftigkeit gewinnen.

Friedensgemeinschaft und Recht entstehen erst, wenn Selbstbestimmung sich in eine vorgegebene Ordnung einbettet. Würde jeder Grundstückseigentümer sein Haus in beliebiger Höhe bauen und den Nachbarn in den Schatten stellen, jeder Autoproduzent die Sicherheitsstandards seiner Fahrzeuge selbst bestimmen, jeder Kaufmann seine eigene Geldwährung ausgeben und jede Familie ihre eigene Sprache sprechen, so könnte sich die Freiheit moderner Hochkulturen nicht entfalten. Das Recht ermöglicht jedoch diese Freiheit, wenn eine Eigentumsordnung die Unterscheidung und das Zusammenwirken von Mein und Dein regelt, ein Berufsrecht die Berufsbilder des Autoproduzenten und Kraftfahrzeugmeisters in ihren Qualifikationsanforderungen und Leistungsstandards vorzeichnet, ein Währungsrecht in Europa das gemeinsame Zahlungsmittel des Euro einführt, ein Bildungs- und Sprachenrecht den Zusammenhalt in der deutschen Sprache sichert. Die Gründung von Ehe und Familie oder von Unternehmen wird in erprobten Rechtsinstituten erleichtert, die Rechtsbeziehungen zwischen Bürger und Staat sind in einem Wahlrecht, einem Steuerrecht und einem Polizeirecht definiert. Dieses Recht ermöglicht Freiheit, braucht aber in dieser Freiheitsvorsorge auch Definitionen, Schranken.

Freiheit im demokratischen Staat wehrt also nicht staatliche Entscheidungsautorität und den Geltungsanspruch des staatlichen Rechts ab, sondern fordert die Staatsgewalt als Quelle und Garant der Freiheitsordnung. Die freiheitliche Demokratie zielt auf eine Staatsgewalt des Staatsvolkes, die in der Wahl der Volksrepräsentanten und sodann in den Staatsgewalten ausgeübt wird. Demokratische Legitimation soll staatliche Willkür verhindern, Repräsentation individuell-freiheitliche Beliebigkeit vermeiden. Die repräsentative Demokratie sucht eine *pragmatische Mitte* zwischen dem Ideal des vernünftigen Staates und der Freiheit auch zur Unvernunft. Diese Freiheit ist wiederzubeleben: Der Mensch nimmt sein Glück selbst in die Hand, wird so zum selbstbewussten Bürger. Das Gift der Hydra, das den Staat vom Bürger trennen will, verliert seine Wirkung.

8. Dringend erwünscht: ein Rat für Gesetzeskultur

Die Vernunft der Gesetzgebung würde verbessert, wenn an jedem Gesetzestext ein *Rat von Sachverständigen* mitarbeitete, der eine einfache und klare Sprache des Gesetzestextes sicherstellt, den systematischen Aufbau und die folgerichtige, widerspruchsfreie Ausgestaltung der Gesetzesgrundlagen gewährleistet, den Gesetzgeber auch in den entscheidungserheblichen Fachfragen mit Sachverstand ausstattet. Erstaunlicherweise gibt es in unserer Republik der Räte diesen Rat nicht. Zwar wären auch die Mitglieder dieser Kommission nicht dagegen gefeit, ihr Sachwissen zu Interessentenwissen zu verfremden. Wenn sie jedoch diese Gesetzesberatung hauptberuflich als Lebensaufgabe wahrnähmen, sie außerdem das Gesetz öffentlich mit ihrem Namen verbinden müssten, entstünde jedenfalls ein gewisses Bollwerk gegen Zudringlichkeiten von Interessenten und Gruppierungen.

Das *Preußische Allgemeine Landrecht* ist durch derartigen Sachverstand sorgfältig vorbereitet worden. Der Entwurf eines »Allgemeinen Gesetzbuches« wurde von einer kleinen Gruppe von Gelehrten – von Carmer, Svarez und Klein – verfasst. Diese Gelehrten wurden von der öffentlichen Meinung in Berlin zwar als zu radikal zurückgewiesen, weil sie das Licht der Aufklärung in die preußischen Amtsstuben scheinen lassen und die Monarchie beunruhigen wollten. Sie waren auch verdächtig, weil sie aus Schlesien kamen, Svarez und Klein sogar selbst Schlesier und erst kurze Zeit zuvor preußische Untertanen geworden waren. Die Richter in Preußen hatten die Sorge, das neue Recht würde den königlichen Machtspruch verfestigen, mit dem er eine Kontrolle über die Gerichtsbarkeit auszuüben suchte. Die Advokaten befürchteten, dass die Reformen ihre Tätigkeit einschränken, ihre Einnahmen empfindlich schmälern würden.

Weil die Reformer so als Eindringlinge aus der Berliner Gesellschaft ferngehalten wurden, nahmen Svarez und später auch Klein ihre Wohnung in dem von Carmer gemieteten Palais, lebten dort für 15 Jahre in einer Reformgemeinschaft. Die drei Gelehrten arbeiteten gemeinsam, philosophierten, speisten und fuhren zusammen spazieren. Die räumliche Nähe begründete eine Klausur des Reformdialogs, eine fast klösterlichen Hingabe an das gemeinsame Werk.

Dieser Entwurf wurde dann der fachlich gebildeten Öffentlichkeit zur Beurteilung vorgelegt. Ein Preisausschreiben lud Rechtsgelehrte und Rechtspraktiker zur Begutachtung und Äußerung ein. Als Preise waren mehrere Goldmedaillen im Wert von 50 und 25 Dukaten ausgesetzt. Die Bewerber hatten für die Beurteilung des jeweiligen Gesetzesabschnitts ein Jahr Zeit. Daneben wurden die Stände zur Beurteilung eingeladen, teilweise auch Experten in direkten Anfragen herangezogen.

Nach Erlass des Allgemeinen Landrechts sollte eine *Gesetzeskommission* den Gesetzgeber beraten. Die gleichförmige Begutachtung durch Fachleute könne der Gefahr vorbeugen, dass der Souverän – oft in bester Absicht – aus Unkenntnis oder aufgrund bestimmter persönlicher Maßstäbe Gesetze erlasse, die für die Allgemeinheit schädlich sein könnten. Allerdings sollte die Mitwirkung der Gesetzeskommission die gesetzgebende Gewalt des Herrschers inhaltlich in keiner Weise beschränken.

Der *Deutsche Juristentag 2004* in Bonn hat einen ähnlichen Rat für Gesetzeskultur gefordert, der Sprache, Systematik und Folgerichtigkeit der Gesetzgebung garantieren soll. Ein solcher Rat könnte weniger sichern, dass die Entscheidung des Gesetzgebers richtig ist; er würde jedoch gewährleisten, dass die Entscheidung des Parlaments rechtlich und sprachlich gediegen vermittelt wird. Er würde in unserer Gegenwart der Maßnahme- und Zeitgesetze auf Grundsatzkodifikationen hinwirken, die im Zeitalter des Preußischen Allgemeinen Landrechts, des Code Civil und des Bürgerlichen Gesetzbuches ein selbstverständliches Anliegen waren. Die Geschichte lehrt uns, dass nur systematische, verständliche Gesetze nachhaltig wirken.

Einen ähnlichen, wenn auch kürzeren Schritt hat der Deutsche Bundestag beschlossen. Ein *Nationaler Normenkontrollrat,* ein achtköpfiges Gremium, soll die Kosten gesetzlich angeordneter Bürokratien benennen und kritisieren. Nach niederländischem Vorbild soll dieser Normenkontrollrat die Kosten berechnen, die der Wirtschaft bei der Umsetzung eines Gesetzes entstehen. Wenn der Gesetzgeber leichter Hand Informations-, Dokumentations- oder Organisationspflichten begründet, soll ihm bewusst gemacht werden, dass er weiterhin Bürokratie vermehrt, damit Kosten steigert und Wachstum hemmt. Die Niederländer wollen bis Ende nächsten Jahres ihre im Jahre 2002 auf 16,4 Milliarden Euro geschätzten Gesamtbürokratiekosten um über 4 Milliarden senken und damit 1,5 % Wirtschaftswachstum erzielen.

Ob der deutsche »Bürokratie-TÜV« ähnlich konkrete Ziele benennen wird und ob er neben den Gesetzen auch die bürokratieträchtigen Verwaltungsvorschriften kritisieren wird, ob er letztlich zu einem Staudamm gegen die Normenflut werden kann, wird sich zeigen. Der Charme dieses Normenkontrollrats liegt jedenfalls darin, dass er in institutioneller Unabhängigkeit die für zusätzliche Bürokratielasten aufgewendete Arbeitszeit feststellt, diese mit den Arbeitskosten multipliziert und damit einer Normenflut Einhalt gebieten kann.

Bisher wird die Gesetzgebung wesentlich von Fachpolitikern, Behörden und Verbänden beherrscht. Demgegenüber kann der Normenkontrollrat den Generalisten stärken, den Perfektionisten im Zaum halten, die Einfachheit der Sprache und des Regelungssystems fördern. Man spricht bereits von dem Normenkontrollrat als dem *institutionalisierten schlechten Gewissen der Ministerialbürokratie.*

Im Ergebnis sucht der Verfassungsstaat durch die Prinzipien der Unbefangenheit und Unparteilichkeit, der Bindung in einem Kompetenzsystem der Gewaltenteilung und eines Verfahrens der Öffentlichkeit und Schriftlichkeit, vor allem aber durch Bindung an Menschenrechte und Grundrechte Rahmenbedingungen für staatliches Entscheiden zu setzen, die Willkür und grober Unvernunft verlässlich vorbeugen. Die Verfassung verpflichtet nicht auf die Vernunft, sondern vermeidet die grobe Unvernunft. Darin liegt ihre Vernünftigkeit.

III. Die Herrschaft über das Gesetz: Parlament und Verbände

1. Das Märchen von der Federführung

Es waren einmal Menschen, die wollten mit ihrem Fürsten überein-
kommen, er solle die Macht haben, Frieden zu stiften, dürfe seinen
Untertanen aber niemals Leib und Leben, Eigentum und Freiheit neh-
men. So vereinbarten sie, dass alle Gesetze die Herrschaft des Fürsten
anerkennen sollen, der Ratsschreiber die Gesetze aber nur in Über-
einstimmung mit dem Volk ändern dürfe. Darauf leisteten Fürst und
Bürger einen feierlichen Eid.
Nun lebte im Fürstentum ein mächtiger Händler, der darauf sann, die
Gesetze im Dienst seiner Geschäfte zu ändern. Zuerst schmeichelte er
dem Schreiber, um ihn zur Neuschrift von Bestimmungen zu bewegen.
Als dieser Versuch nicht fruchtete, lud er ihn zu Gastmahlen und Lust-
barkeiten ein. Da der Schreiber diese Einladungen zurückwies, ver-
suchte er schließlich, ihm die Hand zu führen. Doch der Schreiber
wehrte sich gegen diesen Zugriff. Es entstanden heftige Kämpfe um
die Macht, dem Gesetz die Feder zu führen, und schließlich wurde im
Hin und Her des Streites die Schrift so unleserlich und unverständlich,
dass das Volk weder wusste, welchem Text es zustimmte, noch ver-
stehen konnte, welches Gesetz es zu befolgen hatte.
Als der Fürst davon hörte, war er zunächst über die Dreistigkeit des
Kaufmanns empört, erkannte aber bald, dass ein unleserliches Gesetz
ihn nicht binden konnte, er also umso mehr Macht zurückgewann,
als niemand mehr die Gesetze verstand. Deshalb ließ er den Kauf-
mann gewähren und den Ratsschreiber in seinem Kampf um das Recht
alleine. Jeder Tag des Streites sei ein Stück Weges gegen die Herr-
schaft des Volkes.
Und da sie nicht gestorben sind, streiten sie noch heute und die Ge-
setze werden immer unleserlicher, die Macht des Volkes schwindet
immer mehr.

2. Mehr Verbände als Abgeordnete

Wenn dem Gesetz mehr und mehr der Rechtsgedanke verloren geht, das Vertrauen in die Freiheit des Gesetzesadressaten schwindet, die Einfachheit und Ersichtlichkeit des Rechts in Sprache und Gesamtsystem leiden, legt das Recht der Hydra immer weniger Fesseln an. Die Hydra herrscht durch das Recht. Sie zieht die Kappe des Spezialisten auf, verengt ihren Blick durch Scheuklappen, beansprucht in dieser Enge, immer Recht zu haben. Der Bürger scheint diesen Teilrechthabern in ihrer Willkür ausgeliefert. Nutznießer dieses Verwirrsystems ist nicht der Staat, sondern die Berufsgruppe und der Verband, der von diesen Formalien, Rechtsvorbehalten, Berufsmonopolen und Mitentscheidungsberechtigungen profitiert.

In Berlin sind 614 Abgeordnete des 16. Deutschen Bundestages von der *dreifachen Anzahl* offiziell zugelassener Verbände begleitet, die dem Gesetzgeber die Feder führen wollen. Mancher Abgeordnete stammt selbst aus einem dieser Verbände und denkt in deren Lebenssicht und Anliegen.

Der Grund für diese Entwicklung liegt in den Entstehensbedingungen der Gesetze. Der Abgeordnete entscheidet nicht unabhängig und nur seinem Gewissen unterworfen, wie es die Verfassung fordert, sondern *in stetiger Begegnung und Verständigung mit Verbänden und Parteien.* Solange die vertragliche Verständigung das Recht begründet, bestimmen die Vertragspartner – die Stände, Zünfte und heute in vertragsähnlicher Verständigung die Verbände – den Inhalt des Rechts. Die am Verständigungsprozess Unbeteiligten gewinnen keinen Einfluss auf die Rechtsetzung. Wird das Recht hingegen durch eine Autorität einseitig hervorgebracht, die Distanz zu den Rechtsbeteiligten wahrt und allgemeinen Rechtsprinzipien verpflichtet bleibt – dem göttlichen Recht, dem herkömmlichen Recht, dem natürlichen Recht, der Vernunft, dem Gemeinwohl –, so ist der Interesseneinfluss gemäßigt, die Herrschaft des Gesetzgebers gestärkt.

Der Übergang vom vertraglich vereinbarten zum *gesetzten Recht* festigt die Allgemeinheit und Gleichheit des Gesetzes, wenn und soweit der Gesetzgeber Autorität und Unabhängigkeit gewinnt und diese in seiner Verpflichtung auf allgemeindienliche Grundsätze nutzt. Hier setzen die Menschenrechte an, die den Gesetzgeber in Schranken weisen, aber auch Ziele vorgeben, insbesondere zum Schutz der Menschenwürde, von Ehe und Familie, der individuellen Existenzbedingungen verpflichten. Ebenso sucht das Demokratieprinzip mit seinem Bürgerrecht auf Teilhabe an der Staatsgewalt diese Gewalt zu mäßigen. Die Demokratie richtet die Gewaltausübung auf das Staatsvolk aus, das in seinem Repräsentanten nicht real abgebildet, sondern in seinen Anliegen und Zielen verkörpert werden soll.

Doch das Problem, dass Herrschaft zur Willkür neigt, gut organisierte Anliegen stärkeren Einfluss auf die Herrschaft gewinnen als schwach organisierte Allgemeininteressen, ist auch durch Demokratie und Menschenrechte nicht gelöst. Ein Vertrag, ebenso eine vertragsähnliche Gesetzgebung, kennt immer den stärkeren und den schwächeren Partner. Ursprünglich war der Vertrag eher das Versprechen, das Gelübde, an das der Erklärende sich selbst bindet, weniger den anderen verpflichtet. Heute begründet der Vertrag meist ein gegenseitiges Leistungsversprechen, einen in den Gütern angemessenen Tausch. Die Absprachen zwischen Verbänden und Gesetzgeber aber enthalten vielfach keine Versprechen und Gelübde der Verbände, sondern nur Lasten des Gesetzgebers. Das Steuerrecht bietet ein kunterbuntes Angebot von Privilegien für Sonntags- und Nachtarbeiter, Kapitalgesellschaften und Investoren, Umweltschützer und Parteien. Familien und Mütter, Konsumenten und Sparer, Mieter und Hauskäufer müssen, obwohl sie die Allgemeinheit des Staatsvolkes bilden, dafür höhere Steuern zahlen. Sozialleistungen dienen der Betriebssanierung durch Vorruhestand, der Verbandsförderung über Bildungsaufträge, der Sicherung von Besitzständen im Vorgriff auf die Leistungsfähigkeit unserer Kinder.

Die aufgrund der Anlage 2 zur Geschäftsordnung des Deutschen Bundestages vom Bundestagspräsidenten geführte Liste der Verbände, die Zugang zum Bundestag und den Bundesministerien erhalten, weist gegenwärtig *1896 Verbände* aus. Bei der Eröffnung dieser Liste im Jahre 1972 waren es 635. Insgesamt sind in Deutschland etwa 14 000 Verbände tätig. Arbeitgeber- und Arbeitnehmerverbände, Berufsvereinigungen, Branchen- und Handwerksverbände, Verbraucherschutzverbände, soziale Wohlfahrtsverbände, Vertriebenenorganisationen, Sport- und Freizeitvereinigungen, Kultur- und Wissenschaftsverbände, neuerdings auch starke internationale Nichtregierungsorganisationen gewinnen Einfluss auf Gesetzgebung und Politik, tragen die Interessen ihrer Gruppe in Gesetz und Regierungspolitik. Dabei wirken die Verbände durch Öffentlichkeitsarbeit, Information und Aufklärung, durch das Angebot ihres Wissens, durch Platzierung von Verbandsvertretern in Organen und Organisationen der Politik, durch Machtentfaltung wie Streik, Boykott, Proteste und Demonstrationen. Verbände nehmen Einfluss auf die Medien, drohen negative Wahlempfehlungen an, spenden an Parteien.

3. Der Staat im Visier der Interessen

So arbeiten mächtige Gruppen daran, diesen Staat in einen Privilegienstaat zu verwandeln. Sie beeinflussen die Parlamente so, dass der Gesetzgeber das Recht nach ihren Wünschen umgestaltet. Die Rechtsordnung regelt nicht mehr nur die allgemeine und einfache Struktur des Zusammenlebens, sondern befriedigt tagesaktuelle Regelungsbedürfnisse und gruppennützige Rechtsanliegen. Aus der rechtlichen Grundsatzordnung wird eine überquellende Fülle von Detailregelungen, Besonderheiten, Privilegien und Bevorzugungen. Die Gleichheit vor dem allgemeinen Gesetz und das Verbot der Einzelfallgesetze verlieren praktisch an Wirksamkeit.

a) Dauerdialog in abgehobener Herrschaft – eine moderne Oligarchie

Verbände tragen selbstverständlich wesentlich zum Gelingen einer Demokratie bei. Sie bündeln Interessen, halten Sachwissen und Berufserfahrung bereit, vermitteln das Gespräch zwischen Staat und Betroffenen. *Ohne Verbände fehlte dem Staat ein wesentlicher Gesprächs- und Handlungspartner.* Das Problem der Verbände ist nicht ihre Existenz und ihr Wirken, sondern ihre Macht und – notwendige – Einseitigkeit. Es fehlt die institutionelle Distanz zu den Staatsorganen.

Zudem ist die kleine, gut organisierte Gruppe stärker als die große Mehrheit; das Verbändewesen scheint das demokratische Mehrheitsprinzip zu widerlegen.

Die Verbände wirken auf die staatlichen Willensbildungsorgane ein und nutzen gewachsene und offensiv gepflegte politische oder rechtsförmliche Verbindungslinien. Konzertierte Aktionen, Beiräte, Bündnisse für Arbeit, für Wachstum oder für Fortschritt, Arbeitskreise, Konsensgespräche, Anhörungen, Runde Tische und Kanzlertreffen, Einladungen in die Bundespressekonferenz, Begegnungen mit der Ministerialverwaltung führen staatliche und private Interessen zusammen. Nicht selten sieht das Gesetz Anhörung und Mitwirkungsrecht der Verbände bei der Rechtsetzung vor; Beispiele bieten das Umweltrecht, das Wirtschaftsverwaltungsrecht, das Planungsrecht, das Rundfunkrecht, das Recht der Privatisierung von Staatsbetrieben, das Wettbewerbs- und Verbraucherschutzrecht, auch das Recht der Arbeitsgerichtsbarkeit. Ein Wirtschafts- und Sozialrat, also die Einrichtung des institutionalisierten Verbandseinflusses auf die Willensbildung des Bundes, wird immer wieder ins Gespräch gebracht. Die Unternehmer- und Industrieverbände, auch die Landwirtschaft, das Gesundheitswesen, die Verbraucher, die Umweltschützer und Arbeitnehmer erwarten von den für sie zuständigen Fachministerien Sonderleistungen für ihre jeweilige Gruppe. Sie haben sich auch auf Institutionen und Sparten der Europäischen Union, insbesondere der Kommission mit gleichen Erwartungen eingerichtet. Gewerkschaften streben im weltoffenen Arbeitsmarkt eine »grenzenlose Solidarität« an, Unternehmensgruppen organisieren sich europa- und weltweit, suchen in politischen Netzwerken oder »zivilen Dialogen« eine neue Weltordnung jedenfalls des Wirtschaftens in ihrem Interesse zu begründen.

Die Verbände *vermitteln den Willen von Bürgern an den Staat*, stärken damit die demokratische Legitimation, tragen auch zur Bürgernähe staatlicher Entscheidungen bei. Sie bieten dem Staat Wissen, Erfahrungen, Einschätzungen und Wertungen, die er selbst so nicht haben kann. Dennoch hat jeder, der staatliche Entscheidungen beeinflusst, an staatlicher Entscheidungsgewalt teil. Die Interessenvertretung kann deshalb zum Trojanischen Pferd des demokratischen Staates werden. Die Gruppenmacht lässt das Vertrauen in die Legitimation des Staates aus dem Allgemeinwillen und seiner Verantwortung gegenüber der Allgemeinheit schwinden.

Wenn Staat und Verband miteinander verhandeln, treten Minister und Verbandschef – oder ein Ministerialbeamter und ein Verbandsgeschäftsführer – in einen *Dauerdialog,* in dem man sich wechselseitig schätzt und aufeinander Rücksicht nimmt, sorgfältig abgewogene Ergebnisse früherer Annäherungen aufnimmt, Fachwissen und Interessentenwissen ständig vermengt. Aus den Verhandlungen zwischen Staat und Verband wird eine Zusammenarbeit zwischen Fachressort und Fachreferent. In dieser Logik einer abgehobenen Herrschaft – einer Oligarchie – entwickeln sich Eigengesetzlichkeiten des Einflusses aus wechselseitiger Nähe. *Die Anliegen der Mitglieder treten zurück.* Die Substanz der Gruppeninteressen unterliegt einem strategisch bedingten Anpassungsdruck, in den die Verbandsspitze nicht immer ihre Mitglieder einbezieht.

Institutionalisierte Verhandlungssysteme bevorzugen die Interessenträger, die – wie die Tarifparteien – gewichtige Regelungen verhindern können. Gruppeninteressen erstarken dann gegenüber Gemeinwohlerfordernissen zu gleichrangigen Belangen, die durch wechselseitiges Entgegenkommen ausgeglichen werden. Die Großverbände entwickeln sich zu staatsähnlichen Organisationen mit begrenztem Wirkungsbereich; verfassungsrechtliche Entscheidungsorgane, insbesondere der Gesetzgeber, werden entsprechend entwertet.

Teilweise sind die Interessenorganisationen auch dem Staate angenähert oder ihm zugeordnet: öffentlich-rechtliche Körperschaften wie Berufskammern, Sozialversicherungsträger oder der öffentlich-rechtliche Rundfunk bieten öffentlich-rechtliche Organisationsformen, in denen die Freiheitsberechtigten ihre Freiheit ausüben und selbst überwachen. In diesen Körperschaften wird die staatliche Aufsicht durch Selbstverwaltung ersetzt, der Freiheitsberechtigte aber auch zu einer Mitgliedschaft und deren Bindungen gezwungen. Dachorganisationen wie der Deutsche Industrie- und Handelskammertag, der Deutsche Städtetag oder die Hochschulrektorenkonferenz organisieren Interessen von autonomen Körperschaften, die Freiheits- und Bürgerrechte innerhalb des Staates oder in Staatsnähe wahrnehmen.

b) Organisierte Interessen herrschen, nicht organisierte bleiben schwach

Organisationskraft und Durchsetzungsfähigkeit eines Verbandes führen zur Vorherrschaft starker Interessen, vernachlässigen schwach oder nicht organisierte Interessen, die vielfach die Anliegen der großen Zahl der Eltern, der Mütter, der Kinder, der Sparer, der Steuerzahler, der Geldeigentümer betreffen. Die demokratische Gesellschaft zweifelt, ob staatliche Entscheidungen noch dem Gemeinwohl dienen. Ihr fehlt der staatliche Partner, den sie demokratisch im Wahlakt für die vom Parlament getroffenen Entscheidungen in Verantwortung nehmen kann. Das Unwort von der »Unregierbarkeit« einer Verbändedemokratie geht um.

Vor zweihundert Jahren noch schien das Recht auf dem heutigen Gebiet Deutschlands fest in der Hand von Zünften und Verbänden. Es war regional zerklüftet, auf verschiedene Berechtigte mit Genehmigungs- und Erwerbsvorbehalten aufgeteilt. Der Erwerbstätige brauchte von seiner Zunft einen beruflichen Status, von der Stadt eine gewerbliche Genehmigung, für die Grundstücksnutzung eine Erlaubnis des Grafen, für das Wasserrecht eine Zuweisung des Klosters. Diese hemmende Rechtsordnung hinderte die Freiheit und die Menschen suchten einen Herakles, der in der Person von Napoleon den Reichsverband und die Zünfte aufhob, die Entwicklung zu einer Zivilrechtsordnung und einer Gewerbeordnung einleitete, in der die Kraft der Freiheit sich zu entwickeln begann.

Das Handlungsmittel von Napoleon allerdings war der Krieg. Dieser steht uns heute glücklicherweise nicht mehr zur Verfügung. Wenn wir rückschauend beobachten, dass große Kodifikationen und rechtliche Erneuerungen von Kriegen veranlasst werden, führt das nicht zu der resignativen Annahme, wir bräuchten keine Kriege zu befürchten, dürften dann aber auch keine großen Reformen erwarten. Vielmehr weckt diese Beobachtung die Phantasie, unter den besseren Bedingungen einer freiheitlichen Demokratie die Macht der Zünfte zu lockern, die Verkrustung des Rechts aufzuheben, das neue Recht auf die Freiheit zuzuschneiden. In der napoleonischen Zeit empfing der Mensch seine Rechte vor allem als Mitglied von Ständen und Zünften.

Heute ist er Grundrechtsberechtigter, verfügt über individuelle Freiheit. Auch der freie Bürger muss seine Anliegen selbstverständlich in politischen Verbänden, Gruppen und Parteien vertreten, darf es aber nicht dulden, dass die gemeinschaftlichen Anliegen freier Bürger in der Dominanz der Verbände verloren gehen. In einer Diskussion mit vielen Unternehmern über das Steuerrecht habe ich erlebt, dass die Unternehmer sich von der Vielzahl der Lenkungstatbestände, damit der Bevormundung durch das Steuerrecht und den Steuerberater lösen und dafür niedrige Steuersätze eintauschen wollten, die Verbandsvertreter aber für ein Privileg kämpften, das sie dem Gesetzgeber abgerungen hatten. Der Blick eines Verbandes im täglichen Streit um politische Bewährung und Anerkennung ist ein anderer als der Blick eines Unternehmers im ständigen Wettbewerb mit seinen Konkurrenten.

c) Die Verbände genießen Freiheit vom Staat

Das Grundgesetz sichert den Interessenverbänden und ihren Mitgliedern in den Grundrechten zwar ihre Betätigungsfreiheit und schützt ihren Bestand, trifft aber keine Aussage über ihre Macht im Staat. Die Grundrechte gewähren den Verbänden eine Freiheit vom Staat, die auch den Staat in eine Distanz zu den Verbänden bringt. Dieser Befund ist als *»Interessenverbandsprüderie«* des Grundgesetzes gerügt, als Rückständigkeit und Realitätsferne der Verfassung beanstandet worden. Die Verfassung betreibe ein Versteckspiel, das den Verbänden zwar Grundrechte gewähre, sie aber nicht als Institutionen der Macht, der Mitwahrnehmung staatlicher Herrschaft anerkenne.

Dennoch ist das Grundgesetz gegenüber der Macht der Verbände beredt. Der demokratische Staat wird für die gesellschaftliche Willensbildung geöffnet, wahrt aber zugleich seine Unabhängigkeit und Unbefangenheit gegenüber gesellschaftlichen Mächten. Die Verfassung trifft *Vorkehrungen gegen den Verbändeeinfluss.* Das staatliche Gewaltmonopol behält die Ausübung von physischem Zwang ausschließlich staatlichen Organen vor und hält die Verbände von dieser Gewalt fern. Das freie Mandat des Abgeordneten, das öffentliche Amt des unbefangenen Berufsbeamten, die Unparteilichkeit und Unbefangenheit des Richters schaffen und erneuern ständig die Distanz zwischen freiheitsberechtigter Gesellschaft und freiheitsverpflichtetem Staat. Öffentlichkeit und parlamentarische Debatte stellen die Gesetzgebung unter stetige Beobachtung der Allgemeinheit, suchen die parlamentarische Entscheidung damit auf die Allgemeinheit der Wähler auszurichten, die über die Wiederwahl eines Abgeordneten entscheiden.

Wenn diese Dämme zu brechen drohen, wenn der Staat seine Tore für ein Eindringen der Interessenverbände öffnet oder die Interessenverbände sich selbst Einlass verschaffen, muss der Verfassungsstaat sich mit der Kraft seiner Verfassung gegen diese Entparlamentarisierung und Entdemokratisierung wehren, die Distanz als Verfassungsbedingung der Freiheit zurückgewinnen. Gebt den Bürgern ihren Staat zurück!

4. Der Staat entscheidet unparteilich

a) Der Richter spricht unbefangen

Diese Distanz zwischen freiheitsberechtigtem Bürger und freiheitsverpflichtetem Staat ist in vorbildlicher Weise für die Rechtsprechung gesichert. Der Richter entscheidet in einem streng vorgezeichneten Verfahren, widmet sich den Anliegen und dem Vorbringen der Parteien, wahrt aber ersichtlich Abstand zu ihnen, um schon eine bloße Besorgnis der Befangenheit auszuschließen. Seine Unbefangenheit meint die ausschließliche *Parteinahme für das Recht,* die strikte Rechtlichkeit im Denken und im Gehabe. Würde ein Richter einer Prozesspartei in Freundschaft oder Feindschaft nahe kommen, mit ihr verwandtschaftlich verbunden sein, mit ihr in Vorgesprächen ohne Wissen der anderen Prozessbeteiligten den Rechtsfall erörtern, mit ihr gemeinsam in einer Fußballmannschaft oder einem Quartett spielen, so wäre er befangen und dürfte in diesem Falle nicht mehr tätig werden. Der Richter ist im Dienst allein dem Recht verpflichtet, nur außerhalb des Dienstes ist er als Mensch frei.

Ich habe diesen Unterschied zwischen freiheitsberechtigtem Bürger und freiheitsverpflichtetem Richter als Mitglied des Bundesverfassungsgerichts erlebt. Wenn wir vor der mündlichen Verhandlung die Richterrobe angezogen haben, haben wir an der Garderobe unsere Freiheit abgegeben. In der Verhandlung darf der Richter nicht die Themen nach seinem Belieben wählen, nicht mit den Parteien über die gestrige Opernaufführung oder die politische Gegenwartslage sprechen, nicht das Verfahren nach seinem Gutdünken gestalten, schon gar nicht seinen Empfindungen für die eine oder andere der streitenden Personen ihren Lauf lassen. Sein Verhalten ist ganz von Amt und Pflichten geprägt. Erst am Abend, wenn er die Robe wieder in der Garderobe abgegeben hat, gewinnt er seine Freiheit als Bürger und Mensch zurück, darf seine Dialoge in Freiheit führen, seine Freizeit nach Belieben gestalten, sich gegen Öffentlichkeit und Rechtsfragen in seiner Privatsphäre abschirmen.

b) Der Abgeordnete soll unabhängig entscheiden

Richterliche Unbefangenheit stärkt die Objektivität des Richterspruchs, der den Streit zwischen zwei Parteien im Einzelfall regelt. In ähnlicher Weise gilt das Gebot der Unbefangenheit und Unparteilichkeit, wenn der *Verwaltungsbeamte* seine Aufgaben erfüllt. Im Gegensatz dazu wird die Sachlichkeit der Parlaments- und Regierungsentscheidungen nicht durch die Unbefangenheit gefestigt, sondern durch die stetige, unmittelbare demokratische Kontrolle. Parlament und Regierung stehen ständig im Wissens- und Willensaustausch mit dem Staatsvolk, müssen sich immer wieder durch die Entscheidung des Wählers legitimieren und erneuern. Die Macht des Gesetzgebers ist *nicht,* die der Regierung *nur bedingt* eine *distanzierte Gewalt.*

Auch unter dieser Kontrolle durch Wahl und öffentliche Beobachtung sollen aber der Abgeordnete und das Regierungsmitglied unabhängig entscheiden. Die Abgeordneten unterliegen keinen Weisungen, sind *nur ihrem Gewissen verantwortlich.* Diese Unabhängigkeit allerdings sollte durch weitere rechtliche Vorkehrungen gegen die Bestimmungsmacht der Parteien, Verbände und Interessenten gefestigt werden.

Ein Blick in die Parlamentsordnungen der Staaten und Staatsorganisationen zeigt ein Bemühen, die Unabhängigkeit und Allgemeinverantwortlichkeit der Abgeordneten zu stärken. Nach dem Grundsatz der Gewaltenteilung soll ein Abgeordneter möglichst nicht mehrere Ämter verschiedener Staatsgewalten gleichzeitig bekleiden, politische und wirtschaftliche Belange nicht vermischen, seine Arbeitskraft möglichst vollständig seinem Amt widmen, sich gegen äußere Einflussnahme durch Versprechungen und Geschenke abschirmen, seine außerparlamentarische Berufstätigkeit sowie seine Einkommens- und Vermögensverhältnisse durch Veröffentlichung vom Staatsvolk kontrollieren lassen. Ein Abgeordneter des *Europäischen Parlaments* darf nicht gleichzeitig Mitglied der Regierung sein, der Kommission angehören, Funktionen am Europäischen Gerichtshof ausüben. Eine in ähnliche Richtung weisende Regelung kennt das belgische Recht.

Die Parlamentsordnungen suchen eine Vermengung von politischem und wirtschaftlichem Auftrag dadurch zu vermeiden, dass der Abgeordnete in Unternehmen nicht Mitglied oder Funktionsträger sein darf. Betrachtet man die Einzelregelungen, so wird ersichtlich, dass es teilweise um die *Unabhängigkeit unter Staatsorganen,* um eine *Distanz gegenüber staatlichen Unternehmungen,* um *Schutz gegen eine wirtschaftliche Schädigung des Staates* oder die *Entflechtung von gegenläufigen Interessen* geht. Mit den wachsenden Anforderungen an die Gesetzgeber verstärkt sich auch die Pflicht des Abgeordneten, seine Arbeitskraft überwiegend oder ausschließlich der parlamentarischen Aufgabe zu widmen. Dieses Anliegen vermischt sich – deutlich in den *USA* – mit dem Verbot jeder beruflichen oder geschäftlichen Tätigkeit, die im Widerspruch zur gewissenhaften Amtsführung stehen kann.

Allgemein anerkannt ist heute, dass der Abgeordnete sich in seinem politischen Wirken nicht durch Versprechen oder Geschenke beeinflussen lassen darf. Dieses Verbot wird verstärkt durch Regeln über entgeltliche *Nebentätigkeiten,* die in *Spanien* grundsätzlich untersagt sind, in anderen Staaten – etwa den USA – in detaillierten Regelungen über sachgerechte Entgelte und unzulässige Geschenke beschränkt werden. Probleme bieten insbesondere die Einladung zum Essen, kostenlose Reisen, unentgeltliche Dienstleistungen.

Hinzu treten Erfordernisse der *Transparenz und Veröffentlichung.* Vor allem Nebentätigkeiten müssen angezeigt werden, teilweise dem Parlamentspräsidenten, teilweise der Öffentlichkeit. In der *Europäischen Union* muss der Abgeordnete, wenn er im Parlament das Wort ergreift, offenlegen, wenn er ein unmittelbares finanzielles Interesse an dem zu behandelnden Gegenstand hat. In *Frankreich* muss der Abgeordnete beim Sekretariat der Nationalversammlung seine beruflichen Aktivitäten und Tätigkeiten von allgemeinem Interesse darlegen, auch wenn sie nicht entgeltlich ausgeübt werden, aber weiter ausgeübt werden sollen. In *Großbritannien* ist jedes Mitglied des Unterhauses verpflichtet, einem Registrar für die Interessenverflechtungen der Abgeordneten Einzelheiten einer möglichen Interessenverflechtung anzuzeigen; der Registrar trägt diese möglichen Verflechtungen in eine Liste ein, die der Öffentlichkeit zugänglich ist. Bei der parlamentarischen Tätigkeit im Unterhaus muss ein Abgeordneter aufdecken, inwiefern durch die jeweilige Sache seine finanziellen Interessen berührt sind. Diese Aufdeckungspflicht ist allerdings verfahrensrechtlich vereinfacht.

Vergleichen wir diese Regelungen mit der Rechtslage in *Deutschland,* so besteht eine weitgehende Übereinstimmung in der Bekämpfung der Korruption, im Verbot jeglicher Zuwendungen und Geschenke, in der Transparenz von Nebentätigkeiten. Doch bietet der Rechtsvergleich auch Anlass, einige vermeintliche Selbstverständlichkeiten unseres Parlamentsrechts zu überdenken.

Zunächst ist – für den deutschen Parlamentarismus eine Kühnheit – zu erwägen, ob die *Mitgliedschaft in einer Regierung unvereinbar mit der Parlamentsmitgliedschaft* sein soll, kontrollierendes Parlament und kontrollierte Regierung also strikt voneinander getrennt werden müssen. Die Praxis ist in Deutschland gegenwärtig eine andere. In der Regel sind der Bundeskanzler, die Bundesminister und die parlamentarischen Staatssekretäre zugleich Mandatsträger. Sie üben in ihren Parteien Spitzenämter aus, sitzen deshalb im Parlament in der ersten Reihe und nicht auf den hinteren Bänken. Insoweit wird das Parlament eher von der Regierung dominiert, als dass es die Regierung kontrolliert. Die Abgeordneten verstehen sich selbst mehr als zukünftiges Regierungsmitglied denn als deren Kontrolleur. Eine Grundfunktion der Gewaltenteilung ist erschüttert.

Bei der Frage, ob der Abgeordnete seine ganze Arbeitskraft seinem Mandat widmen, damit auch gegen jede Entgeltzahlung abgeschirmt werden soll, ist neben dem Anliegen der Unabhängigkeit des Abgeordneten auch zu bedenken, dass der Repräsentant des Staatsvolkes *möglichst in der Alltäglichkeit des Berufs und der beruflichen Begegnung im Staatsvolk verwurzelt* sein sollte. Grundsätzlich sollte kein Abgeordneter zugleich in einem Verband tätig sein, vielleicht während seines Mandats dort sogar seine Mitgliedschaft ruhen lassen. Im Übrigen aber ist Berufstätigkeit eine Entscheidungshilfe für Abgeordnetentätigkeit. Ein Abgeordneter, der weiterhin seinem vor dem Mandat ausgeübten Beruf nachgeht, bewahrt sich seine Lebenssicht und Erfahrung aus seinem Beruf auch für die alltägliche Parlamentsarbeit, gewinnt in dem Anker seines Erwerbsberufes auch Eigenständigkeit gegenüber seiner Partei und den Verbänden. Voraussetzung ist allerdings, dass der Gesetzgeber sich wieder auf das Regeln des Grundsätzlichen besinnt, damit die Normenflut eindämmt und den Abgeordneten freie Zeit für ein Verbleiben im bürgerlichen Leben belässt. Neue Erwerbstätigkeiten während des Mandats sollten allerdings schlechthin ausgeschlossen sein.

Der Abgeordnete sollte jenseits seiner Abgeordnetenbezüge und seiner bisherigen Erwerbsgrundlage *keinen Euro entgegennehmen dürfen*. Zum Ausgleich dafür sollte er als Abgeordneter mit einem Einkommen ausgestattet werden, das seiner Führungsverantwortung – vergleichbar den Verantwortungsträgern in Wirtschaft, Medien und Kultur – entspricht. Für den Deutschen Bundestag ist zu erwägen, die Entscheidungskraft des Parlaments dadurch zu stärken, dass die Zahl seiner Mitglieder halbiert wird, der Diätenaufwand aber gleich bleibt, das Einkommen des einzelnen Abgeordneten sich damit verdoppelt.

Das freie Mandat könnte gegenüber dem Parteieinfluss dadurch gestärkt werden, dass nur *wählbar* ist, wer in seinem jeweiligen Beruf *die Regelqualifikation erreicht hat* und über eine bestimmte berufliche Prägung und Erfahrung verfügt, wer während seines Mandats *in seinem Beruf verwurzelt bleibt* oder in diesen seinen Beruf nach Ablauf des Mandats zurückkehren kann. Deswegen sollte Abgeordneter nur werden, wer beruflich in Qualifikation und Erfahrung auf dem Weg zu Aufstieg und Erfolg ist. Der Arzt muss approbiert sein, der Jurist das zweite

Staatsexamen abgelegt haben, der Handwerker die Meisterprüfung bestanden oder ein Unternehmen drei Jahre geführt haben, der Kaufmann als Selbstständiger drei Jahre Gewinn erzielt, der Angestellte die in jungen Jahren erreichbaren Aufstiegsmöglichkeiten genutzt, die Mutter oder der Vater ihre Kinder wenigstens bis zur Schulreife erzogen haben. In diesen Qualifikations- und Leistungsnachweisen bildet sich ein Parlament, in dem die verschiedenen Berufserfahrungen, Fachqualifikationen und Lebenssichten wirksam werden. Nicht für ein Mandat qualifiziert der ausschließliche berufliche Aufstieg in einer Partei oder in einem Verband. So wird die Abschottung einer politischen Kaste vermieden, die Abhängigkeit des Mandatsträgers von seiner Partei gelockert. Wer fachlich, beruflich gut qualifiziert ist, wird sein Mandat mit mehr Urteilskraft und Entscheidungsfreude ausüben, andererseits auch leichter in den Beruf zurückkehren und damit die innerparteiliche Demokratie von unten nach oben stärken.

Auch sollte ein Abgeordneter nach seinem Mandat nur in zeitlichem Abstand *ein anderes staatliches Amt übernehmen* können, das er nicht schon vorher innehatte. Ob auch ein Wechsel von der Gesetzgebung in ein Regierungsamt ausgeschlossen sein soll, hängt von der Idee der Gewaltenteilung ab. Ein Abgeordneter, der sich ständig auf dem Sprung in ein Regierungsamt wähnt, wird die Regierung weniger kontrollieren und mehr ihre Aufmerksamkeit und ihr Wohlgefallen auf sich zu lenken suchen.

c) Die Regierung gestaltet, der Beamte verwaltet

Die Regierung kann nicht in gleicher Weise wie das Parlament auf Öffentlichkeit und Transparenz verpflichtet werden. Das vertrauliche Wort, diplomatische Verschwiegenheit und Vieldeutigkeit, die intensive Beratung hinter verschlossenen Türen, auch die Pflege von guten Beziehungen zu Staaten, Unternehmen, Gruppen und Verbänden sind Bedingung einer erfolgreichen Politik. Außerdem muss die Regierung als Einheit auftreten, ihre Minister also zu einem beachtlichen Teil an die Weisung des Regierungschefs binden. Dennoch wird der Status des Regierungsmitglieds eher unabhängig, wenn das Parlament unabhängig ist. Die Regierungsverantwortung gegenüber dem Parlament zwingt deutlicher zum Gemeinwohl, wenn das Parlament seinen Einfluss auf die Regierung durch unabhängige Abgeordnete, durch ein freies Mandat, sowie durch vermehrte Öffentlichkeit wahrnimmt.

Schließlich müssen die parteipolitisch bestimmte Regierung und die unparteiliche Verwaltung wieder klarer voneinander getrennt werden. Das Grundgesetz gebietet, dass ein Bewerber im öffentlichen Dienst nur nach Eignung, Befähigung und fachlicher Leistung eingestellt wird. *Die Parteizugehörigkeit spielt also keine Rolle.* Wenn aber gegenwärtig das Führungspersonal in bestimmten Ämtern und Rathäusern zu mehr als 3/4 einer Partei angehört, während das Staatsvolk nur zu weniger als 2 % in Parteien organisiert ist, so droht eine Fehlentwicklung. Die Parteien haben mit einem Wahlsieg nicht die Ämter und Rathäuser erobert, sondern müssen sich mit ihren politischen Vorstellungen gegenüber Amtsethos und Rechtlichkeit der unparteilichen Beamten bewähren.

d) Reformbedarf bei den Parteien

Zugleich müsste die Unabhängigkeit der Parteien, die den Abgeordneten ganz wesentlich bestimmen, deutlich verbessert werden. Die Verfassung fordert eine Organisation der Parteien nach *demokratischen Grundsätzen,* sucht also den beherrschenden Einfluss des Spitzenpersonals, oligarchische Strukturen in der Partei zu verhindern, die Partei wieder vermehrt für den Willen aller ihrer Mitglieder und damit für die Vielfalt der Interessen, Einsichten und Werteerfahrungen zu öffnen. Würde ein Kandidat von den Parteimitgliedern unmittelbar vor Ort benannt, der Listenkandidat sein Abgeordnetenmandat nicht nach seinem Listenplatz, sondern nach der Zahl seiner bei der Wahl erzielten Stimmen gewinnen, wäre unsere Demokratie unmittelbarer, bürgernäher.

Eine Partei ist auch gegen die Herrschaft eines Finanziers abzuschirmen, eine Parteispende deshalb mehr und mehr einzuschränken und die Partei vorrangig aus Mitgliedsbeiträgen und öffentlichen Mitteln zu finanzieren. Auch sollten sich Parteien *nicht wirtschaftlich betätigen* und damit in eigenem Erwerbsinteresse binden, sich insbesondere nicht an Presse- und Rundfunkunternehmen beteiligen und so die Meinungsbildung statt durch das gute Argument durch die Kraft des Kapitals beeinflussen dürfen.

5. Wer den Sprachgebrauch beherrscht, gewinnt Herrschaft auch über das Recht

Die Macht der Verbände sucht die öffentliche Diskussion über die Entwicklung des Rechts zu bestimmen, den Text des Gesetzes zu beeinflussen, auch die Deutung geltender Gesetze zu lenken. Dabei sind die Beteiligten in ihrer Sprechweise selbstverständlich frei.

Die Sprechfreiheit erlaubt keine Verpflichtung auf die Wahrheit, das Tatsächliche, das Richtige. Bedürfnisse menschlichen Zusammenlebens fordern gelegentlich eine ungenaue und unrichtige Sprechweise. Das Taktgefühl gegenüber einem Enttäuschten ist Anlass, einen Sachverhalt sprachlich zu verschleiern. Der Arzt wird eine Wahrheit verschweigen, um dem Patienten das Leiden zu erleichtern. Beim Ausgleich zwischen Streithähnen gehören schonende Euphemismen zum guten Ton. Die Diplomatie nimmt höflich ein Blatt vor den Mund. Wer Gegenrede und Einwände nicht provozieren will, wählt die verblümte Ausdrucksweise. Soll eine grundsätzliche Übereinstimmung an einer Teilfrage nicht scheitern, verständigen sich die Vertragspartner auf einen Formelkompromiss, den vereinbarten Dissens. Empfinden Gesprächspartner ein Problem als noch sehr eckig, setzen sie sich an einen Runden Tisch. Stehen sie einander distanziert und kritisch unverbunden gegenüber, gründen sie ein Bündnis für Arbeit oder Ausbildung. Scheinen Interessengegensätze kaum überwindbar, werden sie im Begriffspaar der »Sozialpartner« entschärft und gemäßigt.

Sprache kann umgedeutet werden. Deswegen machen sich Interessenten, die nicht eine Parlamentsmehrheit erreichen können, auf den Weg, den Begriffen eines Gesetzes eine andere Bedeutung zu geben. Sie versuchen, das Recht durch geplanten Sprachgebrauch zu ändern.

a) Sprachverfremden und Sprachverführen

Wer frei sprechen darf, wählt auch bewusst das Gestaltungsmittel, die Sprache zu verfremden oder durch Sprache zu verführen. Die Sophisten benutzen die Mehrdeutigkeit eines Begriffes, um »die schwächere Sache zur stärkeren zu machen«. Das Orakel täuscht eine gültige Aussage vor, löst den Richtigkeitsanspruch aber nur durch seine Vieldeutigkeit. Sokrates offenbart die Wahrheit in Ironie, in der fragenden, aber ersichtlichen Widersprüchlichkeit von Gesagtem und Gemeintem. Dichtung verändert, bündelt oder vergröbert die Wirklichkeit zum Dramatischen, Spaßhaften, Grotesken, Widersinnigen, regt dadurch Nachdenklichkeit und Phantasie an. Wer etwas einen Namen gibt, etwa einen Stern als *Morgen- oder Abendstern* bezeichnet, bestimmt in seiner Sichtweise den Blickwinkel auch des Angesprochenen. Wer einem anderen eine Vorstellung von seinem Ich vermittelt, macht »sich einen Namen«. Das Namenlose ist das Unpersönliche, das nicht Bewusste, das Irrationale, das nicht Kalkulierbare.

Freiheit gestattet somit die selbstbestimmte, unbekümmerte Sprechweise. Das staatliche Gesetz setzt hier *nur grobe Grenzen* zum Schutz der Sprachbetroffenen, bedroht die Beleidigung und Verleumdung mit Strafe, schützt im Wettbewerbsrecht bestimmte Waren- und Markenzeichen, verbietet unlauteres Werben, anerkennt Urheberrecht und Namensrecht. Die Rechtssprache hingegen ist nicht gegen Fehlgebrauch geschützt. Selbst eine unsinnige Verwendung eines Gesetzesbegriffs ist erlaubt – der Richter wird ihr nur nicht folgen.

Dabei steht die Sprache jedem zur Verfügung, *steht im Gemeingebrauch,* wird nicht durch Sprechvorbehalte oder Ausgrenzungen abgeschirmt. Doch gibt es Sprechweisen, die geplant ein politisches Problem verharmlosen oder Sichtweisen verfälschen. Die Entlassung von Arbeitnehmern in die Arbeitslosigkeit wird als Freisetzung ausgedrückt, also als Freiheit definiert, wo Zugehörigkeit und Teilhabe beendet ist. Die mütterliche Zuwendung und Begleitung des Kindes wird als überforderndes alltägliches Zeitmanagement karikiert, um den Weg zu staatlichen Erziehungseinrichtungen zu ebnen und die Frage nach dem Verlust elterlicher Zuwendung und Erziehung zu vermeiden. Der Teilabriss eines denkmalgeschützten Hauses erscheint als

Rückbau, die Müllhalde als Entsorgungspark, der polizeiliche Todesschuss als Rettungsschuss. Das Arbeitsrecht spricht von »Umstrukturierung« statt von Betriebsschließung, das Sozialrecht sucht die demokratiefremde Einheitsliste als »Friedenswahl« zu beschönigen, die Bevorzugung der Kapitalerträge vor den Arbeitserträgen vermittelt das Steuerrecht schlicht als Tarif-»Spreizung«, das organisierte Willkürprinzip bei der Studienzulassung nennen wir Los-»Verfahren«, der Konjunktureinbruch erscheint als »Null- oder Minuswachstum« in freundlicherem Licht. Diese Sprachverfremdung erreicht auch den Staat.

Der Staat hält die Rechtsgemeinschaft in ihren gegenläufigen Interessen zusammen, schlichtet Konflikte, weist den Störer in die Schranken des Rechts. Deswegen begegnet der Staat häufig dem Widerspruch, dem Kontrast, der Provokation. Der Frieden, Ordnung und Sicherheit gewährleistende Staat des 19. Jahrhunderts wurde als »Nachtwächterstaat« charakterisiert. Die staatliche Autorität wird als autoritär gekennzeichnet, das staatlich garantierte Privateigentum als Diebstahl herabgewertet, staatliches Wissen als ungerechtfertigter Informationsvorsprung in Frage gestellt. Das Stabilitätsgesetz sucht den Staatshaushalt auf das magische Viereck zu verpflichten – auf Geldwertstabilität, hohen Beschäftigungsstand, ausgeglichene Handelsbilanz und stetiges angemessenes Wirtschaftswachstum –, ist aber mit diesem Versuch gescheitert, die Magie in das Recht einzuführen. Diese Sprache stellt eine Rechtswirklichkeit in Frage, will einen rechtspolitischen Auf- oder Umbruch organisieren.

b) Das Gesetz als Uhrwerk?

Der Gesetzgeber wird sich jedoch bemühen, den Inhalt des Gesetzes durch eine allgemeinverständliche Regelung gegen Vieldeutbarkeit und Verfremdungen abzuschirmen. Diese Allgemeinheit und Allgemeinverständlichkeit ist der Vorzug des Preußischen Allgemeinen Landrechts von 1794 und des Bürgerlichen Gesetzbuches von 1900. Diese Gesetze wurden sorgfältig vorbereitet, auch von Sprachwissenschaftlern beraten, an die Allgemeinheit der Bürger gesprochen.

Friedrich II. von Preußen wollte ein vollkommenes Gesetzbuch schreiben, in dem man die Einheit des Planes und so genau angemessene Bestimmungen finde, »dass ein nach ihm regierter Staat einem Uhrwerk gliche, in dem alle Triebfedern nur einen Zweck haben. Man fände darin ferner tiefe Kenntnis des menschlichen Herzens und des Nationalcharakters«. Diese Bestimmungen müssen so klar und genau sein, dass jeder Streit um die Auslegung ausgeschlossen wäre. »Alles wäre vorausgesehen, alles in Einklang gebracht, nichts würde zu Unzuträglichkeiten führen. Aber das Vollkommene liegt außerhalb der menschlichen Sphäre.«

Wir folgen dem Anliegen, ein Gesetzbuch als Meisterwerk des menschlichen Verstandes zu gestalten, es aus seiner inneren Vernunft gegen Interessenten abzuschirmen, aber auch der Einsicht, dass ein vollkommenes Gesetz außerhalb des Menschenmöglichen liegt. Zudem ist jede Vorschrift eine Vorausschrift für die Zukunft, kann also nicht heute voraussehen, welche Anfragen die Wirklichkeit morgen an das Gesetz richtet. Ein zu detailliertes Gesetz erfasst nicht die Vielfalt der Lebensverhältnisse und nicht die Entwicklung einer Gesellschaft, neigt zu Privileg und Einzelmaßnahme. Ein Arzneimittelgesetz, das heute nur das Medikament A zulässt, wird morgen durch das bessere Medikament B widerlegt. Ein Strafrecht, das den Diebstahl von Sachen bestraft, verfehlt den Diebstahl von geistigem Eigentum oder von Automatenleistungen. Deswegen braucht das Zivilrecht die Offenheit im Gestaltungsmittel des Vertrages, das Polizeirecht die Generalklausel der öffentlichen Sicherheit und Ordnung, das Beamtenrecht die allgemeinen Qualifikationsanforderungen der Eignung, Befähigung und fachlichen Leistung. So kann das Polizeirecht im Tatbestand *»der öffentlichen Sicherheit und Ordnung«* vor 100 Jahren das Rauchen verbieten, aber erlauben, dass der Hausmüll auf die Straße gekippt werde. Heute gilt bei der wortidentischen Norm das Gegenteil: Man raucht auf der Straße, der Müll darf aber nicht gekippt werden. Das allgemeine Gesetz ist für tatsächliche Änderungen, nicht für Gruppeninterventionen offen.

Die moderne Gesetzgebung sucht diese Entwicklungen aber durch Sachlichkeit, Nüchternheit, Distanziertheit zu steuern, gegen Umdeutungen durch Interessenten zu bewahren. Sie verwendet den *Verstan-*

desstil, umgibt sich mit einem Hauch kühler Geschäftsmäßigkeit. Der Preis ist die geringe werbende Kraft für Rechtsideale, eine Sprachdistanz gegenüber dem Staatsvolk. Früher wurde das Recht in eingängigen Wortverbindungen einprägsam vermittelt. Das Recht wurde verständlich und in das Bewusstsein der Menschen eingeprägt durch Stabreime (Haus und Hof, Land und Leute, Nacht und Nebel), durch Endreime (Rat und Tat, Schalten und Walten), durch Wiederholungen (Acht und Bann, Kraft und Macht) oder durch die positive Aussage mit gleichzeitiger nachfolgender Negation (die Wahrheit sagen und die Lüge lassen). Heute wählt der Gesetzgeber die Rationalität der Rechtssprache, um die Verlässlichkeit und Allgemeinverständlichkeit seiner Regeln zumindest für den Rechtskundigen zu sichern, der Rechtsprechung möglichst objektive Maßstäbe vorzugeben, die von Empfindungen, Neigungen und Vorurteilen des Richters unabhängig sind, den Rechtsmaßstäben Stetigkeit und Kontinuität zu sichern, die Kompetenzen zwischen vorsprechendem Gesetzgeber und nachsprechendem Interpreten, insbesondere der Verwaltung und Rechtsprechung, zu wahren. Doch das Gespräch über das Recht bleibt frei, die Gesetzesinterpretation ist in der öffentlichen Debatte wie im Gehör vor Gericht auf gegenläufige Deutung angelegt. Das Gemeingut Recht ist in seiner Entwicklung Angelegenheit der Rechtsgemeinschaft.

c) Sprachunterdrückung

Aus der Sprechfreiheit wird Sprachherrschaft und Sprachunterdrückung, wenn es Interessen oder Interessenten gelingt, einen von ihnen unerwünschten Sprachgebrauch als inkorrekt, rückständig, unzulässig zu brandmarken. Das wichtigste Beispiel bietet das berechtigte Anliegen, Mann und Frau gleich zu behandeln. Die Gleichberechtigungsbewegung bedient sich des Machtmittels, uns sprachlich so zu verunsichern, dass wir uns kaum noch trauen, unbefangen und beherzt zu sprechen, wir vielmehr immer von dem Gedanken bedrückt werden, in unserer Sprechweise die Empfindsamkeit der Gleichberechtigungsanliegen doch nicht zu verletzen. Unbefangen sprechen wir von »der Mensch«, meinen damit selbstverständlich Mann und Frau, oder von »die Person«, schließen damit ebenso selbstverständlich männliche wie weibliche Personen ein. Doch wenn wir von »dem Ministerpräsidenten« sprechen, legt eine Frau in diesem Amt Wert auf die Feststellung, sie sei Ministerpräsidentin. Wenn ein Formular bisher »der Antragsteller« schrieb und dabei die Person meinte, die etwas beantragt, die Unterscheidung zwischen Mann und Frau aber schlechthin nicht im Sinn hat, findet man jetzt häufig »der Antragsteller/die Antragstellerin«, manchmal sogar das unsprechbare »AntragstellerInnen«. Vielfach werden auch angestrengt Begriffe gesucht, die eine Qualifikation als Mann oder Frau vermeiden. Aus Studenten werden Studierende, aus Assistenten Assistierende; im Singular bleibt Ratlosigkeit. In der universitären Forschung und Lehre sind wir in dieser Frage gelassener. Hier lehren Frau Professor und Herr Professor.

Je mehr Sprachherrschaft und Konvention auf bestimmte Begriffe und Sprechweisen drängen und andere verbieten, desto mehr verlieren wir an Freiheit. Diskutieren wir über die Gleichberechtigung, formulieren wir den Anspruch auf Gleichbehandlung in Beruf und Einkommen, den Unterschied bei Mutterschutz und Wehrpflicht, die Gemeinsamkeit in Staatsbürgerschaft und Menschenwürde, aber auch den Reiz der Verschiedenheit in der Begegnung, der Ehe und Familie. Sprechen wir hingegen über ein anderes Thema, den Umweltschutz, das Polizeirecht oder das Steuerrecht, erlaubt die Freiheit des Denkens und Meinens allen Sprechern, sich auf dieses Thema zu konzentrieren und die Gleichberechtigungsfrage zu vergessen. Die Diskussion über die angemessene Ausdrucksform sollte deshalb mehr Gelassenheit zurückgewinnen. Sprachunterdrückung provoziert Gegenwehr. Gegenwehr aber hat das Gleichberechtigungsanliegen nicht verdient.

d) Gesetzliche Lenkung durch Sprachverfremdung

Teilweise wählt auch die öffentliche Hand eine Sprechweise, die nicht die gegenwärtige Wirklichkeit aufnimmt, sondern eine erhoffte Wirklichkeit schon als Gegenwart definiert. Der Vertrag zur Gründung der Europäischen Gemeinschaft spricht von einem Europäischen *Parlament*, obwohl diese europäische Versammlung kein eigenständiges Gesetzgebungs- und Budgetrecht hat. Er bezeichnet den Freiheitsberechtigten als *Unionsbürger*, obwohl es den europäischen Bürger, das Mitglied des europäischen Staatsvolkes, nicht gibt. Es qualifiziert die Gemeinschaft der 25 Staaten als *Europäische* Union, obwohl wichtige Teile Europas dieser Union nicht angehören. Die Erneuerung und Erweiterung des Vertrages insbesondere um einen Menschenrechtskatalog wird als Debatte über eine *Verfassung* dargeboten, obwohl eine Grundordnung eines europäischen Staates, der Vereinigten Staaten von Europa, nicht gewollt ist. Auch diese Wortfälschung ist eine Revolutionstaktik, die jede Rechtsordnung an ihrer empfindlichen Stelle, der Verlässlichkeit ihrer Begriffe, trifft. Der Gesetzgeber wird zum Interessenten, der mehr sagt, als er gegenwärtig mehrheitlich sagen kann.

Die Gegenwehr gegen eine Rechtsverfremdung durch Sprachfälschung liegt nicht in einem Verbot, das der Gesetzgeber gegen sich selbst richten müsste. Abhilfe bietet einmal das Demokratieprinzip, nach dem auch alle staatliche Sprachgewalt vom Volke ausgeht, der Wähler sich also gegen Sprachfehler und Sprachbetrug des Staates wehrt. Vor allem aber hilft die Rechtsprechung. Der Rechtsstaat zieht sich, wenn er einen abstrakten, entpersönlichten Rechtssatz verkündet hat, nicht aus dem Gespräch mit dem Gesetzesadressaten zurück und lässt diesen mit dem Gesetzestext allein. Vielmehr sieht die Verfassung eigens einen Rechtsprecher vor, die rechtsprechende Gewalt, die in einer mündlichen Verhandlung mit dem Betroffenen über den richtigen Inhalt des Rechts spricht und diesen dann für den Einzelfall verkündet. Das Gerichtsverfahren ist auf die Fortsetzung des im Gesetz angelegten Rechtsgesprächs angewiesen, baut auf die sprachliche Auseinandersetzung zwischen Kläger und Beklagtem, Staatsanwalt und Verteidiger, Behörde und Verwaltungsbetroffenen. Dabei sind die Parteien im Tatsachenvortrag auf die Wahrheit verpflichtet, in der Deutung des Rechts hingegen völlig ungebunden. Die einzige Folge eines törichten oder eines unredlichen Vorschlags, das Gesetz zu deuten, ist die Zurückweisung durch das Gericht, der

Subsumtionsfehlschlag. Der Staat weiß mit Interessenten, mit dem Recht der Freiheit, mit der Gleichheit der Kontrahenten vor dem Gesetz umzugehen.

IV. Der Traum vom Glück

1. Das Märchen vom Spiegelbild im Wasser

*Es waren einmal zwei Männer, bärtig und in abgerissenen Kleidern,
die sich nach langer Wanderschaft begegneten. Der eine, Fernando,
hatte überall in der Welt sein Glück gesucht und es nirgends gefunden.
Immer wenn er an einem Ort ankam, war das Glück schon woanders.
Und immer, wenn er sich an einem Ziel zur Ruhe setzen wollte, drängte
es ihn erneut zum Aufbruch. An keinem Ort fühlte er sich heimisch.
Der andere, Antonio, hatte sein Glück schon hinter sich. Er hatte viele
Jahre in seiner Familie mit einer liebevollen und heiteren Frau und
zwei ihr entsprechenden Kindern gelebt, sich dank beruflicher Tüch-
tigkeit Wohlstand und Anerkennung erworben. Doch als eines Tages
ein Geldverleiher die Chance bot, durch eine Wette einen großen
Klumpen Gold zu gewinnen, hat er alles gesetzt und alles verloren.
Daraufhin hat er Frau und Kinder verlassen und bewegt sich seitdem
möglichst unauffällig und ungesehen auf den Pfaden der Welt. Alles,
was er besaß, schien ihm entglitten, sein Glück verloren.
Im Wald ruhten sie sich aus und wuschen ihr Gesicht in einer Quelle.
»Was ist der Mensch?«, fragte Fernando, als er sein Spiegelbild im
Wasser sah. »Ich will dir sagen, was er ist! Ein freies Wesen, ewig
unterwegs! So wandelbar wie mein Bild in den bewegten Wassern! Die
Dinge und Menschen, sie funkeln verlockend, sind wie neue Wasser, in
denen ich mich spiegeln kann. Jeder ist seines Glückes Schmied. Ich
brauche keinen König und kein Land, keine Familie und keine Freunde.
Jeder muss sehen, wo er bleibt. Ich nehme mit, was mir über den Weg
läuft!«
Antonio schüttelte den Kopf: »Du irrst, mein Freund! Schau nur richtig in die Quelle! Das Leben rauscht vorüber. Nirgendwo sind wir
zu Hause. Wo bin ich? Wo ist mein Zuhause? Wo kann ich bleiben
und glücklich sein?« – »Wieso suchst du ein Zuhause?«, fragte ihn
Fernando. »Weil ich es schon einmal besessen habe. Ich hatte einen
Namen, hatte Frau und Kinder, Arbeit und Einkommen. In einer ein-
zigen Nacht aber habe ich alles verloren.« Fernando lachte: »Du
träumst von den Wonnen der Gewöhnlichkeit, mein Freund. Wirf sie*

weg! Befreie dich von den Fesseln der Liebe, von Brauch und Sitte, von Regeln, Anstand und Gesetz. Der Mensch ist frei. Was willst du zurück in alte Bahnen?«

Während sie so darüber sannen, wie sie sich selbst verstehen sollten und wo ihre Heimat sei, fiel ihr Blick auf ein großes Stadion im Tal. Viele schnittige Sportwagen fuhren vor. Ihnen entstiegen junge sportliche Burschen. Sie waren alle im Trikot ihres Fußballvereins gekleidet und jubelten ihren Spielern zu, die im Wettkampf einen großen Sieg erringen wollten. Die Burschen sangen laut das Vereinslied und konnten ihr Glück kaum fassen.

Als unsere Wandergesellen dieses beobachteten, sagte Fernando: »Ich würde mich niemals so tief verbiegen und verbeugen, dass ich mich in ein solches Auto zwängen könnte.« Doch Antonio erinnerte sich an frühere Zeiten, in denen er selbst ein solches Cabrio gefahren hatte und sprach vorsichtig und zögernd von einem technischen Meisterwerk, das fast den menschlichen Traum vom Fliegen erfülle. Doch Fernando fügte hinzu: »Ich würde mich niemals den Moden der Alltagswelt unterwerfen und in einem solchen Vereinstrikot herumlaufen.« Antonio, der selbst einmal Mitglied eines Tennis- und Golfclubs gewesen war und den Clubdress getragen hatte, murmelte kaum hörbar etwas von den alltäglichen Formen und Gepflogenheiten, die einen von der Mühe befreiten, selbst Form und Stil entwickeln zu müssen. Fernando sagte schließlich, er würde sich niemals in einer Menge von Sportfans verlieren wollen. Antonio schwieg, dachte aber bei sich, dass jeder Mensch ein bisschen der Mode folgen müsse, wenn er mit den einen jauchzen und feiern, mit den anderen trauern und trösten wolle.

Doch sie beschlossen, das Glück im Tal nicht zu teilen und schlichen davon. »Wo gehen wir hin?«, fragten sie einander. »In Richtung Glück«, sagte Fernando und wandte sich nach links. »Dann viel Glück!«, sagte Antonio. Und ging nach rechts.

2. Wollen wir freie oder betreute Menschen sein?

Jede Rechtsordnung steht vor der Frage, ob sie dem Menschen die *eigenverantwortliche* Gestaltung seines Lebens und der Rechtsgemeinschaft zutraut oder aber den Menschen als *unmündig* definiert, deshalb den Staat mit der Betreuung des Menschen beauftragt. Eine freiheitliche Verfassung baut auf das *Grundvertrauen, dass der Mensch zur Freiheit fähig und bereit ist,* also sein eigenes Leben, seine Teilhabe an Wirtschaft und Kultur, seine Mitwirkung im demokratischen Gemeinwesen selbstbestimmt gestaltet. Doch weiß das Recht ebenso, dass der Mensch sowohl als Kind wie im Alter hilfsbedürftig ist, auf Erziehung und Pflege, auf die helfende Hand und die finanzielle Unterstützung anderer angewiesen ist. Die Staatsverfassung hat nun die Aufgabe, die Hilfsbedürftigkeit des Menschen und seine Freiheitskraft deutlich zu unterscheiden, sodann die Verantwortlichkeit zur Hilfe zunächst den Familien, Kulturgemeinschaften, Kirchen, Erwerbsgesellschaften, Vereinigungen und erst dann dem Staat zuzuweisen. Auch weiß die Verfassung, dass der Mensch nicht ausschließlich als selbstbezogenes, seinen eigenen Vorteil suchendes Wesen glücklich wird, er vielmehr die menschliche Gemeinschaft braucht, erst in der Zuwendung zu einem anderen und im Bemühen um die Gemeinschaft sein Glück findet. Der Mensch ist stets freie Person und gemeinschaftsgebundener Bürger zugleich.

Unsere Hydra – sie ist uns schon gefährlich nahe gekommen und wir sprechen deshalb vertraulich von »unserer« Hydra – will uns aber glauben machen, *wir seien stets hilfsbedürftig,* sollten uns an die Bequemlichkeit staatlichen Helfens gewöhnen, sollten dem Staat nicht mit Erwartungen und Hoffnungen, sondern mit Forderungen und Ansprüchen begegnen. Mit dieser Verlockung, sich betreuen zu lassen, gewinnt Hydra immer mehr Herrschaft über Menschen, drängt uns in die Unfreiheit, *gewöhnt uns an staatliche Vorsorge, Vorschrift, Vormundschaft.*

Das Recht, sein Leben selbstbestimmt zu führen, bietet elementare Freiheit. Der Berechtigte darf die Ziele seines Handelns selbst bestimmen und den Weg dorthin im Wagen, Gewinnen oder Verlieren selbst wählen. Ist der Staat hingegen für die Entwicklung des Einzelnen verantwortlich, drängt er diesen in eine Wartestellung, in die Passivität, beansprucht die Befugnis, das Glück des Menschen staatlich zu definieren und zu verwirklichen. Dieses Recht auf zugeteiltes Glück bringt den Staat auf einen Weg der Bevormundung, letztlich der Diktatur. *Das Recht, sein Glück zu suchen, ist Freiheit; das Recht, sein Glück vom Staat zugeteilt zu bekommen, ist Hydra, die alle Freiheit, alles Hoffen, Streben, Anerkennen verschlingt.*

Die von unseren Wanderern gestellte Frage: Was ist der Mensch? ist seit *Kant* der Inbegriff aller Fragen. Wir beantworten sie mit der selbstbestimmten, zur Vernunft, Sittlichkeit und Verantwortlichkeit fähigen Person. Diese Person aber ist nicht einsam, nicht verloren, sondern zugehörig, lebt mit und durch die Gemeinschaft. Diese Antwort bezeichnet einen vorgefundenen Befund, auf den eine freiheitliche Verfassung aufbaut.

Die zweite Frage unserer Wanderer nach dem Zuhause begnügt sich nicht mit dem augenblicklichen Aufenthalt einer Person in der Welt, sondern sucht den *Standort des Menschen, an dem er sich nicht fremd ist,* er seine eigene Person und Individualität, aber auch seine Gemeinschaftszugehörigkeit und Gemeinschaftsverantwortung erkennt, er anderen Menschen im Vertrauen begegnet und mit ihnen lebt, er Anerkennung findet.

Diese Fragen werden von einem Menschen gestellt, der kein Zuhause hat, keiner Gemeinschaft zugehört, das Leben des unruhig Suchenden führt, ständig unterwegs ist. Dieser Mensch hat in der Entwicklung der modernen Wissenschaften und ihrer Welterfahrung wesentliche Grundlagen seiner Selbstständigkeit und seiner Selbstgewissheit verloren. Seit *Kopernikus* steht er nicht mehr in der Mitte des Kosmos. Seit *Darwin* ist er in seinem Dasein nicht mehr als Ausnahme hervorgehoben, sondern in einen Entwicklungsprozess eingefügt. Seit der *Existenzialphilosophie* und *Psychoanalyse* hat er ein Stück seiner Verfügungsgewalt über sich selbst verloren. In den Ankündigungen der *Genforschung* ist er sich seiner unabänderlichen Identität nicht mehr gewiss. In der Entwicklung des Weltmarktes und der weltweit tätigen Unternehmen scheint ein Stück der autonomen Person vom Menschen in der *juristischen Person* unterzugehen.

Dieser Selbstverlust wird aufgefangen, teilweise mehr als ausgeglichen durch die Herrschaft des Menschen über die Welt, die er immer mehr wissenschaftlich erforscht und erkennt, technisch meistert und ändert, gesellschaftlich ordnet und gestaltet, wirtschaftlich und staatlich sich zu Dienste macht und verwaltet.

Die *Declaration of Rights from Virginia* vom 12. Juni 1776 gewährt jedem das Recht, »Glück und Sicherheit zu erlangen und zu erstreben«, und verpflichtet die Regierung, das allgemeine Wohl zu bewirken und »den höchsten Grad von Glück und Sicherheit hervorzubringen«.

Dieser Satz gewährt einerseits das Freiheitsrecht, sein Glück zu erstreben, begründet andererseits aber auch ein Stück Staatlichkeit, das der allgemeinen Wohlfahrt und dem sozialen Staatsziel verpflichtet ist.

3. Das Bild des modernen Menschen

Die Frage, inwieweit der Staat auf die Freiheitskraft des Bürgers vertrauen darf und inwieweit er den Menschen schützen, erziehen und lenken muss, berührt das Grundverständnis des Menschen, das Bild vom Menschen, das die modernen Verfassungen und Staaten vertreten. Würde *der Staat allein das Glück des Einzelnen bestimmen,* geriete dieser gänzlich in Staatsabhängigkeit, in Unfreiheit. Diese Ketten wären sein Unglück. Wäre *der Mensch hingegen allein in Freiheit auf sich gestellt,* fände er keine gemeinsame Sprache, keinen Frieden, gewänne keine soziale Sicherheit, könnte beim anderen keine allgemeine Schulbildung voraussetzen, müsste auf die Infrastruktur von polizeilicher Sicherheit, Umweltschutz oder öffentlichen Straßen verzichten. Frieden und Freiheit im Recht sind ohne staatlichen Rechtsetzer und Rechtdurchsetzer nicht möglich.

Der Mensch ist deshalb Individuum und Gemeinschaftswesen. Dieses Bild vom Menschen bestimmt die modernen Menschenrechte und damit die Verfassungsstaaten. *Da Vinci, Michelangelo, Dürer* oder *Holbein* haben Bilder vom Menschen geschaffen und damit unser Selbstverständnis, unseren Gestaltungswillen entfaltet. Das Menschenbild der Menschenrechte ist eine noch größere Kulturleistung mit sieben Kernaussagen: Die erste Aussage dieses Bildes folgt dem

Auftrag, das persönlich Erlebte und Gesehene in einer Vorstellung gemeinsamer Lebenssicht und Welterfahrung zu *verallgemeinern.* Wir treffen den Freund, den Nachbarn, das eigene Kind, vergleichen diese Partner unseres Begegnens und entwickeln eine Vorstellung von dem, was ihnen gemeinsam ist: Sie sind Menschen.

Die zweite Eigenart unseres Menschenbildes liegt in der Kunst, *das Wesentliche des Menschen hervorzuheben,* das Unwesentliche im Dunkel zu belassen. Wenn wir uns ein Bild von uns selbst machen, vergewissern wir uns unserer Tradition, unserer Werte, der bewährten Verhaltensmaßstäbe, unserer Kultur und der von ihr versprochenen Zukunft. So wird aus dem Bild Bildung, ein Handlungsauftrag, wie eine menschliche Gemeinschaft – eine Elite, eine Nation, ein Staatsvolk, ein Staat, eine Christenheit – entfaltet und weiterentwickelt werden soll. Die Gesellschaft der Menschen verständigt sich darauf, durch ihre Geschichte und ihr Gedächtnis, durch Moral und Ethos, durch Wissen und Verstehen, durch Selbstlosigkeit und Gemeinsinn ihre Zukunft zu gestalten. Darin liegt eine wesentliche Quelle für Recht. Das Gesetz wahrt das Grundlegende, nimmt das Gemeinsame und Vernünftige als allgemeingültig auf, erklärt das auf Dauer Bedeutsame, über die Zeiten hinaus Maßgebliche für verbindlich.

Der Maler unseres Menschenbildes versteht seine Kunst weniger in dem Auftrag, ein Abbild des Menschen in seiner Schwäche, Niedrigkeit und Vergänglichkeit zu zeichnen. Vielmehr hebt er das Erwünschte hervor, malt stilbildend ein *Ideal des Menschen,* das ihn als selbstbestimmte Person, als zur Sittlichkeit fähige Persönlichkeit versteht, ihm Würde und Freiheit zuspricht, in dieser Eigenheit jeden einzelnen Menschen in der Rechtsgemeinschaft willkommen heißt und ihm dort einen Platz der Freiheit und Sicherheit zuweist. Die wichtigste Folge dieses Menschenbildes ist die rechtliche Garantie der Freiheit, die jedem Menschen die selbstbestimmte Gestaltung seines Lebens erlaubt, ihm anbietet, sein Glück selbst zu definieren und zu suchen, ungestört vom Staat und gelegentlich gestützt durch staatliche Hilfsangebote. Diese Freiheit ist für jedermann gleich und endet als rechtliche, definierte Freiheit dort, wo die Rechte des anderen oder der Allgemeinheit beginnen. Die Freiheit des Grundstückseigentümers erstreckt sich bis zur Grenze des Nachbareigentums, die Freiheit des Berufstätigen achtet die gleiche Freiheit der Kollegen, aber auch die der durch die Berufsausübung betroffenen Kunden, Patienten oder Klienten. Die Freiheit des Elternrechts berechtigt zur selbstbestimmten Erziehung und Pflege des Kindes, begründet aber nicht Herrschaft, sondern dient der Entfaltung des Kindes.

Wenn unser Maler den Menschen in die Mitte seines Bildes von der modernen Rechtsordnung stellt, den Menschen in seinem Recht auf Würde, Freiheit und Gleichheit hervorhebt, erwartet der Bildbetrachter, dass diese Mitte des Gemäldes in scharfen Konturen gezeichnet und in lebhaften Farben verdeutlicht wird. Es gehört zum Handwerk eines Juristen, den Grundtatbestand der Rechtsordnung, den Menschen, möglichst klar zu definieren. Rechtliche Klugheit allerdings weist dieses Vorhaben zurück. Würden wir den Menschen nach seinem aufrechten Gang, seiner Sprache, seinem Gedächtnis, seiner Fähigkeit zur Selbstvergewisserung oder seiner Kultur definieren, nähmen wir all jene Menschen von dem rechtlichen Schutz aus, die nicht gehen, nicht sprechen, sich nicht erinnern, sich nicht selbst bestimmen oder Mindestfertigkeiten der Kultur nicht erwerben können. Der rechtliche Schutz versagte dort, wo er am dringlichsten benötigt wird. *Das Recht achtet den Menschen in seiner undefinierbaren Offensichtlichkeit.* Jeder weiß, wer ein Mensch ist. Das braucht uns das Recht nicht zu sagen.

Ähnlich verhält es sich mit der Würde des Menschen, die unantastbar ist. Auch hier hoffen wir auf einen Maler, der die Idee der Würde einprägsam zeichnet, der aber wiederum erleben wird, dass sich diese Idee der bildhaften Darstellung teilweise entzieht. Wert und Würde haben semantisch eine gemeinsame Wurzel, anerkennen und schätzen das, was dem Menschen in seiner Individualität, seiner Fähigkeit zur Freiheit, seiner Persönlichkeit als verantwortlicher Mensch in der Gemeinschaft zukommt. *Die Würde des Menschen wahrt ein Stück Unnahbarkeit, das Geheimnisvolle des Tabus.* Theodor Heuss hat vorgeschlagen, den Schutz der Würde des Menschen an den Anfang des Grundgesetzes zu stellen, dann aber hinzugefügt, dieses sei eine »nicht interpretierte These«. Die Menschenwürde, ein Schlüsselbegriff des Staatsrechts, schützt den Menschen davor, unter die umfassende Verfügungsgewalt eines anderen Menschen zu geraten, als Rädchen im

Räderwerk behandelt, jeder eigenen geistig-moralischen oder gar physischen Existenz beraubt zu werden. Dieser rechtliche Gedanke, diese rechtsverbindliche Aussage sprechen für sich.

Viele Grundanliegen des Rechts wie der Schutz der Menschenwürde, der Erziehungsauftrag oder die Pflege von Gesundheit und Umwelt lassen sich kaum in abschließenden Rechtssätzen definieren; wohl aber kann das Recht negativ feststellen, wann diese Gewährleistungen verletzt werden. Der Staat darf und kann den Eltern ihr Erziehungsziel nicht vorgeben, weil dieses in der alltäglichen Lebensgemeinschaft von Eltern und Kindern entwickelt wird, wenn die Eltern das Talent des Kindes zum Philosophen oder zum Kaufmann, zum Musiker oder Sportler, zum Arzt oder Handwerker entdecken. Der Staat tritt aber als Wächter auf, wenn ein Kind zu verwahrlosen droht. Ebenso wird der Arzt kaum das Ziel der Gesundheit definieren können, wohl aber wissen, was eine Krankheit ist und welche Heilmittel er dagegen einsetzen muss. Auch das Recht kann kaum abschließend sagen, was die Menschenwürde ist, wohl aber prägnant bestimmen, wann diese – durch Sklaverei, durch Folter, durch grausame Strafen, durch Störung der Intimsphäre, durch staatliches Ausforschen oder durch Erniedrigung – verletzt wird. In dieser Allgemeinheit und Offenheit des Rechts steckt auch ein Stück Freiheit: Die Zehn Gebote begründen im Wesentlichen *Verbote* – Du sollst *nicht* töten, *nicht* stehlen –, sagen also, was nicht sein darf, überlassen alles andere dem Erlaubtsein, der Selbstbestimmung des Menschen und seiner Gemeinschaften.

Unser Maler malt nun nicht den Menschen als ein Porträt, das allein das gesamte Bild füllt, sondern *stellt den Menschen in die Landschaft eines Staates,* der Würde und Freiheit des Menschen sichert, dem Menschen in der Disziplin und Bindung des Rechts begegnet, ihm im demokratischen Parlamentarismus und Gesetz eine menschengerechte Entwicklung des Gemeinwesens verspricht. Er zeichnet also einen Menschen, der mit Würde begabt, zur Freiheit bestimmt, auf Begegnung und Gesellschaft angewiesen, im Recht gesichert ist.

4. Der Mensch ist weder Vasall noch Robinson Crusoe

Moderne Verfassungen nehmen dieses Bild des Menschen – mit Würde begabt, zur Freiheit bestimmt, zur Verantwortung fähig – auf. Diese Würde wird nicht durch Leistung verdient, sondern ist dem Menschen eigen, weil er lebt.

Das Grundgesetz stellt diese Garantie der Menschenwürde an den Anfang unserer Verfassung. Nach Artikel 1 Absatz 1 ist die Würde des Menschen »unantastbar«. Dieser rechtliche Schutz ist besonders sensibel: Es ist nicht nur verboten, die Würde zu verletzen. Vielmehr ist bereits das Antasten, das Berühren dieser Würde verfassungswidrig.

In Absatz 2 sagt das Grundgesetz dann: »Das deutsche Volk *bekennt* sich darum zu den unverletzlichen und unveräußerlichen Menschenrechten.« Aus der Würde des Menschen folgt also zunächst ein Bekenntnis. Die auf Vernünftigkeit, Erkennen und gerichtliches Nachdenken angelegte Verfassung beginnt mit einem Bekennen. In ähnlicher Weise bekräftigt die Charta der Vereinten Nationen den »Glauben« an Würde und Wert der menschlichen Persönlichkeit. Die Europäische Union versteht die Achtung der Menschenwürde als einen der »Werte, auf die sich die Europäische Union gründet«.

Die Menschenwürde ist damit Bekenntnis, Glaubenssatz, Grundwert, gleichsam *ein juristisches Axiom* eines Verfassungskonzeptes, das letztlich nicht begründet oder widerlegt, sondern nur in der Kontinuität ethischer, philosophischer und rechtlicher Überlieferungen verstanden werden kann. Wer in der Mathematik behauptet, $2+2=4$, wird mit dieser These bei seinem Gesprächspartner Verständnis finden. Beweisen kann er sie nicht. Wenn aber jemand einwenden würde, $2+2=5$, wird er dem Irrenden anschaulich machen können, dass unser gesamtes Rechensystem mit dieser Gegenthese nicht verständlich wird, er sich in den Methoden unseres Rechnens nur zurechtfinden kann, wenn er auf das Fundament $2+2=4$ aufbaut. In dieser Wirklichkeit findet die Logik des Rechnens ihren Ausgangspunkt.

In gleicher Weise baut das Recht auf etwas Vorgegebenes – den Menschen in seiner Würde –, anerkennt als freiheitliche Ordnung diesen Befund, bekennt sich damit zu einer Wertetradition und wählt diesen Wert als Basis für einen elementaren Rechtssatz, der die Mitte des ganzen Rechtssystems bildet. Wer behauptet, die Menschen seien in Herren und Sklaven unterteilt, von Geburt an bevorrechtigt oder benachteiligt, wegen ihrer Hautfarbe, ihrer Herkunft oder ihres Geschlechts zum Dienen verpflichtet, versteht unser Recht nicht und kann sich für seine Vorstellung nicht auf Recht berufen. Aus dem *Ist* folgt ein *Soll:* Die Rechtsgemeinschaft findet den Menschen in seiner Würde vor, verpflichtet deshalb den Staat, den Menschen in dieser Würde und den daraus folgenden unverletzlichen und unveräußerlichen Menschenrechten zu achten und zu schützen. Seine Würde kann dem Menschen niemand nehmen. Achtung und Schutz dieser Würde allerdings können verletzt werden, müssen deshalb vom Recht angeordnet und durchgesetzt werden.

Sobald die Menschenwürde nicht nur ein Bild, eine Idee ist, sondern rechtlich gewährleistet und geschützt wird, beansprucht sie Verbindlichkeit in der Begegnung der Menschen untereinander. *Wer als Robinson Crusoe allein auf seiner Insel lebt, braucht kein Recht.* Es gibt keinen Menschen, der ihn bedrohen oder verletzen, ihn schützen oder ihm helfen könnte. Erst wenn Menschen sich begegnen, Konflikte untereinander austragen, sich zu verletzen drohen, brauchen wir das Recht, das jeden Menschen in seine Grenzen weist, Streit schlichtet, Schutz und Hilfe bietet, Entwicklungen plant und leitet. Deswegen beansprucht der Mensch sein Recht auf Würde stets in der Rechtsgemeinschaft, nicht in isolierter Freiheit. Aus der Menschenwürde folgen Rechte, Freiheit, Gleichheit, demokratische Mitwirkung, soziale Zugehörigkeit.

Allerdings gewinnen die Menschenrechte historisch ihre Bedeutung vor allem als *Freiheit vom Staat.* Der Mensch beansprucht Freiheit, wenn er sich aus einer bisherigen Gemeinschaft löst oder Distanz zu ihr sucht. Nach der Glaubensspaltung in Europa dienten die Freiheitsrechte dem Kampf um die religiöse Selbstbestimmung des einzelnen Menschen gegen eine staatlich angeordnete Religion. Das Freiheitsrecht ließ die Frage nach der richtigen Religion offen und gestattete dadurch den Menschen mit verschiedenen Religionen in demselben Staat friedlich miteinander zu leben. Das Freiheitsrecht schützte den Menschen gegen willkürliche Verhaftung oder gegen eine Zwangsrekrutierung, die ihn gegen seinen Willen zum Söldner der eigenen oder einer fremden Staatsgewalt machte, begrenzte also die Herrschaft des Monarchen über seine Untertanen. Das Freiheitsrecht bewahrte den Steuerpflichtigen vor der drückenden, übermäßigen Abgabenlast, begründete nicht nur für die Person, sondern auch für das Privateigentum einen Maßstab, der Übermaß und Ungleichmäßigkeit abwehrt. Die Freiheit bietet schließlich demjenigen, der dem Einflussbereich seines Herrschers, den Dienst- und Vasallenpflichten gänzlich entfliehen will, das Recht, auszuwandern, einzuwandern, Asyl zu suchen.

Der Mensch *beansprucht Freiheit von der ihn bindenden Macht.* So entwickelt sich der rechtlich freie, in seiner Ausgangschance gleiche Mensch, der sein Privatleben selbst gestaltet, sich aus eigener Erwerbstätigkeit selbst ernährt und Eigentum bildet, als informierter Bürger mit Urteilskraft am Gemeinschaftsleben teilnimmt und dieses mitgestaltet. Leitbild dieses Rechts ist der würdebegabte Mensch, die zur Freiheit berechtigte Person, die zur Sittlichkeit fähige Persönlichkeit.

Diese Garantie von Würde und Freiheit *drängt den staatlichen Ordnungsanspruch zurück,* öffnet den Staat für den Einfluss des einzelnen freiheitsberechtigten Menschen, verweist ihn auf nichtstaatliche Quellen für Ethik, Wissen und Lebenssichten. Familien führen ihre Kinder in Erfahrungen, Sprache, Begegnungsmöglichkeiten, Kultur und die Selbstverständlichkeiten des Alltags ein. Schule und Universität vermitteln Wissen, berufliche Fertigkeiten und demokratische Gemeinsamkeiten des Rechts und der Verantwortlichkeit. Kirchen beantworten die Fragen nach dem Sinn des Lebens und der Welt, nach Ursprung und Ziel menschlicher Existenz. Sportverbände üben die Regeln der Fairness und trainieren körperliche Tüchtigkeit. Berufs- und Interessenverbände formen gemeinsame Anliegen und stärken die Freiheit des Einzelnen in der Freiheit der Gruppe.

5. Der Einzelne setzt sich
gegen achtzig Millionen Bürger durch

Dieses Bild vom einzelnen Menschen mit Würde und Freiheit bestimmt die gesamte Rechtsordnung, misst also staatliches Handeln vor allem in seinen Auswirkungen auf den Einzelnen. Jeder Mensch hat gegenüber der dominierenden Staatsgewalt eigene Rechte, die kein Parlament und keine Regierung ihm nehmen kann. Er kann diese Rechte durch Klage bei Gericht und letztlich durch Verfassungsbeschwerde beim Verfassungsgericht durchsetzen. In der rechtsprechenden Gewalt steht eine eigene Staatsgewalt bereit, die das Recht des Einzelnen gegen die Parlamentsmehrheit und gegen den Willen der Regierung wahrt, ihm also Waffengleichheit im Kampf mit der Staatsgewalt gewährt. *Demokratie gibt deshalb nicht der Mehrheit die Herrschaft über die Minderheit, sondern schützt zunächst die Grundrechte des einzelnen Menschen* und weist der Mehrheit in einer von diesen Grundrechten bestimmten Verfassungsordnung einen begrenzten Entscheidungsraum zu. Nach unserer Verfassung ist die Todesstrafe abgeschafft. Würde nun das Parlament mit seiner Mehrheit in Übereinstimmung mit der überwältigenden, in einer verlässlichen Umfrage festgestellten Mehrheit der Bevölkerung für einen Menschen, der eines schweren Verbrechens schuldig ist, die Todesstrafe fordern, so könnte der übereinstimmende Wille von Staatsvolk, Parlament und Regierung gegen die Abschaffung der Todesstrafe nichts ausrichten. Das Recht des Einzelnen setzt sich gegen den Willen von ca. 82 Millionen Deutschen, 614 Abgeordneten des 16. Deutschen Bundestages und allen Mitgliedern der Bundesregierung durch. Die Wirkung des individuellen Menschenrechts ist sogar noch stärker: Es prägt Denken und Kultur in Deutschland so nachhaltig, dass weder die Mehrheit des Staatsvolkes noch der Bundestag noch die Bundesregierung je auf die Idee kämen, die Anwendung der Todesstrafe zu fordern.

Die Rechtsordnung baut also auf den Einzelnen als Person, die eigene Rechte hat, am Rechtsverkehr teilnimmt, im Vertrag Rechtsverbindlichkeiten begründen kann, als Wähler die Geschicke des Staates mitbestimmt. Der Einzelne übt sein Individualrecht unabhängig vom Staat, aber auch unabhängig von seiner Familie, seiner Sippe, seiner Berufsgemeinschaft, seinem Stand und seiner Religion aus. Dieser *Siegeszug der Individualrechte* baut auf die Staaten, die *Grundrechte* gewähren, aber auch auf die Vereinten Nationen, die *Menschenrechte* schützen und verbreiten wollen. Damit geraten wir in eine typische Ausgangslage für die Hydra: die Chance von Menschenrechten für jedermann, aber auch die Gefahr von Gewalteinsatz im Dienst der Menschenrechte.

Menschenrechte sind inzwischen Gegenstand auch des *Völkerrechts,* das die Rechtsbeziehungen unter Staaten regelt. Nach herkömmlichem Völkerrechtsverständnis konnten nur Staaten und allenfalls internationale Organisationen eigene Rechte geltend machen. Heute hingegen bilden die Menschenrechte einen wesentlichen Bestandteil der Völkerrechtsordnung, die in vielen Bereichen dem Einzelnen auch das Recht zuerkennt, vor völkerrechtlichen Instanzen und Gerichten seine Rechte, auch gegen den eigenen Staat, durchzusetzen. Die Vereinten Nationen beanspruchen aber das *Recht auf humanitäre militärische Intervention,* um schwere Menschenrechtsverletzungen eines Staates in seinem eigenen Hoheitsgebiet zu begegnen. Die Idee der Menschenrechte gewinnt Macht, muss sich aber militärischer Mittel bedienen, deren Anwendung Menschen töten und Menschlichkeit zerstören. Die Intervention zum Guten wirkt anfangs schlecht.

Traditionell hat der einzelne Staat auch das Recht, über die Einreise und den Aufenthalt von Ausländern im eigenen Gebiet zu entscheiden. Heute wird auch dieses Recht wesentlich durch völkerrechtliche Individualrechte beeinflusst. Insbesondere die *Genfer Flüchtlingskonvention* sucht die Rechte der entwurzelten und entrechteten Menschen zu stärken und ihnen ein Bleiberecht in einem anderen Staat zu sichern. Der Flüchtling wird in elementarer Not zum Berechtigten; die Staatengemeinschaft muss aber gewährleisten, dass die Flüchtlingsströme nicht nur wenige Staaten erreichen und dann überfordern.

Neuestens wird der Einzelne sogar unmittelbar Träger von völkerrechtlichen *Pflichten.* Bei schwerwiegenden Menschenrechtsverletzungen kann er vor internationalen Strafgerichten auf der Grundlage völkerrechtlicher Strafrechtsnormen zur Verantwortung gezogen werden. Grobes Unrecht wird gesühnt; der Täter sieht sich aber einer Strafgewalt und einem Strafmaßstab gegenüber, die er bei der Tat nicht kannte.

Neben diesen Individualrechten treten *Gruppenrechte* zurück. Wenn eine Verfassung die Rechte von Minderheiten in einem Staate sichert, ihnen das Recht auf ihre eigene Sprache, einen ihrer Herkunft und Kultur entsprechenden Schulunterricht, einen Mindesteinfluss im Parlament oder auch das Recht zu eigenen kulturellen und religiösen Veranstaltungen gewährt, ist schutzwürdig die Gruppe von Menschen, berechtigt aber vielfach die einzelne Person, die ihr Recht individuell vor Gericht geltend macht.

Schließlich begründet das Völkerrecht Rechte, die von der einzelnen Person gelöst sind. Das Recht auf Entwicklung, auf lebenswerte Umwelt, auf Frieden, auf Solidarität und Abrüstung, auf Teilhabe am gemeinsamen Erbe der Menschheit, auf die Verfügung über natürliche Ressourcen, formulieren programmatische Erwartungen von Staaten, die im Gefälle unterschiedlicher Entwicklungsstandards ähnliche Ausgangsbedingungen wie die Verfassungsstaaten und die Industriestaaten erreichen wollen. Diese *»Grundrechte der dritten Generation«* verfolgen mit gutem Recht eine Menschenrechtspolitik, die dem einzelnen Menschen dient. Für die richterliche Anwendung dieser Programme sind der Berechtigte und der Verpflichtete jedoch noch nicht klar erkennbar. Es entsteht ein rechtlicher Torso eines kollektiven Rechtsprinzips, das eher die Politik inspiriert als Organe des Rechts verpflichtet. Das Recht schützt die Schwachen, könnte sich aber im Allgemeinen verlieren.

6. Der Mensch erlebt Freiheit in verschiedenen Gemeinschaften unterschiedlich

Fernando, unser Wanderer, wollte bei sich bleiben, nicht in der Menge untergehen, wählte deshalb das einsame Wandern auf der Suche nach sich selbst und dem Glück. Unsere moderne Gesellschaft ist eher auf die Bindung in Gemeinschaft und Gruppe angelegt. Der demokratische Staat baut auf die Kulturgemeinschaft des Staatsvolkes. Die Wirtschaft organisiert sich in anonymen Kapitalgesellschaften, in juristischen Personen, die entpersönlichen. Fernsehen und Rundfunk sammeln die Menschen täglich in gemeinsamem und dennoch isoliertem Erleben von Unterhaltung, Information, Denkempfehlungen und Gemütslagen. Die Technik des Internet bietet jedem weltweit verfügbares Wissen, den sprachlichen Austausch mit Menschen in jeder Region dieser Erde, zwingt ihn aber zum Alleinsein mit seinem Computer. Der Mensch ist Person, verliert aber in der juristischen Person seine Persönlichkeit, befriedigt im Wirtschaftsleben seine individuellen Bedürfnisse, droht dabei jedoch in der Anonymität des Marktes, der Anbieter und Nachfrager unterzugehen, übt autonom sein Wahlrecht aus, erfährt dann das Wahlergebnis aber in der Statistik von Prozentzahlen, spricht im Computer mit anderen Menschen, in der Regel ohne sie zu sehen, zu hören, ihnen als Person zu begegnen. Der moderne Mensch erlebt Weite und sucht Nähe, taucht in eine Menge von Menschen und erfährt dort Einsamkeit, sucht die Technik zur Begegnung und fällt in die Anonymität.

Das Recht begreift den Menschen als selbstbestimmte Person, öffnet seine Freiheit damit für die unterschiedlichen Gesetzmäßigkeiten der jeweiligen Gruppe. Verschiedene Lebensbereiche nehmen die Individualität und Selbstbestimmung einer Person in gänzlich anderer Sichtweise auf: Die Kunst übersteigert das Individuum zum Genie, das Wirtschaftsleben flacht ein immer strebend sich Bemühen auf den Wettbewerb um maximalen Gewinn ab, die Demokratie vereinfacht die persönliche Entscheidungsfreiheit zu einer formalen Wahlgleichheit, das Privatleben setzt auf die Freiheit vom Staat.

a) Die Freiheit des Genies

»Kunst ist frei« sagt Artikel 5 des Grundgesetzes, will damit alle Fesseln von Recht, staatlicher Steuerung, Stil- und Formbindung abschütteln. Der Künstler verharrt nicht in der Rationalität des Rechts, das den Menschen in Würde und Persönlichkeit zum Ausgangstatbestand der menschlichen Gesellschaft macht, sondern *lebt in der Unbeschwertheit und Weite von Phantasie und Gedankenkühnheit.* Er denkt nicht über Schutz und Achtung der Würde nach, sondern erlebt Genie und Herz, daran »alle Bilder der Einbildungskraft erwachen«,

»alle Gedanken größer denken«. Ein Genie findet nicht, sondern erfindet, bringt etwas Neues, bisher nicht Dagewesenes ans Licht der Welt, hält sich nicht an Regeln, sondern setzt Regeln, die seiner eigenen Schöpfung, seiner Natur entstammen.

In der Vorstellung von Goethe und Schiller entfaltet sich eine junge Generation, die dem freien, schönen Geist in neu erwachtem Selbstbewusstsein huldigt, sich selbst als Genie versteht und einer hierarchischen, starren und beschränkten Welt des Überkommenen, der kleinbürgerlichen Bereitschaft zu Dienst und Unterwürfigkeit, der Anpassung an Tradition und Konvention entgegentritt. Das Genie möchte die Welt keinesfalls auf Beruf, Erwerb, Einkommen und Amt, auch nicht auf eine trockene Rationalität verengen. Diese Welt braucht das Geheimnis und das Tabu. Das Genie will nicht oder nicht nur »von etwas« frei sein, sondern etwas Schöpferisches frei hervorbringen, sich aus der Enge von Kausalität, Vorhersehbarkeit, Berechenbarkeit lösen und Unerwartetes erleben, unverhofft handeln, vor allem Originelles schaffen. In dieser Genialität allerdings hebt sich nach dem Menschenbild des Sturm und Drangs der Dichter nicht hochmütig von anderen Menschen ab, sieht vielmehr in jedem Menschen ein Genie, dessen individuelle Lebenskräfte die Gesellschaft entfalten muss. Der Dichter jedoch wappnet sich gegen diese Gesellschaft, die in der Regel das Genie erstickt und aus ihm eine »Fabrikware Mensch« macht.

»Bloß von der Natur oder dem Instinkt, seinem schützenden Engel, geleitet, geht das Genie ruhig und sicher durch alle Schlingen des falschen Geschmackes«, so sieht es Friedrich Schiller. Das wahre Genie müsse *naiv* sein. Dieses Genie findet die Mitte seiner Person und die Quelle seiner Schöpfungskraft in sich selbst, meidet die Begegnung, sehnt sich nach Einsamkeit, flieht die Welt. Die schöpferische Freiheit misstraut dem Denken, entzieht sich der empirischen Erfahrung, folgt dem sinnlichen Erleben und erhöht es ins Ideal. Der Mensch gewinnt Freiheit, weil er nicht auf den Stein vor seinen Füßen, sondern in die Sterne schaut, er sich aus den Fesseln seiner realen Wirklichkeit löst und in seinen Ideen und schöpferischen Gestaltungen Sinn und Erfüllung findet.

Später – der Existenzialismus wirft seine Schatten voraus – wird die idealistische Vorstellung vom genialen freien Menschen durch das

Selbsterlebnis »des Einzelnen« ersetzt. Die individuelle, unverwechselbare Person findet im sinnlichen Genuss, auch in der Freude an der eigenen Größe einen Quell des Glücks. Die Isolierung der individualistischen Existenz, die wenig gibt und alles nimmt, macht den Menschen aber auch einsam und stürzt am Ende in die Langweile, macht das Glück zunichte. Deswegen sei eine Ethik notwendig, die in langfristigen Bindungen der Ehe, der Freundschaft und des Berufs einen Glücksspender findet, dem Menschen also in Geben und Nehmen begegnet. Der Mensch braucht dabei aber ein Fundament seines Glücks im Religiösen, in der Fähigkeit, sich an andere zu binden, in der Selbstwahl zur Freiheit, die ihn aus seiner Existenz als bloß nehmendes Sinnen- und Bedürfniswesen löst. Der Mensch lebt zwischen Wissen, Erfahrung und geistiger Widmung. Er ist an der Welt *interessiert,* er *ist dazwischen,* lebt zwischen dem Natürlichen und dem Historischen einerseits und dem Ewigen, Ungeschichtlichen andererseits, hält dieses in seiner Existenz zusammen.

Wenn der Mensch immer mehr durch naturwissenschaftliche Erfahrung bestimmt wird, seine körperlichen Triebe die Herrschaft über ihn gewinnen, er in der Härte des Kampfes um Dasein und Erwerb gebunden ist, in die Nüchternheit von Rationalität, Kausalität, Mathematik und Mechanik geführt wird, wird er gedanklich, kausal, rechnerisch und mechanisch zum *Objekt* gemacht. Damit verliert er seine Würde. Die rechtliche Garantie der Menschenwürde sieht den Menschen als Subjekt, als Person, bewahrt ihn davor, zum Objekt, verdinglicht, entrechtlicht zu werden. Wer zum bloßen Objekt, zur vertretbaren Größe wird, ist erniedrigt. Dieser Gedanke wirkt bis in die Gegenwart der Staatsrechtslehre und der Verfassungsrechtsprechung.

Die Freiheit des Genies droht allerdings zwischen Erleben und Denken, zwischen Empfinden und Erfahren, zwischen Gestalten und Existieren zu trennen, Würde und Freiheit des Menschen eher im Gefühl, im Selbstgefühl zu finden. Deshalb entdecken Philosophie und Poesie wieder das Mitgefühl, die Zugehörigkeit der Menschen zu einer Gesellschaft, den Gemeinsinn, die Natur als einheitsstiftendes Prinzip. Rousseau und Herder führten Denken, Glauben, Wollen und Empfinden in eine Einheit, in den Menschen zurück. Der Mensch gewinnt Selbstachtung, weil es andere gibt, die ihn achten oder ihm die gebührende Achtung verweigern, erfährt sich nicht als Einzelner, sondern als eine der Gemeinschaft zugehörige, in ihr lebende und sich entfaltende Person, ist in seinem Egoismus ein »Raubtier«, zugleich aber gesellig, gemeinschaftsabhängig und gemeinschaftsverantwortlich, also ein *geselliges Raubtier* – heute vielleicht eine kleine Hydra?

b) Die Freiheit im Markt

Der Wanderer Antonio fühlt sich als »Rädchen im Getriebe«, hatte die Bindung in Familie und Beruf als wohltuend, dann aber als überfordernde Last empfunden. Viele Menschen kommen sich manchmal so vor, als hätten sie sich mit Haut und Haaren an ihre Firma verkauft. Das Recht der Wirtschaft hat das Bild vom freien Menschen *zur Erwerbsfreiheit vereinfacht, vergröbert und verengt.* Der Mensch wird nur noch in seinem Erwerbsstreben gesehen, zu Erwerb, Wettbewerb und Gewinnmaximierung entfesselt. An die Stelle unbeschwerter Weite in Gefühl und Einbildungskraft tritt der Wille zu Gewinn und seiner Maximierung. Die Natur weicht dem Markt. Einsamkeit dient nicht der Selbstfindung, sondern folgt aus Konkurrenz und Wettbewerb.

Im Wirtschaftsleben nutzt der Mensch vor allem seine Freiheitsrechte zu Eigentum und Beruf. Diese Freiheiten sichern und entfalten das individuelle Streben nach Erwerb zu privatem Nutzen, organisieren damit Markt und Wettbewerb, schaffen einen Antrieb für individuellen Wohlstand und allgemeine Prosperität. Wenn Anbieter und Nachfrager sich in Freiheit begegnen und verständigen, erkunden und befriedigen sie individuelle Bedürfnisse, wenden demjenigen Güter und Dienstleistungen zu, der sie am dringlichsten begehrt, spornen sich im Wettbewerb zu immer besseren Produkten und Leistungen an, schaffen im Vertrag Zufriedenheit unter beiden Vertragspartnern, vermitteln dem Kunden das Gefühl des Umworbenseins, der Achtung und Würdigung als »König Kunde«.

Dieses Wirtschaftssystem setzt den Trieb des Menschen zum Erwerb frei, steigert ihn im Recht der Gewinnmaximierung, verzichtet auf eine Kultur des Maßes. Die Lehren vom Privateigentum im Liberalismus des 19. Jahrhunderts definierten noch eine »Höhenlinie«, jenseits deren die Ballung von Eigentum in der Hand eines Einzelnen nicht mehr erwünscht war. Heute sucht ein Wettbewerbs- und Kartellrecht die Konzentration von Marktmacht und marktbeherrschenden Stellungen zu vermeiden, Kapital und Marktmacht in Vielfalt einzelnen Menschen zuzuordnen. Die Realität moderner Großkapitalgesellschaften und Kapitalfonds lehrt allerdings, dass Eigentümermacht dem einzelnen Menschen immer mehr entzogen und der juristischen Person zugewiesen wird, sie dort in die grenzüberschreitende Anonymität entschwindet, der Einsatz von Kapitalmacht dann kaum noch individuell und in einer bestimmten Gemeinschaft eines Staates verantwortet wird. Wenn ein Unternehmer mit seinem Kapital eine eigene Firma gründet, dort sein wirtschaftliches Handeln mit eigenem Namen und eigenem Vermögen verantwortet, er täglich seinen Kunden begegnet, handelt er als Verantwortungseigentümer – der Modellfall des rechtlich gemeinten Eigentumsschutzes. Wenn ein Kapitalfonds hingegen das Kapital seiner Anleger in Sekundenschnelle um den Erdball schickt, damit es den Ort größtmöglicher Rendite sucht, mag diese in der medizinischen Forschung, im Bau von Wohnungen oder in kriegerischen Auseinandersetzungen gefunden werden, so wird Eigentum geteilt: Eigentümermacht trennt sich von Eigentümerverantwortung und bedroht damit die Idee des privatnützigen Individualeigentums.

Darüber hinaus gefährdet der Wettbewerb im Weltmarkt substanziell die Menschenrechte, wenn dieser Markt die Lebensbedingungen der Menschen oft deutlicher bestimmt als die Staaten, an dem Markt aber nur die zahlungsfähigen, nicht die armen Menschen beteiligt sind. *Vor den Menschenrechten ist jeder Mensch gleich, vor dem Weltmarkt sind reiche und arme Menschen grundverschieden.* Deshalb muss der Weltmarkt durch den Gedanken des Sozialen begleitet, die Offenheit des Marktes durch die Staaten mit ihren sozialen Zielen aufgefangen werden. Der Weltmarkt schafft Prosperität, der Staat nimmt steuerlich an diesen Erfolgen privaten Wirtschaftens teil und sichert dem einzelnen Menschen Elementarbedingungen seines existenziellen und kulturellen Lebens.

Die Hydra erhebt ihre Köpfe noch bedrohlicher, wenn *die Staaten selbst sich in einen Wettbewerb treiben lassen* und mit Angeboten von

Subventionen, Steuervergünstigungen und Strukturhilfen um Industrie und Kapitalgeber buhlen, insoweit dem Meistbietenden in ihrem Recht der Steuern, Subventionen und Infrastrukturleistungen entgegenkommen, dabei aber den sozial Schwachen und Bedürftigen vernachlässigen. Ein wettbewerbender Staat verliert sein Gesicht als gleichheitsgebundene Demokratie und als ein dem Sozialen verpflichteter Rechtsstaat.

c) In der Demokratie wirkt Freiheit formal egalitär

Das Menschenbild der Demokratie betont weniger die Freiheit des Menschen und mehr die Gleichheit der Bürger. Das Wahlrecht unterscheidet nicht zwischen dem Staatsphilosophen, der für die weitere Entwicklung des Staates wichtige Impulse geben könnte, und dem Ohnemichel, der sich für die Anliegen des Staates nicht interessiert. Es gibt auch nicht dem Bürger mit viel Eigentum – wie noch im preußischen Dreiklassenwahlrecht – mehr Stimmen als demjenigen, der kein Eigentum hat, aber vielleicht auf Staatsleistungen angewiesen ist. Für die Demokratie ist jeder Wähler – jeder volljährige Deutsche – gleich.

Diese demokratisch-formale Gleichheit entspricht der gleichen existenziellen Betroffenheit jedes Menschen durch staatliche Entscheidungen. Der Staat bestimmt über Krieg und Frieden, über Freiheit und Unterdrückung, über Existenzsicherung und Daseinsgefährdung. Deswegen gilt der Grundsatz: *Ein Mensch, eine Stimme.*

Von diesem Grundsatz macht das Grundgesetz in der Tradition moderner Demokratien allerdings die Ausnahme, dass der *noch nicht volljährige Deutsche* nicht wahlberechtigt ist. Dieses erstaunt. Denn das Kind und der Jugendliche sind die Hauptbetroffenen heutiger Politik, weil sie deren Folgen noch über viele Jahrzehnte tragen müssen. Deswegen müssen wir über ein Kinderwahlrecht nachdenken, das bis zur Volljährigkeit von den Eltern ausgeübt wird. Dann werden sich die demokratischen Organe wieder mehr den Kindern zuwenden und damit die Anliegen der nächsten Generation – insbesondere im Bildungswesen, beim Umweltschutz, bei der Staatsverschuldung und der Familienpolitik – zur Wirkung bringen.

Der Grundsatz, jeder Bürger sei in der Demokratie gleich, braucht aber nicht auch für die *Wahlkandidaten* zu gelten. Gegenwärtig kann sich jeder volljährige Deutsche auch als Kandidat aufstellen lassen. Diese Regel überrascht. Während unser Staat für das *Führen eines Fahrzeugs* auf öffentlichen Straßen einen Führerschein fordert, also den vorherigen Beweis der Fahrtüchtigkeit verlangt, scheint für das *Führen des Staatsschiffes* jeder volljährige Deutsche ein Naturtalent. Während für die Ausübung fast jeden Berufs vorab ein Qualifikationsnachweis vorgesehen wird, scheint jeder volljährige Deutsche für das Amt eines Abgeordneten oder eines Regierungsmitglieds allein durch Wahl qualifiziert.

Der Grund für diese formale Gleichheit trotz erheblicher Qualifikationsunterschiede *liegt im Gedanken der Staatsgewalt, die vom Volke ausgeht.* Das Parlament soll das Staatsvolk repräsentieren, dieses also in der Vielfalt seiner Begabungen, Bedürfnisse und Erwartungen, der Verschiedenheit der Berufe und Lebensformen, der Offenheit für das Bewahren und Erneuern abbilden. Deswegen dürfte ein demokratisches Parlament niemals nur von Politologen, Juristen und Staatsphilosophen, nur von Angestellten und Beamten oder nur von Verbandsvertretern und Parteifunktionären gebildet werden. Auch mag der Staat dem Argwohn begegnen, er könne bei vorheriger Qualifikationsprüfung den Kandidaten parteilich bestimmen, so dass die Unbefangenheit der Prüfung nicht gewährleistet sei.

Doch scheint – wie beschrieben – erwägenswert, nur den volljährigen Deutschen als Kandidaten zuzulassen, der in einem Beruf, einer Region, einem familiären und kulturellen Umfeld fest verwurzelt ist. Ein zweiter Schritt zu diesem repräsentativen Parlament wäre eine Neubestimmung der Parlamentsaufgaben, die den Gesetzgeber auf die Regelungen der Grundprinzipien des Gemeinschaftslebens zurückführt, die Parlamentsdebatte von kurzfristigen, interessentenbezogenen, detaillierten Anliegen entlastet, deshalb bestimmte Tage der Woche von Politik freihält und für Beruf, Familie, Kultur und Privatleben anbietet. Der Abgeordnete kann so während seines Mandats im Staatsvolk zu Hause bleiben, den politikerheblichen Alltag unmittelbar selbst erleben. Disziplin und Selbstbindung der Parteien müssen diesen Freiraum bestätigen.

Auf dieser Grundlage erfährt der Abgeordnete mit wenigen, aber wichtigen Aufgaben die Inhalte und die Dringlichkeit seiner politischen Aufträge mehr im Alltagsberuf als auf den Parteiveranstaltungen, wirkt politisch auch in der Absicht, später einmal in seinen Beruf zurückzukehren. Auch wäre zu prüfen, *ein Mandat auf zwei oder drei Legislaturperioden zu beschränken,* um das Mandat nicht zum Berufswechsel, sondern zur vorübergehenden Zusatzverantwortlichkeit im Beruf werden zu lassen. Diese Mandatsdauer kommt der gegenwärtigen Parlamentspraxis im Durchschnitt nahe, verstärkt aber von vornherein das Bewusstsein des Abgeordneten, nunmehr nicht auf die Politik umzusatteln, sondern im bisherigen und zukünftigen Sattel zeitweilig für das Gemeinwesen zu kämpfen.

Allerdings könnte nur ein Parlamentsmitglied, nicht ein *Regierungsmitglied* seinen Ursprungsberuf fortsetzen. Regieren fordert alle Kraft, ist also Hauptberuf. Abgeordnetentätigkeit schlägt in der Gesetzgebung wie in der Regierungskontrolle die Brücke zwischen dem Alltagsleben und der Politik, muss also im Erleben und im Zusammenhalt des Alltäglichen ein ständiges Fundament finden. Mit dem Regierungsamt ist es deshalb unvereinbar, andere Berufe auszuüben oder andere Erwerbsverantwortlichkeiten – in einem Aufsichtsrat, einem Beirat oder einem Kuratorium – zu übernehmen, ein weiteres Einkommen zu verdienen. Der parlamentarische Repräsentant des Staatsvolkes soll mit diesem Volk täglich verbunden sein, das Regierungsmitglied Unabhängigkeit zum Volk wahren.

d) Das Privatleben sucht Freiheit ohne staatliche Bindungen

Für das Privatleben anerkennt das Recht das Prinzip der Freiheit und drängt die Gleichheit gänzlich zurück. Der eine findet einen liebevollen und geistreichen Ehepartner, der andere verirrt sich in die Gegenrichtung. Der eine baut ein Haus, der andere wohnt zur Miete. Der eine schafft sich einen lebhaften Freundeskreis, der andere lebt in Zurückgezogenheit. Der eine pflegt Form und Stil, der andere handelt privat möglichst ohne Maßstäbe.

In diesem Privatbereich sichert der Schutz der Menschenwürde *eine unbeobachtete und ungestörte Privat- und Intimsphäre,* ein Recht, nicht gesehen und nicht gehört zu werden, sich nicht darstellen und nicht antworten zu müssen, ein Recht am eigenen Namen und am eigenen Bild, einen Schutz der persönlichen Ehre, der geistig-seelischen und körperlichen Integrität. Der Mensch führt selbstbestimmt eine Ehe und Familie, wählt in freier Entscheidung Gemeinschaft und Zusammenleben, pflegt den Dialog, steht dem anderen bei, begegnet ihm in Zuwendung, Erziehung, Lehre, beruflicher Zusammenarbeit. Der Mensch beansprucht für sein privates Leben ein Recht auf Stille, Nachdenklichkeit, Zusammengehörigkeit, Begegnung und Selbstlosigkeit. Diese Freiheit kennt keinen Wettbewerb, keine Konkurrenz, sondern Aufmerksamkeit, Anerkennung, Hilfe, Unterstützung, Gemeinschaft. In diesem gemeinsamen Leben werden wir uns nicht in einer Menge verlieren, auch nicht wie unser Wanderer im Märchen vereinzelt und einsam unser Glück suchen, wohl aber den Staat in Distanz weisen und Störungen der Gesellschaft durch ihre anonymen juristischen Personen, ihre mächtigen Gruppen und Ansammlungen abwehren.

Diese Privatheit erwartet Gleichheit nur im Schutz der rechtlichen Rahmenbedingungen: Die Unverletzlichkeit der Wohnung, die Achtung und den Schutz für die Ehe und Familie, den Respekt vor Person und persönlicher Lebensführung, das Recht auf Ehre und Körperintegrität.

e) Freiheit braucht die Kraft zur langfristigen Bindung

Das Bild des mit Würde begabten, in Freiheit gleichen Menschen wird somit in den unterschiedlichen Lebensbereichen sehr verschieden aufgenommen: Die Kunst sucht für den Menschen schier die Grenzenlosigkeit, auch die Regellosigkeit des Wortes, des Bildes, der Melodie. Das Wirtschaftsleben spornt den Einzelnen in Wettbewerb und Konkurrenz zum größtmöglichen Erfolg an, setzt deshalb auf Gewinnmaximierung in der rechtlich begrenzten Welt von Erwerb und Wettbewerb. Die Demokratie betont die Gleichheit der Bürger in ihrer Betroffenheit durch staatliches Handeln, gewährt deshalb ein gleiches

Wahlrecht für jedermann ungeachtet von Qualifikation, Familien- und Vermögensverhältnissen. Im Privatleben sucht der Mensch seine persönliche, freie Lebensgestaltung möglichst fern von Staat und Recht und ungestört von gesellschaftlichen Mächten. Alle diese Bilder verstehen den Menschen aber als selbstbestimmtes Individuum, in Nähe oder Distanz zugehörig zu Gesellschaft, Staat und Wirtschaftsleben. Sie bauen auf die Freiheitsfähigkeit des Menschen, der aus eigener Kraft seine Freiheit wahrnimmt. *Alle Menschenbilder sind langfristige Lebensentwürfe.*

Wenn gegenwärtig viele Menschen die langfristige Bindung scheuen, in kurzfristigen Vorhaben gegenwärtiger Freiheit verharren, sich auch von Institutionen wie Familien, Vereinen, Kirchen und dem Staat fernhalten und ihre Gegenwart in spontaner Sinngebung zu managen suchen, so verfehlen sie das Tor zu den großen Gärten der Freiheit, die in den Bindungen von Ehe und Familie, von Qualifikation und Beruf, in stilbildender Kunst, in langfristiger wissenschaftlicher Forschung, in Nachbarschaft und Staat ihre Freiheit wesentlich erweitern. Unsere Hydra erscheint in den vielen Köpfen der Bindungslosen, nur Spontanen, Augenblicklichen. Diese Gesellschaft pflegt das Plaudern und flieht die Bindung, leugnet stetige Werte und beansprucht dennoch individuelle Würde, schwankt zwischen Konfliktbereitschaft und Solidarität, fühlt sich zwischen globaler Offenheit und heimatlicher Sicherheit hin- und hergerissen, scheut die verlässliche, langfristige Erwerbsquelle und braucht sie doch als Grundlage für den tagesaktuellen Genuss. Demgegenüber malt das Grundgesetz ein Bild des Menschen, der sich selbst bestimmt und zugleich einer Gemeinschaft angehört, der Rechte und Pflichten hat, der privat unbeschwert und öffentlich verantwortlich ist. Freiheit braucht die Kraft zum stetigen Auftrag, zur langfristigen Bindung.

7. Die Würde ist unantastbar, die Freiheit kann eingeschränkt werden

Der Mensch ist in seiner Würde unantastbar, unberührbar, wahrt innerhalb von Gesellschaft und Staat einen schlechthin unangreifbaren Status, muss andererseits in der freiheitlichen Begegnung mit anderen Menschen seine Freiheitsrechte auf die gleichen Rechte des anderen abstimmen. Die Würde darf nicht angetastet, das Freiheitsrecht kann eingeschränkt werden. Diese Elementarunterscheidung ist gefährdet, wenn die Würde – gut gemeint – in der kleinen Münze alltäglicher Freiheitsanliegen ausgezahlt wird, die vorbehaltlose Würde damit in den Sog der beschränkbaren Freiheit gerät.

Die Würde des Menschen wird *ohne Vorbehalt* geschützt. Sklaverei, Folter, Todesstrafe, willkürliche Haft, Berufsverbot und entschädigungslose Enteignung, staatliche Bevormundung in Religion, Meinungsäußerung, Publikationen, Kunst und Wissenschaft sind unter keiner rechtlichen Bedingung zugelassen. Demgegenüber trifft die Wahrnehmung von Freiheitsrechten auf Gegenrechte des anderen, muss deshalb mit diesen übereinstimmen. Der Forschungsanspruch des Arztes wird durch den Gesundheitsanspruch des Patienten begrenzt. Die Eigentümerfreiheit des Unternehmers muss auf die Berufsfreiheit seiner Arbeitnehmer abgestimmt werden. Die Wahrnehmung des Elternrechts hat dem Wohle des Kindes zu dienen. Die Kunstfreiheit des Dichters muss die persönliche Ehre des von ihm beschriebenen Menschen achten.

Der einzelne Mensch ist freiheitsberechtigt, jedoch in dem dieser Freiheit zugrunde liegenden Menschenbild, auch gegenüber sich selbst, *gebunden.* Der Arbeitnehmer darf vertraglich nicht in seine eigene Erniedrigung einwilligen, der Sportler seine Leistungsfähigkeit nicht durch Doping steigern, der Süchtige seinen Erlebnisbereich nicht durch Drogen erweitern. Der Schwerkranke darf seine Tötung nicht verlangen. Der Selbstmörder muss dulden, dass der Polizist ihn am Sprung in den Fluss hindert.

Der Würdeschutz hat aber schon nicht mehr die Kraft, das *Recht auf Leben* in seinen absoluten Schutz einzubeziehen. Zwar wird die Rechtsordnung das Leben, ohne das der Mensch nicht existiert und weitere Rechte nicht in Anspruch nehmen kann, absolut schützen wollen. In der Wirklichkeit einer konfliktreichen Welt muss das Recht aber anerkennen, dass das Leben eines Angreifers gegen die Notwehr des Angegriffenen nicht unbedingt gewährleistet ist. Die Rechtsordnung nimmt die Gefährdung eines Feuerwehrmannes oder Rettungssanitäters bewusst in Kauf, um anderen helfen zu können. Der Arzt muss den lebensrettenden medizinischen Eingriff unterlassen, wenn der Patient der Operation nicht zustimmt.

Die Garantie der Menschenwürde ist die *Basisnorm*, an der alles staatliche Handeln sich unverbrüchlich ausrichtet. Die Grundrechte auf Leben, körperliche Unversehrtheit und Freiheit sind Rechte des einzelnen Menschen, die sich in den Konflikten und Gegenläufigkeiten des Lebens und des Rechts bewähren müssen. Auf die Menschenwürde beruft sich deshalb nur, wer elementar in seiner Existenz und Selbstachtung gefährdet oder verletzt ist. Er zieht diese Basisgarantie nicht in den alltäglichen Streit um das Recht, das Freiheit und Gleichheit gesetzlich verdeutlicht und unter den Berechtigten abgrenzt.

8. Extremangriffe

Der elementare Schutz der Menschenrechte steht vor einer bisher ungelösten Bewährungsprobe, wenn Würde, Existenz und Freiheit von Menschen durch terroristische Angriffe bedroht sind. Gegenüber dem zur Selbsttötung bereiten Terroristen hat das Recht seine Kraft verloren. Dieser Angreifer lässt sich durch die Instrumentarien des Rechts, durch Pflichten und Strafen nicht beeindrucken. Selbst die Androhung der Todesstrafe würde ihn von seiner Tat nicht abhalten, weil er zur Selbstaufgabe bereit ist.

Das Ideal eines Menschenbildes, das jeden Menschen in seiner Würde achtet und schützt, drängt deshalb auf ein allgemeines Bewusstsein von universalen Menschenrechten, das den Terrorismus und seine Tötungsbereitschaft an seinen Wurzeln hemmt. Soweit dieses allgemeine Rechtsbewusstsein weltweit noch nicht erreicht ist, muss der Rechtsstaat vorbeugend die Organisatoren des Terrors bekämpfen,

ihre Angriffe rechtzeitig erkennen und abwehren, ihnen die Aussichts-
losigkeit ihrer Vorhaben zeigen und sie zur Rechenschaft ziehen.

a) Schutz gegen Terror

Dieser Auftrag zur Terrorabwehr hat sich insbesondere bei Flug-
zeugentführungen, Sabotageakten und terroristischen Anschlägen zu
bewähren. Deswegen hatte der deutsche Gesetzgeber ein *Gesetz zum
Schutz der Luftsicherheit* erlassen, in dem die Streitkräfte im äußersten Fall ermächtigt wurden, die zu einem terroristischen Angriff ge-
nutzten Flugzeuge abzuschießen.

Diese Terrorabwehr hat das Bundesverfassungsgericht als verfas-
sungsgemäß anerkannt, wenn das Flugzeug ausschließlich mit Terroristen besetzt ist. Haben die Terroristen aber ein Passagierflugzeug in
ihre Gewalt gebracht und fliegen sie nun ihren terroristischen Angriff
zusammen mit den Passagieren und der Besatzung, so sei der Abschuss dieses Flugzeugs verfassungswidrig. Diese unschuldigen Menschen sind in einer ausweglosen Lage, die sie selbstbestimmt nicht
mehr beeinflussen können, würden damit zum Objekt nicht nur der
Täter, sondern auch des Staates gemacht, der sie mit dem Abschuss
des Flugzeugs als bloße Objekte seiner Rettungsmission zum Schutze
anderer behandle. Flugzeugbesatzungen und Passagiere seien in ihrer
Ausweglosigkeit und Unentrinnbarkeit dem Staat wehrlos ausgeliefert. Sie würden, wenn ihre Tötung zum Mittel der Rettung anderer
benutzt werde, *verdinglicht* und zugleich *entrechtlicht.* Würden diese
Menschen durch den Abschuss des Flugzeugs getötet, missachte der
Staat sie als Subjekt mit Würde und unveräußerlichen Rechten, spreche ihnen selbst den Wert ab, der dem Menschen um seiner selbst
willen zukomme.

Diese vom hohen Ideal der Menschenwürde geprägte Rechtsprechung erscheint einsichtig, wenn wir auf die unschuldigen *Menschen
im Flugzeug* blicken, die ungewollt und unentrinnbar in den Sog staatlicher Terrorabwehr geraten. Blicken wir hingegen auf die *Menschen
in dem Hochhaus,* auf das die Terroristen mit dem Willen zu töten
zufliegen, so sehen wir auch dort Menschen mit Würde und unver-

äußerlichen Rechten in einer ausweglosen und unentrinnbaren Lage, die der Staat, würde er ihre Tötung tatenlos zulassen, verdinglicht und zugleich entrechtlicht. Er spräche diesen Opfern in gleicher Weise Wert und Würde ab, wenn er ihre Tötung hinnähme, obwohl er sie retten könnte.

Der Staat hat jedes menschliche Leben zu schützen. In dieser Verantwortlichkeit macht es für den auf den staatlichen Schutz angewiesenen Menschen keinen Unterschied, ob der Staat durch ein Handeln, den Abschuss des Flugzeugs, oder durch Untätigkeit tötet. In der Extremsituation eines terroristischen Angriffs werden sowohl im Angriffsmittel – dem Flugzeug – wie auch im Angriffsobjekt – dem Hochhaus – wehrlose und hilflose Menschen in den Angriff und die Gegenwehr einbezogen. Der Staat ist gehalten, jedes menschliche Leben vor rechtswidrigen Angriffen zu bewahren, kann diesen Auftrag aber nicht vollständig erfüllen, sondern nur entweder die Menschen im Hochhaus durch Abschuss des Flugzeugs retten, oder aber das Leben der Menschen im Flugzeug vorerst schonen, damit aber die Menschen im Hochhaus und dann wohl auch die Menschen im Flugzeug ihrem Verderben überlassen.

Die *Abwägung von Leben gegen Leben* führt zu keinem Ergebnis, sondern in ein rechtliches Dilemma. Der Schutz der Menschen im Hochhaus rechtfertigt nicht die Tötung der Menschen im Flugzeug. Die Achtung vor deren Leben gestattet nicht, die Menschen im Hochhaus durch staatliche Untätigkeit dem Tod zu überlassen. Dem Staat ist die Abwehr des angreifenden Flugzeugs aufgegeben, die Tötung der Nichtangreifer aber untersagt. Insoweit lässt der Staat den Minister, der über den Einsatzbefehl zu entscheiden hat, in seiner Verantwortlichkeit allein, gibt ihm keinen Rechtsmaßstab. Hier wäre jede verantwortliche Entscheidung für wie gegen den Abschuss des Flugzeugs vertretbar, erträglich, bliebe ohne zivilrechtliche und strafrechtliche Folge.

Allerdings sollte der Gesetzgeber dem entscheidenden Staatsorgan, das schon in der Einschätzung der tatsächlichen Gefahrenlage in äußerster Bedrängnis handelt und überfordert ist, einen Entscheidungsmaßstab bieten. Das Parlament kann in der sachlichen Distanziertheit und Offenheit einer langwährenden parlamentarischen Debatte das

Für und Wider seiner Regelung sorgfältig abwägen und dann einen Rechtsmaßstab bereitstellen, während der Einsatzleiter bei der Terrorismusabwehr alle seine Kraft braucht, um die tatsächliche Gefahr und die Risiken für alle Betroffenen richtig einzuschätzen.

Der Einsatzleiter steht auch bei einer klaren Rechtslage vor der fast nicht lösbaren Aufgabe, die Ernstlichkeit der Bedrohung einzuschätzen, Schuld und Unschuld der beteiligten Menschen zu vermuten, die Wirkungen eines Flugzeugabsturzes vorauszusagen, die Verlässlichkeit der Abwehrmaßnahme zu beurteilen.

Das Parlament wird bei seinen Gesetzesberatungen erwägen, zur Abwehr jedes Terrorangriffs zu ermächtigen und damit *den Organisatoren des Terrors in rechtsstaatlicher Klarheit zu sagen, dass ihr Angriff auf Widerstand treffen wird.* Gäbe die Rechtsordnung hingegen dem Organisator von terroristischen Angriffen die Sicherheit, auf deutschem Hoheitsgebiet rechtsstaatliche Gegenwehr nicht fürchten zu müssen, würde dadurch der Terror ungewollt ermutigt. Man wagt kaum sich vorzustellen, welche Ängstigungen und Provokationen ein Flugzeug während eines stundenlangen Fluges über einem Hoheitsgebiet verursachen kann, wenn der Terrorist sicher wäre, dabei ungestört bleiben und auch seinen abschließenden vernichtenden Angriff ohne staatliche Gegenwehr vollenden zu können.

b) Die tickende Bombe

Wenn somit gegenüber dem Terror ein Gesetz erwünscht ist, das energische Gegenwehr ankündigt und dabei dem Staat am ehesten erspart, jemals einen hilflosen Menschen töten zu müssen, bleiben dennoch die Grenzen des Rechts bewusst, das *auf Extremlagen treffen kann, in denen es weder erlauben noch verbieten darf,* oder aber verbietet, dann jedoch wegen der Extremlage aus der Verletzung des Verbotes keine Folgerungen zieht.

Wenn ein Täter eine tickende Bombe in einem Kaufhaus versteckt hat, er aber die Aussage über das Versteck strikt verweigert, drängt die Realität das Recht in die Ratlosigkeit. Der Polizeibeamte muss die Menschen im Kaufhaus vor der Explosion bewahren, aber auch das

Recht des Täters zur Verweigerung der Aussage achten. Beide Pflichten wirken gegenläufig; eine wird bewusst unerfüllt bleiben.

Das Landgericht Frankfurt hatte über zwei Polizeibeamte zu entscheiden, die als Mitglieder einer Mordkommission einem Beschuldigten angedroht haben, ihm bewusst und geplant Schmerzen zuzufügen, um ihn zu veranlassen, das Versteck eines von ihm entführten, vermutlich in akuter Lebensgefahr schwebenden Kindes preiszugeben. Dazu sollte ein besonders schmerzkundiger Beamter hinzugezogen werden und vorbeugend ein Arzt anwesend sein. Nach dieser Drohung offenbarte der Beschuldigte den Ort, an den er das Kind gebracht hatte. Das Kind allerdings war bereits vor der Drohung tot. Der Täter, der dieses wusste, wurde später wegen Mordes verurteilt.

Die Polizeibeamten geraten hier an die Grenzen des Rechts. Der verfassungsrechtliche Schutz der Menschenwürde verbietet die Folter, begründet ein Tabu, das nicht gebrochen werden darf. Der Auftrag, das aus der damaligen Sicht der Polizeibeamten extrem gefährdete, aber noch nicht verlorene Leben des Kindes zu retten, drängt die Beamten, zur Rettung des Kindes das Menschenmögliche zu tun und insoweit die Grenzen des Erlaubten zu überschreiten. Wenn die Beamten sich entscheiden, eine Folter anzudrohen, ist dieses rechtswidrig. Der Staat kann ein solches Verhalten nicht erlauben. Keine Person darf, so sagt es das Landgericht, durch die staatliche Gewalt zu einem Ausbund von Angst vor Schmerzen gemacht werden, darf nicht als Träger von Wissen behandelt werden, das der Staat aus ihm herauspressen will, und sei es auch im Dienste der Gerechtigkeit. Andererseits ist das sorgfältig erwogene, vom Rettungswillen bestimmte Androhen der Gewalt nicht so verwerflich, dass es eine Kriminalstrafe verdiente. Die Beamten handeln rechtswidrig, sind aber keine Straftäter.

Auch das Landgericht Frankfurt, das den Strafprozess gegen die beiden Beamten zu führen hatte, bewegt sich an Grenzen des Rechts und ist sich dessen bewusst. Es lässt ausdrücklich offen, ob in Fällen der tickenden Bombe der Schutz der Menschenwürde des Täters hinter dem möglichen Tod und damit dem Schutz des Lebens tausender von Menschen zurücktreten müsste, würdigt auch die Erwägungen des einen Angeklagten, der an seine eigenen, zum Teil gleichaltrigen Kinder dachte und unter der Vorstellung litt, dass das Entführungsopfer möglicherweise noch lebe oder gerade elend umkomme. Die Androhung von Schmerzen sei aber schon deshalb rechtswidrig und schuldhaft, weil der Verdacht gegen den Mörder damals noch nicht ausreichend sicher ermittelt war und andere Ermittlungsmaßnahmen, insbesondere eine Gegenüberstellung mit Angehörigen der Familie des Opfers, hätten ergriffen werden können. Das Strafgericht sucht deswegen einen im Gesetz vorgesehenen Ausweg einer bloßen Verwarnung der Angeklagten, die deren Schuld feststellt, sie aber nicht bestraft. Im Ergebnis sieht das Gericht davon ab, die Polizeibeamten zu einer Freiheitsstrafe zu verurteilen, hat sich aber eine Verurteilung zu einer Geldstrafe vorbehalten. Mit diesem ungewöhnlichen Urteilsspruch wird ein Verfahren abgeschlossen, in dem das Gericht das Bemühen der Beamten um Rettung des Kindes ausdrücklich würdigt, beide Beamten auch an der Grenze ihrer Belastbarkeit sieht, einem Angeklagten ausdrücklich eine ehrenwerte, verantwortungsbewusste Gesinnung bestätigt, jedoch deutlich machen will, dass auch in Extremsituationen Informationen durch Androhung von Schmerzen grundsätzlich nicht erzwungen werden dürfen. Dabei mag der Hinweis, die Täterschaft sei noch nicht geklärt und andere Ermittlungsmaßnahmen noch möglich, vielleicht einen zu bequemen Ausweg suchen. Dennoch erhofft sich das Gericht »ähnlich einer griechischen Tragödie« von seinem Verfahren eine kathartische, also reinigende Wirkung.

Auch eine hohe Rechtskultur kann Tragödien, Schicksalsschläge nicht ausschließen, die für einen rechtlichen Ausgleich, für die Vermeidung oder Verminderung eines Schadens oder auch nur für eine befriedigende Deutung durch das Recht nicht zugänglich sind. Doch wenn in den Strafverfahren gegen die Polizeibeamten nunmehr im Nachhinein deren Verhalten zu beurteilen ist, dürfen diese Angeklagten nicht vorrangig in den Dienst einer rechtlichen Warnung oder rechtlichen Demonstration gestellt, müssen vielmehr in ihrer individuellen Strafwürdigkeit beurteilt werden. Dann stellt sich ihr Verhalten mehr als Teil eines vom Mörder zu verantwortenden Unglücks dar, nicht als Kriminalität. Der Rechtsstaat kann das Verhalten der Polizeibeamten nicht billigen, darf den von ihnen gewählten Weg aus einer rechtlichen Grenz- und Notlage aber auch nicht bestrafen.

Folter oder körperlicher Zwang sind nicht das Thema unseres rechtsstaatlichen Alltags. Das Frankfurter Beispiel droht keine Schule zu machen. Selbstverständlich muss der Rechtsstaat gerade bei Untersuchungshaft und Strafvollzug, polizeilicher Vernehmung und Strafverfahren immer wieder neu gewährleisten, dass sich in der Alltagsroutine der Beamten und Richter, auch in der Enttäuschung über die rechtliche Unerreichbarkeit des faktisch Erreichbaren die strengen Maßstäbe des Rechts nicht lockern. Unser Rechtssystem baut dabei auf eine gediegene Ausbildung der Bediensteten, auf stetige Aufsicht und eine Gerichtskontrolle in mehreren Instanzen, auf Legalität und Amtsethos. In Extremfällen darf der Rechtsstaat deshalb sagen, dass die Grenzen des Rechts erreicht sind, seine Gestaltungsmacht versagt. Diese offene Sachlichkeit und Gelassenheit werden das Vertrauen in das Recht stärken, nicht schwächen.

c) Macht durch Recht und Ohnmacht vor dem Schicksal

Mich hat einmal in meinem Richterzimmer eine Frau aufgesucht, deren Mann bei einer Naturkatastrophe umgekommen war. Die Frau konnte diesen Schicksalsschlag kaum tragen und verlangte die Bestrafung all der staatlichen Amtsträger, die nach ihrer Auffassung die Katastrophe hätten verhindern können. Die verfassungsrechtliche Problematik dieses Anliegens war einfach. Kein Mensch hat ein Recht auf die Bestrafung eines anderen. Ich habe dennoch das Gespräch mit dieser Frau gesucht, um mit ihr über den Unterschied zwischen dem rechtlich Machbaren und dem Schicksalhaften zu sprechen. Das Unglück, den Tod, kann das Recht nicht zurücknehmen. Die Strafe für die Amtsträger wäre ein weiteres Unglück, wenn diese für den Tod nicht verantwortlich und schuldig sind. Ich habe versucht, mit dieser Frau gleichsam in den Spiegel eines Wassers zu schauen, bin aber nicht sicher, ob wir dort die Grundlinien von Recht und Realität entdeckt haben.

V. Die Suche nach Gerechtigkeit

1. Das Märchen vom Volk, das falsch wählte

In jenen fernen Tagen, da das Volk noch von einem mächtigen König regiert wurde, entstand großer Unmut unter den Bürgern. Schon lange hatte niemand mehr den König gesehen. Der zechte und schmauste hinter dicken Mauern, während das Volk darbte und argen Hunger litt. Nur die Diener des Königs sahen die Leute, wenn diese ausgesandt wurden, mit harter Hand Steuern und Abgaben einzutreiben. Wo viel zu holen schien, nahmen sie viel; wo wenig war, nahmen sie auch noch das Wenige. Dem mächtigen König schien nichts zu genügen. Recht und Gerechtigkeit nahmen ab in seinem kargen Land.

Da taten sich die Bürger zusammen, setzten den König ab und wiesen seine harschen Diener außer Landes. Auf einer grünen Wiese versammelten sie sich und beschlossen, von nun an ihre Geschicke selbst in die Hand zu nehmen. Weil aber ein jeder das Seine zu tun hatte, wählten sie Fünfe und bestimmten, sie sollten der Große Rat sein. Sie sollten die Gesetze machen nach dem Willen des Volkes und klug entscheiden für die vielen. Damit sie sich nicht überheben in ihrer Macht, gaben ihnen die Bürger die Leitung nur für eine bestimmte Zeit. »Wenn einer schlechte Gesetze macht«, sagten sich die Bürger, »dann wählen wir ihn einfach ab – und bestimmen einen Besseren an seiner Statt.« Glücklich gingen die Bürger, die keinen König mehr hatten, von dannen. Sie fühlten sich selbst wie die Könige.

Allein – als der Große Rat zusammentrat, entstand bald heftiger Streit unter den Fünfen. Sie wussten nämlich nicht, wen sie für den Bau der Straßen und Verteidigungsanlagen, wen sie im Kampf gegen den Feind einsetzen sollten. Weil sie nicht zu einer Stimme fanden, lehnten sie es ab, gleiche Pflichten für jedermann zu fordern. Da drei von ihnen arm und zwei reich waren, beschlossen die Armen mit ihren Stimmen, die Last allein den Reichen aufzuerlegen. Da der Reichen aber wenige waren im Land, setzten ihnen die Lasten über Gebühr zu. Bald gab es keine Reichen mehr und die Kasse des Landes gähnte vor Leere. Die Bürger staunten, dass die reichen Handelshäuser die Pforten schlossen, die großen Häuser zerfielen und kein Reicher mehr Truhen,

Kleider und Zierrat bei den Handwerkern bestellte. Die Kunstfertigkeit im Land ließ nach und wer etwas konnte, machte sich auf die Wanderschaft. Die Jungen verließ der Mut zu Geschäften. Sie machten keine Pläne mehr und wurden lustlos und träge. Sie lagen auf der Straße, tranken und trieben bösen Unfug.

Das Volk wurde zornig, weil es falsch gewählt hatte. Die Bürger gerieten in Aufruhr, richteten ihre Waffen gegeneinander und schlimme Dinge geschahen. Der Große Rat wollte dem gesetzlosen Treiben Einhalt gebieten. Aber es nützte nichts. Von heimtückischer Hand wurde der Erste unter den Räten, der auch der Redlichste und Beste von allen war, ermordet. Als er da lag in seinem Blut, stob die Menge auseinander. Bald ergriffen sie einen, der wie ein Mörder aussah, schleppten ihn auf den Marktplatz und hängten ihn auf der Stelle. Dann jedoch traten andere hinzu, die den richtigen Mörder gesehen hatten.

Da befiel die Menschen eine große Traurigkeit. Sie fragten sich: »Wie machen wir es, dass wir fortan die Gerechtigkeit vor der Mehrheit schützen?« Und sie wussten nicht, wie es weitergehen sollte in ihrem Land.

2. Herrschaft

Unsere Hydra speit ihr Gift im Namen der Mehrheit, beansprucht für ihre Untaten die Sympathie des demokratischen Gedankens. Sie weiß, dass der Spontanwille des Staatsvolkes immer wieder in die gewachsene Kultur der Staatsverfassung zurückgeführt, an den ethischen und rechtlichen Maßstäben der Rechtsgemeinschaft gemessen werden muss, nutzt aber den Willen des Volkes, der im Neid die Erfolgreichen vertreibt, in der Empörung den Schuldlosen hängt, um ihre Herrschaft zum Verderben zu begründen. Die Demokratie entwickelt sich im Parlament, in der Debatte. Was werden soll, wächst in der gefestigten Kultur des verfassungsrechtlich geformten Willens des Volkes. Die Hydra hingegen macht sich einen Augenblickswillen zu Eigen. Der Moment regiert. Doch von ihm dürfen langfristige Entscheidungen der Staatsfinanzierung und ein Strafurteil nicht abhängen.

Die Hydra gewinnt ihre Macht durch die Unterstützung einer Volksmenge, die gegenwärtig etwas will, was sie als Staatsvolk – in der Verantwortlichkeit einer Kulturgemeinschaft und in dem zur Nachdenklichkeit zwingenden Verfahren – nicht wollen wird. Die Hydra vollzieht ein Augenblicksempfinden der Menge durch Vertreibung der Erfolgreichen und durch Strafe für einen Unschuldigen, bevor das Staatsvolk sich versammeln und seinen Willen bekunden kann. Sie setzt an die Stelle des Staatsvolkes eine Spontanmenge, an die Stelle des Volkswillens Neid und Empörung. Sie zerstört Demokratie in scheindemokratischen Gesten.

Der demokratische Rechtsstaat bildet keine Gemeinschaft im Wechsel des spontanen Willens einer sich gegenwärtig äußernden Menge, sondern begründet eine stetige, eine allgemeine Friedensordnung, die uns vor dem Kampf aller gegen alle, damit vor der Selbstzerstörung schützt. Auf der Grundlage eines Friedens in Freiheit soll sich eine allgemeine Lebenskultur entwickeln, die den Bedürfnissen des einzelnen Menschen und der Rechtsgemeinschaft entspricht. Diese Ordnung wird in der Autorität eines Herrschers wirksam, der sie gegen den Rechtsbrecher, den Toren und den Gleichgültigen durchsetzt. *Herrschaft ist Autorität,* die für das Recht und seine Geltung steht, *aber auch Hydra,* die unterwerfen, Willkür und Schrecken verbreiten, das

Land verwahrlosen und verwüsten kann. Das Recht begründet deshalb Herrschaft, die das Recht setzt und schützt, sucht aber den Herrscher zugleich rechtlich zu binden, um den einzelnen Bürger gegen die Willkür des Herrschers – des Fürsten oder einer Mehrheit – zu schützen. Als nach der Glaubensspaltung die Herrschaft nicht mehr als göttlich vorgegebene Ordnung gelten konnte, vielmehr *eine Herrschaft von Menschen über Menschen* zu rechtfertigen war, versetzten sich die Menschen in ihrem Reformwillen gleichsam in einen herrschaftslosen Zustand, in dem alle gleich und frei waren. Bei diesem Ausgangsbefund konnte Herrschaft nur durch freiwillige Übereinkunft aller zustande kommen. Politische Herrschaft konnte sich nur noch aus der Zustimmung der Herrschaftsunterworfenen begründen. Die Unterworfenen stimmten einer Herrschaft aber nur zu, wenn der Herrscher Frieden und Recht sicherte, der Einzelne sich unantastbare und unverletzliche Rechte vorbehielt.

Der Wille, Herrschaft rechtlich zu binden, trat besonders deutlich hervor, als Ende des 18. Jahrhunderts die *Auswanderer in Amerika* sich vom Mutterland und dessen guter alter Ordnung gelöst und als die *Revolution in Frankreich* die absolute Monarchie und das ständisch-feudale System gestürzt hatten. In diesem fast recht- und ordnungslosen Zustand wuchs der Wille zu einem Staatsvertrag unter allen Bürgern, der den Weg zum richtigen Recht, zur revolutionären Erneuerung der bisherigen Gesellschaftsordnung wies. Dabei wurde allerdings kein Vertrag geschlossen, an dem alle Bürger als Partner beteiligt waren. Vielmehr diente die Idee des Staatsvertrages dem Kampf um eine Staatsverfassung, die drei Rechtsprinzipien garantierte und insoweit nicht vertraglich aufgehoben werden konnte: Die Herrschaft im Auftrag des Volkes, die den Auftrag an den Herrscher nur bedingt und widerruflich durch Wahlen vergibt; ein staatliches Gewaltmonopol, das nur zum Schutz einer gesellschaftlichen Ordnung eingesetzt werden darf, in der die gleiche Freiheit aller Menschen gesichert ist; schließlich eine Gewährleistung von Gemeinwohl und sozialer Zugehörigkeit, die im Kern von Menschenwürde, individueller Existenzsicherheit und Friedlichkeit vorgegeben, im Übrigen aber in einem entwicklungsoffenen Verfahren immer wieder herzustellen ist.

Der Kampf um das bessere Recht ist zunächst ein Kampf gegen die alte Herrschaft. Meist sind der bisherige Herrscher und sein mitherrschendes Gefolge der größte Hemmschuh, um neues Recht einzuführen. Die Deutsche Revolution von 1848 scheiterte, weil *König Friedrich Wilhelm IV. von Preußen* nicht bereit war, sich über eine neue Verfassung zu verständigen. Politisch war die Paulskirchenversammlung überfordert, weil sie gleichzeitig einen Staat begründen, eine Verfassung ausarbeiten und durchsetzen, dabei eine ständisch-feudale Gesellschaftsordnung aufheben sollte. Als die Nationalversammlung König Friedrich Wilhelm IV. die Kaiserwürde am 3. April 1848 antrug, lehnte dieser sie ab. In einem Schreiben an den preußischen Gesandten und Paulskirchenabgeordneten Christian Karl Josias von Bunsen schrieb der König von einer mit dem *»Ludergeruch der Revolution«* behafteten Krone als einem *»imaginären Reif, aus Dreck und Letten gebacken«.* Die Krone, die ein Hohenzoller annehmen dürfe, müsse den »Stempel Gottes« tragen, also durch die selbst »von Gottes Gnaden« Regierenden verliehen werden. »Ich sage es Ihnen rund heraus: Soll die tausendjährige Krone deutscher Nation, die 42 Jahre geruht hat, wieder einmal vergeben werden, so bin ich es und meinesgleichen, die sie vergeben werden; und wehe dem, der sich anmaßt, was ihm nicht zukommt.« Macht und Autorität vergibt eine Gruppe, nicht die Nation, das Staatsvolk.

Dennoch war die Verfassung der Paulskirche nur äußerlich ein Misserfolg, inhaltlich langfristig ein Erfolg. Schon unter Bismarck flossen viele der Frankfurter Verfassungsaussagen materiell in die Reichsverfassung ein. Die Weimarer Reichsverfassung und auch das Grundgesetz finden in der Paulskirchenverfassung ein Vorbild.

Im Ergebnis sind sowohl der Verfassungsvertrag als auch die verfassunggebende Gewalt des Volkes *nicht Realität, sondern Idee.* Das Recht entsteht als Teil der Kultur in einer stetigen Entwicklung, die das Bedürfnis der Menschen nach Frieden und Sicherheit befriedigt, den einzelnen Menschen als Individuum und Freiheitsberechtigten achtet, das Zusammenleben der Menschen in Ehe und Familie, in religiösen Gemeinschaften, im Staat ermöglicht, ihr Zusammenwirken in beruflicher Arbeitsteilung, politischem Meinungsaustausch, kulturellen Begegnungen, in Versammlungen, Vereinigungen und Parteien schützt. Nach den Bürgerkriegen soll die Verfassung den Kampf aller gegen alle unter der Autorität eines Herrschers beenden.

Die *Verfassung* ist die Antwort auf die elementaren Gegenwartsanfragen an das Recht, die nach dem jeweiligen Standard der Kultur und dem sich mit ihm austauschenden Rechtsdenken formuliert werden. Solange die Unterscheidung zwischen Herren und Sklaven selbstverständlich ist, gibt es keine Gleichheit der Menschen. Solange die Herrschaftsbefugnis einer Familie gott- oder naturgegeben durch Familienzugehörigkeit und Erbrecht begründet wird, ist jeder Gedanke an die Wahl eines Herrschers im Keim erstickt. Solange der Staat Leib und Leben, Eigentum und Ehre der Herrschaftsunterworfenen nur schützt, wenn ihm zuvor alle natürlichen Rechte abgetreten werden, gibt es nur Herrschaft ohne verfassungsrechtliche Bindung. Solange eine Herrschaft auf persönlicher Abhängigkeit beruht, sich nicht auf ein Staatsgebiet bezieht, nehmen das Familienoberhaupt, der Standesherr, ein Führer oder ein Grundeigentümer ihnen persönlich zustehende Ansprüche wahr. Solange »Eigenes« auch »Leibeigenschaft« sein kann, ist die persönliche Zuordnung zu einem Herrscher Bedingung individueller Existenz und Sicherheit. Erst wenn das Recht zur gewaltsamen Durchsetzung eigener Rechtsansprüche auf den Staat übergegangen, ihm ein Gewaltmonopol zugesprochen ist, stützt sich der gesellschaftliche Frieden auf die unverzichtbaren und unantastbaren Rechte des Einzelnen und eine Verfassung bindet die Staatsgewalt.

Die Religionskriege konnten befriedet werden, weil man die Frage nach der religiösen Wahrheit aus dem Einvernehmen aller Rechtsbeteiligten ausnahm und eine Lebensordnung auch bei unterschiedlichen religiösen Vorstellungen – in Religionsfreiheit – möglich machte. Die Revolution des 18. Jahrhunderts kämpfte vor allem gegen königlichen Absolutismus und feudale, ständische Herrschaft und war erfolgreich, weil damals die Bürger und später die Menschen für die Idee gleicher Freiheiten für alle gewonnen waren. Mit der Industrialisierung wurde der Gegensatz von Kapital und Arbeit schroffer, forderte deshalb einen rechtlichen Ausgleich zwischen Fabrikeigentümern und Menschen, die ihre Arbeitskraft in den Fabriken nutzen wollten, also zwischen Arbeitgebern und Arbeitnehmern. Der Wohlfahrtsstaat und heute der soziale Staat sichern außerdem jedem ihm anvertrauten Menschen die für die Gestaltung des Lebens benötigten Mindestfinanzmittel, eine angemessene Gesundheits- und Altersvorsorge, eine Elementarbildung und weitere Bildungs- und Berufschancen.

Solange jedermann seines Glückes Schmied ist, kann er in Freiheit verarmen, mag sogar verhungern. Erst wenn das Freiheitsrecht mit einer Statusgleichheit in Würde und Existenzsicherung verbunden wird, werden die freiheitlich hergestellten Unterschiede im Rahmen eines sozialen Rechtsstaates erträglich. Die Staatsverfassung ist Ausdruck der jeweils erreichten Kultur, der freiheitliche, demokratische Rechtsstaat Ausdruck einer Hochkultur.

3. Die Verfassung ist das Gedächtnis der Demokratie

Deswegen ist die Lehre von der verfassunggebenden Gewalt des Staatsvolkes eine Vereinfachung, die politisches Handeln fehlleitet. Noch niemals hat sich ein Staatsvolk auf einer grünen Wiese versammelt, um über eine Verfassung zu beraten und diese dann auch zu beschließen und in Kraft zu setzen. Ein solcher juristischer Urknall ist unmöglich. Der Verfassunggeber kann nur handeln, wenn bereits eine reale Mindestverfassung die Verfassunggebung leitet. Aus der Menschenmasse muss bereits ein Staatsvolk herausgehoben werden, das zur Verfassunggebung berechtigt ist. Dieses begreift in einer gemeinsamen Sprache die Verfassungsfragen und spricht die Antworten dieser Sprachgemeinschaft aus. Es gibt schon ein Entscheidungsverfahren, das die Art der Abstimmung regelt und bestimmt, mit welchen Mehrheiten die Verfassung zustande kommt. Die Verfassunggebung setzt insbesondere eine Autorität – einen Staat – voraus, der die beschlossene Verfassung für verbindlich erklärt und sie durchsetzt, ihr also Geltung verschafft.

Die These, jede demokratische Verfassung müsse durch die verfassunggebende Gewalt des Staatsvolkes beschlossen und verkündet werden, hat bei der Wiedervereinigung Deutschlands zunächst zu einer gewissen Ratlosigkeit geführt. Just nach dem historisch einmaligen Vorgang, als das Staatsvolk der DDR sich in einer friedlichen Revolution für die Demokratie (»Wir sind das Volk!«) und zur Freiheit (»Die Mauer muss weg!«) entschieden und nach sorgfältigen Verhandlungen im Grundgesetz auch die gemeinsame Staatsverfassung gefunden hatte, behaupteten einflussreiche Medien, *das Grundgesetz leide an einem* »*Geburtsfehler*«, weil das deutsche Staatsvolk niemals über seine Geltung abgestimmt habe, dieser Verfassung also die unmittelbare demokratische Legitimation fehle.

Dieser Einwand beschreibt das Entstehen des Grundgesetzes richtig, weil das Grundgesetz vom Parlamentarischen Rat beschlossen und von den Parlamenten der Länder – mit Ausnahme Bayerns, dessen Landtag das Grundgesetz ablehnte, es aber ausdrücklich als für Bayern verbindlich anerkannte – angenommen worden ist. Die Weimarer Reichsverfassung von 1919 war ebenfalls ohne Plebiszit in Kraft gesetzt, jedoch von der Weimarer Nationalversammlung beschlossen worden, die direkt vom Volk gewählt und von ihm ausdrücklich mit der verfassunggebenden Gewalt betraut worden war. Der Parlamentarische Rat hingegen war ausschließlich beauftragt, ein Grundgesetz zu beraten, zu beschließen und den Ministerpräsidenten vorzulegen, ohne unmittelbar vom Volk gewählt und mit der Verfassunggebung beauftragt worden zu sein. Die Landtage ihrerseits hatten, als sie das Grundgesetz annahmen, nicht den Auftrag und die Befugnis einer verfassunggebenden Gewalt.

Vor diesem historischen Hintergrund wurde die These vom Geburtsfehler des Grundgesetzes mit so viel Eloquenz und Lebhaftigkeit vorgetragen, dass das ihr zugrunde liegende demokratische Missverständnis teilweise verborgen blieb: Eine Verfassung entsteht nicht durch den Willensakt einer Mehrheit, sondern *ist das Versprechen des Staatsvolkes, eine gewachsene Rechtskultur anzuerkennen, zu bewahren und zu entfalten.* Unterstellen wir einmal, der Staat hätte sich auf die These eines »Geburtsfehlers« des Grundgesetzes eingelassen und nach sorgfältiger Vorbereitung den Bürgern die Frage zur Abstimmung vorgelegt, ob sie die demokratische, freiheitliche Verfassung des Grundgesetzes oder aber eine Diktatur wollten. Nehmen wir eine solche Abstimmung juristisch ernst und unterstellen wir weiterhin – glücklicherweise wider besseres Wissen –, dass das deutsche Staatsvolk sich für eine Diktatur entschieden hätte, könnte dieser einmalige Abstimmungsakt der nachfolgenden Generation die freiheitliche Demokratie nicht vorenthalten. Die Abstimmung eines Sonntags hat nicht die Kraft, eine historisch gewachsene, damals in 40-jähriger Erprobung bewährte Staatsstruktur in ihr Gegenteil zu verkehren.

Deshalb ist auch die *amerikanische Verfassung,* die vor mehr als 200 Jahren von den Menschen, die man damals für das amerikanische Staatsvolk hielt, beschlossen wurde, für die heutigen Bürger Amerikas nicht höher legitimiert als das Grundgesetz für die deutschen Staatsbürger. In den USA wie in Deutschland haben die heute betroffenen Bürger nicht über ihre Verfassung förmlich entschieden. Die Anerkennung und Geltung der Staatsverfassung ergeben sich letztlich aus der Bereitschaft der Bürger, in dieser Verfassung zu leben und diese Verfassung weiterzuentwickeln. Dabei ist dem Bürger wie den Staatsorganen bewusst, dass die Verfassung das Gedächtnis der Demokratie ist, das Werte, Institutionen und politische Erfahrungen rechtsverbindlich an die Zukunft weitergeben soll. *Die Verfassung ist die verstetigte, in einer schriftlichen Urkunde dokumentierte Rechtskultur.* Würde sie jeweils nur bei aktueller Zustimmung des Staatsvolkes gelten, müsste sie jeweils alle 30 Jahre zur Abstimmung gestellt werden; das politische System würde instabil.

Das Demokratieprinzip ermächtigt die jeweilige Mehrheit des Staatsvolkes zu bestimmten politischen Entscheidungen, steht aber nicht selbst zur Entscheidung der Mehrheit. Das Demokratieprinzip gilt nicht, weil die tägliche Mehrheit es so wünscht, sondern weil der kulturell gewachsene Gedanke der Volkssouveränität langfristig überzeugt. Das Demokratieprinzip fordert die demokratische Legitimation jeder Staatsgewalt; dieses verfassungsrechtliche Erfordernis kann jedoch durch Mehrheitsentscheid nicht aufgehoben oder wesentlich verändert werden. Die Bindung der Mehrheitsentscheidung durch die Verfassung sichert insbesondere die Rechte des Einzelnen gegen die Mehrheit. Die Verfassung schützt den Einzelnen auch gegen Mehrheiten; diese sind niemals überwältigend, der Einzelne ist dank seiner Grundrechte stärker als diese Mehrheit.

Das Grundgesetz entsteht somit nicht auf der grünen Wiese eines verfassungsrechtlichen Brachlandes, sondern entwickelt sich in der

Nachhaltigkeit guter rechtlicher Gewohnheit in den Prinzipien der Menschenwürde und der Menschenrechte, der Erfahrungen mit demokratischer Repräsentation, der Erprobung alter und neuer Formen der Gewaltenteilung und Gewaltenzuordnung, der verlässlichen Praxis von privatnützigem Eigentum und freiheitlichem Wettbewerb, den Wirkungen einer sozialen Sicherung. *Heutige Verfassunggebung ist deshalb Verfassungweitergebung,* die ein wesentliches Stück Verfasstheit bereits voraussetzt. Demokratie baut auf die vorgegebene Kulturgemeinschaft eines zusammengehörigen Staatsvolkes, auf die Tradition und Erfahrung von Rechtsstaat und sozialem Staat, auf die Überzeugungskraft der Menschenrechte und des Prinzips einer Republik.

Wenn ich in der Staatsrechtsvorlesung das Grundgesetz behandle, lesen wir miteinander den Text dieser Verfassung. Er sagt in der *Präambel,* dass das deutsche Volk sich *kraft seiner verfassunggebenden Gewalt* dieses Grundgesetz gegeben habe. Sodann »bekennt« das deutsche Volk sich in Artikel 1 zu unverletzlichen und unveräußerlichen Menschenrechten als Grundlage jeder menschlichen Gemeinschaft, begründet also in diesem Bekenntnis, dass es bestimmte Rechtsprinzipien *vorgefunden* hat, diese zum Text der deutschen Verfassung in deutscher Sprache formt, inhaltlich ausgestaltet und durch Einzelentscheidungen der Machtverteilung, der Verfahrensabläufe und der Individualrechte ergänzt und vervollständigt. Im *Schlussartikel* beansprucht das Grundgesetz sogar, dass auch eine etwaige dem Grundgesetz nachfolgende Verfassung, also eine durch – hoffentlich friedliche – Revolution hervorgebrachte neue Verfassung »von dem deutschen Volke in freier Entscheidung beschlossen« werde. Diese Kühnheit der geltenden Verfassung, den Entstehensgrund auch für die nachfolgende Verfassung vorzeichnen zu wollen, baut auf die Überzeugung, dass die Prinzipien von Rechtsstaat und Demokratie richtig sind, in dieser Richtigkeit unabdingbar bleiben. Das Demokratieprinzip fordert nicht die Zustimmung des Staatsvolkes in einem einmaligen historischen Zustimmungsakt, sondern erwartet eine kontinuierliche Mitwirkung dieses Volkes in dem demokratisch verfassten Gemeinwesen.

Verfassunggebung durch das Staatsvolk setzt also schon ein Stück Demokratie voraus, entfesselt nicht die Hydra beliebiger Mehrheitsentscheidungen, die Minderheiten überwältigen und unterwerfen würden, sondern weist der demokratischen Mehrheit einen rechtlich begrenzten Bereich politischen Entscheidens zu, bindet sie an Werte und wertbestimmte Verfahren. Eine Verfassung ohne Werte wäre wertlos, resignierte vor Mehrheitslaunen und Mehrheitswillkür, gäbe dem Volkstribun mit seiner Verführungs- und Medienmacht unbegrenzte Herrschaft. Demokratie ist ein Verfassungsprinzip, begründet deshalb eine verfasste Staatsgewalt, nicht eine ungebändigte Hydra.

4. Wer stimmt ab – Parlament oder Volk?

Deshalb ist der Vorschlag, das Staatsvolk über die Verfassung abstimmen zu lassen, nicht als offene Entscheidung über die zukünftige Staatsverfassung gemeint, sondern als *integrationspolitische Geste,* die eine klare Zustimmung verlässlich erwartet. Wer aber das Staatsvolk nur in einer derart formalen Antwort zu Wort kommen, es nur die in der Frage angelegte Antwort bestätigen lassen will, drängt das Staatsvolk in die Position eines bloßen Jasagers. Dieses wäre ein Missverständnis der Demokratie, eine Missachtung des zur freien Entscheidung berufenen Volkes.

Wir müssen also unterscheiden zwischen der gewachsenen und nachhaltig zu bewahrenden Rechtskultur sowie den durch Verfassungsänderung zu erneuernden Verfassungsinhalten. Das Grundgesetz zieht diese Grenze in einer eigenen Bestimmung ausdrücklich: Die Garantie der Menschenwürde, das Demokratieprinzip, das Rechtsstaatsprinzip, das Prinzip des sozialen Bundesstaates und der Republik können auch im förmlichen Verfahren der Verfassungsänderung nicht geändert werden. Wer eines dieser Prinzipien aufgeben will, kann dafür nicht eine der im Grundgesetz begründeten Kompetenzen des Gesetzgebers, der Bundesregierung oder der Rechtsprechung in Anspruch nehmen. *Das Grundgesetz organisiert nicht den Verlust seiner eigenen Identität.* Andererseits stehen die Reichweite und Schranken der Freiheitsrechte, die Aufteilungen der Mächtigkeiten und Kompetenzen zwischen den verschiedenen Staatsorganen und zwischen Bund, Ländern, Gemeinden und Europäischer Gemeinschaft zur Entscheidung des verfassungsändernden Gesetzgebers.

Hätte das Parlament bei der Wiedervereinigung einen Volksentscheid über die zukünftige gemeinsame Verfassung eröffnen wollen, hätte das Volk nicht über Demokratie oder Tyrannei entscheiden dürfen. Die richtige Abstimmungsfrage hätte lauten sollen: Wollen Sie das Grundgesetz in seiner derzeitigen Fassung beibehalten oder wollen Sie es durch bestimmte – im Einigungsvertrag vereinbarte – Vorschriften ergänzen? So könnte der demokratische Rechtsstaat dem Staatsvolk die ehrliche Abstimmungsfrage vorlegen, ob es das Grundgesetz mit seinem bisherigen Inhalt bewahren oder in einzelnen – in der Abstimmungsfrage allgemeinverständlich dargelegten – Aussagen ändern wolle. Das wäre aber nicht eine Legitimation des Grundgesetzes durch Volksentscheid, nicht eine Verfassung*gebung,* sondern eine plebiszitäre Entscheidung über eine Verfassungs*änderung.*

Demokratie ist eine Form *staatlichen* Entscheidens. Sie fordert, dass das Staatsvolk Staatsorgane wählt und mit Handlungsfähigkeit ausstattet. Die Staatsorgane werden nicht durch das Staatsvolk ersetzt. Alle Staatsgewalt geht vom Volke aus, sie wird aber vom Volke in Wahlen und Abstimmungen durch besondere Organe der Gesetzgebung, der Regierung und Verwaltung, der Rechtsprechung ausgeübt. *Wahl* bedeutet dabei die regelmäßig wiederkehrende Entscheidung über die Abgeordneten des Parlaments und damit über die von den politischen Parteien angebotenen personellen und programmatischen Alternativen zukünftiger Politik. *Abstimmung* meint die Entscheidung in Sachfragen. Das Grundgesetz kennt keinen Fall einer solchen Sachabstimmung, in dem das gesamte Staatsvolk entscheiden dürfte. Abstimmungen sind regional für die Neugliederung des Bundesgebiets vorgesehen, spielen im Übrigen in den Länderverfassungen eine praktische Rolle.

Die Entscheidung des Grundgesetzes für ein vom Wähler beauftragtes Parlament und gegen die Volksabstimmung – also für eine parlamentarisch-repräsentative und gegen eine plebiszitäre Demokratie – hat erhebliche praktische Bedeutung. Ein Parlament *kann verfassungsrechtlich gebunden,* insbesondere durch Grundrechte und Minderheitsschutz gemäßigt werden, während das allgemeine Staatsvolk von 61 Millionen Abstimmungsberechtigten in seinem Willen kaum rechtlich gebunden werden kann. Wenn über die Aufnahme politisch verfolgter Ausländer in unser Land und in unser Sozialsystem entschieden werden soll, wird die Parlamentsentscheidung strikt das Grundrecht auf Asyl und die Genfer Flüchtlingskonvention beachten; ein Volksentscheid würde je nach Blick auf persönliche Not oder »volles Boot« entscheiden.

Das Parlament kann in der Plenumsberatung und in den Ausschussberatungen, im Gegensatz von Mehrheit und Opposition *einen sachlichen Interessensausgleich* finden, der Volksentscheid hingegen nur eine schroffe Alternative von Ja oder Nein entscheiden. Steht etwa die Frage zur Entscheidung, ob deutsche Soldaten in einem Krisenherd der Welt eingesetzt werden sollen, wird diese Frage kaum mit Ja oder Nein beantwortet werden können. Entscheidend ist, ob der militärische Einsatz im Rahmen der Vereinten Nationen gebunden ist, ob der Einsatz dem Schutz der Bevölkerung oder dem militärischen Kampf dient, ob das Krisenland die deutsche Hilfe wünscht oder ablehnt, ob die Kapazität der Bundeswehr einen solchen Einsatz zulässt, ob die Völkerrechtsgemeinschaft hinreichende Vereinbarungen und Vorkehrungen trifft, um die deutschen Soldaten angemessen zu schützen. Die Antwort ist also nicht ein kategorisches Ja oder Nein, sondern eine Zustimmung oder Ablehnung unter Vorbehalt der weiteren Entwicklung, Sachverhaltsaufklärung und Rahmenvereinbarung. Dieses kann nur das Parlament, nicht das Plebiszit leisten.

Bei der Volksabstimmung *bestimmt der Fragesteller wesentlich das Abstimmungsergebnis,* während das Parlament über die Gesetzesinitiative debattiert, dadurch die Fragestellung erklären, berichtigen, vereinfachen, vertiefen und abändern kann. Wer wäre bei einer Volksabstimmung nicht für das »bessere« Müllkonzept? Bei der parlamentarischen Debatte hingegen würde die Frage erörtert, ob der Änderungsvorschlag das Müllkonzept tatsächlich verbessert oder verschlechtert. Stellen eine Partei oder die Medien, die eine Abstimmung vorbereiten, das abstimmende Volk vor die Frage, ob es durch eine höhere Staatsverschuldung die Steuerlasten unserer Kinder vermehren will, wird das Abstimmungsergebnis vermutlich Nein lauten. Fragt man dieselbe Bevölkerung hingegen, ob die gegenwärtige Krankenversorgung durch einen Staatskredit deutlich verbessert werden solle, eröffnet sich eine gute Chance für ein Ja.

Fragt das Plebiszit, ob die Luftverschmutzung vermindert werden soll, wird es Zustimmung ernten, fragt es nach der Verpflichtung jedes Bürgers zur vorübergehenden Stilllegung seines Fahrzeugs, wird das gegenteilige Abstimmungsergebnis wahrscheinlich. Wird gefragt, ob die Sauberkeit und Reinheit des Wassers verbessert werden solle, ist ein anderes Ergebnis zu erwarten, als wenn die dadurch bedingte Verteuerung des Wasserpreises zur Abstimmung steht.

Das Plebiszit ermächtigt weniger das Staatsvolk und mehr den Fragesteller, die Parteien und die Medien. Es verstärkt also vorhandene Strukturen starker oder übermäßiger Mächtigkeit und schwächt das demokratisch legitimierte Parlament.

Viele Fragen der Gesetzgebung können *erst nach sachverständiger Beratung im Parlament entschieden* werden. Stehen die Sicherheit der Atomreaktoren auf der Tagesordnung, die Tauglichkeit von Arzneimitteln, die Reform des Sozialversicherungsrechts, die Vereinfachung des Steuerrechts oder die Erneuerung des Europarechts, so braucht der Abgeordnete vor allem Wissen und erst dann Entscheidungskraft. Er kann sich insbesondere in der Spezialisierung in einem Ausschuss sachverständig machen, außerdem sich in Anhörung und Debatte Rat holen. Der gleiche Rat ist der Allgemeinheit des Staatsvolkes nicht zu vermitteln, so dass dieses ohne hinreichendes Sachwissen, also strukturell fehlerhaft entscheiden wird. Erst der Sachverstand im Parlament wirkt daraufhin, dass demokratische Entscheidungskompetenz weniger als Machtmittel und mehr als Verantwortlichkeit und Verständigungsauftrag gehandhabt wird.

Das Parlament wahrt die Verfassungsrechte auch der Minderheiten und der Grundrechtsträger und *gleicht Interessen aus;* der Bürger bringt im Volksentscheid seine persönlichen Neigungen und Anliegen zur Geltung. Hätte er über den Bau einer Autobahn zu entscheiden, die ein Wohngebiet durchschneidet, wird sich die Mehrheit der im täglichen Stau stehenden Verkehrsteilnehmer gegen die Minderheit der in ihren Wohnungen und in ihrem Lebensumfeld Betroffenen durchsetzen. Deutlicher noch stellt sich die Aufgabe der parlamentarischen Demokratie, wenn populäre und deshalb plebiszitfähige Forderungen im Zusammenhang mit harten Strafen für schwere Verbrechen, mit der Umgestaltung des Steuerrechts oder der Beschränkung von Fremdenrechten entschieden werden müssen. Demokratie ist nicht Mehrheitsherrschaft nach Belieben, sondern parlamentarisch geformte Mehrheitsentscheidung bei stetigem Schutz der parlamentarischen Minderheit und der vom Mehrheitsentscheid betroffenen Menschen.

Demgegenüber wird eingewandt, das deutsche Staatsvolk habe in einem schwierigen, aber glanzvollen Aufbau von Demokratie und Rechtsstaatlichkeit in den vergangenen 50 Jahren seine demokratische Reife bewiesen, in der friedlichen Wiedervereinigung Deutschlands sogar ein *historisch einmaliges Meisterstück der Demokratie* abgeliefert, könne deshalb heute als Gegengewicht gegen eine Parteienherrschaft wirken, in der sich eine politische Klasse in den Parteien und Verbänden überragenden Einfluss auf das Parlament verschafft und gegen den Willen des Staatsvolkes abgeschirmt habe. Aus der Demokratie sei eine Oligarchie geworden, die das Gespür für die Bedürfnisse des Staatsvolkes und die allgemeinen Anfragen an das Recht verloren habe, die das Gespräch mit der kleinen und gut organisierten, in Berlin stets gegenwärtigen Gruppe suche, aber den Kontakt zur Allgemeinheit des Staatsvolkes verliere.

Diese Kritik an der Macht der Parteien und Verbände, in parlamentarischen Verfahren das Gemeinwohl durch Gruppeninteressen zu verdrängen, ist berechtigt. Ihr kann jedoch durch das Plebiszit nur eingeschränkt gegengesteuert werden, weil die Parteien und Verbände auch die Medien und damit die Fragestellung beeinflussen. Außerdem würde ein Volksentscheid spätere Parlamentsgesetzgebung nicht binden. Die Parteien könnten deshalb offen oder verdeckt Gesetze gegen das Ergebnis eines Volksentscheids veranlassen, sofern eine Sachmaterie nicht ausschließlich der Entscheidung des Staatsvolkes vorbehalten ist.

Deswegen wäre es besser, den Volksentscheid nicht gegen die Parlamentsgesetzgebung zu stellen, sondern den Volkswillen im Parlament wirksam werden zu lassen. Die erste Stufe wäre eine informelle *Volksbefragung,* die den Willen des Staatsvolkes erkundet und dieses Wissen dem Gesetzgeber unter Kontrolle der Öffentlichkeit übermittelt, ihn aber nicht zu bestimmten Handlungen und Entscheidungen verpflichtet. Die zweite Stufe wäre eine *Volksinitiative,* die für ein bestimmtes Gesetzgebungsvorhaben die Zustimmung einer bestimmten Zahl von Bürgern (Quorum) zu gewinnen sucht und dadurch den Gesetzgeber verpflichtet, über diese Initiative in einem förmlichen Verfahren zu entscheiden. Diese Volksinitiative bestimmt die Tagesordnung des Bundestages, nicht den Text eines Gesetzes im Bundesgesetzblatt. Stimmt der Gesetzgeber einer Volksinitiative nicht zu, so ist das Plebiszit gescheitert. Es sollte nicht ein *Volksbegehren* zur Folge haben, bei dem das Staatsvolk – regelmäßig unter der Voraussetzung eines höheren Quorums – den Gesetzgeber vor die Wahl stellt, den Gesetzesentwurf als Gesetz zu beschließen oder aber einen Volksentscheid herbeizuführen.

Die prinzipiellen Bedenken betreffen die Volksgesetzgebung, den *Volksentscheid,* nicht die Mitentscheidung des Staatsvolkes an Vorstufen der Gesetzgebung. Jede plebiszitäre Entscheidung, mag sie auch durch verfassungsrechtlich gebundene Organe vorbereitet und begleitet sein, nimmt dem Gesetzgeber und damit dem Garanten einer verfassungsgemäßen Gesetzgebung die Entscheidung aus der Hand. Die Menschenrechte, der demokratische Rechtsstaat und allgemein die Verfassung verlieren an Gestaltungskraft. *Die Grundrechte laufen leer, wenn Grundrechtsberechtigter und Grundrechtsverpflichteter im Staatsvolk identisch sind.* Deswegen sollte das Grundgesetz die Entwicklungsoffenheit, Sensibilität und Bürgernähe der Staatsorgane und der Parteien stärken, ihre Entscheidungskraft gegenüber den Verbänden festigen, ihnen jedoch nicht die schon deutlich geschwächten Entscheidungskompetenzen nehmen.

Das Grundgesetz stärkt die Parteien, wenn sie den Willen des Staatsvolkes an die Staatsorgane überbringen und den Willen des Staates dem Staatsvolk vermitteln. Eine stärkere mitgliedschaftliche Organisation, die parteiliche Demokratie von unten nach oben, die zeitliche Begrenzung von Führungsämtern in Staat und Parteien könnte die Willensbildung bei Gesetzgebung und Regierung mehr für die Bürgeranliegen öffnen. Die nicht verbandsgebundene, insbesondere die universitäre Wissenschaft sollte an der Gesetzgebung und Verwaltung mehr beteiligt werden. Bei unseren Überlegungen zum Menschenbild des Grundgesetzes hat sich ergeben, dass der Mensch sich als Politiker nicht von den anderen Menschen abhebt, vielmehr durch das aktuelle Erleben seiner Familie, seines Berufes, seiner gesellschaftlichen Gruppen, seiner Region im Staatsvolk verwurzelt bleibt. Die Mitgliedschaft eines Abgeordneten im Parlament soll dem Wähler mittelbar das Wort im Bundestag erteilen.

Daneben sollte das *Recht, Gesetzesvorlagen beim Bundestag einzubringen,* vorsichtig erweitert werden. Das Staatsvolk soll das Recht haben, bei einer Beteiligung von mindestens 30 % der Wahlberechtigten und einer Mehrheit, die mindestens 25 % der Wahlberechtigten beträgt, dem Bundestag ein Gesetzgebungsthema auf die Tagesordnung zu setzen.

Bei der *Europäischen Gemeinschaft* liegt das *Recht zur Gesetzesinitiative* gegenwärtig ausschließlich bei der Europäischen Kommission. Dieses Monopol mag in den Gründerjahren der Europäischen Wirtschaftsgemeinschaft seine Berechtigung gehabt haben, weil damals ein Organ den Kompetenzzuwachs für die EWG und den inneren Zusammenhalt der Gemeinschaft in ersten gemeinsamen Rechtsregeln befördern sollte. Heute ist die Europäische Union zu einer mächtigen Organisation geworden, die zu Normenflut, Bürokratie und Überdifferenzierung neigt. Deshalb sollte das Recht zur Gesetzesvorlage mehr auf die Mitgliedstaaten und die nationalen Staatsvölker übergehen. Das Initiativrecht könnte für den Mitgliedstaat von der Zustimmung seiner Regierung und seines Parlaments abhängig gemacht oder auch drei Mitgliedstaaten als gemeinsames Recht vorbehalten werden. Bei den Staatsvölkern könnte wiederum eine bestimmte Prozentzahl der Abstimmungsbeteiligten und eine weitere Prozentzahl der Zustimmenden gefordert, auch das Zusammenwirken von drei Staatsvölkern in der Wahrnehmung eines gemeinsamen Rechts vorgesehen werden. Jedenfalls sollte das Staatsvolk stärker die Themen der Politik bestimmen, ohne deswegen auch den Inhalt der Entscheidungen und seine Vereinbarkeit mit dem Verfassungsrecht und einer langfristigen Gesetzgebungskonzeption verantworten zu müssen.

5. Der Staat ist stark für das Recht – um der Freiheit willen aber schwach

Gerechtigkeit erfüllt nicht alle Wünsche, sondern gleicht zwischen gegenläufigen Anliegen und Interessen aus. Das Recht braucht deshalb eine Autorität, die über den einzelnen Menschen steht, ihren Streit schlichtet, ihre Kämpfe beendet, ihnen allgemeine und gleichbleibende Regeln gibt, nach denen sie in Frieden zusammenleben und sich in Freiheit entfalten können. Das Kennzeichen moderner Verfassungsstaatlichkeit ist, dass das gemeinsame Recht nicht von den Rechtsgenossen vereinbart, sondern von ihren Repräsentanten für alle verbindlich geregelt wird. Die Hochkultur des Verfassungsstaates beginnt, wenn der Staat sich nicht mehr im Staatsvertrag, sondern in seinem kulturell gewachsenen Recht legitimiert.

Recht braucht deswegen den *starken Staat,* der nicht von den Parteien beherrscht wird, die Stände und Verbände in ihre Schranken weist, das Staatsvolk in der Europäischen Union und in der Völkerrechtsgemeinschaft wirksam vertreten kann, Gefahren abwehrt, Rechtsbrecher bestraft, die individuelle Existenz und die Infrastruktur sichert. Diese Stärke wahrt der Staat in einer Kultur des Maßes, die ihn vom bürgerlichen Leben der Freiheitsberechtigten, insbesondere dem Wirtschaftsleben und Wettbewerb strukturell fernhält, seine Aufgaben und Verantwortlichkeiten deutlich auf den Rahmen individueller Existenz und freiheitlicher Entfaltungsmöglichkeiten begrenzt. Der Staat gewinnt die Macht des Geldes nur in den Instrumenten einer Steuerfinanzierung und einer parlamentarischen, budgetgebundenen Ausgabenpolitik. Sein Handeln ist in Formen und Verfahren gebunden; das formlose Handeln bleibt die Ausnahme. Die Stärke des Verfassungsstaates ist deshalb nicht die einer Hydra, die mehr und mehr in den Freiheitsbereich des Bürgers übergreift und jedes aufkeimende Pflänzchen von Familiengründung, Forscheridee, künstlerischer Schöpfung oder politischer Erneuerung verschlingt. Sie ist die Stärke des Freiheitsgaranten, die von freien Bürgern getragen wird, ihre Impulse aus Wissenschaft, Kunst, Familie und Religion empfängt, Autorität und Gestaltungsmacht dem Willen der Bürger zur Friedlichkeit, zum Verfassungsstaat, zur Sozialgemeinschaft entlehnt.

Der starke Staat wird heute nicht die Normenflut vermehren, sondern vor allem prüfen, *was um der Freiheit willen nicht geregelt werden darf und was an Gesetzesbeständen überflüssig ist.* Er wird mit dem Steuerrecht nicht lenken und leiten, sondern wird das Instrument der Steuer allein zur Staatsfinanzierung, zur gleichmäßigen und maßvollen Verteilung der Finanzlasten auf alle Leistungsfähigen nutzen. Er wird seine Gesetzgebungskompetenz einsetzen, um der Freiheit der Menschen den rechtlichen Rahmen und die notwendigen Institutionen zu bieten, nicht aber ihre Freiheit zu verkürzen, deswegen ein Recht der Ehe und Familie anbieten, nicht aber die Frage regeln oder beeinflussen, ob und wie lange die Mutter und der Vater ihre Kinder eigenhändig erziehen. Er wird als Verfassungsstaat in der Völkerrechtsgemeinschaft für Frieden und Menschenrechte eintreten, diesen seinen Kernauftrag aber nicht zur Verbesserung der Wirtschaftsbeziehungen oder zur Vermittlung von Industrieaufträgen verleugnen. Er wird seine Strafverfahren in Öffentlichkeit und Formenbindung durchführen, nicht die Strafe in Dienstzimmergesprächen zwischen Richter, Staatsanwalt und Rechtsanwalt aushandeln. Natürlich muss ein Staat auch informieren, empfehlen und warnen, erziehen und lehren, planen und bauen, leisten und helfen. Seine Stärke aber gewinnt er aus Recht, Form und Stil.

Dennoch hat der starke Staat die Macht zum Guten wie zum Bösen, ist *Garant und Gegner der Freiheit.* In der Geschichte hat er seine Polizeigewalt auch gegen die Freiheit der Bürger eingesetzt, mit seiner Militärgewalt seine Bürger auch in Kriege geführt. Der Bürger braucht deshalb Schutz auch vor seinem Beschützer. Die Verfassung erwartet, der Staat möge nur Freiheit sichern und nicht Freiheit gefährden. Diese Erwartung ist gegenwärtig im Glück des Grundgesetzes weitgehend erfüllt. Elementarbedrohungen der Freiheit durch willkürliche Verhaftung, Folter, staatliche Kränkungen, Behinderung von Familienfreiheit, Berufsfreiheit, Eigentümerfreiheit, Eingriffe in die Privatsphäre und die Wohnung, Vorzensur oder Unterdrückung einer Meinungsäußerung gehören nicht zu den Handlungsmitteln dieses Staates.

Doch gewinnt der Staat an Stärke und vermeidet eine Gegnerschaft zur Freiheit, wenn er die Staatsaufgaben möglichst streng von denen der Gesellschaft trennt. *Politik ist die Staatskunst, die gemeinschaft-lichen Angelegenheiten dem Gemeinwohl gemäß zu erfüllen,* ist die Kunst, das Recht zu wahren, Regierung und Gesetzgebung auf die Allgemeinheit des Staatsvolkes zu verpflichten, politische Klugheit gegen bloße List und Verschlagenheit abzuschirmen, mit der ein politisch Handelnder seine Macht mehrt und seinen Eigennutzen verfolgt. Das Verfassungsrecht bindet Politik in seinen Kompetenzlehren und materiellen Wertungen, um sie niemals nur Machterwerb und Machterhalt ohne Bindung an einen Staatsauftrag werden zu lassen, ihr niemals zu erlauben, staatliche Instrumente allein zum eigenen Nutzen einzusetzen.

Allerdings scheinen *die Erwartungen der Deutschen an ihre Politiker überhöht.* Sie erhoffen sich den Philosophenkönig, der ausschließlich von Tugend und Gemeinsinn geprägt ist, akzeptieren den Politiker mit Eigeninteressen und menschlichen Mängeln – mit Menschlichkeit – nicht. *Goethe* und *Schiller* haben den Gegensatz zwischen der Welt der Gelehrten und der Bildung einerseits und derjenigen der Politik andererseits überzeichnet. *Thomas Mann* verachtet die Politik, die »roh, pöbelhaft und stupid« mache, die »Neid, Frechheit, Begehrlichkeit« lehre. *Gordon A. Craig* erschien diese Distanz und Verächtlichkeit in der Beobachtung des Ausländers als Teil des »deutschen« Politikverständnisses. Dieses Vorurteil darf nicht gepflegt werden. Vielmehr gilt es, die demokratische Rückbindung aller staatlichen Gewalt an das Staatsvolk zu stärken, das Amtsethos des öffentlichen Dienstes zu erneuern, der Rechtsordnung eine inhaltliche Mitte in der Würde, Personalität und individuellen Freiheit des Menschen zu geben, das dritte, oft verschwiegene Ideal der modernen Demokratie, die Brüderlichkeit, nicht in einem finanzwirtschaftlich verkümmerten sozialen Staat verkommen zu lassen. Der Staat gewährt – in bewusster Bescheidenheit – die Freiheitsrechte als Anfangsbedingungen individueller Entfaltung, sinnerfüllter Existenz und persönlichen Glücks, öffnet den Staat damit für individuelle Erfahrung, Wertung, Lebenssicht und Zukunftshoffnung. Der Staat regelt das Menschliche im Generellen, überlässt es im Individuellen dem Freiheitsberechtigten.

Die Demokratie baut auf ein Staatsvolk, das alle Staatsbürger zu einer Kulturgemeinschaft formt, *den Nichtstaatsbürger aber nicht ausgrenzt,* sondern mit seinen Menschenrechten in die konkrete Ordnung des Staates aufnimmt. Dieses Modell von demokratischer Nation – Deutschland ist Mitglied der Vereinten Nationen – und menschlicher Zugehörigkeit wird heute nicht mehr überall verstanden. Universalistische Menschenrechtsthesen führen den Menschen auf sein bloßes Menschsein zurück, lösen ihn damit aus der kulturgeprägten, freiheitsermöglichenden Zugehörigkeit zu einem Staatsvolk, entlassen ihn in einen Globalstatus, in dem seine Bürgerrechte und teilweise auch seine Menschenrechte im Allgemeinen verloren zu gehen drohen. Zugleich muss der Staat darum kämpfen, dass die einbeziehende Solidarität des demokratischen Rechtsstaates stärker wirkt als die ausgrenzende Solidarität einer Partei, eines Berufsstandes oder eines Versicherungssystems.

Der Verfassungsstaat gewährt mehr Freiheit *vom* Staat als Freiheit *durch* den Staat. Er bietet dem Menschen Freiheitsrechte, damit dieser sich möglichst unbehindert entfalten kann. Selbstverständlich kann der Staat auf die staatliche Freiheitsvorsorge nicht schlechthin verzichten. Staatliche Sozialhilfe bewahrt den Freien davor, Hunger zu leiden. Eine daseinsvorsorgende Stromlieferung stellt sicher, dass der moderne Mensch nicht erfriert. Staatliche Schulangebote und Schulpflichten führen den jungen Menschen in die Kulturstandards der Gegenwart. Die liberale Regel des vergangenen Jahrhunderts, der Staat solle nichts tun, wenn er sich nicht der Gemeinwohldienlichkeit seines Handelns sicher ist, weicht der Realität eines mit Wirtschaft, Kultur und individuellen Lebensbedingungen verflochtenen Staates. Dadurch übernimmt der Staat die Verantwortlichkeit für individuelle Existenz und persönliches Wohlergehen, haftet deshalb nicht nur für sein Handeln, sondern auch für eine Untätigkeit. *Der Rechtsmaßstab verschiebt sich insoweit aber von der Freiheit zur Gleichheit.* Wenn die universitäre Forschung und Lehre fast nur in staatlichen Universitäten betrieben wird, muss der Staat die Forscher, Lehrer und Studenten auswählen; die freie Wahl von Beruf, Studium und Ausbildungsstätte wird durch einen Numerus Clausus gleichheitsgerechter Zuteilung eingeschränkt, aus der individuellen Freiheit wird ein Teilhaberanspruch nach Maßstäben der Gleichheit. Soweit der Staat zum Schutz seiner Bürger gegen Angriffe anderer Menschen verpflichtet ist, hat er Angriffe vorbeugend zu unterbinden, Gewaltakten zuvorzukommen, Schädigungen auszuschließen. So gerät der Staat in eine Mitverantwortung für die Freiheitsvoraussetzungen, macht damit den für sein eigenes Glück verantwortlichen Freiheitsberechtigten vom Selbstverantwortlichen zum Staatsbetroffenen. Die Organisationskraft des Staates, seine rechtliche Gestaltungsmacht und seine Finanzmittel werden in den Planungen und Erwartungen seiner Bürger gebunden, seine Leistungskraft geschwächt, sein Selbstbestimmungswille gemindert.

Demgegenüber gewinnt der Staat seine Freiheitlichkeit *durch den energischen Rückzug auf den Rechtsstaat,* durch Abbau seiner Organisations- und Finanzmacht zurück. Staatliches Recht ist als Ressource fast unerschöpflich, wenn sie das allgemeine und einfache Gesetz hervorbringt. In der Finanzierung hingegen hat der Staat seine Quellen erschöpft, teilweise schon überfordert. Dieser Hydra begegnen wir wiederum, indem wir unsere Ansprüche und Hoffnungen an den Staat mäßigen. Wir erwarten vom Staat gutes Recht, nicht gutes Geld.

6. Eine Gerechtigkeit – freiheitliche Vielfalt

Vereinfache dein Leben! Das ist das Motto unserer komplizierten und unverständlicher werdenden Welt. Auch eine Rechtsordnung wird für den Betroffenen erst vertraut und verlässlich, wenn er für den von ihm gewählten Lebensbereich einfache Regeln vorfindet. Der Jäger kennt sein Jagdrecht, der Autofahrer das Straßenverkehrsrecht, der Baumeister das Baurecht und der Arzt das Medizinrecht. Diese Teilrechtsordnungen bieten Rechtssicherheit und ein Stück Freiheit. Müsste der Rechtsbetroffene die gesamte Rechtsordnung kennen und beachten, wäre er überfordert und in seiner Kraft zur Freiheit eingeschüchtert und gelähmt. Das Recht dient der Freiheit, wenn es dem Menschen nur rechtliche Teilverantwortlichkeiten zuweist, ihn im Übrigen von der Kenntnis der Gesamtrechtsordnung entlastet.

Diese Parzellierung des Rechts erleichtert Freiheit, begrenzt aber auch Verantwortlichkeiten. Der Unternehmer kann Arbeitnehmer entlassen und damit sein Unternehmen retten, ohne für die Finanzierungskraft des Staates bei der Arbeitslosenhilfe oder vorgezogenen Rente verantwortlich zu sein. Arbeitgeber und Arbeitnehmer können in kollektiven Arbeitsverträgen das Lohniveau erhöhen, mögen sie dadurch auch die Arbeitslosen von der Arbeit fernhalten. Der Aktionär veräußert seine Aktie und erzielt dadurch einen Gewinn, mag er damit auch die Produktivität des Unternehmens mindern und Arbeitsplätze zerstören.

Wenn der Gesetzgeber rechtliche Teilverantwortlichkeiten auf *»eigene Angelegenheiten«* begrenzt, wird der Freiheitsbereich überschaubar. Das ist eine Bedingung der Freiheit. Eine rechtliche Totalverantwortlichkeit würde die Freiheit entmutigen und erdrücken. Dennoch sieht sich der Rechtsstaat einer Gesamtgerechtigkeit – Sicherheit und Frieden, finanzielle und kulturelle Existenzsicherung für jedermann, Entfaltung von individueller Würde und Freiheit – verpflichtet.

In dieser Garantenstellung wird der Staat überfordert, wenn die einheitliche Gerechtigkeit sich in verschiedene, parzellierte Gerechtigkeiten – eine liberale, eine demokratische, eine soziale – auflöst, damit der Zusammenhalt des Rechts in einem einheitlichen Maß gefährdet wird.

Eine *»soziale«* Gerechtigkeit beobachtet nur den Sozialbeamten, der in der ersten Reihe des Staatsdienstes steht, Gelder an Bedürftige verteilt und sich ständig wachsenden Leistungserwartungen ausgesetzt sieht. Der Finanzbeamte hingegen, der das zu verteilende Geld nach Maßstäben des Steuerrechts einsammelt, bleibt außerhalb dieses Blickfelds des Sozialen. Eine *»liberale«* Gerechtigkeit scheint dem Unternehmer zu erlauben, sein Unternehmen durch Entlassungen zu sanieren, ohne die Folge der individuellen Arbeitslosigkeit und damit auch der Belastung des sozialen Staates mitverantworten zu müssen. Eine *»demokratische«* Gerechtigkeit glaubt unter Berufung auf Mehrheitswillen und Zeitgeist, das Leben der Menschen vorrangig auf den Erwerb und nicht auf die Familie ausrichten, damit eine im Erwerbsleben sterbende statt eine im Kind vitale Gesellschaft organisieren zu dürfen. *Die Vernünftigkeit des demokratischen Prinzips wird zur selbstzerstörenden Unvernunft.*

Der Staat beansprucht insoweit wieder mehr Vernunft: als Autorität des sachlichen und unbefangenen Repräsentanten, der Frieden wahrt und in einer Gemeinschaft freier Menschen überzeugt; als Organisation für vernünftige Dialoge und Debatten, die in einem offenen Verfahren nach dem Richtigen und Angemessenen sucht; als Quelle eines Vernunftvertrauens, die unverbrüchliches Recht bewahrt und veränderbares Recht als kontinuierliches Recht fortentwickelt; als Garant von Freiheitsrechten, der den Menschen in seiner Würde und Individualität achtet, in diesen Gewährleistungen von Freiheit und Autonomie aber auch die Annahme dieser Freiheit vom Berechtigten erwartet, also das selbstbestimmte und selbstfinanzierte Leben die Regel bleibt.

7. Wettbewerb um das »beste« Recht

Der Staat sichert somit Grundlagen einer Gerechtigkeit in einem folgerichtigen und widerspruchsfreien System der Teilrechtsordnungen. Der Verfassungsstaat baut auf ein festes Fundament gleichbleibenden Rechts, eröffnet aber ein Verfahren zur Entwicklung eines auf dieses Fundament aufbauenden, sich stetig erneuernden und verbessernden Rechts.

Gegenwärtig wird erwogen, die Verbesserung des staatlichen Rechts *in der Dynamik eines Wettbewerbs um das beste Recht anzuspornen,* bei dem die Staaten um das beste Steuerrecht oder Bildungsrecht wetteifern. Dieser »Wettbewerb« soll Ermüdung überwinden, Besitzstände lockern, Neugierde, Erfindungsgeist und Wagemut anregen. Die Gemeinden konkurrieren um die besten Standortangebote gegenüber ansiedlungswilligen Unternehmen, die Länder stehen im Wettbewerb um Exzellenzuniversitäten und Forschungseinrichtungen, die Staaten sollen in einem »Steuerwettbewerb« dem Steuerpflichtigen das beste Recht bieten.

a) Brot ist käuflich, Recht nicht

Dieser Wettbewerb, angewandt auf die öffentliche Hand, trägt einen grundsätzlich verfehlten Gedanken in das Bemühen um das bessere

Recht. Natürlich unterliegen Staaten, Länder und Gemeinden einem heilsamen *Anpassungsdruck,* wenn andere Hoheitsträger ihre Aufgaben besser erfüllen. Der Wettbewerb aber ist Ausdruck individueller Freiheit, also eine Handlungsform der freiheitsberechtigten Gesellschaft, nicht des freiheitsgebundenen Staates. Bei privaten Anbietern *rechtfertigt* der Wettbewerb des Kaufens und Verkaufens, dass der eine Konkurrent am Markt erfolgreich ist, der andere verschwindet; das eine Unternehmen das andere feindlich übernimmt; die eine Firma die Kunden der anderen gewinnt; ein Bieter sich nicht mit dem anderen zu einem Kartell zusammenschließt. Alle diese Grundsätze gelten für den Staat nicht: Alle um das beste Steuerrecht bemühten Staaten sind in ihrer Existenz und in ihrem Status rechtlich garantiert, können also aus ihren Handlungsfeldern nicht verdrängt und vom anderen Staat nicht übernommen werden. Ein demokratischer Staat ist seinen Bürgern verantwortlich, sucht nicht die Bürger eines anderen Staates in den Kreis seines Staatsvolkes einzubeziehen.

Wenn Staaten gemeinsam Recht setzen – innerhalb der Europäischen Union oder aufgrund anderer völkerrechtlicher Verträge –, gerät die *Kartellaufsicht* nicht in Aufregung, weil diese Staaten in ihrer Rechtsetzung zusammenwirken sollen, nicht auf ein Recht des Wettbewerbs verpflichtet sind. Die Länder arbeiten in der ARD und im ZDF, in Kultusministerkonferenzen und einer Zentralstelle für die Vergabe von Studienplätzen zusammen. Gemeinden betreiben gemeinsame Einrichtungen der Entsorgung oder des Personennahverkehrs, stützen sich wechselseitig durch einen Finanzausgleich und verhindern damit, dass die eine Gemeinde sich zu Lasten der anderen ausdehnt. Staaten sind auf ein Geflecht des Friedensrechts, der diplomatischen Zusammenarbeit, des gegenseitigen Austausches angelegt, rechtfertigen ihren Erfolg nicht aus der Verdrängung des anderen Staates.

Natürlich muss auch der Staat um die Gunst seiner Bürger werben, sich im Vergleich mit anderen Staaten gegen Selbstgerechtigkeit, Trägheit, Machtmissbrauch abschirmen. Das Instrument des Werbens, der Kontrolle und Erneuerung ist aber das Erfordernis demokratischer Wahlen, *das Prinzip der Macht auf Zeit,* das jedem Mächtigen bewusst macht, auf Wiederwahl angewiesen zu sein. Abhängigkeit und

Machtmissbrauch vermeidet die *rechtsstaatliche Gewaltenteilung,* die sich heute vor allem zwischen Regierung und Verwaltung, Politik und Verfassungsgerichtsbarkeit, Bund und Ländern, Budgetgewalt und Rechnungshof ereignet. Das Entdeckungs- und Erneuerungsprinzip des Staates bietet der *Parlamentarismus.* Die Demokratie baut unbeirrt darauf, dass die Neuwahl des Parlaments zu besserer Gesetzgebung und besserer Politik führt.

Wettbewerb dient der Gewinnmaximierung, erlaubt also die Maßstablosigkeit und damit ein Stück Maßlosigkeit – ist insofern ein Hydraprinzip. Wer sich am Markt um Gewinn bemüht, kennt in seinen Gewinnhoffnungen keine Grenzen. Der Staat hingegen steht für eine Kultur des Maßes. Dies zeigt sich insbesondere am sogenannten »Steuerwettbewerb«. Würde dieser Gedanke im Vergleich der Staaten ernst genommen, müsste jeder Staat bei der Besteuerung versuchen, den größtmöglichen Steuerertrag bei seinen Steuerpflichtigen zu erzielen, also die Steuerlasten ständig bis zur Grenze kategorischer Gegenwehr und Ausweichreaktionen zu erhöhen. Dieser Wettbewerb drohte das Prinzip der maßvollen und gleichmäßigen Steuer zu zerstören. In der Sache allerdings meint der »Steuerwettbewerb« das Gegenteil von Gewinnmaximierung, den größtmöglichen Vorteil für den Kunden – den Steuerpflichtigen – und nicht den Anbieter, den Staat. Dieses System einer Anpassung an die niedrigste Steuerlast im Staatenvergleich würde die Steuererträge der Staaten mehr und mehr mindern, könnte Staaten mit hoher Rechts- und Leistungskultur drängen, sich auf das Niveau des ertragsärmsten Staates zu begeben. Der Wettbewerb zwänge dann zu einem stetigen Abbau der Staats- und Rechtskultur.

Nun wird eingewandt, der Wettbewerb zwischen den Staaten sei doch längst eine Realität, weil die Menschen *auswandern und einwandern,* also zwischen den verschiedenen Rechtsordnungen wählen könnten. Allerdings ist es ein erheblicher Unterschied, ob ein Käufer eine Ladenstraße entlanggeht und frei unter dem Warenangebot dieses Marktes wählt, oder ob seine Wahlmöglichkeit davon abhängt, dass er seinen gegenwärtigen Lebensmittelpunkt, seine Heimat aufgibt und in einen anderen Staat verlegt. Hier stellt der Wettbewerbsgedanke die Rechtsgüter der Sesshaftigkeit, der Zugehörigkeit, der demokratischen

Mitverantwortlichkeit in Frage. Wer eine Familie gegründet, ein Haus gebaut, eine Firma eröffnet hat, fühlt sich in seinem konkreten Umfeld – der Nachbarschaftslage, dem inneren Frieden, der Schule und Infrastruktur – mehr verantwortlich als der vermeintliche Wettbewerber, der sich vorspiegelt, seinen Wohnsitz täglich unter den 200 Ländern dieser Erde wählen zu können.

Für den Staatsbürger *stehen sein Staat und seine Kultur nicht in einem Wettbewerb zu anderen Staaten und Kulturen, über den er in einer täglichen Kaufentscheidung entscheiden würde.* Wer in der Sprache Goethes und Schillers aufwächst, in der Musik Bachs und Beethovens sich entfaltet, in der Verfassungstradition von Paulskirche und Grundgesetz Freiheit erlebt, mag seinen suchenden Blick auf bessere Kulturen richten, braucht aber nicht Anreiz und Verlockung, in eine andere Kultur einzutreten, sich auch nicht gegen Angebot und Werbung dieser Kultur wehren. Er wird die Öffnung und Weite seiner Kultur befördern, ohne seine Biographie von dieser Kultur zu lösen. Die Demokratie baut auf ein Staatsvolk, das sich in seinen historischen, kulturellen, ökonomischen und rechtlichen Prägungen seiner Zusammengehörigkeit bewusst ist und sich deshalb Organe gibt, die für ein gemeinsames Recht stehen und dieses fortentwickeln. Die Demokratie denkt die Staatsangehörigkeit systematisch als lebenslängliche Zugehörigkeit und Mitverantwortlichkeit. In den Biographien weltoffener Unternehmer, Entdecker, Erfinder und Wissenschaftler lesen wir den Begriff Heimat.

Deswegen ist es verfassungsrechtlich schlechthin ausgeschlossen, dass der Staat Staatsangehörigen und Unternehmen aus fremden Staaten in der Absicht begegnet, sie durch Vorteilsangebote zum Wechsel in den eigenen Staat zu locken. Bestechungsangebote bleiben verwerflich, mag der Beamte staatliches Geld einem inländischen oder einem ausländischen Investor anbieten. Das Steuerprivileg bleibt gleichheitswidrig, mag es den inländischen oder den ausländischen Unternehmen zugesprochen werden. Der Zugriff auf den Staatshaushalt bleibt dreist, mag die inländische oder die ausländische Lobbyistengruppe auf die öffentlichen Treuhandgelder zugreifen. Brot ist käuflich, Recht nicht.

b) Der Staat ist seinen Bürgern, nicht seinen Kunden verantwortlich

Selbstverständlich gehört es zur Autonomie der Staaten, dass jeder Staat seine Aufgaben eigenverantwortlich erfüllt, die Qualität der verschiedenen Staaten sich deshalb unterscheidet. Der weltoffene Bürger erhält so die Gelegenheit, verschiedene Rechtsordnungen zu vergleichen und seinen Wohnsitz oder Firmensitz nach dem Ergebnis dieses Vergleichs zu wählen. Diese Freiheit, einzuwandern und auszuwandern – bei einem Extremgefälle der Rechtsordnungen: Asyl zu suchen –, gehört zu den Elementargewährleistungen der Menschenrechte. Hätten wir den Weltenstaat, dessen Macht der Mensch in keinem Winkel der Erde entrinnen könnte, würde unsere Freiheit elementar verkürzt.

Diese Verschiedenheit der Staaten und ihres Rechts begründet jedoch keinen Wettbewerb. Wettbewerb meint Angebot und Nachfrage, Verhandeln über Preisnachlass und Leistungszuschlag, Verständigung im Einvernehmen der Freien ohne Vorbestimmung durch ein allgemeines und gleiches Gesetz. Für dieses gegenseitige Geben und Nehmen sind der Staat und sein Recht nicht zugänglich. Der vereinbarte Vorteil wird im Recht zu Privileg, Ungleichheit, Korrumpierung.

Dementsprechend folgt der Staat nicht den Prinzipien wettbewerblicher Freiheit, sondern rechtsstaatlicher Bindung. Seine »Kunden« sind seine gesetzlich definierten Bürger, die dem Staat nicht durch Kaufentscheidung begegnen, sondern durch Staatsangehörigkeit zugehören. Der Staat erbringt seine Leistung nach Gesetz und Recht, nicht nach Höchstgebot des Betroffenen. In Europa und innerhalb eines Bundesstaates ist die Gebietskörperschaft zum Finanzausgleich verpflichtet, muss also die Schwäche des »Konkurrenten« mittragen und auffangen. Eine feindliche Übernahme des konkurrierenden Staates ist nach UN-Statut ausgeschlossen. Viele staatliche Initiativen sind auf gemeinschaftliche Wahrnehmung unter den Gebietskörperschaften angelegt; das Umsatzsteuerrecht entwickelt sich im Rahmen der EG, das Bildungsrecht in der Gemeinschaft der Länder, staatlich veranlasste Fernsehangebote in einer Körperschaft des öffentlichen Rechts. Wenn sich die Staaten im Vergleich untereinander um die bessere

Lösung bemühen, suchen sie nicht wettbewerblich den anderen Staat zu überbieten, sondern beanspruchen *Autonomie*. In diesem Begriff der Autonomie klingt die Verallgemeinerungsfähigkeit, die Regelhaftigkeit ihres Handelns an: Handle so, dass die Maxime deines Willens stets zur Grundlage einer allgemeinen Gesetzgebung werden könnte. In der autonomen Persönlichkeit wird die Fähigkeit zur Sittlichkeit, zur Verantwortlichkeit vorausgesetzt. Die autonome Körperschaft beansprucht Unabhängigkeit von Fremdbestimmung, setzt Selbstgesetzgebung ins Werk. Der Staat ist autonome Körperschaft, nicht Wettbewerber.

Freiheitlicher Wettbewerb herrscht somit im Wirtschaftsleben, im Sport, in der politischen Alternativität von Parteien, im Ehrgeiz der Forscher und Künstler. Beim Staat hingegen herrscht das Recht, die Bindung in Kompetenzen und Verantwortlichkeiten, das Prinzip des Maßes.

8. Wo die Gerechtigkeit zu Hause ist

Wenn die Verfassung zwischen staatlicher Gebundenheit und wettbewerblicher Freiheit unterscheidet, ist in diesem Freiheitskonzept angelegt, dass der Staat allein die Gerechtigkeit nicht verwirklichen kann, die *Gerechtigkeit sich vielmehr zu wesentlichen Teilen in der freien Gesellschaft ereignet.* Es ist gerecht, wenn die Eltern ihr Kind gut erziehen, ihm die Muttersprache vermitteln, ihm ihre Lebenserfahrung und Lebenssicht mit auf den Weg geben. Es ist gerecht, wenn der Berufstätige ein Einkommen erzielt, damit sich und seine Familie ernähren kann und nicht auf die Hilfe anderer angewiesen ist. Es ist gerecht, wenn der Mensch sich ständig ausbildet und weiterbildet, um in seiner Freiheit am Wirtschaftsleben, an der Demokratie, an der Kultur teilnehmen und seinen Beitrag leisten zu können. Es ist gerecht, wenn Mäzene und Sponsoren einen Teil ihres Vermögens für gemeinnützige Zwecke einsetzen. Es ist gerecht, wenn ein Mensch den Enttäuschten tröstet, den Zaghaften ermutigt, den Kranken heilt, dem Armen hilft.

Ebenso ist es gerecht, wenn Forscher neue Lebensentwürfe und Mittel zum Leben entwickeln, Künstler mit ihren Werken die allgemeine Kultur anregen und entfalten, Unternehmer in ihrer Produktivität die Bedingungen des Wohnens, des Bewegens, des Wissens, der Gesundheit oder der Unterhaltung verbessern.

Unsere Suche nach der Gerechtigkeit wendet sich somit an den Staat und an uns selbst. Der Staat hat mit seinem Verfassungsrecht den unverrückbaren Grundbestand des Gerechten zu sichern und rechtsverbindlich an die Zukunft weiterzugeben, der Bürger in Freiheit private Gerechtigkeit zu schaffen. Wir erleben das historische Glück, dass diese Elementargerechtigkeit im Grundgesetz ausgesprochen und kraftvoll zur Wirkung gebracht ist. Auf dieser Verfassungsgrundlage schaffen die Staatsorgane in Gesetz und Politik weitere Bedingungen einer gerechten Ordnung. Der einzelne Mensch ist in Freiheit beauftragt, diese rechtlichen Werte, dieses Friedensprinzip, diese Verantwortlichkeit für die Würde jedes Menschen aufzunehmen, das Suchen nach der weiteren Verbesserung des Rechts mit eigenen Gedanken zu inspirieren, vor allem aber seine Lebensmöglichkeiten und Lebensziele in eigener Initiative und Anstrengung zu erweitern und zu verbessern, in der Begegnung dem anderen Menschen gerecht zu werden. Wir erwarten die Gerechtigkeit nicht nur vom Staat, sondern erleben sie in der Begegnung unter Menschen und Bürgern.

VI. Der Traum von der ewigen Jugend

1. Das Märchen vom Jungbrunnen

In ferner Vorzeit gab es einen Arzt, der sich auf die Kunst verstand, die Menschen wieder jung und schön zu machen. Er besaß einen großen Garten, darin war ein großer Brunnen, voll des heilenden Wassers. Er leitete das Wasser in einen großen Teich, gab allerhand seltene Kräuter darein, die er in seinem Garten hegte und mischte Tropfen feiner Essenzen in das köstliche Wasser. In dieses Bad stiegen die Alten und wuschen sich Gesicht und Gebein. Und siehe: Sogleich fühlten sie sich wieder frisch und schön an ihrem Leib. Sie jauchzten und tanzten um den Teich und ließen dem Arzt ihre Krücken. Und viele von ihnen buhlten ein andermal und freiten aufs Neue.

Da der Arzt erkannte, von welchem Vorteil sein Brunnen und seine Kunst waren, und da es ihn teuer kam, die Kräuter zu pflegen und die Essenzen zu brauen, verlangte er etliches Geld von denen, die jung werden wollten. Übers Jahr kamen die alten Jungen wieder, denn sie fürchteten doch, ein wenig fleckig und runzlig geworden zu sein. Weil aber auch die Jungen es hörten und nicht alt werden wollten, kamen auch sie zu dem berühmten Arzt, um bei ihm zu baden und sich zu impfen gegen allerlei Krankheiten und Gebrechen. Auch sie ließen ihr Geld bei dem wundertätigen Arzt. Bald füllte dieser das heilsame Wasser in Flaschen und vertrieb es im ganzen Land für teures Geld. Die Menschen tranken das Wasser, rieben sich damit ein und träufelten es schon den Säuglingen in die Wiege, auf dass sie niemals krank und alt werden sollten.

Da aber die anderen Ärzte im Land, die bloß Krankheiten heilten, merkten, dass der Berühmte ihnen das Wasser abgrub, taten sie es ihm nach. Bald gab es nicht Quellen und Teiche und Flaschen genug, um ewige Jugend zu verkaufen. Die Menschen, die zuvor ihr Geld für Häuser und Brot ausgaben, trugen es nun in großer Menge zu den Ärzten. Weil sie aber nicht arm am Arzte werden wollten, richteten sie Kassen ein und legten von Jahr zu Jahr mehr und mehr hinein, um Vorsorge zu treffen gegen jegliche Unbill des Leibes. Die Kassen gaben ihnen Anrechtsscheine für jede Pflege des Leibes und der Gesundheit.

Bald jedoch kam es zum Streit, und Neid und Missgunst entstand unter den Leuten. Es fehlte an Alten und Weisen, an klugem Rat und richtender Einsicht. Alle waren jung, doch das Land vertrug die vielen Jungen nicht. Denn die Junggemachten trieben allerlei törichte Dinge. Sie ergingen sich in Spielen und rüsteten sich mit verbotenen Kräutertränken zu Wettkämpfen. Sie setzen auch Kinder in die Welt und suchten Brot und Arbeit, sie zu ernähren. Das Brot aber wurde knapp und die Arbeit ging ihnen aus. Der Jungbrunnen und die Kasse schluckten die Schätze des Landes auf und der Friedhofsgärtner kam ins Armenhaus.

Da wurden die Menschen zornig und sprachen zueinander: »Die Ärzte sind Tyrannen!« In ihrer Enttäuschung fielen sie über die Heilkundigen her und beschimpften sie als Störer von Frieden und Ordnung. Sie schütteten die wundertätigen Brunnen zu und pflanzten an ihrer Stelle Bäume, die ihren Kindern Schatten spenden und Holz liefern sollten. So wurden sie wieder alt, klug und bescheiden und starben, wenn ihre Stunde gekommen war.

2. Die humane, nicht die optimale Medizin

Die Hydra unterdrückt den Menschen, indem sie ihm ewige Jugend, Freiheit von Krankheit und Gebrechlichkeit verspricht. Er sei nicht im natürlichen Lauf der Dinge gebunden, könne sich über seine Natur erheben, sich grenzenlos nach seinem Willen veredeln. Die Hydra will den Menschen durch seine Überheblichkeit unterdrücken. Noch ruht sie schläfrig, beginnt aber schon ihr Haupt zu heben, beansprucht Herrschaft über den Menschen, seinen Körper und seine Identität. Dabei droht sie, das Feuer der guten und besten Absichten zu speien, das jede Gegenwehr im Keim erstickt. Der Mensch ist in den natürlichen Ablauf des Lebens eingebettet, in die Entwicklung von Geburt, Heranwachsen, Erwachsensein, Altern und Tod. Die Medizin begleitet dieses Geschehen mit ihren Heilkräutern und ihrer Heilkraft, stellt es aber nicht grundsätzlich in Frage. Selbst wenn wir die Funktionen unseres Körpers beliebig verlängern könnten, würden wir, so sagt uns die moderne Gehirnforschung, das Gehirn so nicht erhalten können. Mit 130 Jahren dürfte jeder Mensch zu 100 % an Demenz erkrankt sein. Die Medizin dient der Gesundheit des Menschen während seines Lebens, stellt aber nicht in Frage, dass sich der Anker des Lebens für jeden einmal lichten wird.

Die Medizin hat die Aufgabe, *Krankheiten zu heilen, Schmerzen zu lindern, die Leistungsfähigkeit von Organen im Alterungsprozess zu erhalten.* Dabei haben der heilende und der schmerztherapierende Arzt zum Ziel, den Normalbefund des Menschen – seine Gesundheit – wiederherzustellen. Augen- und Ohrenärzte hingegen anerkennen nicht die vorgefundene, natürliche Normalität menschlicher Entwicklung, sondern kämpfen gegen den Alterungsprozess und die Schwächung der Organe. Die Ärzte geben dem Auge eine Brille, dem Gehör ein Hörgerät, der Hüfte eine Gehhilfe, dem Herzen einen Bypass. Sie verlangsamen eine natürliche Entwicklung, stellen aber einen Normalbefund wieder her, der in einem früheren Lebensalter noch vorhanden war.

Doch der *Stachel, den Körper veredeln zu wollen,* ihn besser zu machen als vorgefunden, steckt in jedem Menschen. Der Schönheitschirurg sucht dem Menschen ein schöneres Gesicht zu geben, als er je hatte, das Dopingmittel soll ihn schneller laufen lassen, als er je konnte, der Gehirnforscher will ihn besser denken lassen, als er es je vermochte. Wir bewundern den Gesichtschirurgen, der einem jungen Mädchen, dessen Gesicht durch den Angriff eines Hundes entstellt war, durch Transplantation ein neues Gesicht gegeben hat. Wir wissen aber auch, dass eine Transplantation des Gehirns schlechthin ausgeschlossen wäre, weil sie dem einzelnen Menschen die Eigenheit und Unverwechselbarkeit seiner Persönlichkeit nähme.

Die Macht zum Bessern und Heilen begründet Herrschaft über den Menschen. Damit stellt sich die Frage der Freiheit: Inwieweit muss der Mensch so, wie er vorgefunden ist und sich entwickelt, geachtet werden? Inwieweit ist seine Identität unantastbar? Soll der Mensch sich die Erde untertan machen oder auch den Menschen nach seinem besseren Bilde korrigieren?

Die Hydra der optimalen Medizin schlummert noch, hat ihr Haupt noch nicht erhoben, weckt aber in den Hoffnungen auf die Heilung fast aller Krankheiten und die genetische Austauschbarkeit fast aller Körperorgane einen Optimierungstrieb, der unerfüllbar und maßlos ist. Wenn das Recht vom Chirurgen eine Operation nach »neuestem Stand von Wissenschaft und Technik« verlangt, so kann der Arzt diese Rechtspflicht nicht erfüllen, weil er sich nicht vor jeder Operation mit den Spitzenforschern der Welt über deren neueste Erkenntnisse austauschen, nicht über jeden Apparat verfügen, nicht alle Methoden des Heilens beherrschen kann. Wenn der Chirurg selbst sich stündlich zu verbessern strebt und den neuesten Stand von Wissenschaft und Technik sich nach Möglichkeit zu Eigen macht, verdient er unser Vertrauen und unsere Bewunderung. Weist er allerdings nach einer Operation, die den schicksalhaften Tod seines Patienten nicht verhindern konnte, die Angehörigen darauf hin, dass er »alles versucht« habe, so zeigt dieser Hinweis auf das Menschenmögliche, dass der Arzt seinen Auftrag nicht zu Ende gedacht hat. Er soll nicht alles am Objekt seiner Chirurgie versuchen, sondern dem ihm anvertrauten Menschen mit der Humanität begegnen, die durch Ziel und Zumutbarkeit des medizinischen Eingriffs begrenzt ist.

Der *Gesundheitsbegriff der Weltgesundheitsorganisation* will dem Menschen umfassendes körperliches, geistiges und soziales Wohlbefinden sichern. Er erstreckt den Wunsch zum Besten auf die Rahmenbedingungen menschlicher Existenz, auch auf die Ernährung, die Bildung und das gesellschaftliche Umfeld, bleibt deswegen ein Traum, weckt unerfüllbare Erwartungen, schwächt die eigene Kraft zur selbstbestimmten und selbstbewussten Gestaltung seines Lebens. Die Hoffnung auf das rechtlich organisierbare allgemeine Wohlbehagen unterwirft alles menschliche Leben und damit die Freiheit dem Ziel einer staatlich verordneten umfassenden Gesundheit. Der Mensch würde nicht mehr rauchen dürfen, müsste seine Essgewohnheiten vor einem staatlichen Gewichtskommissar verantworten, seine täglichen Bewegungseinheiten in eine staatlich kontrollierte Stechuhr eingeben, seine beruflichen, staatsbürgerlichen und kulturellen Bildungsnachweise in einer jährlichen Bildungserklärung belegen. Aus ärztlicher Kunst im Dienst der Gesundheit würde die staatliche Verantwortlichkeit, jedem die besten Lebensbedingungen zuzuteilen. An dieser Gesundheitsvorstellung würden die Menschen zu leiden haben.

3. Der Arzt darf den Körper, nicht die Würde des Menschen antasten

Der Arzt begegnet seinem Patienten mit Wissen, Geschick und Humanität. Er handelt nach der Rationalität seiner Wissenschaft, folgt aber auch seiner Erfahrung, seiner Menschenkenntnis, den Einsichten, die er aus dem Gespräch mit dem Patienten, aus seinem familiären und beruflichen Umfeld gewonnen hat. Ärztliche Kunst wendet nicht nur Wissen an, sondern folgt der aus ärztlicher Praxis erwachsenen Intuition, nutzt Menschenverstand, den wir gesund nennen, praktiziert die Selbstverständlichkeiten, die aus stetigem helfendem Zuwenden erwachsen. Ein erfahrener Arzt hat mich bei einem Gespräch über die Verantwortlichkeit der Ärzte einmal auf ein Wort von *Augustinus* hingewiesen: Auf die Frage: Was ist die Zeit?, sagte Augustinus: »Wenn keiner mich fragt, dann weiß ich's; wenn einer mich fragt und ich's erklären soll, weiß ich's nicht mehr.« Menschliches Zusammenleben erfordert mehr als nur die Beachtung bewusster Regeln, den Einsatz von Wissen und Kenntnissen. Der Arzt entwickelt eine eigene Vorstellung, wie er dem ihm anvertrauten Menschen gerecht werden kann. Über diese Vorstellung allerdings wird er sich selbst so vergewissern, dass er sie im Gespräch mit seinen Kollegen formulieren, seinen Oberärzten und Assistenzärzten mitteilen kann. Der erfahrene Arzt redet nicht der Maßstablosigkeit das Wort, sondern einem Bild vom Menschen, dem der Arzt in Wissenschaftlichkeit und Mitgefühl begegnet.

Die modernen Verfassungen stellen in den Mittelpunkt ihrer Gewährleistungen den Ausgangs- und Basistatbestand von der Würde des Menschen, die »unantastbar« ist, die schlechthin nicht berührt, nicht angetastet werden darf. *Der Arzt soll den Körper des Menschen antasten, in ihn eingreifen, darf dabei aber die Würde dieses Menschen nicht berühren.* Der Patient vertraut sich seinem Arzt mit seinem Körper und seiner Existenz an, erwartet auch, dass dieser seine Ängste, Schwächen und Entwicklungshoffnungen in seinen Heilungsplan aufnimmt, will aber in seiner Eigenart und Persönlichkeitsstruktur nicht verändert werden. Auch für den psychisch Kranken anerkennt die Garantie der Menschenwürde Vorgefundenes und Vorgegebenes, fordert für die Begegnung die Achtung und den Schutz jedes Menschen in seiner Würde. Der Mensch ist, weil er existiert und wie er existiert, in seiner Individualität geschützt, gehört der Rechtsgemeinschaft als Berechtigter an, bestimmt nach eigenem Willen über seinen Körper, gestaltet seine eigenen Angelegenheiten selbst als Person, wird rechtlich in seiner Entwicklung als freier Mensch anerkannt. Das Verfassungsrecht nimmt den Menschen so, wie er ist, mag er Nobelpreisträger oder Alkoholiker sein. Der Staat darf nicht einen Tatbestand des »richtigen« oder »besseren« Menschen definieren. Aus diesem Menschenbild ergeben sich Auftrag und Grenzen für die Entwicklung und den Einsatz von Psychopharmaka, für die gentechnische Veränderung des Menschen, für die Herrschaft des medizinischen Apparates über den Menschen, auch bei den ärztlichen Anweisungen zu Rehabilitation und gesundheitsdienlicher Lebensführung.

Diese Vorstellung vom freien, würdebegabten Menschen muss in der Entwicklung der Medizin wieder bestätigt und verdeutlicht werden. Die moderne Medizin bestimmt den Tod nicht mehr nach dem

Hirntod, sondern nach dem *unabänderlichen Hirnausfall.* Sie nimmt andere Menschen für eine Organspende in Anspruch. Sie empfiehlt nach einer *Genkarte* Therapien zur Bekämpfung höchstpersönlicher Risikofaktoren. Sie verantwortet in der *In-Vitro-Befruchtung* Frühformen menschlichen Lebens, das noch nicht in die Geborgenheit von Mutter und Familie eingebettet ist. Sie gewinnt am *Ende des Lebens* Herrschaft über einen Menschen, der sich biologisch schon verabschiedet hat, aber künstlich in seinen Organfunktionen erhalten wird, obwohl er das Bewusstsein nicht wiedergewinnen wird. In dieser existenziellen Notlage braucht der Patient klare Rechte, die Medizin ein klares Menschenbild.

Vielfach wird gesagt, *das Leben des Menschen sei der höchste Wert* unserer Rechtsordnung. Diese Aussage ist falsch. Müssten wir alles menschliche Tun der Erhaltung des menschlichen Lebens unterordnen, müsste der Arzt auch die qualvolle Behandlung fortsetzen, um das zum Tode bestimmte Leben seines Patienten über sein schicksalhaft bestimmtes Ende hinaus zu verlängern. Er dürfte den Willen des Patienten, eine Operation zu unterlassen, nicht respektieren, weil das Leben ein höheres Gut wäre als die Selbstbestimmung des Patienten. Das von einem Sexualtäter erniedrigte Opfer dürfte den Angreifer nicht töten, auch wenn dessen Tötung die einzige Möglichkeit der Notwehr ist, müsste also die Erniedrigung dulden. Der Staat dürfte seine Soldaten nicht zur Verteidigung einsetzen, sondern müsste sich dem Angreifer unterwerfen, um das Leben seiner Soldaten zu retten.

Das Ziel medizinischen Handelns ist anspruchsvoller. Es dient der Würde des Menschen, die sich nicht auf die Erhaltung von Vitalfunktionen beschränken lässt. Selbstverständlich gehören zum Menschen in seiner Würde sein Leben, aber auch seine Entfaltungsfreiheit, seine Zugehörigkeit zu seiner Familie, seiner Berufsgruppe, seinem Staat, seiner Kirche. Deshalb ist ärztliche Tätigkeit auf das Gespräch mit dem Patienten angelegt. Der Arzt setzt sein Wissen barmherzig ein, bleibt in seinen Prognosen über den Verlauf einer Erkrankung bescheiden, vermittelt auch in der Aufklärung über Risiken Zuversicht, bedenkt das therapeutische Zusammenwirken von Zuspruch, Eingriff, familiärem Umfeld, Vertrauen und Hoffnung, bereitet auch, wenn notwendig, auf den Tod als natürlichen Teil des Lebens vor.

Wert und Würde eines Menschen erschließen sich dem Arzt nicht allein aus Wissen und Technik, sondern mehr in Kultur und Stil eines Berufsstandes, im Zusammenwirken erfahrener mit auszubildenden Ärzten, in einem Eid des Hippokrates, nach dem sich der Arzt selbst bindet.

Diese Humanität lässt sich nicht durch rechtliche Pflichten und Sanktionen erzwingen. Mit dem Wechsel von einer menschlich selbstverständlichen Erwartung zu einer rechtlich einklagbaren Pflicht verändert sich deren Qualität grundlegend. Wenn wir den Haftungsprozessen gegen Ärzte auch noch den Maßstab ungenügend beachteter Humanität zugrunde legten, wäre die Leistungsfähigkeit von Recht und Gerichten überfordert. Der Arzt würde weniger zum Ethos im Vorhinein angehalten als durch Ethos im Nachhinein eingeschüchtert werden. Eine der wichtigsten Quellen für ärztliches Fehlverhalten, die Furcht vor Haftung, würde wesentlich erweitert. Deswegen muss sich hier das Recht auf seine Aufgabe besinnen: Es kann nicht den redlichen, anständigen, menschlichen Arzt anordnen, sondern nur Rahmenbedingungen für die Entfaltung einer humanen ärztlichen Kunst, eines zuwendenden und verständigen Arztes, einer menschlichen medizinischen Forschung setzen.

4. Eine ganzheitliche Medizin ist stets universitär, akademisch

Ärztliches Handeln dient dem Menschen, wenn es für alle wissenschaftlichen Erkenntnisse und persönlichen Lebenserfahrungen offen ist, dieses Wissen und diese Erfahrung verantwortlich wägen und gewichten muss. Ein Beispiel bieten die *Ethikkommissionen,* in denen Ärzte, Philosophen, Theologen und Juristen über neue Heilmethoden und Medikamente beraten, deren Zulassung also nicht nur von der Einschätzung der Medizin, sondern auch von der Beurteilung anderer Lebenssichten und Lebensmaßstäbe abhängt. Das Denken wird weiter, das Handeln verantwortlicher, wenn der im Tierversuch erfahrene Forscher den Erstversuch am Menschen zusammen mit einem Theologen erwägen kann, der Genforscher den nächsten Schritt zur weiteren Nutzung der Gentherapie unter Naturwissenschaftlern und Normativwissenschaftlern abstimmt, der experimentierfreudige Arzt die Risiken seines Eingriffs dem Juristen darlegt.

Stünden wir heute erstmals vor der Frage, ob die Welt eine Scheibe oder eine Kugel ist, und hätten wir zwei Forschungsschiffe zur Verfügung, so würden wir sie nicht beide gleichzeitig aufs hohe Meer aussenden, damit jedes Schiff in edlem Wettlauf möglichst schnell die Grenze der Welt zu erreichen sucht. Vielmehr würden wir ein Erkundungsschiff vorausschicken, es mit dem zweiten durch ein starkes Tau verbinden, damit dieses das erste Schiff beim Absturz am Ende der Scheibe retten könnte. Wären wir heute erstmals in der Lage, Atome zu spalten, und könnten wir hundert Wissenschaftler mit weiterer Forschung beauftragen, so würden wir neunzig Naturwissenschaftler bitten, die Erkenntnisse der Atomwissenschaft voranzutreiben, aber zehn Wissenschaftler des Staats- und Völkerrechts, der Philosophie und Psychologie beauftragen, gleichzeitig einen Atomwaffensperrvertrag zu entwickeln, der die neue Erkenntnis zum Segen und nicht zum Fluch der Menschheit werden lässt. *Nicht Erkennen und neue Fertigkeiten um jeden Preis sind das Ziel der Wissenschaft,* sondern ein Erkennen, dessen Forschungsergebnisse dem Menschen dienen und dessen Erkenntnisprozess die Forscher nicht gefährdet oder verletzt.

Nichts anderes gilt für die Alltäglichkeit der Medizin, die ihre *drei Wurzeln des Wissens, der Erfahrung und der Menschlichkeit gegenüber jedem Patienten entfalten muss,* den Patienten also nicht als Objekt ihrer Behandlung, als Befundspeicher, gar als Quelle klingender Münze missverstehen darf, sondern ihm als hilfsbedürftigen Menschen begegnet. Der Arzt wird nur dann dem leidenden Menschen gerecht, wenn er seine Einzigartigkeit als Person, die Besonderheit seines Lebens und seines Lebensumfelds, seine Zugehörigkeit zu Gruppen und Gemeinschaften schon in der Diagnose aufnimmt und seiner Therapie zugrunde legt. Deswegen wird der Arzt das ständige Gespräch mit dem Juristen, dem Theologen, dem Historiker, dem Soziologen suchen, wird die Überspezialisierung unserer Wissenschaften beenden, wird wieder universell, universitär denken.

In der Alten Aula der Universität Heidelberg zeigt das Deckengemälde die vier klassischen Disziplinen dieser ältesten Universität Deutschlands: die Theologie, die Philosophie, die Rechtswissenschaft und die Medizin. Diese vier Disziplinen halten diesen Raum der Wissenschaften zusammen, geben ihm in ihrem Zusammenwirken Maß und Ästhetik. Ärztliches Handeln und medizinisches Forschen brauchen diese akademische Gemeinschaft, in der ein Spezialist den anderen mit seinem Wissen heilsam beunruhigt, gemeinsame Maßstäbe im Umgang mit den Menschen entwickelt, aus der Maßstablosigkeit in die Maßstabgebung führt, der Maßlosigkeit im Maß vorbeugt.

5. Wenn das Beste gerade gut genug ist

Wenn der Mensch ärztliche Behandlung beansprucht, *fordert er Gleichbehandlung auf höchstem Niveau:* Jeder Mensch erwartet für sich die bestmögliche medizinische Betreuung, verlangt also eine gleiche Therapie nach bestem Wissen und größtmöglicher Menschlichkeit. Dieses Individualrecht auf ärztliche Behandlung hängt allerdings von der Leistungsfähigkeit und auch von der Leistungsbereitschaft der Gesellschaft ab.

Die Medizin steht unter dem Druck des Ökonomischen. Sie beansprucht gegenwärtig mehr als 11 % des Bruttoinlandsprodukts, erlebt dabei aber immer deutlicher, dass jedes wertvolle Gut rar ist, dass sich die begrenzten Ressourcen auch für die Medizin nicht beliebig erweitern lassen. Der Traum manches Pharmaproduzenten, in Deutschland werde der Konsumwelle des Reisens, des Autos und der Informationstechnik nun eine Woge der Medizin- und Wellnessnachfrage folgen, könnte enttäuscht werden. Wir gehen eher einer Entwicklung entgegen, in der die Freude an Kind und Familie, der Sinn für verantwortliche Arbeit das Leben bestimmen und die Gesundheit von Körper und Seele festigen wird.

Die für die Medizin verfügbaren Finanzmittel, damit die medizinisch nutzbaren Arbeitskräfte und Wirtschaftsgüter, werden knapp bleiben. Jeder Arzt, jeder medizinische Forscher, jede Krankenschwester ist deshalb verpflichtet, seine bzw. ihre knappen Ressourcen sparsam zu bewirtschaften. Das ist eine Selbstverständlichkeit. Jeder, der menschliche Arbeitskraft oder Güter in Anspruch nimmt, unterliegt dem Erfordernis wirtschaftlichen Handelns. Die Knappheit eines Gutes ist die Bedingung seines Wertes, die Sparsamkeit im Umgang mit einem Gut anerkennt diesen Wert.

Das herkömmliche Instrument, um Arbeitskraft und Kapital kostenbewusst zu nutzen und bedarfsgerecht zu verteilen, ist der *Markt,* der Leistungen auf Nachfrage je nach Zahlungsbereitschaft gewährt. Dieses System eines freiheitlichen Wettbewerbs ist zur Verteilung medizinischer Leistungen nicht geeignet, weil es dem mittellosen Kranken die medizinisch notwendige Behandlung vorenthalten würde, dem nur begrenzt zahlungsfähigen Patienten einen geringeren medizinischen Standard anböte als dem finanzkräftigen.

Eine solche *unterschiedliche Behandlung je nach Zahlungsfähigkeit widerspräche der Statusgleichheit jedes Menschen.* Die Verfassung schützt jeden Menschen als Person und Persönlichkeit gleich, schützt ihn im Recht auf Leben und körperliche Unversehrtheit. Dieses Recht verbietet dem Staat grundsätzlich jeden Eingriff in Körper und Leben, wandelt sich heute in unserem reichen sozialen Staat aber auch zu einem Anspruch jedes Kranken auf medizinisch herstellbare Gesundheit. Mag ein Mensch in der Bewertung der Gesellschaft ein Taugenichts oder ein Wohltäter sein, mag er handlungsunfähig oder zu gemeindienlichen Spitzenleistungen begabt sein, mag er als selbstverschuldeter Diabetiker oder dank Disziplin als Asket leben, die Rechtsordnung hilft dem Kranken als Mitglied dieser Rechtsgemeinschaft mit den ihr verfügbaren, verallgemeinerungsfähigen Mitteln. Schuld oder Verantwortlichkeit für die eigene Krankheit stehen dem Anspruch auf Heilung nicht entgegen. Die Frage nach Wert und Würdigkeit zu leben darf nicht gestellt werden, sobald menschliches Leben existiert. Eine unterschiedliche Zuteilung der für Existenz und Würde eines Menschen notwendigen medizinischen Normalleistungen nach Zahlungsfähigkeit, aber auch nach Alter, Geschlecht, Lebensführung und Verdienst ist deshalb ausgeschlossen.

Damit *verlieren Arzt und Patient aber auch ein Stück ihrer Freiheit.* Wenn der Arzt im Rahmen eines Pflichtversicherungs- und Pflichtbehandlungssystems grundsätzlich seine Leistung jedem Kranken erbringen muss, weil dieser behandlungsbedürftig ist, kann er diese nicht von der Entgeltzahlung abhängig machen, also nicht selbst die Höhe des Entgelts mit seinem Patienten vereinbaren. Der Patient kann innerhalb dieser Zwangsversicherung oft nicht durch Honorarangebot einen Arzt für sich gewinnen oder seine ärztliche Versorgung verbessern. Die Verantwortlichkeit für ein ausreichendes Angebot ärztlicher Leistungen und angemessene Entgelte wächst der Gemeinschaft der Krankenversicherten zu, die diese medizinische Leistung finanziert. So wandelt sich der Inhalt der Freiheit: Aus dem Recht zum selbstbestimmten Arztvertrag wird ein Recht auf angemessene Leistung und Teilhabe an gemeinschaftlich finanzierter Medizin. Der Staat sucht diese Verteilungsverantwortlichkeit in einem System der Sozialversicherung mit einer kollektiven Versorgung zu verknüpfen. Er schöpft die Zahlungskraft potenzieller Patienten in einer Zwangsversicherung ab und stellt sie kollektiv für medizinische Leistungen an die Versicherten zur Verfügung.

In diesem *Kassensystem,* das in Deutschland rund 90 % der Krankenversicherten umfasst, entfallen die herkömmliche Leistungskontrolle und Leistungskorrektur durch das Entgelt, das der Patient nur bei angemessener ärztlicher Leistung zahlt. Arzt und Patient begegnen sich in ständigem Bemühen um Leistungsverbesserung, also um Verteuerung. Der Arzt will seinem Patienten die bestmögliche Behandlung zukommen lassen, der Patient kommt zum Arzt in der Gewissheit, dass für ihn das Beste gerade gut genug sei.

Damit dreht sich eine *Spirale stetiger Kostensteigerungen.* Bei der gesetzlichen Krankenversicherung wachsen der Kreis der Versicherten, der Leistungserbringer und der Wert der erbrachten Leistungen ständig. Während 1960 für die Leistungsausgaben der gesetzlichen Krankenversicherung 9 Milliarden DM als bedrohlich erschienen, waren es im Geldwert von 2003 rund 136 Milliarden Euro. Erwünschtes ist kaum finanzierbar. Der Finanzbedarf der Medizin steigt mit wachsender Lebenserwartung, mit den Fortschritten der Forschung, mit dem Angebot von Apparate- und Präparatemedizin. Chronische Zivilisationsschäden erweitern das Spektrum der Behandlungsbedürftigkeit, vor allem bei den Kardiologen, Gefäßchirurgen und Diabetesärzten. Der Mensch wird an eine ständig verbesserte und vermehrte, öffentlich finanzierte medizinische Versorgung gewöhnt. Jeder erhofft sich eine Behandlung nach den Maßstäben der Spitzenforschung, nicht nur der normalen medizinischen Versorgung. Der Hobbysportler möchte bei einem Meniskusschaden ebenso schnell wieder spielen können wie der Weltmeister. Die Leistungserwartungen drängen ins Grenzenlose. Die Kultur des Maßes ist neu zu entdecken, das Maß im Ausgleich zwischen den gemeinschaftsfinanzierten, aber gegenläufigen Rechten der Patienten auf Gesundheit zu suchen. Die begrenzte Behandlungskapazität ist so zu verteilen, dass der hohe Anspruch auf Gleichheit in der Gesundheit für alle Patienten wirksam wird, die Gleichheit dabei den Vorbehalt des Möglichen, des der Finanzgemeinschaft Zumutbaren in den Behandlungsanspruch trägt. Die Hydra verheißt den optimalen Jungbrunnen, das Recht die finanzierbare Klinik.

6. Ärztliche Behandlung nach Dringlichkeit

Diese Gleichheit aller Menschen im Schutz von Leben und körperlicher Unversehrtheit und in der Unverletzlichkeit ihrer Würde drängt zwar auf immer mehr und immer bessere medizinische Leistungen. Die Gleichheit mit einem Hang zum Besten aber *fordert die Unterscheidung zwischen Erwünschtem und Möglichem, zwischen Dringlichem und Verzichtbarem.* Deshalb sind Leistungsmaßstäbe zu entwickeln, die den Einsatz von Finanzkraft nicht zu Lasten anderer Lebensbereiche verschieben, andererseits das medizinisch Gebotene nicht finanzwirtschaftlich verfremden. Das Maß ist im Behandlungsbedarf des Patienten, also im Rechtsverhältnis von Arzt und Patient zu suchen; die finanzierenden Kassen haben dienende Funktion.

Wenn die Kassen gegenwärtig ihre Bereitschaft, Medikamente zu bezahlen, auf eine immer mehr schrumpfende, dem Einzelnen *pro Quartal verfügbare Geldsumme* begrenzen, wird dem Patienten bei einer schweren Erkrankung das notwendige Medikament versagt. Es ist ungerecht, diese Leistungen allein im Finanzierungsvolumen zu beschränken. Wenn der Patient mit einem Schnupfen und der Patient mit einer schweren Herzerkrankung von diesen Pauschalierungen betroffen würden, müsste das Recht von dieser formal pauschalierenden Begrenzung abrücken und die Finanzmittel nach der Dringlichkeit der Behandlung einsetzen, also die Geldmittel je nach medizinischer Bedürftigkeit gerecht verteilen. Notwendige, wünschenswerte, hilfreiche und überflüssige Behandlungen sind voneinander abzuheben.

Notwendig ist, den vermeidbaren Tod medizinisch zu verhindern, Krankheiten zu heilen und die damit verbundenen Schmerzen zu lindern. Diese Grundversorgung ist Pflichtaufgabe einer beitragsfinanzierten Medizin. Bagatellerscheinungen wie eine Erkältung brauchen allerdings nicht in den Kreis der ärztlich zu begleitenden Krankheiten einbezogen werden. Der versicherte Patient hat einen Individualanspruch auf Normalbehandlung, grundsätzlich ohne individuelle Zusatzzahlungen.

Wünschenswert ist die medizinische Behandlung, die natürliche Abläufe in der Entwicklung des menschlichen Lebens stützt und steuert, insbesondere gegen das Nachlassen der Sehfähigkeit, des Gehörs, des Gedächtnisses und anderer Vitalfunktionen kämpft. Auch diese medizinische Hilfe in besonderen Risikolagen und die Bewahrung der medizinischen Normalität gegen entwicklungsbedingte Minderungen der Gesundheit gehören nach heutigem wissenschaftlichem Standard und der allgemeinen Erwartung an die Medizin zu den Aufgaben, die von der beitragsfinanzierten Krankenversicherung finanziert werden müssen. Dabei erscheint erwägenswert, den Patienten zu Zuzahlungen zu verpflichten, damit er Notwendigkeit und Kosten seiner Behandlung aus Eigeninteresse prüft.

Hilfreich sind Maßnahmen der Pflege, Betreuung, Rehabilitation und Gesundheitserziehung. Diese Leistungen berühren den Grenzbereich zwischen Medizin und gesundheitsbewusster Lebensführung. Wenn eine Klinik einen Süchtigen in mehrwöchiger Behandlung zu einer medizinisch selbstbestimmten Lebensführung in der Normalität erziehen will, eine Rehabilitationsklinik das Unfallopfer zur Rückkehr in das Arbeitsleben befähigt, eine Pflegestation dem altersgebrechlichen Menschen in seiner Hilflosigkeit ein Mindestmaß an Würde erhält, wenn vorbeugende Impfungen oder Vorsorgeuntersuchungen zukünftige Krankheiten und damit eine medizinische Grundversorgung vermeiden, sind dieses wertvolle Leistungen, die dem Betroffenen Lebensqualität und Freiheit vermitteln.

Die Frage ist deshalb nicht, ob diese Leistungen erbracht werden sollen, sondern ob sie in die Verantwortlichkeit des Krankenversicherungssystems fallen. Die Lasten dieser Medizin erwachsen vielfach aus einem Verständnis der Familie, das individuelles berufliches Erwerbsstreben höher bewertet als die Erziehung der Kinder und die Begleitung der Angehörigen in der Krise. Langfristige berufliche Bindungen lassen keinen Platz mehr für die Pflege und Betreuung alter Menschen, obwohl familiäre Erziehung und Betreuung individueller und menschlicher ist, die Würde des Betroffenen mehr wahrt, als institutionelle Pflege es könnte. Hier stellen sich grundsätzliche Fragen der auch finanzwirtschaftlich erheblichen Elternverantwortung für die Erziehung des Kindes, der Familienverantwortung für die Betreuung des alten Menschen, der Neuorientierung eines Wirtschafts- und Gesellschaftssystems, das Eltern und Kindern wieder den eigenen Platz in ihrer Mitte bietet. Finanzrechtlich ist vor allem eine Zukunftsverantwortung der kinder- und familienlosen Bürger zu begründen.

Die Überforderung der Medizin und ihres Finanzbudgets hat ihre Ursache also in einer Gesellschaft, die primär auf den beruflichen Erwerb ausgerichtet ist und die familiäre Verantwortung vernachlässigt. Die Kostenfolge betrifft Staat und Gesellschaft insgesamt, also nicht nur den Krankenversicherten, trifft den Steuerzahler, nicht nur den Beitragszahler.

Medizinische *Vorsorgeleistungen,* die nur durch den Arzt erbracht werden können und eine zukünftige medizinische Grundversorgung erübrigen, sind teils notwendig, teils erwünscht, teils hilfreich. Die Palette dieser Vorsorgemaßnahmen reicht von der notwendigen Impfung bis zur hilfreichen Aufklärung und Beratung in den Lebensgewohnheiten der Ernährung, der Bewegung und des Arbeitslebens. Hier stehen wir unmittelbar vor der Frage, welcher Nutzen welche Aufwendungen rechtfertigt. Manche volkswirtschaftliche Gesamtrechnung bietet uns eine verführerische Gegenüberstellung zwischen den Gesamtkosten der Krankheit und denen des Gesundheitswesens. Dabei wird gezeigt, dass der Ausfall des kranken Menschen in Arbeit und Produktion, in Konsum und Sozialleistung den Aufwand für das

Gesundheitswesen weit übersteige, dass deshalb vermehrte Gesundheitsaufwendungen das Bruttoinlandsprodukt mehren würden. Diese Rechnung unterstellt, dass der Mensch alle seine durch ärztliche Leistung zurückgewonnene Gesundheit zum Erwerb einsetzen würde und könnte. Diese Darstellung aber macht die Rechnung ohne die Freiheit des Menschen, der sein Leben oft in alten Gewohnheiten des Essens, Rauchens, der Bewegungsarmut, auch einer Arbeitsunwilligkeit fortsetzen wird.

Die Frage, wie viel jeder für seine Gesundheit aufwenden will, entscheidet der Mensch jenseits von notwendigen und wünschenswerten Leistungen grundsätzlich selbst. Deshalb wird das Budget der gesetzlichen Versicherungen von der Finanzierung *weiter Bereiche der hilfreichen Aufgaben, insbesondere der Vorsorgemedizin, verschont und durch private Versicherungen ersetzt werden müssen.* Soweit der Versicherte nicht genügend Finanzkraft hat, um seine Versicherungsbeiträge zu bezahlen, wird der Staat diese Leistungen übernehmen. Die Privatversicherung bietet aber auch dann den Vorteil, dass der Versicherte der Gegenwart aus dem gegenwärtigen Bruttoinlandsprodukt vorsorglich einen Kapitalstock bildet, der treuhänderisch für zukünftige Krankheitsfälle bereitgehalten wird, nicht aber ohne Vorsorge für eine teurer werdende Medizin und eine länger lebende Bevölkerung in die Zukunft wirtschaftet. Die Privatversicherung weiß, dass ihr Unternehmen nur fortexistiert, wenn es die Zukunftsrisiken vorausschauend einkalkuliert. Die gesetzliche Versicherung hofft, dass staatliches Budget und Abgabengewalt ihr stets aus dem Tal von Gegenwartsenge, vollmundigen Versprechungen und Planungsfehlern heraushelfen werden.

Sache der Privatversicherungen ist auch eine *Zusatzversorgung,* die dem Patienten die Rahmenbedingungen seines Krankseins, etwa eines stationären Aufenthalts, verbessert. Für diese Zusatzleistungen können marktähnliche Verteilungsprinzipien der Entgeltbereitschaft eingeführt werden; es ist nicht ausgeschlossen, diese Leistungen je nach Meistgebot zu erbringen.

Schließlich eröffnet die Kategorie der *überflüssigen* Leistungen ein großes Potenzial an Einsparmöglichkeiten. Alltagsbeschwerden wie ein Schnupfen brauchen keine ärztliche Behandlung, sondern können vom Patienten in eigener Lebensklugheit begleitet werden. Gewohnheitsmedikamente sind medizinisch oft nicht erforderlich, können deshalb abgesetzt werden. Ambulante und stationäre Behandlung können besser aufeinander abgestimmt, Weiterverweisungen erübrigt werden. Die Länge des stationären Aufenthalts eines Patienten ist in jüngster Zeit deutlich verringert worden. Dokumentationspflichten sind grundlegend zu vereinfachen. Moderne Methoden der Datenerhebung und Datenverarbeitung entlasten den Arzt und vereinfachen Arbeitsabläufe. Diese Gebote des Sparsamkeitsprinzips gehen mit den Erfordernissen medizinischer Vernunft Hand in Hand.

Auch ist kaum einzusehen, dass neue Techniken wie der *Patientenchip* nicht angemessen genutzt werden, der einmal erhobene Daten festhält, dadurch die Aufgabe des Arztes sowie die Last des Patienten wesentlich erleichtert. Wer seinem Arzt – dem Arzt seiner Wahl und seines Vertrauens – seinen Chip vorlegt, um ihn zu informieren und ihm damit eine Grundlage für eine gute Behandlung zu geben und übermäßig belastende Diagnosewiederholungen zu vermeiden, ist individuell in seiner Privat- und Persönlichkeitssphäre nicht nachteilig betroffen.

Ein Recht auf medizinische Behandlung kann es somit nur in klaren, tatbestandlichen Begrenzungen geben. Staat und Recht, Arzt und medizinische Forschung können die Begrenztheit des Lebens nicht sprengen, die Krankheit nicht verhindern. Deshalb bietet ein Recht auf Gesundheit ein Recht auf Teilhabe an den vorhandenen Behandlungsmöglichkeiten, nicht auf eine bestimmte medizinische Maßnahme. Gesundheit und Krankheit sind zunächst Schicksal, sodann eine teilweise durch die menschliche Gemeinschaft steuerbare Entwicklung, stehen aber stets unter dem Vorbehalt des medizinisch und auch des nach Kultur und Leistungskraft der jeweiligen Gesellschaft Möglichen.

Arzt und Recht müssen deshalb zwischen dem Respekt vor Vorgefundenem und dem Auftrag zum Heilen abwägen, zwischen dem medizinisch Möglichen und dem vom Patienten Gewollten, zwischen individueller Hoffnung und gemeinschaftlicher Leistungskraft, zwischen Heilversuch und Forschungsexperiment, zwischen Tageserfolg und langfristiger Prognose. Diese Maßstäbe sind in nachdenklicher, selbstkritischer Medizin und Forschung, in der Wertungssicherheit ärztlicher Berufserfahrung, in den Einsichten und dem Mitfühlen des zuwendenden Arztes, in der Kultur verfassungsrechtlicher Wertungen zu entwickeln.

7. Gesundheit pro Kopf, Finanzierung in Solidarität

Die Gesundheitskosten steigen durch die Fortschritte der Medizin, durch längere Behandlung und durch medizinische Forschung. Die Anforderungen an ärztliche Leistung, Pflege und Medizintechnik werden weiter wachsen. Eine dank dieser Medizin länger lebende Bevölkerung wird die immer geringere Zahl junger Menschen übermäßig mit ihren medizinischen Forderungen belasten. Die jungen Ärzte müssen angemessen bezahlt werden, deswegen werden die Aufwendungen steigen. Doch unsere Gesundheit ist uns diesen Preis wert, solange er als Preis für ein wertvolles Gut erkennbar bleibt und sachgerecht auf Arm und Reich verteilt wird.

Überflüssige Leistungen verursachen vermeidbare Aufwendungen. Wenn es richtig ist, dass eine Erkältung mit ärztlicher Hilfe eine Woche, ohne ärztliche Hilfe sieben Tage dauert, so ist eine Behandlung mit erprobten Hausmitteln für den Patienten und für das Gesundheitswesen nützlicher. Von den gekauften Arzneimitteln wandern viele – manche sagen: die Hälfte – ungenutzt in den Müll, weil die Patienten sich überflüssige Ferienapotheken kaufen, zu große Packungen verschreiben lassen, manche Medikamente vorsorglich erwerben, ohne sie jemals zu nutzen. Würden Monopole in der Pharmaindustrie gelockert, könnten dadurch Kosten verringert werden. Doppeluntersuchungen und Überdokumentationen verursachen vermeidbaren Aufwand. Insofern lässt sich viel Geld sparen, wenn wir das Gesundheitssystem ausschließlich auf die notwendigen, wünschenswerten und hilfreichen Leistungen ausrichten.

Jeder Kranke erwartet, dass die Medizin seine Krankheiten heilt, seine Schmerzen lindert, ihm die Entwicklung des Alterns durch eine neue Brille oder ein Hörgerät erleichtert. Dieser Anspruch auf medizinische Leistungen ist unabhängig vom Einkommen. Kein Patient bleibt ohne ärztliche Hilfe, nur weil er arm ist. Wir erwarten also *Gesundheit pro Kopf, nicht pro Einkommen.*

Bei der Finanzierung dieser Gesundheitsleistungen allerdings gelten andere Maßstäbe. Würden wir den Anspruch auf eine gleiche Gesundheit pro Kopf mit einer gleichen Zahlungspflicht pro Kopf beantworten, müssten wir den Zahlungsunfähigen Gesundheitsleistungen versagen. Der arme Patient müsste mehr Krankheiten erdulden und mehr Schmerzen erleiden, weil er nicht genügend Einkommen hat. Deswegen müssen wir ein Finanzierungssystem neu konzipieren, in dem der *Leistungsfähige sich seine Gesundheits- oder Versicherungsleistungen selbst kauft, der Gesundheitsbedarf des Nichtleistungsfähigen aber in Solidargemeinschaften finanziert wird.* Diese Finanzierungsgemeinschaften dürfen nicht nur nach Tradition und Gewohnheit fortgeschrieben, sondern müssen in ihren Belastungsprinzipien neu bedacht und gerechtfertigt werden.

Der *Finanzkräftige* erwirbt seinen Krankenversicherungsanspruch oder medizinische Leistungen *nach dem privatwirtschaftlichen Prinzip von Angebot und Nachfrage.* Damit entscheidet grundsätzlich jeder selbst über die gewünschte medizinische Leistung und die Krankenversicherung. Sollte der Staat dieser privaten Finanzierung und Vorsorge im Krankheitsfalle nicht trauen und befürchten, später einmal mit staatlichen Haushaltsmitteln für den Kranken einstehen zu müssen, so könnte er eine allgemeine Krankenversicherungspflicht gesetzlich anordnen. Diese private Versicherung ist zum Schutz von Unfallopfern durch die Kraftfahrzeugversicherung geläufig und hat sich dort bewährt. In diesem privatwirtschaftlichen System des Leistungstausches wird jeder Kranke die medizinische Leistung, jeder Versicherte seine Versicherung aus eigener Tasche bezahlen, deswegen Notwendigkeit und Qualität der Leistung und ihren Preis aus Eigeninteresse kontrollieren.

Dieser privatwirtschaftliche Leistungstausch könnte zum allgemeinen Verteilungsprinzip des Gesundheitswesens werden, wenn staatliche Sozialhilfeleistungen durch weitere Zuwendungen ergänzt würden, die jedermann das Bezahlen einer Krankenversicherung oder der benötigten ärztlichen Behandlungen und Medikamente ermöglichen.

Mit dieser staatlichen Krankheitshilfe könnte jeder bei Versicherung, Arzt oder Apotheker die benötigte Leistung kaufen.

Gegenwärtig allerdings werden *die Gesundheitskosten meist in einem System der gesetzlichen Versicherung durch Beiträge gedeckt.* Ein staatlicher Versicherer schöpft die Kaufkraft der Versicherten im Vorhinein ab und finanziert die Leistungen der Ärzte, Krankenhäuser und Apotheken, die diese den versicherten Patienten erbracht haben. In der Tradition des deutschen Sozialversicherungsrechts werden diese Beiträge im Rahmen der Arbeitsrechtsverhältnisse erhoben.

In dieser gesetzlichen Krankenversicherung sind in Deutschland derzeit rund 70 Millionen Menschen versichert. Sie sind zahlende Mitglieder der Versicherung oder aber als Ehegatten und Kinder beitragsfrei mitversichert. Pflichtversichert sind hier Arbeitnehmer und ihre Angehörigen, sofern sie kein höheres Einkommen als gut 3500 Euro pro Monat beziehen (Jahresarbeitentgeltgrenze). Die gesetzliche Krankenversicherung verspricht ihren Mitgliedern und Angehörigen pauschal, ihnen die medizinisch notwendige Behandlung zu verschaffen.

Demgegenüber sind 7,6 Millionen Menschen bei einer privaten Versicherungsgesellschaft gegen die Kosten der Krankheit versichert. In einem privatrechtlichen Individualvertrag verpflichtet sich die Versicherung, dem Versicherten die Kosten für medizinische Leistungen zu erstatten. Der Versicherte zahlt also zunächst die Arztgebühren, Krankenhauskosten und Medikamente aus eigener Tasche, lässt sich diese Kosten dann aber vertragsgemäß von der Versicherung erstatten. Der Patient kontrolliert Notwendigkeit und Qualität der medizinischen Leistungen hier insoweit, als er deren Preis vorausbezahlt.

Dieses Zusammenwirken von gesetzlicher und privater Krankenversicherung reicht gegenwärtig nicht mehr aus, weil die hohe *Zahl der Arbeitslosen, das Schrumpfen versicherungspflichtiger Arbeitsverhältnisse und der sinkende Anteil der Arbeitnehmerlöhne am Bruttoinlandsprodukt* die Einnahmequellen der gesetzlichen Krankenversicherer dramatisch zurückgehen lassen. Deshalb wird erwogen, mit den Pflichtbeiträgen der gesetzlichen Krankenversicherer nicht nur die Arbeitseinkünfte zu belasten, sondern die Versicherungspflicht deutlich zu erweitern. Zur Versicherung könnten alle Bezieher von Einkommen verpflichtet werden, insbesondere Vermieter und Kapitalanleger.

Eine derartig erweiterte Versicherungspflicht würde nicht mehr eine Solidargemeinschaft unter Arbeitnehmern mit kleineren Einkommen und besonderem Sicherungsbedürfnis bilden, sondern alle oder wesentliche Teile der Einkommensbezieher in die Versicherung einbeziehen. *Mit dieser Verallgemeinerung einer besonderen Solidarverpflichtung zu einer Gemeinlast, eines Beitrags zu einer Steuer entfällt aber jeder Grund, die Finanzierungspflichtigen in eine staatliche Sozialversicherung zu zwingen.* Ein freiheitlicher Rechtsstaat garantiert die Berufs- und Eigentümerfreiheit, damit das individuelle Recht, für die Krisenlagen des eigenen Lebens mit eigenem Einkommen und Vermögen selbst vorzusorgen. Diese Vorsorge mag eine gesetzliche Pflicht zur Krankenversicherung erzwingen, muss dann aber den Weg zum privaten Versicherer öffnen, wenn nicht ein geringeres Einkommen und eine verminderte Sparfähigkeit die Zwangsmitgliedschaft rechtfertigen.

Mit Beitrag und privater Versicherungsprämie erwirbt der Zahler einen persönlichen Versicherungsanspruch, dessen Höhe sich nach seinen Zahlungen bemisst. Die so erworbenen Anwartschaften sind als Eigentum geschützt, also gegen den Zugriff des Staates oder anderer abgeschirmt. Deswegen wäre es eine *verfassungswidrige Enteignung,* wenn gesetzliche Krankenversicherungen auf einen Kapitalstock von Privatversicherungen zugreifen wollten, den diese treuhänderisch für ihre Versicherten verwalten.

Diese – öffentlichen oder privaten – Versicherungen mögen ihre Leistungen für alle ihre Zahler angleichen, die Zahllasten auch unter den Zahlern je nach Finanzkraft abstufen. *Zur Finanzierung des Gesundheitsbedarfs von Nichtzahlern ist dort jedoch kein Finanzierungsraum.* Ein finanzieller Ausgleich zwischen Arm und Reich ist nicht Aufgabe einer Solidargemeinschaft von Beitragszahlern oder Prämienzahlern, sondern Angelegenheit der Allgemeinheit. Finanzierungsinstrument ist die *Steuer.* Die Steuer wird nicht um der Gegenleistung willen bezahlt, sondern dem Leistungsfähigen auferlegt, weil er mit seiner Zahlungskraft zur Finanzierung der Gemeinschaftsanliegen beitragen kann. Bei der Steuer finanzieren alle Leistungsfähigen, Einkommensbezieher und Kapitalgesellschaften, Grundbesitzer und Erben, Energieverbraucher und Konsumenten. Deshalb ist es gerechter, eine beitragslose Mitversicherung von Ehegatten und Kindern, auch von Einkommensarmen oder Einkommenslosen durch die Gemeinlast der Steuer zu finanzieren, für diese Gemeinschaftsaufgaben also nicht das Beitragsaufkommen einer Arbeitnehmersolidargemeinschaft heranzuziehen oder gar auf das Prämienaufkommen einer privaten Treuhänderschaft zuzugreifen.

Für die Neuordnung der Gesundheitsfinanzierung ist es somit unausweichlich, einen Teil der Gesundheitskosten durch Steuern zu finanzieren. Die Sicherung der Bedürftigen muss die Allgemeinheit finanzieren. Die Gesundheit der Kinder ist nicht ausschließlich Sache der Eltern, sondern Anliegen aller, deren Wirtschaftssystem von zukünftigen Anbietern und Nachfragern abhängt, deren Generationenvertrag einen Schuldner, die Jugend, braucht, deren Demokratie nur in einem Staatsvolk kraftvoll sein kann. Außerdem müssen Eltern steuerfinanziert mitversichert werden, wenn sie ihre Kinder erziehen, damit die wertvollste Leistung für unsere Gesellschaft erbringen, und dafür zeitweilig auf den Erwerb verzichten.

Die Gesundheitsreform sollte wieder *zu den einfachen Grundstrukturen unseres freiheitlichen Finanzsystems zurückkehren.* Grundsätzlich finanziert jeder seine Vorsorge privatwirtschaftlich selbst. Die Vorsorgebereitschaft kann durch eine Pflichtversicherung gewährleistet werden. Kleine oder mittlere Einkommen begründen einen besonderen Sicherungsbedarf, der in der Tradition unserer Sozialversicherung durch eine Pflichtmitgliedschaft in der gesetzlichen Krankenversicherung befriedigt werden mag. Soweit der soziale Staat ausgleichend oder umverteilend finanzieren will, steht ihm der steuerfinanzierte Staatshaushalt zur Verfügung. Die Gesundheitspolitik steht vor der Aufgabe, diese unterschiedlichen Solidargemeinschaften voneinander abzuheben und uns so eine Zukunft in Gesundheit und finanzwirtschaftlicher Einsichtigkeit zu sichern.

8. Deutschland – Land des jungen, langen Lebens

Gesundheit unter dem Vorbehalt des finanziell Möglichen, Abschied vom Traum des Jungbrunnens? Das ist eine nüchterne Bilanz.

Unsere Gesundheit ist jedoch nicht nur von der Leistungskraft unserer Ärzte und Krankenhäuser, von der Verlässlichkeit unseres Versicherungssystems abhängig, stützt sich vielmehr auf einen *Jungbrunnen, der uns täglich begegnet.* Er wirkt persönlicher als unser Gesundheitswesen. Wir bleiben jung, wenn wir täglich einem Kind ins Gesicht schauen, uns seine Sicht des Lebens zu Eigen machen, uns seinen Erwartungen anpassen, in unserer Zukunftsplanung und Gestaltung mehr an die Kinder und Enkelkinder als an uns denken. Das Kind wirkt wie Arzt und Vorsorge.

Wer einen Wasserhahn erneuern, einen Fahrradreifen flicken oder ein verrostetes Türschloss ölen muss, wird sich bemühen, die lästige Aufgabe bald zu erledigen. Erfüllt er seinen Reparaturauftrag hingegen mit einem Kind, wird das Reparieren zu einem Abenteuer, das nicht auf das baldige Funktionieren von Fahrrad, Wasserhahn oder Tür drängt, sondern Wirkungsmöglichkeiten und Wirkungsmechanismen neugierig erkundet und stolz wiederherstellt.

Wer allein an einer Schranke wartet, ärgert sich über den Zeitverlust. Wer in Begleitung eines Kindes vor der Schranke steht, freut sich auf den herannahenden Zug. Wer morgens sein Auto besteigt und den Zündschlüssel achtlos dreht, wartet auf die Bewegung, die ihn möglichst schnell ans Ziel bringen soll. Wenn mich hingegen mein Enkel, der diesen Vorgang beobachtet, fragt, warum das Auto sich bewege, zeige ich ihm, dass mit dem Drehen des Zündschlüssels der Motor anspringt. Er will dann wissen, warum der Motor zu laufen beginnt und sich das Fahrzeug bewegt. Ich antworte, dass wir mit dem Benzin viel Kraft in das Auto füllen, die das Fahrzeug dann anschieben werde. Er sieht eine Parallele zwischen dem Benzin, das ein Auto braucht, und dem Kaffee, den sein Vater vor der Arbeit trinken müsse, und stellt erneut seine kluge Frage nach dem Warum. Ich fühle mich wie am Anfang der sokratischen Philosophie: Ich weiß, dass ich nichts weiß.

Kinder lehren uns, was in uns steckt. Wenn der Enkel plötzlich laufen kann, ohne vorher im Fach »Laufen« unterrichtet worden zu sein, erleben wir, dass der Mensch Anlagen hat, die sich selbst entfalten. Wenn das Kind Menschen beim Namen nennen, Dinge im Begriff begreifen lernt, spüren wir die Kulturgemeinschaft, der wir zugehören und die uns trägt.

Das Kind bringt auch Kultur und Maß in den eigenen Tagesablauf. Aus dem hastigen, beim Weggehen noch verzehrten Brötchen wird ein geregeltes Frühstück, bei dem wir Tee und Brot genießen und über die Erwartungen an den Tag sprechen. Am Abend wird der Tag nicht einfach beendet, sondern wir blicken zurück und sprechen erwartungsvoll über das, was uns der nächste Tag bringen wird.

Feiertage bleiben nicht länger bloße Stichtage im Kalender, sondern bieten Ereignisse, wie das österliche Suchen, den Pfingstspaziergang und das gemeinsame Aufbauen der Krippe. Die Kinder lehren uns wieder sehen: Wenn wir in den Wald gehen, entdecken wir die einzelne Blume, den Frosch und den Heuhüpfer. Wenn es schneit, sorgen wir uns nicht vor der Schneeglätte, sondern staunen über die weiße Pracht. Schauen wir in die Wolken, entdecken wir dort wieder Füchse, Bären und Lokomotiven. Und wenn wir im Auto zusammen mit den Enkeln hinter einem langsamen Traktor herfahren, suchen wir ihn nicht möglichst schnell zu überholen, sondern wundern uns über die großen Reifen, das kraftvolle Geräusch des Motors und die Anhängerkupplung, an die man Heuwagen, Jauchewagen oder Autotransporter anspannen könnte.

Wenn im Kind die Sprache erwacht, beginnt für die Eltern eine Zeit der Sprachdisziplin. Wenn jedes Wort, jeder Satz und jede Redewendung in der Wiederholung des Kindes wiederkehrt, begegnen wir nachdenklich unserer eigenen Sprache. Wir sind glücklich, wenn das Kind die Unterscheidung zwischen Notizbuch und Bilderbuch, zwischen Schmieren und Malen aufnimmt, wir sind erschrocken, wenn wir beim Einklemmen des Fingers einen nicht zitierfähigen Begriff verwenden, der sogleich in den Wortschatz des Kindes übergeht.

Kinder und Enkelkinder formen unser Denken und inspirieren unser Wollen. Wenn ich an einer Sitzung mit unbekannten Partnern teilnehme und dort über die Zukunftsfragen der Steuerreform, der Staatsverschuldung, des Umweltschutzes oder des Bildungssystems spreche, ahne ich sehr bald, wer Kinder hat und wer kinderlos lebt. Wer bei der Staatsverschuldung an sein Heute denkt, spricht von der durch die Verschuldung erreichbaren Belebung der Nachfrage; wer seine Kinder und Enkelkinder vor Augen hat, verweist auf Schuld und Zinsen, die unsere Kinder für unseren Überfluss aufbringen müssen. Bei der Steuerreform hat Gegenwartsdenken den Betrieb im Blick, der Gewinne erwirtschaften und Wachstum erzielen möge, mag auch die Familie verarmen. Wer Kinder hat, weiß, dass Wachstum mit dem Wachsen der Kinder beginnt, der Markt dorthin geht, wo Menschen sind, unser Wohlstand von der Existenz und Erziehung zukünftiger Arbeitgeber und Arbeitnehmer, Unternehmer und Erfinder abhängt. Beim Umweltschutz fordern nur Heutige saubere Luft und sauberes Wasser für die Gegenwart, Eltern auch eine Energiepolitik, die nicht Entsorgungslasten für kommende Jahrzehnte verursacht. Bei der Bildungsreform verlangt der kinderfern Lebende eine Organisationsreform für die Schule und empfiehlt eine vertiefte Ausbildung nach heutigem Stand von Wirtschaft, Technik und Computerwesen, während der mit Kindern Lebende sich von seiner Erfahrung leiten lässt, dass das Wissen von heute nicht das Wissen in 20 Jahren sein wird, die Kinder deswegen vor allem Grundfertigkeiten des Erfahrens, Lernens und Denkens brauchen.

Jeder Mensch ist so jung, wie er sich fühlt. Diese allgemeine Lebensregel ist wegen ihrer Alltäglichkeit nicht verbraucht, sondern bleibt eine den Menschen erneuernde Lebensweisheit. Wer mit Kindern lebt, denkt und fühlt, bewahrt sich geistige Jugendlichkeit, einen Jungbrunnen für Körper und Seele.

VII. Ein Weg vom Ich zum Wir: Ehe und Familie

1. Julia – oder: Hoffentlich kein Märchen aus der Gegenwart

Julia lebte mit ihrem Freund zusammen. Beide hatten sich entschlossen, ein Kind zu bekommen. Doch Julia war mit Leib und Seele Physikerin und in ihrem Beruf glücklich. Sie arbeitete an einem Forschungsprojekt, von dem ihr Chef gesagt hatte, der große Durchbruch stehe unmittelbar bevor; die zu erwartenden Erkenntnisse seien »nobelpreisverdächtig«. Deswegen freute sich Julia auf ihr Baby, hoffte aber ebenso, ihre Arbeit im physikalischen Institut fortsetzen zu können.

So besuchte sie ihre Mutter, um sie zu bitten, ihr täglich ein Stück der elterlichen Verantwortlichkeit für ihr Kind abzunehmen. »Weißt du, Mama, die Frauen von heute werden arbeiten müssen«, begann Julia das Gespräch. »Ob sie auch Kinder haben werden, liegt in der Hand der Großfamilie.« Die Mutter blickte überrascht auf. »Ich soll also dein Kind aufziehen?« – »Ein bisschen schon«, antwortete ihre Tochter und lächelte. »Nun«, überlegte die Mutter, »dass Frauen arbeiten, ist ja keine Erfindung eurer Generation. Frauen haben schon immer gearbeitet, die Kinder geboren und erzogen, eine Kultur des Hauses gepflegt, zusammen mit dem Mann eine Erwerbsgemeinschaft gebildet. Deine Großmutter hat noch zusammen mit ihrem Mann einen Bauernhof bewirtschaftet. Hand in Hand führten sie eine Familie und einen eigenen landwirtschaftlichen Betrieb, alles an einem Ort.«

»Schwere, aber schöne Zeiten«, seufzte Julia, »aber heute ist es anders! Familienort und Arbeitsort sind in aller Regel getrennt. Ich lebe mit meinem Freund und demnächst auch mit dem Baby in einer schönen Wohnung. Ich würde mir auch wünschen, dass ich meine physikalischen Experimente dort machen könnte. Aber das geht einfach nicht! Und was glaubst du, würden die Kollegen sagen, wenn ich das Baby ins Institut mitnähme? Soll ich meinen Beruf vielleicht an den Nagel hängen?«

»Natürlich sollst du das Kind und deinen Beruf haben!«, fuhr ihr die Mutter in die Parade. »Aber ich ... weißt du, ich habe auch meine

Pläne. Vor 25 Jahren habe ich auch einmal studiert, habe ein Medizin-studium erfolgreich begonnen, aber dann kamt ihr, du, Julia, dann Thomas, dann Isabel! Euretwegen habe ich die Uni an den Nagel gehängt. Und jetzt dachte ich mir, die Kinder sind aus dem Haus, nun fängst du einfach noch einmal dort an, wo du aufgehört hast!« – »Du willst studieren?« – »Ja, warum denn nicht? Im Übrigen gibt es doch staatliche Einrichtungen – Kinderkrippen, Kinderhorte, Kindergär-ten! Die haben gut ausgebildete Fachkräfte! Und wenn es am Geld liegt, da lassen wir dich ganz bestimmt nicht allein!«

»Kinderkrippen!« Julia stöhnte auf. »Weißt du, was das heißt? Ich glaube, du kennst die neuesten Forschungsergebnisse nicht! Mit Fremdbetreuung in den ersten Lebensjahren – so wichtig sie im Not-fall ist – tut man dem Kind einen Tort an! Krippenkinder entwickeln sich oft nicht so gut wie Kinder, die von ihren Eltern betreut werden; sie lernen später laufen, können weniger sprechen, sind in der Begeg-nung mit anderen Kindern zurückhaltender und verschlossener. Das will ich meinem Baby nicht antun.« – »Und da dachtest du an mich?«, fragte die Mutter zögerlich. »Genau«, meinte Julia hoffnungsvoll, »du bist schließlich die Großmutter! Keiner kann mir so gut helfen wie du!«

»Großmutter ...«, buchstabierte Julias Mutter vor sich hin. Am Abend besprach sie die Dinge mit ihrem Mann: »Können unsere Kinder sich denn keinen Krippenplatz leisten und für ein paar Jahre auf ein zweites Einkommen verzichten?« Julias Vater versetzte sich in die Rolle seiner Tochter: »Julia ist stolz darauf, dass sie und ihr Freund gut verdienen. Beide haben sich gemeinsam ein Leben geschaffen, das auf zwei Ein-kommen und auf eine Familie angelegt ist.« – »Und dazu brauchen sie uns!« – »Na, ja wir werden unsere Pläne noch einmal überdenken müssen! Julias Kind hat ja nicht nur eine Großmutter ...« – »Wie meinst du das?« – »... sondern auch einen Großvater. Ich wollte beruf-lich immer schon ein wenig kürzer treten. Soll ich dann meine Freizeit bloß noch im Baumarkt verbringen? Und was dich betrifft, ich kenne dich doch: Du bist verrückt auf Babys!« – »Und mein Medizinstu-dium?« – »Würde ich einfach anfangen. Du musst es ja nicht in Re-kordzeit abschließen!« – »Ja dann ...« – »Dann sollten wir mal eine Flasche Wein aufmachen!«

168

2. Es brennt uns nicht mehr auf den Nägeln

Wir Deutschen sind zukunftsvergessen, vernachlässigen unser elementares Anliegen, unsere Zukunft in unseren Kindern zu sichern, in ihnen ein Stück von uns selbst weiterzugeben. Der Hydra ist es gelungen, einen Infekt der Selbstzerstörung zu verbreiten, der die Menschen zu immer mehr Erwerb und Gewinn anstachelt, sie damit von Familien und Kindern fernhält. Während der Hydra immer neue Köpfe kinderfernen Wirtschaftens, Genießens und Zusammenlebens erwachsen, wachsen in unserer Gesellschaft keine Kinder. Die Hydra braucht die Kinder nicht mehr zu verschlingen, sie hindert ihr Entstehen.

Unsere Gemeinschaft verfügt über alle Voraussetzungen für ein gutes Leben. Dennoch verbreitet sich Lebensdistanz, vielleicht auch Lebensangst. Wir weisen unser Leben, seinen Auftrag zur Gemeinschaft und Freiheitsentfaltung mit dem Kind, oft unbedacht zurück. *Wir leiden an einem Verlust der Unmittelbarkeit.* Wer früher keine Kinder hatte, war im Alter ohne Beistand, arm und hilflos. Heute geht es der Gesellschaft im Ganzen nicht anders: Sie wird arm und hilflos sein, wenn keine Kinder da sind. Diese Selbstverständlichkeit entdecken wir gerade wieder, als wäre es die größte Neuigkeit der Welt. Der Verlust der Unmittelbarkeit ist eine universelle, moderne Lebenserfahrung.

Wir gehen nicht mehr täglich durch Wind und Wetter, sondern fahren im Auto und schirmen uns damit gegen die alltägliche Erfahrung von Kälte, Nässe und Wind ab. Wir setzen uns nicht mehr der Kälte und Hitze aus, sondern leben in wohltemperierten Räumen. Wir kämpfen nicht mehr um das tägliche Brot, sondern erwarten Versorgungssicherheit in einer arbeitsteiligen Wirtschaft, einem funktionierenden Arbeitsmarkt und letztlich in den Versorgungsgarantien des sozialen Staates. Wir bereiten uns nicht in unseren Familien auf unsere Zukunft vor, sondern vertrauen einem Generationenvertrag, ohne den vielleicht noch ungeborenen Schuldner dieses Vertrages zu kennen. Dialog und Begegnung entschwinden in die Anonymität von Fernsehen, Computerspiel und Internet. Die abendliche Unterhaltung und die gemeinsame Lebensplanung weichen dem stummen Blick auf das Fernsehgerät, das informiert, unterhält, aufregt und so eine – wiederum anonyme – Gemeinschaft des Wollens und Planens begründet.

Der Tagesablauf kreist nicht mehr um einen gemeinsamen Ort der Familie und des Berufs, für den die Generationenfolge selbstverständlich ist, sondern zerteilt sich im Ablauf von eiligem Frühstück, Teilnahme am öffentlichen Straßenverkehr, Arbeitsplatz, wiederum Teilnahme am öffentlichen Straßenverkehr, Organisation von Sport und Freizeit, Fernsehen. In diesem Geschehensablauf scheinen die Kinder, die ständige Aufmerksamkeit, Zuwendung und geistige Auseinandersetzung erwarten, weniger Sinngeber als Störfaktor. Sie fordern Gegenwart, wenn die Eltern unterwegs sein müssen; erzwingen Aufmerksamkeit, wenn die Eltern sich ablenken wollen; binden Arbeitskraft, die der Arbeitgeber für sich verlangt; erwarten Unterhalt und Beistand, während der Kinderlose Gedanken und Einkommen auf sich selbst richtet.

Das Denken wird kleinräumig, begleitet die individuelle Biographie nicht in ihrem gesamten Ablauf, verdrängt die Frage nach Sinn und Ziel des Lebens, wenn das Leben nicht auf andere ausgerichtet ist. Wenn Teilanliegen von Berufsqualifikation, erster beruflicher Bewährung, Karriereaufstieg, Einkommensteigerung, Bildung von Kapitalvermögen, Vermögensbewirtschaftung und kommerzieller Freizeitgestaltung dominieren, fehlen Anlass und Raum, um dem Leben den natürlichen Sinn zu geben, der über den einzelnen Menschen hinausweist. Der Mensch will dem anderen Menschen begegnen, will insbesondere im Kind die eigene Lebenssicht, Erfahrung, Kultur weitergeben, in seinem Kind weiterleben. Die gegenwärtige Sicherheit in einer gefestigten Lebenskultur, in einem demokratischen Rechtsstaat, in einem sozialen Sicherungssystem, das Krisenvorsorge für das Alter und Armut verspricht, lässt uns eine Scheinsicherheit erfahren, bei der vergessen wird, dass dieses System nicht vor Vereinsamung, Armut und Hilflosigkeit schützt, wenn der einzelne Mensch nicht auf helfende Hände zurückgreifen kann. Hier begegnen wir einer doppelköpfigen Hydra: Wir übernehmen einerseits von unseren Eltern und Großeltern mit ihrer Erfahrung von Diktatur, Krieg, Flucht und Hunger ein ausgeprägtes Sicherheitsbedürfnis, das durch die Verantwortung für Kinder gefährdet scheint, andererseits machen wir durch Verzicht auf Kinder die Sicherheitserwartung für die Zukunft unerfüllbar. Die vermeintliche Sicherheit für die Gegenwart zerstört die zukünftige Sicherheit.

Das Leben im Mittelbaren bestimmt *die alltägliche Erfahrung unserer Kinder, die längere Zeit vor dem Fernsehapparat sitzen als vor ihrem Lehrer.* Im Jahre 2004 sahen die Zuschauer ab 14 Jahren durchschnittlich mehr als 26 Stunden pro Woche, fast zwei Monate eines Jahres oder 12 ½ Jahre eines Durchschnittslebens von 80 Jahren auf das Fernsehgerät. Das Fernsehen erzeugt beim Zuschauer den Eindruck, er lebe in einer realen und dauerhaften Beziehung zu der Person auf dem Bildschirm; er spricht in Gedanken mit »seinem« Serienstar, die ihn regelmäßig bei sich zu Hause besucht, ihn als guten, vertrauten Freund begleitet. Die Medienfigur ist – anders als die Eltern – stets da, bewältigt erfolgreich Probleme und Krisen, heischt in ihrem Empfinden, Fühlen, Denken und Handeln Bewunderung. Die Bindung des Kindes zum Fernsehen droht stärker zu werden als die zu seinen Eltern. Die Aufmerksamkeit für die Fernsehhelden, ihre Aufgaben, ihre Lösungsanstrengungen und Erfolge, ist oft ausgeprägter als die Konzentration auf die eigenen Aufgaben, die eigene Entwicklung und Bewährung. So entstehen Bindungsunsicherheit, Distanz zu den nahe stehenden Menschen, Oberflächlichkeit, Konzentrationsmängel und Scheu vor langfristigen Bindungen. Das Interesse an Gemeinschaftsanliegen, an politischen Nachrichten schwindet. Kinder fliehen geistig in Träume, Idealisierungen, eine schwärmerische Sicht vom Menschen und von der Welt.

Das Fernsehen ist ein Miterzieher, der unterhalten, aufregen und provozieren, eine größtmögliche Quote der Aufmerksamkeit erzielen will, zeigt deshalb ständig Gewalttaten, Erniedrigungen und Mord. Der amerikanische Schüler soll nach dem Abschluss der Highschool durchschnittlich 32 000 Morde und 40 000 versuchte Morde im Fernsehen gesehen haben. Wer diese Gewalt sieht, wird selbst gewaltbereit. Gewalt spricht den Instinkt des Menschen an, veranlasst die Kinder, das Geschehen gebannt anzuschauen. In das noch unbeschriebene Buch des menschlichen Gehirns prägen sich Verhaltensziele und Verhaltensweisen ein, die ein Vorrat für zukünftiges Verhalten, für Nachahmertaten bieten. Wenn das Kind dann in Videospielen auch noch das Verfolgen, Treffen und Vernichten eines anderen einüben kann, so werden diese Miterzieher Anstifter zu Gewalt, Mord und Totschlag. Der schädigende, zerstörende Einfluss dieser Bilder und virtuellen

Vorbilder auf das Denken und Handeln der Menschen ist belegt. Das Kind wird in einer Scheinwelt auf die Welt vorbereitet, empfängt dort die falschen Maßstäbe und ist dann in der Wirklichkeit ratlos und hilflos, ihm fehlt Selbstbewusstsein, Bindungsbereitschaft, Urteilskraft. Die Mittelbarkeit des Erlebens wirkt unmittelbar in Torheit und Kriminalität.

So zieht sich der Mensch aus dem unmittelbaren Leben immer mehr zurück und wählt ein mittelbares – durch Arbeitsorganisation, Medienwelt, Versicherungssysteme und soziale Staatlichkeit vermitteltes – Leben. Der Mensch wird zaghaft. Er traut sich nicht, Mutter und Vater zu werden, weil jedes Kind auch Verantwortung bedeutet, Eltern aber auch versagen können. Er ist vielfach in eigener Sache mutlos, schätzt seine Kraft zur Arbeit, zur Qualifikation, zur Gründung eines eigenen Hausstandes gering ein. Er scheut den stetigen Standpunkt, die Mitte seiner Lebensführung, die behauptet und verteidigt werden muss. Ihm fehlt deshalb erst recht die Kraft, Eigenständigkeit für das eigene Kind zu entwickeln.

Vor allem verdrängt er die Erfahrung, dass das Leben vergänglich ist. Andernfalls würde er von dem weitergeben wollen, was er hat. Dies beginnt bei seinem Eigentum. Ich bin immer wieder überrascht, wenn kinderlose Menschen im Alter möglichst viel Vermögen sammeln und behalten wollen, obwohl sie damit eigene Kinder nicht glücklich machen können und anderen nicht helfen wollen. Ich staune, wenn ich manchen Redner oder Schreiber beobachte, wie er seine Lebensklugheit und Lebensweisheit anderen zu vermitteln sich bemüht, er aber wie selbstverständlich darauf verzichtet, diese Kultur in einer eigenen Familie zu entfalten und weiterzugeben. Ich bin befremdet, wenn mancher glaubt, in der Gegenwart ohne Kinder seine Biographie leichter steuern zu können, er dabei aber die Einsicht ausblendet, dass Kinder seinem Leben eine sinnstiftende Perspektive geben, er im Alter diese Kinder braucht, um sein Schicksal wenn nicht in eigener, dann doch in verwandter Hand halten zu dürfen.

Der Mensch verzerrt sein Menschenbild, wenn er das Menschliche nur in seinen Gegenwartspartnern sieht, aber nicht an die nächste Generation weitergeben will, mit der er im Alter leben wird. Das Recht geht verloren, wenn seine Regeln, insbesondere die Menschenrechte, nicht für die Zukunft gelten, der im Glück der Menschenrechte Lebende also heute darauf warten muss, dass ihn morgen eine ganz andere Rechtsordnung bestimmt. Unsere Kultur der Dichtung, der Musik und bildenden Kunst wird sterben, wenn nicht morgen schöpferische Kraft und Kunstverstand die Kultur von heute aufnehmen und fortbilden. Demokratie und Verfassungsstaat, die wir als selbstverständlich vorfinden und für die Zukunft unterstellen, werden scheitern, wenn wir sie nicht jungen Menschen in verlässlicher Verantwortlichkeit in die Hand geben. Wirtschaft bleibt ohne Wachstum, wenn sie nicht zukünftig weiterhin auf junge Unternehmer und Erfinder, Arbeitnehmer und Konsumenten trifft. Blicken wir in den Spiegel: Wir werden älter. Doch wenn wir dann das im Hintergrund sichtbare Kind auf den Arm nehmen und mit ihm in den Spiegel schauen, wird unser Gesichtsausdruck im Bann des Kindes freundlicher und hoffnungsvoller. Kinder lehren uns, dass wir zur nächsten Generation gehören. Wir verstehen die Welt, wenn wir sie dem Kind erklären.

3. Das Drama der sterbenden Gesellschaft

Deutschland ist eines der *reichsten* Länder der Welt, zugleich aber eines der *kinderärmsten*. Unsere Anstrengungen, reich zu sein und reicher zu werden, sind im Bemühen um Erwerb und Geld falsch definiert. Ob wir auch in Zukunft mit hohen Standards der Technik, der Ökonomie, des Rechts und der Kultur leben können, hängt davon ab, dass junge Menschen diese Errungenschaften aufnehmen und weiterentwickeln, dass wir heute und in Zukunft Lebensbedingungen vorfinden, die eine Entfaltung von Familienkultur erlauben.

a) Deutschland ist einer der ärmsten Staaten dieser Erde

In Deutschland lebt etwa ein Drittel der Menschen zeitlebens kinderlos. Die Geburtenrate beträgt bei der Bevölkerung in Deutschland rund 1,37 Geburten pro Frau; diese Rate ist ähnlich niedrig wie in Spanien und Italien. Allerdings werden in Deutschland stärker als in anderen Industrieländern fehlende Geburten durch Einwanderung ersetzt. Zwischen 1980 und 1998 sind rund 15 Millionen Menschen nach Deutschland eingewandert – mehr als in jedes andere Industrieland. Dagegen verlassen jährlich rund 100000 hoch qualifizierte junge Menschen, darunter jeder siebte promovierte Jungakademiker und jeder dritte Nachwuchsmediziner, das Land. Die deutsche Bevölkerung schrumpft, die Zahl der Zuwanderer wächst. Beobachten wir den Kindermangel in Deutschland näher, drängt sich für einen guten Demokraten zunächst die Frage auf, wie sich das deutsche Staatsvolk entwickelt. Eine deutsche Frau hat durchschnittlich 1,2 bis 1,3 Geburten, eine zugewanderte Frau in Deutschland rund 1,9 Kinder. Zugrunde gelegt ist die Definition der Staatsangehörigkeit nach dem bis zum 31.12.1999 geltenden Recht, wonach Kinder die Staatsangehörigkeit der Eltern erwerben. In vielen Großstädten wird die zugewanderte Bevölkerung bei den unter vierzigjährigen Menschen in wenigen Jahren die absolute Mehrheit erreichen. Damit verändert sich der demokratische Ausgangstatbestand des Staatsvolkes: Die durch eine gemeinsame Geschichte, Sprache, Religion und Lebenssicht geprägte Kulturgemeinschaft des Staatsvolkes weicht mehr und mehr einer Bevölkerung, die ihren inneren Zusammenhalt und ihre gemeinsame kulturelle Prägung in Deutschland erst noch finden muss.

Ein Sozialarbeiter, der gewalttätige Zuwandererkinder für unsere Rechts- und Friedensordnung gewinnen soll, schrieb mir über deren Problemfamilien:»Wenn ausländische Eltern nach Deutschland kommen, beherrschen sie die deutsche Sprache ebenso wenig wie ihre Kinder, für die sie keine Zeit haben, weil sie – im Niedriglohnsektor beschäftigt – beide arbeiten müssen, um sich über Wasser zu halten. Diese Kinder wachsen im sprachlichen und kulturellen Nichts heran. Deshalb sind sie eher die Sozialfälle von morgen als dass sie jene tüchtigen Bürger und Arbeitnehmer werden, die einmal die Rente von uns Kinderlosen bezahlen sollen, wie es sich einige Zuwanderungsoptimisten noch immer erträumen.«

Aus Zuwanderung ergeben sich gewiss Chancen für eine wechselseitige Anregung verschiedener Kulturen, aber auch Gefahren für den inneren Zusammenhalt des Staatsvolkes und damit der Demokratie.

Deutschland steht vor einer einmaligen Integrationsaufgabe. Diese wird nicht durch die Änderung des Staatsangehörigkeitsrechts vom 1.1.2000 gelöst. Bisher beruhte die Staatsangehörigkeit auf dem Abstammungsprinzip; Kinder von deutschen Eltern waren Deutsche. Nunmehr bestimmt sich die Staatsanghörigkeit auch nach dem Geburtsort; wer in Deutschland geboren wird, ist Deutscher, kann allerdings daneben vielfach die Staatsangehörigkeit seiner Eltern haben.

Die Demographie ist eine exakte und weitsichtige Wissenschaft. Schon vor Jahrzehnten wussten wir, was uns heute als bedrohliche Realität erreicht, was aber kaum jemand wissen wollte. Die Altersstruktur in Deutschland ließ sich 1910 noch in einer *Pyramide* darstellen: Die Zahl der Kinder und Jugendlichen bildete die breite Basis, die Pyramide wurde mit zunehmendem Alter immer schmaler und erreichte knapp oberhalb des 80. Lebensjahres ihre Spitze. Heute wahrt die Altersstruktur in Deutschland auch in höherem Alter eine beachtliche Breite; wir dürfen auf ein langes Leben hoffen. Der Sockel der Kinder und Jugendlichen allerdings ist schmal, die Vierzig- bis Sechzigjährigen bilden eine breite Mitte, die höheren Jahrgänge erleben das 80. Lebensjahr in großer Zahl. Wir haben das Glück, länger zu leben, aber auch das Problem, zu wenig Kinder zu haben. Die Anliegen der älteren Menschen – Alterseinkommen, Gesundheitsprobleme, Freizeitgestaltung und Wille nach Kontinuität – bestimmen unser Leben mehr als der Auftrag, Kinder zu haben und gut zu erziehen.

b) Weniger Kinder und viele Geschwister

Je weniger Kinder wir haben, desto mehr müssen wir sie gut ausbilden und zu Freiheit, Demokratie und Beruf qualifizieren. Deshalb richtet sich die Hoffnung auf eine Entwicklung, die viele Geburten in Familien mit hohem Bildungsanspruch erwartet, in denen Kinder jedenfalls die besten äußeren Entfaltungschancen vorfinden. Doch zeigt uns die Statistik, dass Frauen umso eher auf einen Partner und auf ein Kind verzichten, *je länger ihre Ausbildung dauert* und *je höher die Ansprüche ihres Berufes* sind. In wirtschaftlichen Führungspositionen, etwa bei Publizistinnen und bei Ärztinnen, sind Kinderlosigkeit und Partnerlosigkeit sehr häufig. Bei den vierzig- bis vierundvierzigjährigen Männern sind 67% Prozent der Publizisten, 40% Prozent der Wirtschaftswissenschaftler und Ärzte kinderlos. Ihre Lebenssicht entwickelt sich ohne Kinder.

Die Entwicklung eines Kindes hängt mehr von der Zuwendung seiner Eltern, auch vom *Zusammenleben mit Geschwistern* ab, als von Bildung und Einkommen der Eltern. Die meisten Kinder in Deutschland haben das Glück, zusammen mit ihren Eltern und mit mindestens einem Geschwisterkind zusammenzuleben. Die Mehrheit der Kinder lebt in einer Zwei-Kinder-Familie. Die geringe Geburtenrate beruht darauf, dass ein großer Teil der Menschen gar keine Kinder mehr hat, nicht dass Eltern nur ein Kind hätten. In dieser Familienstruktur liegen große Chancen für eine gute Erziehung der Kinder. Allerdings ist die Zahl der Alleinerziehenden mit Kindern deutlich gewachsen. 2005 erzogen 2,24 Millionen Mütter und 0,34 Millionen Väter ihre Kinder allein. Von den allein erziehenden Müttern waren 40 % geschieden, 22 % verwitwet, 14 % lebten getrennt, 24 % waren ledig. Hier entwickelt sich eine Überforderungsstruktur, die vor allem den Müttern mehr abverlangt, als sie in einer ehebasierten Familie leisten müssten, andererseits den Kindern die tägliche Begegnung mit dem Vater vorenthält, was durch die Mutter allein nicht ausgeglichen werden kann.

Die Zahl der Kinder ist seit mehr als 150 Jahren in Deutschland *stetig gesunken:* Während im Jahre 1890 jede Frau durchschnittlich mehr als 5 Kinder geboren hat, fiel die Geburtenzahl seitdem stetig – mit Unterbrechungen insbesondere in den Jahren 1955 bis 1965 – auf heute 1,3 Kinder pro Frau. Seit 1965 haben sich binnen 40 Jahren die Geburtenzahlen in Deutschland von rund 1,3 Millionen (1965) auf 710 000 (2004) fast halbiert. Diese Veränderung beruht wesentlich auf der Entscheidung der Frau gegen das erste Kind. Während 1940 nur 10 % der Frauen keine Kinder hatten, sind heute mehr als doppelt so viele der Frauen kinderlos. Die Zahl der Frauen mit zwei Kindern ist von 1940 bis heute mit rund einem Drittel etwa gleich geblieben. Im Ergebnis bleibt ungefähr ein Drittel der Frauen kinderlos, ein weiteres Drittel hat zwei Kinder, das letzte Drittel der Frauen hat ein Kind oder – zu einem größeren Anteil – drei und mehr Kinder.

c) Die Annahme des Freiheitsangebotes

Eine freie Gesellschaft ist darauf angelegt, dass sie die Angebote der Freiheitsrechte auch tatsächlich annimmt. Diese Freiheiten bieten im Alltagsleben *das Recht zur Beliebigkeit.* Der Mensch geht abends früh schlafen oder verbringt eine lange Nacht, geht spazieren oder fährt mit dem Auto, liest ein Buch oder hört ein Konzert, ohne dafür irgendjemandem Rechenschaft zu geben. Fragte der Staat nach den Gründen, so würde der freie Bürger die Antwort selbstbewusst verweigern. Diese Freiheit zur Beliebigkeit, zur Ungebundenheit, gilt aber nur für die kleinen Gegenwartsentscheidungen, die andere Menschen nicht betreffen. Die großen Gärten der Freiheit erreicht der Mensch nur, wenn er andere Menschen in sein Freiheitserleben einbezieht und damit den Bereich seiner Freiheit erweitert. Er qualifiziert sich durch langfristige Ausbildung für einen Beruf, dehnt damit seine Berufsfreiheit tatsächlich wesentlich aus, ist aber seinen Kunden, Patienten und Klienten in der Art seiner Berufstätigkeit verantwortlich. Er gründet eine Firma, gewinnt dadurch ein wesentliches Stück persönliche Freiheit, wirkt aber mit seinen Arbeitnehmern, seinen Lieferanten, seinen Kunden zusammen. Er begründet – wiederum im ersten Schritt frei – eine Elternschaft, ist dann aber seinem Kind ein Leben lang *unkündbar und unscheidbar verantwortlich.* Diese großen Zukunftsfreiheiten bestimmen die Weite und Offenheit des individuellen Lebens, ebenso aber Zusammenhalt und Freiheitskraft eines Staatsvolkes, einer Volkswirtschaft und einer Kulturgemeinschaft.

Eine Tyrannei sichert den Zusammenhalt einer Herrschaft durch Drohungen und Strafen. In einer Demokratie entfaltet sich das Staatsvolk durch Zuwendung und Erziehung. Bedingung einer freiheitlichen Gesellschaft ist die Freiheitsbereitschaft, die Urteilskraft und Bindungsfähigkeit. *Montesquieu* hat in seiner Studie zum Untergang des Römischen Reiches festgestellt, dass dieses – nach damaligem Wissen freiheitliche und demokratische – Imperium zerstört worden sei, als der römische Staat den Römern das anstrengungslose Einkommen versprochen habe, sie deshalb den alten Fleiß und jede eigene Anstrengung verkümmern ließen und ihnen die Sicherheit in der Familie entbehrlich schien. Ohne Familie gibt es keine wirksame Erziehung, ohne Erziehung keine Persönlichkeit und ohne Persönlichkeit keine Freiheit. Ein Gemeinwesen kann sich allerdings aus eigener Kraft wieder zur vollen Blüte bringen, wenn es die Bürger auf ihre eigene Erwerbsanstrengung und Vorsorgekraft verweist, die Erziehung und Sicherheit in der Familie stärkt, damit die individuelle Verantwortlichkeit festigt.

Wir stehen heute im Gegensatz zum damaligen Rom *nicht vor einem Untergangsszenario.* Wir können die Dinge beherzt zum Guten wenden. Aber noch leisten wir uns Blindheit und entwickeln eine Behäbigkeit, die den Staat für die eigenen Existenzgrundlagen und für die Zukunftsvorsorge verantwortlich macht, Geburt und Erziehung von anderen erwartet, Einkommen und Anerkennung ausschließlich aus dem eigenen Beruf und nicht auch aus der eigenen Familie ableiten will.

Deshalb müssen wir uns wieder auf unsere eigene Freiheit besinnen, staatliche Sozial- und Sicherungssysteme so zurücknehmen, dass für jeden Einzelnen die Erwerbsanstrengung notwendig, die Zukunftsvorsorge unverzichtbar wird, man damit wieder stärker auf die Zukunft in eigenen Kindern verwiesen ist. *Reichtum* kann langfristig nur aus *Kinderreichtum* hervorgehen, *Wirtschaftswachstum* nur aus dem *Heranwachsen von Kindern* entstehen.

4. Kind und Beruf –
das Kernanliegen der Gegenwart

Die modernen Formen des Wirtschaftens und Lebens sind nicht auf Kinderfeindlichkeit hin angelegt, nehmen der Familie aber ihre stetige Mitte, erschweren oder verhindern dadurch die Familiengründung. Während vor 100 Jahren viele Eltern *am selben Ort ihrer Erwerbs- und ihrer Familienarbeit nachgingen,* sie einen landwirtschaftlichen oder einen gewerblichen Betrieb führten und dort zugleich ihre Kinder erzogen, sind heute Familienort und Erwerbsort räumlich getrennt. Dadurch stehen die jungen Menschen jeden Morgen vor der Alternative, entweder zu Hause zu bleiben und die Kinder zu erziehen oder in den Beruf zu gehen und damit ihre Kinder in fremde Hände zu geben. Viele weichen diesem Konflikt von vornherein aus und verzichten auf Kinder.

Der Arbeitsmarkt verlangt von den Erwerbstätigen einen häufigen Wechsel des Arbeitsortes, auch eine zeitliche *Flexibilität,* die oft das Wochenende und den Werktagsabend der Familie entzieht. Deswegen zögern junge Menschen vor der langfristigen ehelichen Bindung, erleben die unbedingte Verlässlichkeit und Treue weniger als menschliche Tugend. Entwickeln sich dann zwei Partner in ihren Berufen verschieden, wird dem einen im Norden, dem anderen im Süden eine Aufstiegschance angeboten, so trennt der Beruf die Partner oder enttäuscht den einen im Verzicht auf seine Karriere. Wenn beide Partner in Erwerbswettbewerb und Aufstiegskonkurrenz erwerbstätig sind, schließen sich Erwerbsarbeit und Familie vielfach aus. Unsere Gesellschaft zerfällt in kinderreiche Familien und einkommensreiche Kinderlose, die ein berechtigtes Ziel zu einem fast ausschließlichen Zweck verengen.

Die Familie sieht sich gegenwärtig einem *gemeinsamen Kampf von Wirtschaft und Gleichberechtigungsanliegen* gegenüber. Die Wirtschaft braucht bei schrumpfender Bevölkerung jede Arbeitskraft, die leistungsfähig, damit auch familienfähig ist. Sie sucht deshalb die Lebensbedingungen der jungen Menschen so zu verändern, dass sie sich für den Beruf entscheiden und die Familie zurückstellen. Gleichzeitig misst eine Gleichberechtigungsbewegung den Erfolg der Frau fast ausschließlich an Berufstätigkeit und beruflichem Aufstieg. Die Leistungen der Mutter werden zwar kaum mehr wie einst übersehen, aus dem Bewusstsein verdrängt oder verlästert, aber auch kaum rechtlich gewürdigt. Im Bemühen um Beruf und Einkommen verzichten die jungen Menschen auf das Kind oder geben es in Fremdbetreuung, die das Kind überfordern könnte. Das Kind wird zum Schwächsten in unserer Gesellschaft, gerät immer mehr ins Hintertreffen. Deswegen *wird die Vereinbarkeit von Kind und Beruf zum Kernanliegen der Gegenwart.* Männer und Frauen wollen sowohl von ihrer Freiheit zur Familie wie von ihrer Freiheit zum Beruf Gebrauch machen.

Die Entscheidung der jungen Menschen, sich dem Kind oder dem Beruf zu widmen, betrifft vorrangig das Kind. Das Grundgesetz vertraut Wohl und Entwicklung des Kindes ganz den Eltern an, *sieht die Verantwortlichkeit für das Kind bei den Eltern, nicht beim Staat,* der lediglich eine zurückgenommene Wächterrolle wahrnimmt. Dieser Grundgedanke des Verfassungsrechts hat das Bundesverfassungsgericht stets geleitet, wenn wir insbesondere im Steuer- und Abgabenrecht über rechtliche Rahmenbedingungen zu entscheiden hatten, die das Elternrecht und die Zusammengehörigkeit von Eltern und Kindern stärken oder schwächen konnten. Das Kind ist in seiner Entwicklung auf die Eltern angewiesen. Kinderärzte, Psychologen und Hirnforscher lehren uns, dass die Entwicklung des Beobachtens, Erkennens, Denkens und Sprechens, auch die Entwicklung der Bewegungsfähigkeit beim Kind von der Bindung an Bezugspersonen abhängt. Die Kinder holen sich durch fragende Blicke auf die Mutter Einschätzungen, Beurteilungen und Wertungen, ahmen diese nach und entwickeln ähnliche Fähigkeiten. Autistische Kinder können den Gesichtsausdruck ihrer Eltern nicht dechiffrieren; deswegen gelingt es ihnen nicht, sich ihrem sozialen und kulturellen Umfeld anzuschließen.

Nur Kinder, die fest an Bezugspersonen gebunden sind, gewinnen die Sicherheit, um ihrer Neugierde nachzugeben und die Welt zu erforschen. Ist die Bindung unsicher oder wechselt sie ständig, tritt das Bemühen des Kindes um eine stabile Bindung so in den Vordergrund, dass keine Aufmerksamkeitsressourcen mehr übrig sind, um sich nach außen zu wenden, Menschen zu begegnen, mit ihnen zu sprechen, sich auszutauschen. Die Entwicklung vieler Elementarfertigkeiten wird verzögert oder beeinträchtigt.

Die Reformaufgabe liegt damit auf der Hand. Doch ist die öffentliche Debatte über dieses Anliegen in eine elementare Schieflage geraten: Die neue Botschaft lautet, dass alle Frauen in Zukunft arbeiten werden; fraglich sei nur, ob sie auch Kinder haben werden. *Alle Frauen haben aber auch in der Vergangenheit immer gearbeitet;* die Betreuung und Erziehung der Kinder, die Entfaltung einer Hauskultur ist Arbeit. Sie ist gegenwärtig in unserer Gesellschaft, die nicht unbedingt mehr Autos, Computer oder Chips braucht, wohl aber mehr Kinder, die bedeutendste Leistung, die der Mensch für unsere Zukunft erbringen kann. Diese Leistung wird bisher nur nicht *honoriert,* deswegen in unserer Gesellschaft, in der Honor (Ehre, Ansehen) und

Honorar eng beieinander liegen, nicht anerkannt. Wir erleben derzeit eine breit angelegte Diskriminierungskampagne gegen die Mütter – und hier ist kein Antidiskriminierungsgesetz in Sicht.

Der Gesetzgeber steht deshalb vor der Grundsatzentscheidung, ob er die Familien als Lebens- und Erziehungsgemeinschaften stärken oder Eltern möglichst bald für die Erwerbstätigkeit freistellen will. Der Trend scheint zum vermehrten Angebot von Kinderkrippen und Kinderbetreuungseinrichtungen zu gehen, die Eltern von der Kindererziehung entlasten und sie für die Berufstätigkeit freistellen. Die institutionelle und finanzielle Unterstützung der Familien in ihrem Erziehungsauftrag wird immer schwächer. Deswegen werden wir uns besinnen müssen, dass unsere Zukunft von unseren Kindern und ihrer Erziehung abhängt. Im Normalfall verantwortlicher Eltern bietet die Erziehung durch die Eltern dem Kind die besten Entfaltungsmöglichkeiten. In den Ausnahmefällen einer Überforderung der Eltern werden der Staat oder die Kirche die Erziehung übernehmen müssen.

Der Normalfall der Verantwortlichkeit und Erziehungskraft der Eltern fordert ein *System des Freiheitsvertrauens,* das den Eltern die Entscheidung überlässt, wie sie ihre Kinder erziehen wollen. Der Staat gibt alle für die Familien verfügbaren Finanzmittel entsprechend der elterlichen Leistung in die Hand der Eltern, die dann für ihre Kinder und für sich entscheiden, ob sie das Geld für das gemeinsame Familienleben oder zur Bezahlung eines Kinderhortplatzes oder einer anderen Art der Fremdbetreuung verwenden. Wer einwendet, die Eltern würden dieses Geld nicht für ihre Kinder einsetzen, sondern zum eigenen Vergnügen oder gar für die eigenen Laster nutzen, verweigert den Eltern das Freiheitsvertrauen, das sie verdienen. Die Sorge für das Kind ist grundsätzlich bei den Eltern, die mit dem Kind zusammenleben und ihm ein Leben lang verbunden sind, besser aufgehoben als bei den staatlichen Bediensteten, die sich von Berufs wegen in geregelter Arbeitszeit und mit Urlaubsanspruch dem Kind widmen. Zwar werden Jugendpfleger, Kindertherapeuten, Polizeibeamte und Jugendrichter ständig Kindern begegnen, für die der Staat sein Wächteramt anstelle der Eltern ausüben muss. Doch sind staatliche Normen an der Normalität, nicht am Ausnahmefall auszurichten. Deswegen hat der Finanzstaat mit seiner Finanzmacht grundsätzlich die Lebens- und Erziehungsgemeinschaft der Familien zu stärken, nicht die Familien durch staatliche Erziehungseinrichtungen zu ersetzen.

Die Behauptung, die Höhe der Geburtenrate hänge von der Dichte der Kinderbetreuungseinrichtungen ab, ist unrichtig. In Ostdeutschland gab es 2004 für 37 % der Kinder unter drei Jahren einen Krippenplatz, in Westdeutschland nur für 3 %. Ostdeutschland bot für 41 % der Sieben- bis Elfjährigen Hortplätze, Westdeutschland nur für 5 %. Dennoch war die Geburtenrate in Westdeutschland deutlich höher. Am höchsten ist sie in Baden-Württemberg, dem Land mit den wenigsten Kinderbetreuungseinrichtungen. Dementsprechend gewichten auch die betroffenen Menschen die Betreuungsmöglichkeiten als wenig bedeutsam für die Entscheidung über einen Kinderwunsch. Nach einer Befragung des Instituts für Demoskopie Allensbach machen 92 % der Achtzehn- bis Vierundvierzigjährigen ihre Entscheidung für Kinder von der Übereinstimmung beider Ehepartner abhängig, 84 % von der Stabilität ihrer Beziehung, während die Verfügbarkeit von Kinderbetreuungsmöglichkeiten mit 25 % an neunter Stelle von insgesamt vierzehn Entscheidungsgrundlagen eingestuft wird.

Viele Frauen entscheiden sich nicht deshalb gegen ein Kind, weil sie nicht kinderlieb wären oder weil es ihnen an geeigneten Kinderbetreuungsstätten fehlen würde, sondern weil das Aufziehen des Kindes 20 Jahre dauert, sie dafür einen Partner brauchen, dem sie eine solch langfristige, verlässliche Treuebindung zutrauen. Lebensabschnittsgefährten scheinen Gift für den Kinderwunsch.

5. Der Zeitraum für die Familiengründung

Junge Eltern stehen oft zu spät vor der Entscheidung, eine Familie zu gründen. Das Durchschnittsalter eines Hochschulabsolventen beträgt gegenwärtig fast 29 Jahre. Wenn er an sein Studium weiterqualifizierende Volontariate, Praktika oder Referendarzeiten anschließt, vielleicht sogar vor der Familiengründung eine gesicherte berufliche Lebensstellung erhofft, erreicht er ein Alter, das den Gipfel der Gründerzeit schon hinter sich gelassen hat. Im Jahr 2003 haben 100 Frauen in der Altersgruppe von 15 bis 19 Jahren vier bis fünf Kinder zur Welt gebracht, in der Altersgruppe 20 bis 24 rund 24 Kinder, in der Altersgruppe 25 bis 29 und in der Gruppe 30 bis 34 je 41 Kinder. Danach sinkt die Zahl der Kinder deutlich und tendiert bei 45 Jahren gegen null.

In dieser langen Phase des Nachdenkens über den Ehepartner und das Kind wachsen die Erwartungen an den Partner. Die Selbsteinschätzung des jungen Menschen neigt zur *Selbst- und zur Partneridealisierung,* so dass sich die Hoffnungen nach zehn Jahren auf ein Frauenideal oder einen Traummann richtet, den es in der Wirklichkeit dieser Welt überhaupt nicht gibt. Viele junge Menschen klagen, sie hätten durchaus die Ehe und Familie gesucht, aber den passenden Partner nicht gefunden. Vielleicht ist der Realitätssinn des 23-jährigen Menschen, der auszieht, um seinen Platz in dieser Welt zu suchen, ausgeprägter, als der des 33-Jährigen, der seinen geordneten Platz im Berufsleben gefunden hat, bei der Gründung von Ehe und Familie aber bisher Initiative und Tatendrang vermissen lässt.

Aus diesem Befund ergeben sich zwei Überlegungen: Zunächst sind die *Ausbildungszeiten zu verkürzen.* Die Schulzeiten werden gegenwärtig verringert, insbesondere die Zeit des Gymnasiums auf acht Jahre begrenzt. Die Verpflichtung zu Bundeswehr und Ersatzdienst ist bereits zurückgenommen und wird vielfach auf die anderen Ausbildungsphasen abgestimmt. Anreize zur Studienzeitverkürzung greifen; der »Freischuss« im Jurastudium vermindert die Studiendauer deutlich, wenn er nach acht Semestern die Möglichkeit eines Examens anbietet, das bei Erfolg zählt, bei Misserfolg oder nur mäßigem Gelingen weitere Examensversuche nicht hindert.

Sodann ist zu prüfen, ob *das erste Drittel des menschlichen Lebens weiterhin fast ausschließlich der Ausbildung gewidmet sein soll.* Gegenwärtig verbringt der junge Mensch zehn bis zwölf Jahre seines Lebens in Schule und Gymnasium, entscheidet als 16-jähriger Realschulabsolvent oder als 18-jähriger Abiturient über seine berufliche Zukunft, vollzieht diese Entscheidung dann unmittelbar durch berufliche Ausbildung, Studium und Berufseintritt. In diesem berufsorientierten Leben wird der Gedanke an die Familiengründung verdrängt oder verschoben. Deshalb sollten die verschiedenen Ausbildungs- und

Qualifikationsabschnitte so gelockert werden, dass dem jungen Menschen in der Gründerzeit Gedanken und Zeit auch für die Familiengründung verbleiben. Wenn der Grundschullehrer mit kurzer Ausbildungszeit nach einem Aufbaustudium später Gymnasiallehrer werden könnte, die Erzieherin nach einer kurzen Ergänzungsausbildung Heilpädagogin sein dürfte, so eröffnete sich nach der Grundausbildung die Chance, zunächst eine Familien- und Erziehungsphase zu wählen, der sich dann später eine Weiterbildungsphase und eine Berufstätigkeit in höherer Qualifikation anschließt. Der nordrhein-westfälische Kultusminister Mikat hat in den sechziger Jahren den damaligen Lehrermangel durch Mütter mit Abitur (*»Mikätzchen«*) überwunden, die sich in einer zweijährigen Kurzausbildung zur Grund- und Hauptschullehrerin qualifiziert hatten und sich dann in ihren Lehrleistungen wie in ihren Bewährungsaufstiegen nicht von den seit Jahren und Jahrzehnten bereits tätigen Lehrern unterschieden.

6. Die rechtliche Schwäche des Kindes im demokratischen Staat

Auch die politischen Entscheidungen des Staates sind für die Familie nicht günstig. Der demokratisch gewählte Mandatsträger folgt der Mehrheit. Diese verschiebt sich immer mehr zu Lasten der Altersgruppe unter 20 Jahren und zugunsten der über Sechzigjährigen. Würde die gegenwärtige Entwicklung sich bis in das Jahr 2050 fortsetzen, wäre die Zahl der Kinder und Jugendlichen im Alter unter 20 Jahren 2050 etwa gleich groß wie die der über Achtzigjährigen. Die Zahl der über Sechzigjährigen wäre dann dreimal so hoch wie die der unter Zwanzigjährigen, die Zahl der Kinder und Jugendlichen würde um 8 Millionen schrumpfen, die Zahl der über Sechzigjährigen sich um 9,9 Millionen steigern, die Zahl der über Achtzigjährigen sich um 7 Millionen erhöhen.

Damit verschiebt sich die Macht der Wähler deutlich in die Generation derer, die aus dem Erwerbsleben ausgeschieden und auf Beistand und Unterhalt durch die Erwerbstätigen angewiesen sind. Die Rechte dieser Personengruppe sind deshalb in einem demokratischen Parlament gut aufgehoben. Die Rechte der Kinder und Familien hingegen drohen vernachlässigt zu werden. Deswegen brauchen wir die Verfassungsänderung, die ein Kinderwahlrecht einführt, das bis zur Volljährigkeit des Kindes durch seine Eltern ausgeübt wird, also jedem Elternteil pro Kind eine zusätzliche halbe Stimme zuweist. Die Eltern werden dieses Stimmrecht ebenso wie ihr eigenes für die Familien und Kinder ausüben, damit das Gewicht der Familien in der Demokratie angemessen stärken. Die praktischen Auswirkungen in den gesetzgeberischen Entscheidungen zur Bildung, zum Umweltschutz und zur Staatsverschuldung werden sehr bald sichtbar werden. Wirtschaftspolitisch wird der Gesetzgeber sich vermehrt der Konsumkrise widmen, die in der Risikoängstlichkeit und Sparneigung der Älteren eine Ursache hat, die Spaltung der Volkswirtschaft in wachsende Märkte für die Älteren und schrumpfende Märkte für die Jüngeren kritisch beobachten, vor allem aber die sozialen Belastungen durch das Glück des Älterwerdens und die Kosten der notwendigen Integrationsanstrengungen für die Zuwanderer durch eine Jugendpolitik aufzufangen suchen. Außerdem würde das Elternwahlrecht dem Parlament deutlich vor Augen führen, dass die Gruppe der jungen Deutschen nicht in wenigen Jahren eine Minderheit unter vielen Minderheiten in Deutschland werden darf, wenn wir die Kultur unserer Demokratie, unserer Wissenschaft und Kunst, unserer Friedensgemeinschaft und unseres Systems einer sozialen Marktwirtschaft bewahren wollen.

7. Kindermangel und Kinderarmut

Wenn wir immer weniger Kinder bekommen, aber immer mehr Kinder brauchen, hätte dieser Befund nach den Gesetzmäßigkeiten unseres wirtschaftlichen Denkens zur Folge, dass das rare Gut immer wertvoller wird, Gesellschaft, Wirtschaft und Staat also immer mehr aufwenden, um Kinder zu haben. Das Gegenteil ist jedoch der Fall. Je weniger Kinder geboren werden, desto mehr geraten in Armut. 1980 lag die Sozialhilfequote bei Kindern unter 18 Jahren bei 2,1 %, im Jahr 2002 bei 6,6 %, Ende 2003 sogar bei 7,2 %. Die Armut mit Kindern nimmt – gemessen an dem bedarfsgerechten Nettoäquivalenzeinkommen – ständig zu. Der Anteil der Haushalte mit Kindern, deren Einkommen weniger als 60 % dieses Mittelwerts aller Haushalte betrug, ist seit 1998 von 12,6 % auf 13,9 % gestiegen. Ein Durchschnittsverdiener mit vierköpfiger Familie verfügt – nach Abzug der direkten Steuern und der Sozialversicherungsbeiträge – heute über etwa 1000 Euro weniger als das steuerlich anerkannte Familienexistenzminimum.

a) Die Trümmerfrau

Einen der wesentlichen Gründe für diese Entwicklung zeigt der Fall der Trümmerfrau, über den das Bundesverfassungsgericht 1992 zu entscheiden hatte: Eine Mutter hatte ihre fünf Kinder gut erzogen, daneben noch ihr kriegszerstörtes Haus eigenhändig aus den Trümmern aufgebaut. Diese ihre Erziehungsleistung berücksichtigte das Rentenrecht nur mit einer Rentenleistung in Höhe von rund 30 DM pro Kind und Monat, so dass die Mutter im Alter 150 DM Rente erhielt. Die Kinder, die gut erzogen worden und deshalb wirtschaftlich erfolgreich waren, zahlten rund 3250 DM monatlich in die Rentenkasse. Dieser Betrag floss im Wesentlichen anderen Rentenempfängern zu. Den Lohn für die Lebensleistung der Trümmerfrau bezogen andere. *Das Bundesverfassungsgericht hat den Gesetzgeber deshalb verpflichtet sicherzustellen, dass sich mit jedem Reformschritt bei der Erneuerung des Rentenrechts diese Benachteiligung der Familie tatsächlich verringert.* Seitdem berücksichtigt der Gesetzgeber systematisch Kindererziehungszeiten. Diese wirken aber bisher nur als Kleinstbeträge, bieten keinen angemessenen Ausgleich für die erbrachte Erziehungsleistung.

Die Gründe für diese Fehlentwicklung liegen in der Erwerbs- und Geldwirtschaft der modernen Industriegesellschaft. *Die Geldwirtschaft anerkennt nur die Leistung, die durch Bezahlung entgolten worden ist,* bringt den Menschen also ein Bewertungssystem nahe, in dem die Leistungen der Eltern als wertlos behandelt werden. Dieses hat die Trümmerfrau schmerzlich erlebt. Hätte diese Mutter ihre Leistungen als Kindergärtnerin, als Lehrerin oder Sozialtherapeutin erbracht, hätte sie dafür ein Honorar empfangen, deswegen in die Rentenkasse eingezahlt, wäre damit voll rentenberechtigt gewesen. Die Leistungen der Kindererziehung und der Hauskultur aber schaffen keine Kaufkraft, schöpfen formal keine Werte, gehen deswegen nicht in die volkswirtschaftliche Gesamtrechnung des Bruttoinlandsproduktes ein. Würden die Eltern sich scheiden lassen, der eine Partner den anderen sodann in einem Arbeitsrechtsverhältnis für die Erziehung und die Leistungen der Hauskultur bezahlen, würde dieselbe Leistung in die volkswirtschaftliche Gesamtrechnung eingehen, das Bruttoinlandsprodukt also steigern. Ein Akt der Zerstörung würde als Wertschöpfung gewertet.

Zugleich *verengt das Arbeitsrechts den Blick auf den Leistungsaustausch zwischen Arbeitgeber und Arbeitnehmer.* Ob eine Einzelperson oder eine ganze Familie von einem Arbeitslohn leben, wird rechtlich ausgeblendet. Der Unterhalt der Familie ist allein Sache der Eltern. Andererseits sollen die von den Eltern unterhaltenen und erzogenen Kinder später in der »Sozialversicherung« die Krankheit, die Altersrente und die Pflegekosten fremder Leute finanzieren; ihre eigenen Eltern sind in diesem System kaum unterhaltsberechtigt. Die Unredlichkeit dieses Systems kommt schon in unseren Begriffen zum Ausdruck: Wir nennen diese Umverteilung Sozialversicherung, obwohl im Versicherungsfall für die vermeintlich Versicherten kein Euro im Topf ist, vielmehr die Kinder von heute morgen die Beiträge zahlen und damit die Leistungen erbringen sollen. Wir nennen die Altersrente Rente, obwohl nicht etwas Erspartes zurückgegeben wird (reddere), sondern die nächste Generation den zukünftigen Bedarf der Versicherten decken muss. Wir sprechen vom »Generationenvertrag«, obwohl unsere Kinder niemals über diesen »Vertrag« haben entscheiden dürfen, sie ihn im Ergebnis sicherlich abgelehnt hätten, weil er nicht ihre Eltern, sondern andere Menschen sichert. Das Familienrecht sagt etwas anderes: Es verpflichtet die Kinder, insoweit ausschließlich ihren Eltern Unterhalt und Beistand zu leisten. Diese Sicherung der Eltern allerdings läuft vielfach faktisch leer, weil die Kinder in das anonyme Sicherungssystem einzahlen müssen, danach für die persönliche Familiensicherheit kaum noch etwas übrig haben.

Schließlich waren früher die Kinder auch an der Erwerbstätigkeit der Eltern beteiligt. Heute ist die Kinderarbeit zu Recht verboten und eine Schulpflicht eingeführt. Den Eltern wachsen dadurch aber weitere Finanzierungslasten – meist beginnend beim Kindergarten – zu, während die Hauptnutznießer der zukünftigen sozialen Kinderleistungen, die heute Kinderlosen, von diesen ökonomischen Verantwortlichkeiten nicht betroffen werden.

Betrachtet man die Verteilungswirkungen des Gesamtsystems von Leistungen und Abgaben näher, so zeigt sich, dass *im Saldo die Familien ausgebeutet werden:* Die Eltern müssen für ihre kinderlosen Altersgenossen deren Alters-, Gesundheits- und Pflegevorsorge durch die Kindererziehung auf eigene Rechnung vorbereiten, tragen bei ihren Erwerbsbeiträgen dennoch gleiche Lasten wie die Kinderlosen und sind in dieser Versicherung aus eigenem Recht kaum berechtigt. Das ist ein Skandalon.

b) Die Eltern als Steuerzahler

Daneben erbringen die Familien, die in der Regel ihr gesamtes Einkommen konsumieren müssen, den höchsten Anteil an den indirekten Steuern, insbesondere den Ökosteuern und der *Mehrwertsteuer.* Diese Steuern zahlt jeder Nachfrager gleich, mag er für sich einen Teller und eine Tasse kaufen, oder bei gleichem Einkommen für eine fünfköpfige Familie fünf Teller und fünf Tassen. Die indirekten Steuern wirken so lange familienfeindlich, als der menschliche Grundbedarf – Nahrung, Hausrat, Kleidung, Wohnung, Gesundheit, Medien – nicht von der indirekten Steuer ausgenommen ist. Wird nun die erhöhte Mehrwertsteuer eingesetzt, um Beiträge zur Sozialversicherung mitzufinanzieren, so tragen die Familien den größten Teil zur Senkung dieser Beiträge bei, die bereits jetzt Eltern benachteiligen. Die Überlastungswirkung steigert sich, der Einkommensabstand zwischen Familien und Nichtfamilien wächst kaum noch messbar, unermesslich. Der soziale Staat schafft Armutsgründe, vor denen er die Menschen zu bewahren hätte.

Auch die *Einkommensteuer* genügt nicht den Anforderungen der

Familiengerechtigkeit, die das Bundesverfassungsgericht für ein familienbezogenes Existenzminimum, die Kindererziehungskosten und die Kinderbetreuungskosten gefordert hat. Eltern, die Kindern Unterhalt schulden, können über den für die Unterhaltszahlung benötigten Teil ihres Einkommens nicht – auch nicht für den Zweck der Steuerzahlung – verfügen. Deswegen gibt es Kinderfreibeträge, die aber nicht den tatsächlichen Unterhaltsbedarf decken, vielmehr das Existenzminimum zu niedrig bemessen, so dass Eltern den angemessenen Unterhalt insoweit aus versteuertem Einkommen zahlen müssen.

Wenn Eltern für ihren Betrieb einen Computer kaufen, können sie diesen selbstverständlich als betrieblichen Aufwand bei der Einkommensteuer absetzen. Kaufen sie einen Computer für Sohn und Tochter, damit diese Fertigkeiten und Erfahrung für ihre technische Zukunft erwerben können, ist dieser Kauf Privatsache der Eltern; der Computer muss aus versteuertem Einkommen der Eltern bezahlt werden. Ein Einkommensteil, der wegen der familienrechtlichen Unterhaltspflicht den Kindern gehört, wird insoweit dennoch den Eltern zugerechnet und bei diesen progressiv besteuert. Damit unterliegen die Familien pro Kopf auch einem deutlich höheren Progressionstarif als die Kinderlosen.

c) Die zerstörende Kraft der Armut

Diese Benachteiligung der Familien ist ökonomisches Unrecht, birgt aber vor allem Zerstörungspotenzial für die Familie als Gemeinschaft des Zusammenlebens, des Erziehens, des Dialogs, des Vertrauens. *Die Erziehung der Kinder und die Entwicklung ihrer Lernfähigkeit wird unter dieser Familienarmut wesentlich leiden.* Kinder, die in bedrängten Einkommenslagen aufwachsen, haben schlechtere Bildungschancen und sind in schlechterer gesundheitlicher Verfassung. Die praktischen Folgen sind heute dramatisch greifbar: Fast jedes dritte Kind beansprucht wegen Sprach- und Entwicklungsstörungen den Therapeuten. Schon 12-Jährige leiden unter Zukunftsängsten. Eine wachsende Zahl von Schülern erbringen so schwache Schulleistungen, dass ihre Lehrer in Frage stellen, ob diese Jugendlichen jemals einen Beruf ergreifen können. Es droht die Gefahr, dass bestimmte Elterngruppen ein Leben lang auf den sozialen Staat angewiesen sind und ihre Kinder daran gewöhnen, ihr Leben ebenfalls auf die Leistungen der Sozialgemeinschaft zu stützen.

Armut *kann auch die Kultur der familiären Lebens- und Erziehungsgemeinschaft zerstören.* Wenn das Geld für eine familienangemessene Wohnung, zur Ausstattung der Kinder mit Kleidung, Sport- und Kulturbedarf, zur Gestaltung der Familienfeste und Familienferien fehlt, so bedrückt das die Eltern, die ihren Kindern gerne mehr zuwenden würden, auch den erwerbstätigen Elternteil, der sich zum angemessenen Unterhalt seiner Familie nicht in der Lage sieht, und die Kinder, die sich bessere Lebenschancen von ihren Eltern erhoffen. Die Freude an der Erwerbsarbeit schwindet, je weniger der Arbeitslohn zum Unterhalt der Familie ausreicht. Die kulturellen und moralischen Werte, nach denen insbesondere Familien leben, überzeugen nicht mehr, wenn Treue, Verlässlichkeit und Ehrlichkeit in die Armut zu führen scheinen, während Cleverness Reichtum verheißt. Ökonomisch veranlasste Zerwürfnisse gefährden Dialog und Begegnung in der Familie und in der Gesellschaft. Das Hineinwachsen der Kinder in die Fertigkeiten von Kultur und Technik scheitert an den Lern- und Erprobungsmitteln. Wenn sich Kinder und Eltern mit den Lebensstandards der kinderlosen Verwandten und Nachbarn vergleichen, entsteht Bitterkeit, die immer mehr einen Schatten auf die Entscheidung für das Kind, auf das Glück der Familie wirft. Ursache dieses Schattens ist der umverteilende und besteuernde Staat, der sich sozial nennt, aber unsozial wirkt.

Kinder sind in Deutschland das »*Armutsrisiko Nr. 1*«. Dieses ist ein erschreckender, ein abschreckender Befund. Deswegen wird oft empfohlen, dieses zutreffende Stichwort zu vermeiden, um die Bereitschaft junger Menschen zur Familie nicht zu schwächen. Doch ein Problem löst sich nicht durch Schweigen, sondern durch Antworten. Hier kann der Staat helfen – durch die Macht des Rechts und durch seine Finanzkraft.

8. Der familienpolitische Auftrag

»Ehe und Familie stehen unter dem besonderen Schutz der staatlichen Ordnung«, so bestimmt es das Grundgesetz und hebt damit die Verantwortlichkeit von Staat und Recht für die Familie besonders hervor. Die rechtliche und soziale Realität allerdings ist von einem solchen Schutz weit entfernt. Der rechtspolitische Auftrag lautet, zunächst die Benachteiligungen der Familien abzubauen, Steuern und Leistungen des sozialen Staates je nach Finanzkraft gleichmäßig auf alle Bürger zu verteilen, die letztlich gemeinsam in den Kindern ihre Zukunft finden. Sodann hat das Recht einen Leistungsausgleich herzustellen, der die wichtigste Leistung, das Haben und Erziehen von Kindern, anerkennt und honoriert. Hier gilt es, die Familien *nicht als Bedürftige* zu verstehen, denen der soziale Staat in ihrer Hilflosigkeit etwas zuwendet, *sondern als Leistungsträger unserer Gesellschaft zu würdigen,* die wegen ihrer Leistung Anerkennung und Honorar verdienen.

Erst wenn die rechtlichen Ungleichheiten in einem Familienlastenausgleich abgebaut sind und der freiheitliche Staat die Erziehungs-, Unterhalts- und Betreuungsleistungen in einem Familienleistungsausgleich anerkennt, kann der Staat darauf aufbauend seiner Schutzverpflichtung genügen: Schutz meint Vorsorge, Hilfe, Förderung für die Familien.

Für den *Lastenausgleich* ist es geboten, die Zukunftssicherung so zu gestalten, dass die Kinderlosen die Geldbeiträge erbringen, die Familien die Zukunft durch ihre Kindererziehung sichern. Beide Leistungen sind gleichwertige und unverzichtbare Grundlagen einer Zukunftssicherung. Dabei wird mittelfristig ein Übergang von dem Umlageverfahren zu einem Versicherungssystem erforderlich, das Kapital zur Deckung zukünftiger Risiken bildet. Auch eine kapitalgedeckte Versicherung braucht aber für ihre Zukunft die Leistungskraft der Kinder, weil das gesparte Geld nur in Leistungen eingetauscht werden kann, wenn die dementsprechenden Leistungsträger vorhanden sind. Daneben müssen die lebensnotwendigen Güter und Dienstleistungen von der indirekten Besteuerung ausgenommen werden. Die Einkommensteuer ist auf die Ehe als Erwerbsgemeinschaft, die Familie als Unterhaltsgemeinschaft zuzumessen.

Ist dieser Lastenausgleich erbracht, hat die Rechtsgemeinschaft die Eltern in ihrer Erziehungs- und Betreuungsleistung anzuerkennen. In einem Rechtssystem, in dem die Kinder an Familienarbeit und familiärem Erwerb kaum noch mitwirken, sich vielmehr – zu Recht – in der Familie auf ihren zukünftigen Erwerb vorbereiten, dann aber mit ihrem Erwerb das Sozialsystem und nicht nur ihre Eltern finanzieren, kann die elterliche Erziehungsleistung nicht *privatisiert,* die Erwerbsleistung der Kinder aber *sozialisiert* werden. Deswegen ist es notwendig, die Erziehungsleistung der Eltern in einem Erziehungsentgelt zu honorieren. Das neu eingeführte *Elterngeld* genügt diesem Erziehungsgeld allerdings nicht, weil es zu kurzfristig gewährt wird, seine Höhe die Erziehungsleistung nicht hinreichend anerkennt, es außerdem in seiner Ausgestaltung Vater und Mutter wechselweise zur Erziehungstätigkeit anstelle der Erwerbstätigkeit zu drängen sucht, damit wieder in den mächtigen Sog der Wirtschaftsanliegen und Gleichstellungsbemühungen geraten ist. Das Elterngeld bietet dennoch die Chance, nach und nach zu einem Leistungshonorar entwickelt zu werden, das die Leistung der Eltern entgilt und dabei auch je nach Leistung abgestuft werden kann.

Ein Erziehungs- oder Elterngeld sollte so bemessen werden, dass es die Erziehungsleistung anerkennt. Gewährt wird nicht eine Hilfe des sozialen Staates, sondern ein Ausgleich für erbrachte Leistungen. Dementsprechend entfällt die Zahlung, wenn die Erziehungsleistung nicht erbracht wird. Damit ist nicht der Staatskommissar begründet, der in die Familien eindringt und prüft, ob das Kind sich im Laufen, im Sprechen und im sonstigen Sozialverhalten normgemäß entwickelt. Vielmehr ist das Elterngehalt in Sensibilität für Familienautonomie und Familienkultur auf die Teilnahme an Vorsorgeuntersuchungen, am Kindergarten und an der Schule abzustimmen. Ergeben sich dabei Gefährdungen für das Kind, wird die finanzielle Stärkung der Elternverantwortung dadurch ersetzt, dass der Staat die Eltern bei der Wahrnehmung ihrer Verantwortlichkeit schult und begleitet. Versagen die Eltern in ihrem Erziehungsauftrag, muss der Staat für die Erziehung des Kindes sorgen. Das Elterngeld muss allen Eltern gleichermaßen gewährt werden, mögen sie ihre Kinder eigenhändig erziehen oder erziehen lassen. Das Elterngeld darf keinesfalls so ausgestaltet werden, dass es die Eltern in die Erwerbstätigkeit drängt oder die eheinterne Arbeitsteilung zwischen Mutter und Vater bei Kindererziehung und Erwerbstätigkeit beeinflusst. Der Gesetzgeber steht vor dem freiheitssensiblen Auftrag, die Familienkultur in unserer Erwerbsgesellschaft finanziell zu stützen. Dabei wird er das richtige Maß finden, wenn er das Wohl des Kindes in den Mittelpunkt seiner Überlegungen stellt.

Gegenüber diesem Leistungsentgelt werden selbstbewusste Eltern betonen, dass sie ihre Kinder um ihrer selbst willen erziehen, dafür kein Entgelt erwarten und sich schon gar nicht durch Geldangebote lenken lassen. Dieser Einwand ist nobel und berechtigt. Gegenwärtig allerdings geht es nicht darum, Menschen für Geburten und Kindererziehung zu bezahlen, sondern eine grobe finanzielle Benachteiligung der Familien aufzufangen, also *ein finanzielles Unrecht zu beenden.* Sosehr das Leben mit Kindern den Kerninhalt menschlicher Freiheit ausmacht, so wichtig ist es, dass die elterliche Gemeinschaft mit Kindern nicht Einkommensverlust und Armut zur Folge hat. Viele Menschen empfinden auch ihren Beruf und die damit verbundene Begegnung und Anerkennung als Glück, sind aber sehr froh, dass dieses Glück nicht durch den Verzicht auf Einkommen erkauft werden muss. Wir brauchen deshalb ein *neues System der Einkommensverteilung,* das in unserer Leistungsgesellschaft die Leistung wieder richtig definiert und als wichtigste Leistung die Geburt und die Erziehung von Kindern erkennt und durch Honorar anerkennt.

Wenn dieser *Leistungsausgleich* erbracht ist, wird der Staat seinen verfassungsrechtlichen Schutzauftrag dadurch erfüllen können, dass er die stetige Funktionsfähigkeit von Lastenausgleich und Leistungsausgleich gegen Begehrlichkeiten abschirmt, eine Herabwürdigung der Familien und ihrer Leistungen unterbindet, die Bereitschaft der Menschen zum Kind stärkt und stützt. Den wesentlichen Schutz aber wird ein Recht bieten, das die Familie unter diesen Rahmenbedingungen wieder in Freiheit und privater Geborgenheit schützt.

9. Familienpolitik ist die beste Wirtschaftspolitik

Dieses anspruchsvolle Konzept der Erneuerung ist ohne Alternative. Insbesondere baut das Bemühen um Wirtschaftswachstum und Markt auf die Menschen, die in Zukunft anbieten und nachfragen, Werte und Wachstum hervorbringen. Auch die Gleichstellung von Mann und Frau wird nur erreicht, wenn sie nicht mit einem Verzicht auf Zukunft erkauft werden muss. Die Nachkriegsgeneration Heinrich Bölls sagt unter dem Eindruck des Krieges, dass der Frau die Sympathie des Menschen gehöre, weil sie alle Kraft zu Frieden und zum Leben habe. Dieses Wort ist auch heute aktuell. Gerade wenn wir das Recht der jungen Menschen zu Familie und Beruf Wirklichkeit werden lassen wollen, müssen wir die besondere persönliche Ausstrahlung der Mutter – zum Ausgleich im Betrieb, zum Vermitteln beim Vertragsschluss, zum Wägen und Gewichten bei der Beurteilung – in das Wirtschaftsleben hineintragen, die Elternschaft als Bedingung unserer Zukunft verstehen. Wer diese Fähigkeiten verdrängt und nur die beruflichen Formalqualifikationen und Erfahrungen hervorhebt, tut Unrecht und zerstört unsere Zukunft.

Die Hydra erhebt ihren Kopf und speit das gefährlichste Feuer der Gegenwart, den schier grenzenlosen Willen zu Einkommen und beruflichem Erfolg. Sosehr das Prinzip der Gewinnmaximierung, der Anerkennung von Karriere und beruflichem Erfolg, der wirtschaftlichen Wachstumshoffnung Grundlage unserer wirtschaftlichen Prosperität ist, sosehr bedrohen diese Maximen unser Leben, wenn sie so dominieren, dass für andere Lebensbereiche, die Familie, die Künste, die Grundlagenforschung oder die Religion kein Raum mehr bleibt. *Wir stehen vor der Frage, ob wir eine im Erwerbsstreben sterbende oder eine im Kind vitale Gesellschaft sein wollen.*

Deswegen müssen wir in unserer ökonomisch denkenden Gesellschaft immer wieder auch die wirtschaftliche Bedeutung des Kindes bewusst machen: Wenn die jungen Menschen im Streben nach Ausbildung und Beruf die Gründung ihrer Familien vergessen, fehlen uns die Kinder und damit unsere Zukunft. Ohne Kinder gibt es in Zukunft keine Menschen, die produzieren und verkaufen, kaufen und konsumieren, ohne diese Menschen *keinen Markt,* ohne Markt keine Wirtschaft.

Familienpolitik ist die beste Wirtschaftspolitik. Die Wirtschaft braucht den Markt, also Menschen, also Kinder. Wenn unser Wachstum oft unter schwacher *Inlandsnachfrage* leidet, beruht dieser Mangel auf den fehlenden Kindern. Das spürt zunächst der Produzent, der Kinderwindeln herstellt, später der Fabrikant von Spielzeug, danach der von Schulmaterial, später der von Autos und Häusern. Auch weiß jeder Mensch aus seiner eigenen Biographie, dass er am meisten gekauft hat, als er Vater oder Mutter, Großvater oder Großmutter geworden ist.

Auch der *Wert unseres Geldes* baut auf die Existenz und die Leistungsfähigkeit der nachfolgenden Generation. Wenn die Rechtsgemeinschaft des Euro uns verspricht, den gegenwärtig gesparten Wert eines Euro nach 20 oder 30 Jahren gegen einen ähnlichen Wirtschaftswert eintauschen zu können, stützt sich dieses Einlösungsvertrauen auf die Menschen, die dann arbeiten und Werte hervorbringen. Fehlen diese Menschen oder sind sie nicht gut erzogen und ausgebildet, bleibt der Geldschein ein Stück Papier, das wertlos ist.

Der *Generationenvertrag* setzt darauf, dass der zweite Vertragspartner, die Jugend, geboren wird und zu einer leistungsfähigen Gruppe von Erwerbstätigen heranwächst. Bricht diesem Vertrag der Schuldner teilweise weg, werden die verbliebenen jungen Menschen nicht das erfüllen, was heute durch Gesetz und Vertrag versprochen wird. Wohlstand und Sicherheit im Alter, bei Krankheit und in Notfällen hängt von der Hilfsbereitschaft und Hilfsfähigkeit der dann erwerbswirtschaftlich tätigen Menschen ab.

Wer hofft, sich *im Alter* auf einen 500-Euro-Schein oder eine Aktie stützen zu können, wird erfahren, dass er *eine helfende Hand* braucht, dass das Schicksal es gut mit ihm meint, wenn Sohn oder Tochter, Schwiegertochter oder Schwiegersohn die Eltern stützen, ermutigen, ihnen beistehen. Würden wir in Zukunft alle als Einzelperson leben, bei jeder Krankheit und bei Altersgebrechlichkeit auf fremde, bezahlte Hilfe angewiesen sein, würden sich die Sozialkosten vermutlich vervielfachen. Damit wird ersichtlich, dass unser Sozialsystem ohne das Soziale der Ehe und der Familie zusammenbrechen würde.

Familienpolitik ist deshalb kein Gegensatz zur Wirtschaftspolitik, sondern deren Grundlage. Die Wirtschaft braucht den Anbieter und den Nachfrager, den Produzenten und den Konsumenten, den Erfinder und den Entdecker. Je weniger diese Menschen in Zukunft heranwachsen, desto mehr fehlt der Wirtschaft das Wachstum. Der Markt geht dorthin, wo die Menschen sind. Wenn gegenwärtig die Märkte in China, in Indien und in den USA dominieren, beruht dieses ganz wesentlich darauf, dass in diesen Staaten die meisten Menschen wohnen und geboren werden. Damit ist auch für Deutschland der Weg zu Wachstum vorgezeichnet. Es ist der Weg zu Kinderwachstum, zur unmittelbaren sinnstiftenden Lebensfreude, zur Freiheit in Zukunftshoffnung. Wir werden diesen Weg gehen.

VIII. Die Weite des freien Wortes

1. Das Märchen vom Taugenichts

Es gab einmal eine Zeit, in der herrschte ein Minister, der fleißig im Verordnen und von großem Ehrgeiz war. Mehr noch als seine Akten pflegte er einen jeden Bericht über sein reiches Wirken zu lesen und mit grüner Tinte ein »Pfui!« für das Abträgliche an den Rändern zu vermerken. Dieser Minister bestellte eines Tages seinen Getreuen Justus an seine Seite. »Ein Augiasstall ist das!«, rief er. »Und ich werde ihn ausmisten!« Und er befahl Justus, durch Anordnung zu unterbinden, was schnöde Rede und freche Bilder den Edlen und Vornehmen des Landes zufügten.

»Sieh da«, sprach der Minister und hob mit zitternder Hand Gedrucktes in die Höhe, »welch ein dreister Frevel! Was geht es diese an, was die Edlen hinter hohen Mauern zum Wohle des Volkes brüten? Was spitzeln und schnüffeln die Schreiberlinge bei den Mächtigen? Was befugt sie, die Ansehnlichen vom Sockel zu stoßen, dem mühsam erkletterten? Wackere Krieger nennen sie Mörder! ›Steindumm, kenntnislos und talentfrei‹, schimpfen sie den Poeten! Und hier, was ist das?« Justus trat noch näher an den Schreibtisch des Ministers heran. Er erblickte ein Bild, in dem ein bekannter Ratsherr des Landes als Schwein dargestellt war, unzüchtigen Vergnügungen ergeben mit einem Schwein in richterlicher Amtstracht. Justus schüttelte den Kopf: »Es ist schrecklich, Herr Minister!«

»Schrecklich?«, gab der Minister zurück, »Wenn du die richtigen Verordnungen verfasst hast, wird es ein Verbrechen sein. Und was zeigt dieses Bild da?« – »In diesem Fall erkenne ich nichts als jene ferne Prinzessin mit ihren Kindern.« – »Es ist Raub. Wem gehört die Prinzessin?« – »Sich selbst!« – »Du sagst es. Und wem gehört das Bild, das man von ihr und ihren Kindern malt?« – »Dem Maler?« – »Ihr gehört es! Also ist es Raub und fette Beute. Hast du dir das gemerkt?« – »Jawohl!«, rief der gute Justus und tat einen Kratzfuß. »Und dieses noch«, schnaubte der Minister, »ein Bild aus dem Badhaus. Wer ist es, der da im Sturze gezeichnet ist wie ein dummer Beutel?« – »Es ist der …« – »Du brauchst es nicht zu sagen«, nahm ihm der Minister das

Wort, »ein jeder kann es ja sehen!« Und er warf das Gedruckte in hohem Bogen auf den Tisch und fuhr mit der grünen Tinte darüber, dass es spritzte und die Blätter zerriss.

Erschöpft sank der Minister in seinen viel zu großen Sessel. »Was werden wir wohl machen?« – »Was belieben Sie zu befehlen?«, gab sich Justus dienstbereit. »Wir werden, jawohl, eine Verordnung machen, einen Maulkorb aus Papier«, sagte der Minister und hob den grüntintigen Finger, »und ich werde ihn nennen ›Allerhöchstes Wach- und Strafgesetz bei allgemeiner Schmutzkübelei‹ ... oder so ähnlich! Auf, an die Arbeit!« Und während der Minister noch mit den Zähnen knirschte, zog sich Justus in die Kammer zurück.

Hei, wie ihm die Feder übers Pergament flog! Bald stand eine lange, säuberliche Liste von Verboten dessen, was künftighin nicht mehr in Wort und Bild gefasst werden sollte. Zu fragen sei von nun an jeder, über den etwas geschrieben oder der gemalt werden sollte, ob er damit einverstanden sei. Ein Amt von Unbestechlichen sei einzurichten, zur Vorlage möglicher böser Schriften und Bilder, auf dass sie zur rechten Zeit verboten würden. Nicht Geld allein, Pranger und Karzer könnten die Verunglimpfungen wieder gutmachen.

Als die Dämmerung hereinbrach, machte Justus noch einen Amtsschnörkel unter das Pergament und legte die Feder beiseite. Durch das Fenster drangen die Abendglocken. Das erhob die Seele des guten Mannes und er legte sich müde und zufrieden in die Daunen. Im Geiste sah er schon das Lächeln des Ministers und hörte ihn sagen: »Gut gemacht, Justus! Von nun an wird es sauber sein im Land!« Alsbald fielen ihm die Augen zu. Es währte nicht lange, da besuchten ihn böse Träume, so dass er sich wälzte von einer Seite zur anderen. Er sah die Schreiberlinge, deren Namen und Gesichter er kannte, in Karzern schmachten; er sah Bücher brennen und grüne Tinte überall auf fliegenden Blättern verteilt. Und er sah die Menschen gähnen, wenn sie lasen, was übrig blieb. Darüber verfiel er endlich in tiefen Schlaf.

Als die Morgenglocken erklangen, trat Justus mit schwerem Kopf zu seinem Tisch. Er las, was er am Vortag geschrieben hatte. Es gefiel ihm nicht. Die Freiheit sah er zu Schanden werden und das offene Wort vernichtet. Die tapfere Mahnung fand er niedergetreten und den Mut der Klugen bestraft. Und er strich das meiste, bis nur noch ein karger Rest bestehen blieb. Weil er ihn aber nicht wert fand, dem Minister zu unterbreiten, zerriss er das Pergament, warf es aus dem Fenster, setzte sich aufs Neue nieder und schrieb ein anderes Gesetz: »Frei sei das Wort! Frei sei das Bild!« So lange er auch dachte, es fiel ihm weiteres nicht ein.

Es kam die Stunde, da Justus die Verordnung dem Minister vorzulegen hatte. Der rieb sich in freudiger Erwartung die Hände und blickte auf das Pergament. Sogleich stieg Röte in sein Gesicht: »Was soll das sein?« – »Die Verordnung, Euer Ehren!« – »Ich will dir sagen, was es ist! Dreck ist es! Dreck!« Und er sprang vom Sessel herunter und trampelte mit seinen Füßen auf dem Boden herum. Er starrte den Justus an und schrie: »Und jetzt ... was jetzt?«

Jener machte eine Verneigung und nahm seinen ganzen Mut zusammen: »Ihr seid doch«, stotterte er, »ein Mann des Wortes! Geht hinaus vor das Volk, tretet vor die Schreiberlinge und packt sie bei der Ehre! Werbt in flammender Rede für Würde und Anstand und wahren Bericht über wahre Sachen ...«

Der Minister unterbrach ihn: »Die Feder, rasch, die grüne!«

Und also strich und kleckste er giftig auf den Entwurf und warf ihn dem Justus vor die Füße. Dieser hob ihn auf und las: »Naiv! Taugenichts! In die unterste Schublade mit dem Wisch!«

Der Minister schaute zum Fenster hinaus: »Er kann gehen – Taugenichts!«

2. Die Freiheit zu sprechen

Unsere Hydra hat wieder zwei Köpfe: Der eine verschlingt Würde und
Ehre der Menschen, weil er Freiheit als grenzenlos, also als Willkür versteht, die den anderen schmähen, herabwürdigen, verächtlich
machen, über ihn bewusst Unwahres verbreiten, ihn in entwürdi-
genden Bildern und Szenen zeigen darf. Der andere Kopf zerstört
Würde und Freiheit, weil er mit Verboten, Vorbehalten, Vorzensur,
Schadensersatzpflichten und Strafen die Freiheit des Meinens, Sprechens und Publizierens erstickt. Herakles hat hier zunächst die Aufgabe, beide Köpfe des Übermaßes abzuschlagen, muss dann aber ihr
Nachwachsen verhindern und eine Kultur der achtungsbereiten, wür-
digenden und anerkennenden Freiheit aufbauen.

a) Sprechen ist Begegnen

Der freie Austausch von Meinungen, Kenntnissen, Erlebnissen und
Erfahrungen ist eine *Bedingung modernen Denkens und des demokratischen Staates.* Je mehr die Staatsgewalt sich in Fragen sinnge-
bender Bewusstseinsbildung zurücknimmt und das Suchen nach dem
Lebenssinn den Freiheitsberechtigten überlässt, desto mehr sind Staat
und Bürger darauf angewiesen, dass die Bürger ihre Fähigkeit zur
Freiheit entwickeln, sie Wissen, Urteilskraft, Anstand entfalten können.

Eine Demokratie braucht die Presse, die informiert, kommentiert
und kontrolliert. *Thomas Jefferson,* Autor der amerikanischen Unab-
hängigkeitserklärung von 1776, hat diesen Ausgangsbefund in deutliche Worte gefasst: »Wenn ich entscheiden sollte, ob wir eine Regierung ohne Zeitungen oder Zeitungen ohne eine Regierung haben
sollten, würde ich nicht einen Moment zögern, das Letztere vorzuziehen.« Heute sind Medien und Journalisten ein selbstverständliches
Fundament freiheitlicher Demokratie.

Eine Gesellschaft, die nicht darauf vertraut, die Wahrheit schon zu
besitzen, sondern stets nach Wahrheit sucht, stützt sich auf eine Auseinandersetzung der Menschen untereinander, auf die Hoffnung, dass wir

in *Begegnung und Austausch* Vernunft, Richtigkeit und Anstand am ehesten finden. Deswegen gilt jede Unterdrückung einer Meinung, jede Vorzensur, jede Bücherverbrennung als Todesstoß gegen das Prinzip »Die Gedanken sind frei«. Das Aufbruchsignal zu diesem Freiheitsverständnis gab *John Milton* 1644: »Wer einen Menschen tötet, tötet ein vernünftiges Wesen; aber wer ein gutes Buch zerstört, tötet die Vernunft selbst.« Zwar war es noch ein langer Weg von diesem im Aufbruch zu moderner Staatlichkeit feurigen Freiheitsfanal bis zur heutigen Garantie der Meinungs- und Medienfreiheit. Die Hydra begleitet diesen Weg mit Indexlisten, Vorzensur, Konzessionsvorbehalten für Druckereien und Presseunternehmen, Kulturkampf- und Sozialistengesetzgebung, Staatspropaganda und Bücherverbrennungen.

Heute zerstört sie mit öffentlicher Häme und zerschmettert mit persönlicher Verunglimpfung. *Schiller* zeigt uns in seinem »Verbrecher aus verlorener Ehre«, wie ein Mensch wegen einer öffentlichen Kränkung zum Verbrecher wird. Er braucht keine guten Eigenschaften mehr, weil man bei ihm keine vermutet; er tut das Böse, um sein Schicksal, Verzweiflung und Schande, zu verdienen. In *Heinrich Bölls* »Die verlorene Ehre der Katharina Blum« treibt der öffentliche, unbegründete Schuldvorwurf die Betroffene zum Selbstmord. Der »Nekrassov« von *Jean-Paul Sartre* verändert seine Identität und passt sich unter der Macht des geschriebenen Wortes dem Bild an, das die Medien von ihm zeichnen. *Milan Kundera* hält uns in »Die unerträgliche Leichtigkeit des Seins« einen Spiegel vor Augen: Menschen entwickeln eine hämische Freude an der Kränkung und Demütigung eines anderen.

Der Mensch muss seine Gedanken, Ansichten und Wünsche mitteilen. Sprache und Sprechen ist für ihn ein elementares Bedürfnis seines Daseins. *Kaspar Hauser* war mehr als zehn Jahre in aller Verborgenheit in einem dunklen Raum aufgewachsen, konnte sich deshalb geistig und körperlich kaum entwickeln und erregte im 19. Jahrhundert, in einer Zeit beginnender Pressefreiheit und lebhafter Kritik an den Fürsten, als »Rätsel seiner Zeit« die Phantasie der Menschen. Die öffentliche Aufgeregtheit vermutet in ihm – zu Unrecht – einen ausgesetzten Erbprinzen von Baden. Doch für die Gegenwart ist der Fall bedeutsam, weil er die Folgen von Kultur und Freiheit oder sozialer Isolierung zeigt. Vielfach wurde geschrieben, man habe ihn von allen Menschen ferngehalten, durch niemanden angesprochen, um zu entdecken, was die ursprüngliche Sprache des Menschen sei. Das Ergebnis war die Sprachlosigkeit. Wer nicht angesprochen wird, lernt nicht sprechen.

Anselm von Feuerbach hatte sich des Falls Kaspar Hauser persönlich angenommen und veranlasst, dass ihm eine Stelle als Aktenkopist am Appellationsgericht in Ansbach verschafft werde. Für die Strafrechtslehre entwarf er den Verbrechenstatbestand des Eingriffs in das »geistige Dasein« und die »seelische Entwicklung« eines Menschen, schuf »das Verbrechen gegen die Geisteskräfte« und das »Verbrechen am Seelenleben«. Der große Strafrechtler *Mittermaier* nahm diese Ideen auf und hielt 1844 den Schutz der Ehre für erforderlich, »wenn der Mensch in seinem Werte als moralischer und rechtlicher Mensch und Bürger angegriffen« wird. Auf dieser Grundlage gehört heute das Sprechen, Veröffentlichen und Sichunterrichten zum Persönlichkeitsrecht jedes Menschen, zu seinem Wert und seiner Würde.

b) Sprechen, Plaudern, Argumentieren

Der Mensch will reden, plaudern und schwatzen, sich empören und besänftigen, kritisieren und verstehen, lärmen und flüstern, eine öffentliche Rede halten und eine vertrauliche Liebeserklärung abgeben. Stammtisch und Markt, Brief und Telefon, Buch und Zeitung, Internet und SMS, Versammlung und Vereinssitzung gehören zum menschlichen Leben. Dieses Sprechen offenbart das Ich und formt das Du, verändert die Lebenssituation aller Beteiligten. Wer einen Menschen ansieht, verleiht ihm Ansehen. Wer ihn anspricht, wirkt ansprechend. Wer die Welt in seinen Begriffen begreift, kann dem anderen in seiner Sprache seine Lebenssicht vermitteln, Verständigung und Erkenntnis im Dialog suchen. Nach der Art, wie er sich offenbart – sei es in liebevollem Flüstern, lärmendem Aufbegehren, zornigem Drohen, ängstlichem Rufen oder belehrendem Erklären –, drängt er den anderen in die Antwort. Wir wollen einem Vorbild entsprechen, der Torheit widersprechen, einem Versprechen trauen, sind einem Anspruch verpflichtet. Unsägliches schafft Distanz, Sprachlosigkeit isoliert, Versprechen und Vertrag binden.

Der Mensch will auch spielen, die Leichtigkeit, Unbeschwertheit und Unverbindlichkeit des Unterhaltsamen erleben, die Rationalität der Technik, die Zielstrebigkeit des Erwerbs, die Verantwortlichkeit eines Amtes hinter sich lassen, in der Sicherheit und Unaufgeregtheit seines Alltagslebens sich aufregen, empören und protestieren. Hier befriedigen die Medien täglich ein Bedürfnis nach Drama, Kritik, Zurückweisung, auch Verachtung. Dabei mag die Sprache Gedanken bekleiden oder verkleiden, den Partner anfeuern oder mäßigen, den Gegenüber rühmen oder rügen, Tatsachen darlegen oder verschleiern, eine Meinung anerkennen oder widerlegen. In Rede und Gegenrede wird das Sprechen zu einem Spiel, einem Wettbewerb der Eloquenz und Rhetorik, in dem die Streitenden ihre Lanzen des geschliffenen Wortes aufeinander richten, den Gegner mit umwerfenden Argumenten aus dem Sattel stoßen, den Beifall des Publikums mit glanzvollen Finten und Finessen zu verdienen hoffen. Der Wettkampf wahrt Form und Stil, verspricht Spannung bis zum letzten Wort, verbindet Sprecher und Hörer im Nachdenken über das treffliche Wort und das bessere Argument.

Die Kultur der Sprache, die Prägnanz und Vielfalt der Begriffe, die Gegenläufigkeit der Aussagen sind Voraussetzung und Folge wissenschaftlichen Denkens, politischen Entscheidens, wirtschaftlichen Sichvertragens im Vertragsschluss, von Lehre und Meinungsbildung, von persönlichem Dialog und Begegnen. Die parlamentarische Debatte, die mündliche Verhandlung vor Gericht, die Auseinandersetzung im Vorstand eines Unternehmens, die Diskussion im Hörsaal verabschieden uns mächtiger an Worten, reicher an Begriffen, mit einem großen Rucksack voll neuer Gedanken und Entscheidungen. Wer redet und schreibt stößt stets auf *zwei Grundbedürfnisse* des denkenden Menschen: die *Heiterkeit des leichten Wortes* und die *ernste Suche nach Wahrheit.*

c) Das böse Spiel mit den Worten

Die Freiheit, seine Meinung in Wort, Schrift und Bild zu äußern und zu verbreiten, ist ein Recht. Artikel 4 der französischen Erklärung der Menschen- und Bürgerrechte von 1789 bestimmt: »Die Freiheit besteht darin, alles tun zu können, was einem anderen nicht schadet.« Das Freiheitsrecht hat also Grenzen, die den anderen Gliedern der Rechtsgemeinschaft den Genuss der gleichen Freiheit sichern. Deswegen sind Beleidigungen und Verleumdungen, Meineid und Falschaussage vor Gericht, Betrug und Untreue strafbar. Eine Kreditschädigung und eine unlautere Herabwürdigung des Wettbewerbers und seines Produktes haben Schadenersatz zur Folge. Gelegentlich hat das Bundesverfassungsgericht auch Sprachverfremdungen zurückgewiesen, die geplant und bewusst der Rechtsverfälschung dienen. Wenn die Zulassungsvoraussetzungen für den öffentlichen Dienst, die von jedem Beamten Qualifikation, Leistungsbereitschaft und Verfassungstreue erwarten und in diesen Erfordernissen den Bürger gegen Fehlentscheidungen der öffentlichen Hand schützen, als »Berufsverbot« bezeichnet, also in einen Gegensatz zur verfassungsrechtlich garantierten Berufsfreiheit gebracht werden, so wendet sich das Gericht nachdrücklich gegen dieses politische Schlag- und Reizwort, das zur Kennzeichnung von Qualifikationsanforderungen »völlig fehl am Platz« sei. Das elementare Grundrecht auf Leben war dem Gericht Anlass, die Bedeutung dieses Rechts für das *noch ungeborene Leben* gegen einen abweichenden Sprachgebrauch zu bekräftigen und klarzustellen, dass Schwangerschaftsabbruch »immer Tötung« ist und für die ganze Dauer der Schwangerschaft als Unrecht zu qualifizieren und demgemäß rechtlich verboten ist.

Andererseits ist die sprachliche Auseinandersetzung selbstverständlich auch ein legitimes Instrument in der Hand des Staates. Wenn der Staat vor dem Genuss schädlichen Gemüses warnt, über die Folgen von Tabakkonsum aufklärt, bei der Verkehrssicherheit im Straßenverkehr oder der Diebstahlsicherung für das Haus berät, wenn der Staat in den Reden des Bundespräsidenten zur Deutschen Einheit, in den Debatten des Bundestagspräsidenten über eine Leitkultur, in den Appellen der Bundesregierung an Wirtschaft und Familien die

Zukunft unseres Gemeinwesens zu gestalten sucht, so ist dieses ein Handeln, das auf die Aufnahmefähigkeit und Urteilskraft der freien Bürger setzt und dementsprechend auf eine Anordnung verzichtet. Wenn ein Verfassungsschutzbericht des Bundesinnenministers eine Partei als »*Feindin der Freiheit*« und »rechtsextrem« kennzeichnet, ist dieser Sprachgebrauch rechtserheblich, rechtfertigt sich aber als eine schonendere Auseinandersetzung mit dieser Partei, gegen die dasselbe Ministerium auch einen Verbotsantrag stellen könnte. Ebenso könnte die Bundesregierung öffentlich auf sprachliche und damit gedankliche Klarheit hinwirken, wenn die Besetzer eines Hauses, die Hausfriedensbruch begehen, sich als »Instandbesetzer« bezeichnen, oder wenn die großen Integrationsaufgaben für andere Kulturen und für Ausländer im Stichwort der »Menschen mit Migrationshintergrund« gedanklich und sprachlich von vornherein im Unklaren bleiben.

Auch sollte das Parlament sich entschieden wehren, wenn Gesetze mehr versprechen, als sie tatsächlich halten. Allein beim Einkommen- und Körperschaftsteuergesetz haben wir in den vergangenen 20 Jahren fünf Änderungsgesetze erlebt, die Entlastungen versprachen, vier, die eine Förderung ankündigten, drei, die von Senkung sprachen, zwei, die verbessern wollten, und je eines, das vereinfachen, bereinigen, Vergünstigungen abbauen und freistellen wollte. Im Wesentlichen wurde jeweils das Gegenteil erreicht. Wir haben in den vergangenen 10 Jahren *zehn Gesetze zur Vereinfachung des Steuerrechts* ertragen, die alle das Steuerrecht unübersichtlicher, komplizierter, widersprüchlicher gemacht haben. In einer Demokratie müssen die Dinge beim Namen genannt werden.

3. Veröffentlichen: Das Wort geht eigene Wege

Das Äußern von Gedanken, Behauptungen, Meinungen und Einsichten wirkt in die Breite, wenn veröffentlicht wird. Wer einen anderen am Stammtisch als Betrüger bezeichnet, kann die Kraft seiner Aussage durch abschwächende Gesten, den Lärmpegel einer fröhlichen Runde oder ein Augenzwinkern gegenüber den Zuhörern abschwächen. Wer dieselbe Aussage über die Zeitung oder den Rundfunk verbreitet, gibt sie aus der Hand, begegnet dem Empfänger nicht in einer individuellen Sprechsituation, löst das Gesagte vom Schreiber oder Sprecher und gibt ihr damit einen objektiveren Gehalt. Die Verbreitung des Wortes durch Buch, Presse, Rundfunk oder Internet ist auf die unbestimmte, anonyme, wechselnde Zahl der Leser und Hörer angelegt. Die Empfänger der Botschaft bleiben unbekannt; Verfasser und Sprecher sind oft namenlos. Dementsprechend kann ein Mensch, über den veröffentlicht worden ist, eine Fehlinformation oder Kränkung nicht im Gespräch mit den Hörern und Lesern auffangen; ein entstellendes oder entblößendes Bild nicht in persönlicher Begegnung abschwächen, die Stafette eines immer mehr um sich greifenden Gerüchts nicht durch ein klares Wort stoppen.

a) Stummer Text und ansprechende Rede

Die Einwirkung der Presse auf den Leser unterscheidet sich grundlegend von dem Gespräch: Die Zeitung *hält den Leser in Distanz,* bezieht ihn nicht in einen persönlichen Dialog ein, wirkt öfter als Erinnerungsstütze, die eigenes Erinnern schwächt. Ihr Text ist stumm und hilflos, weil der Autor dem Geschriebenen nicht beistehen kann. Dadurch wird der Leser das Geschriebene auch in seiner subjektiven Lebenssicht aufnehmen, teilweise das Medium wählen, das seine Urteile und Vorurteile bestätigt. Schon *Lichtenberg* sagt in seinen Pfennigwahrheiten:»Ein Buch ist ein Spiegel; wenn ein Affe hineinguckt, kann freilich kein Apostel heraussehen.« Dieser Einsicht folgt die Gewaltenteilung des Verfassungsstaates. Der Gesetzgeber gibt seine Regel mit der Verkündung des Gesetzestextes aus der Hand, kann ihn nicht erläutern und berichtigen. Doch die Verfassung gibt der Gesetzgebung eine dritte, eine rechtsprechende Gewalt zur Seite, die im Gespräch über das Recht den richtigen Gesetzesinhalt findet.

Der geschriebene Text der Zeitung legt ein *fertiges Ergebnis* vor, bezieht den Leser weniger in einen Überlegungsprozess ein. Er vermittelt deshalb oft, selbst wenn er Wissen verbreitet, nur Scheinwissen, verstärkt das Problem des Buchgelehrten, der die Welt aus seinen

Büchern, nicht in der Wirklichkeit erfährt. Der gute Journalist sucht deshalb nicht nur Daten und Informationen, sondern Wissen weiterzugeben. Durch das Datum vermittelt er schlichte Kenntnisse; das Telefonbuch ist ein solcher Datenträger, hält alle Telefonnummern des Ortes bereit. Die Information bietet individuell gesuchte und gefundene Daten, die Telefonnummer der Freundin. Im Wissen eignet sich der Wissende Daten des Verstehens an, versteht zum Beispiel den Aufbau und das System des Telefonbuchs.

Der Zeitungstext kann sich seinen Leser nicht aussuchen, begegnet ihm *in der Anonymität der Leserschaft.* Deswegen muss der gute Journalist für den Staatsphilosophen wie für den Ohnemichel, für den Altersweisen wie für den Jugendlichen gleichzeitig schreiben. In Platons Akademie wurden die allgemeinen Lehren der Philosophie schriftlich für jedermann festgehalten. Die ungeschriebene Lehre war nur wenigen Erwählten vorbehalten und wurde von Mund zu Mund weitergegeben.

Wer schreibt, gibt einen Gedanken aus der Hand. Wir haben dieses im »*Tagebuchfall*« als Richter erlebt: Ein Straftäter hatte Plan und Ablauf einer später tatsächlich durchgeführten Straftat, eines Sexualmordes, im Detail in seinem Tagebuch aufgeschrieben. Dieses Buch hatte nun der Staatsanwalt in die Hand bekommen, gelesen und für seine Anklage ausgewertet. Der Straftäter erhob Verfassungsbeschwerde mit dem Argument, das Tagebuch sei eine »Beichte an sich selbst«, dürfe von niemandem gelesen werden. Wir haben nach langem Ringen entschieden, dass der Staatsanwalt bei Schwerstkriminalität dieses Tagebuch lesen dürfe, um den Wiederholungsfall zu vermeiden und einen zu Unrecht Beschuldigten zu entlasten.

b) Wenn Worte zu Waffen werden

Das veröffentlichte Wort kann Menschen *verletzen* und *zerstören.* Der Verbrecher aus verlorener Ehre, Katharina Blum und Nekrassov haben uns das gezeigt. Ebenso kann das veröffentlichte Wort durch Kritik, Anerkennung und Ehrung *anspornen,* erneuern, große Taten hervorrufen. Sportler und Schauspieler lassen sich zu Höchstleistungen beflügeln, wenn sie im Fernsehen übertragen werden. Das Parlament verständigt sich auf ein gutes Gesetz, wenn dieses von den Medien nachhaltig gefordert wird. Oft ist der Umgang der Menschen untereinander kultivierter, wenn sie sich beobachtet wissen. Die Freiheit der Meinungsäußerung, die Pressefreiheit, die Rundfunkfreiheit und Lehrfreiheit sind auf Veröffentlichung, auf die Allgemeinheit angelegt. Ihr Wort wird zur Tat, wenn sie in dieser Allgemeinheit, für das Gemeinwesen, Wirkungen erzielen.

Natürlich kann das Bewusstsein, beobachtet, beschrieben und fotografiert zu werden, auch das Verhalten eines Menschen verändern. Wer unbeschwert und locker über den Marktplatz geht, verfällt plötzlich in eine eckige und steife Gangart, wenn der Kameramann seine Linse auf ihn richtet. Kinder wollen sich häufig nicht fotografieren lassen. Würde ein Zeuge vor Gericht nicht gegen Film- und Fernsehaufnahmen abgeschirmt, spräche er oft weniger zum Gericht und hielte mehr Reden zum Fenster hinaus, würde damit seine Aufmerksamkeit für die wahre Aussage wesentlich schwächen. Das Leben in der Ehe und die Erziehung in der Familie ist nur in der Privatheit und Intimität hinter verschlossener Tür möglich, muss also die Medien aussperren. Der Künstler und Wissenschaftler veröffentlicht sein Werk erst, wenn es ausgereift ist, entscheidet also mit dem Publikationszeitpunkt auch die Frage, wann aus dem Werkstück, das noch verbessert werden muss, ein Meisterwerk geworden ist, das er der Öffentlichkeit vorstellen will.

Persönliche Distanz zu den Medien kann deshalb auch ein Stück individueller Freiheit sein. Ich habe dieses im Wahlkampf erlebt, bei dem ich ständig von zwei oder drei Journalisten begleitet war, die mich »in Manndeckung« genommen hatten. Diese Aufmerksamkeit sichert dem Kandidaten eine Publizität seines Tuns, stellt ihn aber auch unter ständige Beobachtung. Der Journalist schreibt auf, wann der Kandidat das Hotel verlässt, mit wem er spricht und an wem er achtlos vorbeigeht, welche Zeitung er liest und ob er mit dem politischen oder dem Sportteil beginnt. Wenn er im Flugzeug in der ersten Reihe eine Rede vorbereitet, vermerkt der Journalist in der zweiten Reihe, welche Literatur er als Hilfsmittel heranzieht. Und als ich für einen Tag nach Genf fliegen wollte, um bei der dortigen Eröffnung des

Europäischen Juristentages für den Deutschen Juristentag ein Grußwort zu sprechen, glaubte ich, für wenige Stunden der Politik entfliehen und in den Kollegen- und Freundeskreis der Wissenschaft eintauchen zu können; doch der Manndecker hatte den Sitzplatz im Flugzeug neben mir schon gebucht.

c) Lenkende Information

Je mehr politische Entscheidung, wirtschaftliche Strategie und persönliche Lebensgestaltung von Wissen, Meinungen und Empfehlungen abhängen, desto mehr sind wir *auf Information und Medien angewiesen*. Wer sich heute für einen Monat ohne Presse, Rundfunk und Fernsehen entscheidet, wird in diesem Medienurlaub zu sich selbst finden, aber auch eine wesentliche Informationsgrundlage seines freiheitlichen Lebens entbehren. Zwar empfehle ich meinen Studenten, ein halbes Jahr vor dem Staatsexamen möglichst auf das Fernsehen zu verzichten – und vielleicht auch die Tages- und Sportschau auszulassen –, um sich ganz der Vorbereitung auf diese für ihren beruflichen Lebenserfolg wichtige Prüfung zu widmen. Ebenso verordne ich mir selbst bestimmte Tage und Wochen ohne Medienberührung, um mich dem Einfluss der Nachrichten und Kommentare zu entziehen, die uns sagen, was und wie wir denken sollen, dabei die *Macht der Täglichkeit* entfalten und deshalb Distanz und Freiraum für die eigene Beurteilung und Bewertung notwendig machen. Doch ein Dauerverzicht auf die Medien wäre die Entscheidung für ein Stück politischer, gesellschaftlicher, auch wissenschaftlicher Einsamkeit, Entrücktheit, Selbstbezogenheit. Der Mensch von heute braucht die Medien, ist ihnen weitgehend ausgeliefert. Er muss sich aus allgemeinen Informationsquellen unterrichten, dabei darauf vertrauen dürfen, dass deren Tatsachenbehauptungen grundsätzlich richtig, deren Kommentare sachkundig und bedacht, deren Wertungen menschlich und zukunftsoffen sind. Dabei machen wir uns stets bewusst, dass das Fernsehen nicht nur durch Sprache, sondern ebenso durch das Bild wirkt.

Der Bericht ist ein Abbild der Wirklichkeit, der Berichtende aber auch stets ihr *Interpret*. Der Journalist wählt aus einem Lebenssachverhalt bestimmte Teile aus, rückt das Erhebliche in das Licht seiner Veröffentlichung, belässt das Unerhebliche im Dunkel des Verschwiegenen. Er bekundet schon in seinen Worten Einsicht oder Befremden, lässt Zufriedenheit oder Empörung erkennen, vermittelt Gelassenheit oder Aufgeregtheit. Schon seine Stimmlage stimmt dafür oder dagegen, ein oder um. Meister ihres Faches können auch in Schriftlichkeit hörbar lächeln oder die Stirn runzeln. Sie flüstern und raunen, stocken und stolpern, eilen und zögern, tuscheln und prangern, lärmen und höhnen. Sie wahren oder verletzen den guten Ton. Autor und Fotograf bilden die Wirklichkeit stets als *Holzschnitt* ab. Das Material des Geschehens ist so geschnitzt, dass der Betrachter die Grundlinien erkennt, die Struktur versteht, Details unsichtbar bleiben. Dieses Hervorheben der Grundstruktur erlaubt ein eigenes Verstehen, Deuten und Bewerten.

So entstehen bei der Beobachtung derselben Personen Porträts und Karikaturen, Heilige und Narren, prächtig Gewandete und dürftig Gekleidete. Die Objektivität der Kamera wird in der Subjektivität der Auswahl zu Spiegel oder Zerrspiegel. Meist zeichnet der Holzschnitt die großen Linien, den Plan, das Vorhaben, das Wagnis.

Der Fotograf gewinnt in seinem Bild eine eigenständige Macht des Wählens und Deutens. Ob er einen Sprecher an seinem Schreibtisch, flankiert von Bundesflagge und Blumenstrauß, in staatsmännischer Pose abbildet, oder er ihn gehetzt in eine Parlamentssitzung eilend abfängt, ist für das beim Zuschauer entstehende Bild dieser Persönlichkeit oft wesentlicher als seine Aussage. Ob der Fotograf den Politiker von vorne mit seinem Gesichtsausdruck abbildet oder von hinten seinen Nacken hervorhebt, ob er den Menschen mit ausgebreiteten Armen oder mit angespannt verschränkten Händen zeigt, stets vermittelt er eine Botschaft, die oft einprägsamer wirkt als der Text. Ich rege meine Studenten an, eine Woche lang die abendliche Nachrichtensendung ohne Ton anzusehen und auf einer Strichliste zu vermerken, welchen der Dargestellten die Sympathie, welchen die Antipathie der Redaktion gehört. Die Ergebnisse stimmen stets überein.

4. Das persönliche Recht am eigenen Wort und Bild

Die Freiheit des Denkens, die Offenheit der Demokratie, die Unbeschwertheit des Begegnens äußern sich in einer grundsätzlichen Beliebigkeit des Redens und Schweigens, des Veröffentlichens und Verbergens. Diese Freiheit des Redens umfasst die offizielle öffentliche Ansprache ebenso wie das derbe Wort, den feinsinnig bedachten Schriftsatz wie den spontanen Plausch, das Poesiebändchen und den Leitartikel in Millionenauflage, sie schützt Nachricht und Kommentar, Satire und Klassik, Unterhaltung, Klatsch und Spott. Soweit die Äußerungen allerdings andere Menschen betreffen und diese als Individuum in Schrift, Ton oder Bild erkennbar sind, findet dieses Freiheitsrecht *seine Grenze in den Rechten dieser betroffenen Personen.* Der Grundrechtsschutz ist hier ein anderer als gegenüber dem Staat: Während der Staat auf die Freiheit seiner Bürger verpflichtet ist, aber nicht selbst grundrechtliche Freiheit beansprucht, treffen bei der personenbezogenen Meinungsäußerung und Publikation zwei in gleicher Weise freiheitsberechtigte Personen aufeinander. Deshalb gibt es hier *für keinen der beiden eine Vermutung für die Freiheit.* Dem Recht auf freie Rede steht insbesondere das Recht des in seiner Ehre Angegriffenen gegenüber. Ein Freiheitsrecht gibt niemals Herrschaft über andere. Deswegen dürfen der Journalist und der Kameramann einen anderen Menschen abbilden, aber nicht entstellen, kritisieren, aber nicht beherrschen, ihn würdigen, aber nicht herabwürdigen.

a) Der Mensch sucht Anerkennung

Wie das Recht, frei zu denken, zu reden und zu veröffentlichen, zum freien Menschen in seiner Begegnung mit anderen gehört, so ist für ihn ebenso lebenswichtig, dass er von dem Menschen in seinem Umfeld als Person erkannt und anerkannt wird. Person bedeutet in seiner ursprünglichen Wortbedeutung – persona, prosopon – die Maske, die der Schauspieler den Zuschauern zeigte, um ganz in die Rolle zu schlüpfen, die er darzustellen hatte. Der Mensch zeigt sich seinem Publikum so, wie er es will, entblößt sich nicht, wie das Publikum es verlangt. Mir sagte jüngst ein menschenscheuer Dirigent, er wolle seinem Publikum begegnen, aber nicht den Menschen. Er setzt alle seine Kraft ein, um im Konzertsaal mit seiner Musik das Publikum zu beeindrucken, sehnt sich nach dessen Applaus, verweigert sich aber den einzelnen Menschen dieses Publikums, nicht weil er das gute Gespräch und die Geselligkeit scheut, sondern weil er in seinem Beruf die Distanz des Orchestergrabens braucht.

Heute verstehen wir unter Person auch den Menschen, der sich am Rechtsverkehr beteiligen kann, Träger von Rechten und Pflichten ist. Die *Person* nutzt in Freiheit ihre Rechte, während die *Persönlichkeit* mit ihrer Moral und Sittlichkeit ihrem Handeln eigene Maßstäbe von Anstand und Verantwortlichkeit gibt. Die Kraft des Wortes und die Macht der Wortführer trifft auf eine Person, die nicht als passives Objekt Ausforschungen, Darstellungen, Verzerrungen erleidet, sondern ihre Rechte zu wahren und sich gegen das Beobachten, Mithören und Fotografieren zu wehren weiß. Die Persönlichkeit der Wortmächtigen lebt in einem verantwortlichen Gebäude ihrer Macht, findet dabei im Recht einen begrenzenden Rahmen ihrer Freiheit.

Allerdings ist seit den Anfängen der Demokratie in Griechenland geläufig, dass eine freie Gesellschaft dazu neigt, Menschen mit hohem Ansehen vom Sockel zu stoßen, in einem *Scherbengericht* (Ostrakismos) regelmäßig einen Prominenten in die Verbannung zu schicken, wobei das Volk über die Person des zu Verbannenden, nicht über das Erfordernis der regelmäßigen Verbannung zu entscheiden hatte. Und aus der Gesellschaft der Unfreien wissen wir, »dass sich die Menschen viel zu sehr über die moralische Erniedrigung eines anderen freuten, als dass sie sich dieses Vergnügen durch irgendwelche Erklärungen verderben ließen« (Milan Kundera).

b) Die »geistige Unverletzlichkeit«

Ein Menschenbild, das den Menschen als zur Vernunft und Sittlichkeit fähig zeichnet, daraus seine Würde und Freiheit ableitet, beansprucht die »*Unantastbarkeit des Leibes wie die Unverletzbarkeit der Seelenkräfte*«. Der Aufbruch zu einer freiheitlichen demokratischen Verfassung in der ersten Hälfte des 19. Jahrhunderts fordert deutlicher, als es uns in der Selbstverständlichkeit und Alltäglichkeit des Rechtsstaates notwendig erscheint, der einzelne Mensch solle sich entsprechend *»seinem inneren Selbst«* entwickeln, er brauche insbesondere die persönliche Unverletzlichkeit (den Frieden) und die geistige Unverletzlichkeit (die Ehre). Aus diesem Recht auf »persönliche und geistige Unverletzlichkeit« folge, dass der Staat für dessen körperliche und geistige Pflege zu sorgen habe.

Im deutschen politischen Liberalismus des 19. Jahrhunderts sind die Gemeinschaft, der Schutz der Person und die Freiheit aufeinander angewiesen. Dennoch ist das Thema der damaligen Verfassunggebung weniger das Recht der persönlichen Ehre. Der Aufbruch zur Demokratie kämpfte eher gegen die staatliche Vorzensur, die einschränkenden Auflagen bei den staatlichen Konzessionen für Druckereien und Presseunternehmen, schützte Journalisten und Redakteure gegen ihre Verhaftung bei einer Kritik von Kaiser und Thron. Klassikertexte wie die Verfassung der Vereinigten Staaten von Amerika, die französische Erklärung der Menschen- und Bürgerrechte von 1789, die Paulskirchenverfassung und die Weimarer Verfassung kennen keinen ausdrücklichen Schutz der persönlichen Ehre.

Allerdings schützte das Preußische Allgemeine Landrecht an der Schwelle zwischen Absolutismus und aufgeklärtem Verfassungsstaat die persönliche Ehre im Verhältnis zwischen den Untertanen wie zum Staat. Dieses Recht, das Bürgerliches Gesetzbuch, Strafrecht und Verfassungsurkunde zugleich war, stellte den unter Strafe, der *»durch geringschätzige Gebärden, Worte oder Handlungen jemanden zu kränken, oder ihn widerrechtlich zu beschimpfen sucht«.* Zugleich verpflichtete es den Staat, *»für die Sicherheit seiner Untertanen, in Ansehung ihrer Personen, ihrer Ehre, ihrer Rechte, und ihres Vermögens, zu sorgen«.*

Einen ersten grundsätzlichen Ausgleich zwischen der Achtung der Person und den Informationsinteressen der Allgemeinheit suchte der deutsche Gesetzgeber 1907 im *Kunsturhebergesetz,* in dem er die Veröffentlichung fotografischer Abbildungen von Personen einschränkte. Die Regelung geht auf einen öffentliche Empörung erregenden Vorfall zurück, die Aufnahmen *Bismarcks auf dem Totenbett.* Journalisten waren in Friedrichsruh rechtswidrig in das Zimmer des Verstorbenen eingedrungen und hatten die Leiche fotografiert. Nach dem Kunsturhebergesetz dürfen Bildnisse nur mit Einwilligung des Abgebildeten verbreitet oder öffentlich zur Schau gestellt werden. Bei Persönlichkeiten der Zeitgeschichte verstärken sich die Informationswünsche der Öffentlichkeit und die Interessen der Medien, diese Person abzubilden. Auch hier ist der betroffenen Person aber das von der Bildberichterstattung unbehelligte Leben im häuslichen Bereich und in anderen nicht öffentlichen, erkennbar abgeschiedenen Orten garantiert.

Die Vorschriften des Kunsturhebergesetzes gelten heute im Lichte der grundgesetzlichen Garantie von Menschenwürde und Persönlichkeitsschutz einerseits, von Meinungs- und Medienfreiheit andererseits. Das Bundesverfassungsgericht hat diese Maßstäbe am Fall des *Soldatenmords von Lebach* deutlich gemacht. Ein Straftäter war an einem Überfall auf ein Munitionsdepot der Bundeswehr in Lebach beteiligt, um Waffen zu erbeuten. Nach Verbüßung von fast zwei Dritteln seiner Strafe sollte die Vollstreckung der Reststrafe zur Bewährung ausgesetzt werden. Der Straftäter beabsichtigte, in seine Heimatstadt zurückzukehren. Inzwischen aber hatte das ZDF ein Dokumentar-Fernsehspiel über dieses Verbrechen fertig gestellt, das den Straftäter im Bild zeigte, sodann durch einen Schauspieler darstellte und immer wieder mit seinem Namen nannte. Der Straftäter fühlte sich in seinem Persönlichkeitsrecht verletzt und in seinem Bemühen gefährdet, sich in die Gesellschaft wieder einzugliedern.

Das Bundesverfassungsgericht hat dem ZDF untersagt, das Dokumentarspiel auszustrahlen, soweit darin die Person des Straftäters namentlich erwähnt oder dargestellt wird. Der Persönlichkeitsschutz des Kunsturhebergesetzes gelte heute sowohl für die Abbildung mit und ohne Namensnennung wie für die Darstellung einer Person durch einen Schauspieler auf der Bühne, im Film oder im Fernsehen. Zwar müsse auch der verfassungsrechtliche Schutz der Persönlichkeit hinnehmen, dass das Fernsehen im Rahmen der aktuellen Berichterstattung sich mit der Person eines Straftäters befasse. Ein Dokumentarspiel greife jedoch in der Intensität von Bild und Ton, in der Verbindung von Information und Unterhaltung stärker in die private Sphäre ein als eine Berichterstattung in Hörfunk oder Fernsehen oder auch als eine aktuelle Berichterstattung in der Nachrichtensendung des Fernsehens. Es vermittle die Illusion, der Zuschauer sei bei einem solchen historischen Vorgang dabei gewesen und könne sich mit dem Part des »Guten« identifizieren. Die *Prangerwirkung* der Sendung begründe eine besondere Verantwortung der Fernsehanstalten, die den Prozess der Resozialisierung des Straftäters durch ihre Dokumentationssendung nicht gefährden dürften.

Viele Verfassungen anerkennen heute ausdrücklich ein Recht auf die persönliche Ehre, den guten Namen und Ruf, am eigenen Bild, am eigenen Wort und auf die Achtung des privaten und familiären Lebensbereichs. So formuliert es die Verfassung Portugals. Ähnliche Regelungen kennen die Verfassungen von Griechenland, Irland, Spanien, auch die Europäische Konvention zum Schutz der Menschenrechte und Grundfreiheiten von 1950, die Allgemeine Erklärung der Menschenrechte der Vereinten Nationen von 1948 und der Internationale Pakt über bürgerliche und politische Rechte von 1966. Das Grundgesetz gewährt zwar kein ausdrückliches Recht auf die persönliche Ehre, versteht den Schutz dieser Ehre aber als Teil der Garantie der Menschenwürde und des Rechts auf die freie Entfaltung der Persönlichkeit. Zugleich sieht die Garantie der Meinungs- und Medienfreiheit vor, dass diese Rechte ihre Schranken in dem Recht der persönlichen Ehre finden. Ehre meint dabei die Anerkennung, Wertschätzung und Würdigung einer Person in ihrer unantastbaren Würde, verbietet deshalb den Ausdruck der Geringschätzung und Verachtung, fordert aber nicht einen besonderen Respekt vor Verdienst und Leistung, durch die sich jemand Ruhm und eine ihn vor anderen Menschen hervorhebende Wertschätzung verdient.

c) Freiheit unter Richtervorbehalt?

Die Rechtsprechung des Bundesverfassungsgerichts hat eine Entwicklung vieler Demokratien mitvollzogen, nach der die Meinungs- und Medienfreiheit kräftig wächst, die persönliche Ehre immer mehr geschwächt wird. Gelegentlich ist die Rede von der *»verlorenen Ehre des Bundesbürgers«*. Der Bürger empfängt vom Verfassungsrecht bisher keinen einfachen und leicht einsichtigen Maßstab, der ihm auch bei hitziger Debatte oder lärmender Auseinandersetzung sagt, was erlaubt und was verboten ist. Vielmehr macht sich das Gericht vielfach ans Werk, in feinsinnigen, teilweise überdifferenzierten Deutungen und Würdigungen eine Äußerung als rechtmäßig zu retten. Als ein Student amerikanischen Soldaten ein Transparent mit der Aufschrift »*A soldier is a murder*« entgegengehalten hatte und dafür zu einer Geldstrafe verurteilt worden war, deutet das Bundesverfassungsgericht seine Verwechslung der Wörter »murder« und »murderer« wohlwollend so, als habe der Demonstrant auf die Doppelrolle der Soldaten als Täter und als Opfer aufmerksam machen wollen. Der Autoaufkleber »*Soldaten sind Mörder*« wurde vom Bundesverfassungsgericht als Tucholsky-Zitat wie ein literaturhistorischer Text interpretiert, obwohl die Äußerungen nach den tatsächlichen Feststellungen des Fachgerichts schlicht als Beleidigung auszulegen waren. Die Bezeichnung eines Politikers als »*Zwangsdemokrat*« sei zwar eine Herabsetzung und Kränkung, jedoch mehr eine Auseinandersetzung in der Sache und weniger eine Diffamierung der Person. Bei der Bezeichnung eines querschnittgelähmten Deutschen als »*geb. Mörder*« und als »*Krüppel*« wurde die Verurteilung zu Schmerzensgeld wegen des Stichworts »geb. Mörder« aufgehoben, weil nicht geklärt sei, ob dieses eine Schmähkritik sei, wegen des Stichworts »Krüppel« hingegen Schmerzensgeld gerechtfertigt, da diese Bezeichnung demütigend wirke. In anderen Fällen stellt das Gericht fest, dass die Tatsache der Ehrverletzung und Beleidigung nicht hinreichend festgestellt sei, deswegen eine Verurteilung aufgehoben werden müsse.

Diese subtil unterscheidende Rechtsprechung stellt die Meinungs- und Medienfreiheit ebenso wie das Recht der persönlichen Ehre *unter einen Richtervorbehalt*. Der Sprecher, Publizist oder Sender weiß im Zeitpunkt seines Handelns nicht, wie der Staat seine Äußerungen in letzter Instanz beurteilen wird. Der in seiner Ehre Angegriffene kann nicht beurteilen, ob er sich erfolgreich wehren oder den Angriff dulden soll. Gerade die sensiblen Rechte der Meinungsfreiheit und des Ehrenschutzes brauchen aber einfache und klare Rechtsgrenzen, die jedem Beteiligten im Vorhinein die Grenzen seines Rechts deutlich sichtbar markieren.

Wenn unser Minister an den Rand des Referentenvermerks »*Naiv!*
Taugenichts!« geschrieben hat, so mag sich der angesprochene Beamte damit trösten, dass die Schiller'sche Naivität das Genie meint, das
aus sich selbst heraus schöpferisch ist und sich deshalb selbst die Gesetze gebe. Für eine objektive, alle Menschen verpflichtende Rechtsordnung sind solche subjektiven, den eigenen Genius überhöhenden
Maßstäbe jedoch schlechthin ungeeignet. Eine Aussage mag im Fach-
kreis von Literaten literarisch gedeutet werden; im Alltagsleben hat
sie den Sinn des allgemeinen Sprachgebrauchs. Ebenso mag der Referent sich beim Stichwort »Taugenichts« an *Joseph von Eichen-
dorffs* »Aus dem Leben eines Taugenichts« erinnern und sich in der
Rolle dessen gefallen, der mit seiner Geige und ein paar Groschen
Geld in die Welt hinausgeht, zunächst glaubt, überall in der Welt zu
spät zu kommen, dann aber die Liebe erlebt, die »mit einem Feuer-
blicke« niederschmettert, der die Welt zu eng und die Ewigkeit zu
kurz ist. Für Recht und Alltagssprache hingegen besagt das Wort »Taugenichts« eher, dass jemand zu nichts tauge, ihm also die Fähigkeit
fehle, den ihm gestellten Auftrag zu erfüllen. Die Rechtsordnung muss
zu dieser Aussage, nicht zu einer literarischen Deutung Stellung nehmen.

5. Grundregeln

Die Freiheit des Geistes und all seiner Äußerungen braucht deshalb
einen klaren Rechtsrahmen. Gleiches gilt für das Recht der persönlichen Ehre.

a) Darf man Deutschland eine »Diktatur« nennen?

Die Grenzen zwischen dem Recht auf freies Sprechen und dem Recht
auf persönliche Ehre lassen sich deutlich ziehen: Die persönliche Ehre
ist nur verletzt, wenn der Sprecher eine einzelne Person herabwürdigt,
die in ihrem Namen, ihrem Bild oder in ihren Lebensumständen indi-

viduell angesprochen wird. Allgemeinaussagen wie »*Deutschland ist eine Diktatur*« oder »*die Wirtschaft ist korrupt*« sind zwar abwegig und richten sich selbst, sie beleidigen aber nicht eine einzelne Person. Friedrich Dürrenmatt lässt den schlimmsten Verbrecher seiner Kriminalromane sagen, ein Mensch, der mit ganzer Seele an die Notwendigkeit der Revolution glaube und überzeugt ist, nur dieser Weg werde – auch wenn er über Millionen von Leichen gehe – einmal zum Guten führen, sei viel weniger ein Nihilist »*als irgendein Herr Müller oder Huber, der weder an einen Gott noch an keinen glaubt, weder an eine Hölle noch an einen Himmel, sondern nur an das Recht, Geschäfte zu machen – ein Glaube, den als Kredo zu postulieren sie aber zu feige sind*«. Hier wird zwar der Jedermann, der Alltagsbürger, im Kern seiner Lebensphilosophie, der Absolutierung seines Erwerbsstrebens, harsch kritisiert, in der Herabwürdigung gegenüber dem, der über Millionen von Leichen geht, auch verächtlich gemacht. Er bleibt aber eine Alltagsperson, in Massennamen anonymisiert, so dass nicht ein einzelner Mensch beleidigt ist. Diese Freiheit des Sprechens und der Kunst werden wir uns leisten.

b) Trottel, Ochse, hirnloser Affe?

Sodann sollte die Rechtsordnung Gelassenheit bewahren, wenn jemand in der Spontaneität des Erschreckens oder der Bedrängnis den Zufallspartner dieses Geschehens beleidigt. Die Strafrechtsprechung hat einen Katalog von Geldstrafen für Autofahrer entwickelt, die in der Verkehrssituation einem anderen den Vogel zeigen, ihn mit Ausdrücken wie »*Trottel*«, »*Ochse*«, »*hirnloser Affe*« bezeichnen oder den »*Götz*« zitieren, ihm mit der ähnlich einem Scheibenwischer vor der Stirn bewegten Hand Denkfähigkeit und Vernunft absprechen. Der Autofahrer äußert hier weniger eine Missachtung eines anderen Menschen, sondern gleicht eine Augenblicksbetroffenheit durch Spontanäußerung in einer Zufallsbegegnung aus. Der Staatsanwalt sollte alle diese Verfahren einstellen. Der Täter ist nicht strafbar, sondern disziplin- und kulturlos. Kultur aber kann man mit Strafrecht nicht erzwingen.

Strafbar allerdings ist der Kraftfahrer, der seiner Verärgerung über einen *Polizisten* durch Beleidigungen Luft macht. Hier wird ein einzelner Amtsträger angesprochen. Die Aussage ereignet sich nicht in der Abruptheit einer Verkehrsgefährdung, sondern reagiert auf sprachliche Belehrung oder Sanktion für Ordnungswidrigkeiten. Der Polizist begegnet dem Autofahrer zudem als einzelne Amtsperson, die ständig in diesen Konflikten lebt und deshalb schützenswert ist.

c) Paparazzi leben gefährlich

Die Freiheit des Sprechens berechtigt nicht stets auch zum Veröffentlichen. Der einzelne Mensch hat ein Recht auf Privatheit, auf die unverletzliche eigene Wohnung, auf eine Intimsphäre, auf das Recht nicht abgehört, nicht fotografiert, nicht mit Bildern seiner Person an den Pranger gestellt zu werden. Eine in diesen Schutzbereich eingreifende Veröffentlichung bedarf stets der Einwilligung des Betroffenen.

Wer als Prominenter – als Politiker, als Schauspieler oder Sportler – selbst die Öffentlichkeit sucht, muss hinnehmen, dass er beobachtet, fotografiert und zitiert wird, sein Leben der Öffentlichkeit in Publikationen dargeboten wird. Allerdings steht auch dem Prominenten das Recht auf Privatheit zu. Die Medien haben den räumlichen Bereich seines Hauses und seiner Intim- und Familiensphäre zu achten, Privatereignisse wie Hochzeiten, Taufen und Beerdigungen ohne seine Einwilligung unbeobachtet zu lassen, die für jeden Menschen lebensnotwendige private Begegnung mit anderen von der Publizität zu verschonen, soweit die Gesellschaften und Ereignisse nicht ersichtlich auf Medienaufmerksamkeit angelegt sind. Im Übrigen gilt das Prinzip der Transparenz und Ersichtlichkeit auch zum Schutz der Persönlichkeitsrechte: Ein geheimes Mithören, das Fotografieren mit dem Teleobjektiv aus einem Versteck, die ohne Wissen des Betroffenen arrangierte publikumswirksame Szene sind rechtswidrig.

d) Um des Schutzes des Kindes willen

Kinder und Jugendliche sollten um ihrer unbeschwerten Entwicklung zu Geistesfreiheit, Charakterstärke und Urteilskraft von Publikationen gänzlich ausgenommen sein. Die ausdrückliche Einwilligung der Eltern mag eine Veröffentlichung rechtfertigen, sollte aber um des Kindes willen auch nur in Ausnahmefällen erteilt werden.

e) Empfindlichkeiten

Der Ehrenschutz nimmt auf die Empfindungen des Angegriffenen, nicht aber auf jede seiner Empfindlichkeiten Rücksicht. Die mitmenschliche Begegnung, der wirtschaftliche Wettbewerb und die politische Auseinandersetzung fordern eine gewisse Robustheit. Allerdings gilt der Schutz der persönlichen Ehre unabhängig von der Art des Angriffs, mag dieser in der Politik, auf dem Markt des Wirtschaftens oder im Privatleben geführt werden. Eine Rechtsprechung, die politische Meinungsäußerungen bevorzugt, schwächt den Schutz von Menschenwürde und Persönlichkeit gerade im Bereich des freiheitlichen, demokratischen Staates, wo das Verfassungsrecht ihn besonders stärken will. Allerdings braucht der Ehrenschutz auch hier Augenmaß und Situationskenntnis: Das deftige Wort in einer fröhlichen Bierrunde ist anders zu bewerten als das in einem juristischen Seminar. Die Aggressivität im Wahlkampf ist eine andere als die in einer Regierungserklärung. Die Begegnung beim Festbankett folgt anderen Regeln als die auf dem Rugbyfeld.

Wenn unser Minister an den Referentenentwurf »*Taugenichts*« schreibt, drückt er damit aus, dass er diesen Entwurf für ungeeignet hält. Die Formulierung weist auch auf den Autor, besagt also auch, dass dieser seinen Auftrag nicht erfüllt habe, und verallgemeinert diese Aussage formal zu der Behauptung, dass der Referent nichts tauge. Dennoch charakterisiert er den Entwurf und weniger den Referenten; er will, dass der Entwurf, nicht der Referent in der Schublade verschwindet. Seine Aussage gilt mehr dem Werk als dem Urheber. Sie verletzt nicht Persönlichkeit und Ehre des Referenten. Der sollte ihr –

in der Selbstsicherheit seiner Person, nicht in der Pfiffigkeit literarischen Wissens – mit Gelassenheit begegnen. Der Minister hätte die Grenze des Ehrenschutzes hingegen überschritten, wenn er an den Rand geschrieben hätte »Sie sind ein Dummkopf«.

6. Bericht über Personen

Der Mensch, über den berichtet wird, hat die Stärken und Schwächen jedes anderen. Steht er aber in der Öffentlichkeit, wie insbesondere der Politiker, sucht er die aktuelle Zustimmung der Leser, Hörer und Zuschauer, damit auch der Medien. Er geht dem Journalisten entgegen, wirbt um seine Aufmerksamkeit, wie umgekehrt der Journalist den Politiker als Informanten und als Fotomotiv braucht. Oft gewinnt damit jede Information, jede Erläuterung, jede Absichtsbekundung auch Werbecharakter.

Hat sich der Politiker aber auf die ständige Begegnung eingelassen, sieht er sich beharrlichen, fordernden, auch zudringlichen Fragern und Fotografen gegenüber, kämpft um eine politische und persönliche Distanz zu diesem Umfeld, die für ein anständiges Handeln und Entscheiden unverzichtbar ist.

In einer Politikphase, die das klare Aussprechen der Probleme scheut und Lösungen nur im Verborgenen oder in verschleierter Form finden zu können glaubt, gerät der Politiker oft *unter prinzipiellen Unrechtsverdacht,* ist dem stetigen Argwohn ausgesetzt, von Gemeinwohl zu sprechen und nur aus Eigennutz zu handeln. Damit verändert sich seine Entscheidungssituation: Die Gestaltungskraft eines Verdächtigen wird geschwächt, die Entscheidungssicherheit leidet, die Bereitschaft zu beherzten Entscheidungen schwindet. Der Politiker will eher Fehler vermeiden als neue Ziele erreichen, eher Sicherheit vermitteln als Wagnisse eingehen. Das ist der größte Fehler. Er spricht nicht mehr so, dass seine Botschaft möglichst verständlich ihren Adressaten erreicht, sondern wählt die Worte, die möglichst nicht missdeutet werden können. Aus der individuellen Sprache werden Fertigfabrikate, aus dem Dialog das verlesene Statement, aus der Erklärung die Verschleierung.

Der Journalist erinnert sich an Wittgenstein und weiß, dass die Sprache oft weniger *Kleid* als *Verkleidung* seiner Gedanken ist. Er macht sich bewusst, dass der Politiker darunter leidet, auf das wöchentliche Plebiszit durch die Presse angewiesen zu sein, in Distanzlosigkeit leben zu müssen, gegen ständigen Unrechtsverdacht kämpfen zu sollen. Die Unabhängigkeit des Journalisten und die Eigenständigkeit der Politik wachsen in der Distanz, in einem Dialog des gegenseitigen Respekts.

Der Journalist braucht somit *Maßstäbe,* an denen er sich kontrolliert und die Öffentlichkeit ihn misst. Als ich jüngst einen glänzenden, angesehenen Journalisten nach seinen Arbeitsmaximen fragte, antwortete er mir gelassen, guter Journalismus ergebe sich aus Erfahrung und Gefühl. Wer Stil habe, wisse, was er zu tun und zu lassen habe. Als ich dann nachfragte, wie er seine Stilvorstellungen an junge Journalisten weitergebe, verwies er auf die maßstabsbildende Funktion gemeinsamer Zusammenarbeit.

Der Journalismus kann jedoch seine Qualität nur wahren und verbessern, wenn er über Maßstäbe verfügt, die in der Rationalität des Sprachlichen vermittelt werden. Dabei wird gerade der Journalist, der in Sprache lebt und wirkt, den Inhalt und die Grenzen seiner Freiheit in Worten ausdrücken können. Wir müssen nur Organisationsformen schaffen, die zur stetigen Bildung und Fortentwicklung von Maßstäben führen.

Das *staatliche Gesetz* definiert die *Grenzen* des Freiheitsrechts, *nicht aber den Maßstab guter Freiheitswahrnehmung.* Jede staatliche Qualitätsvorgabe wäre der erste Schritt zur staatlichen Zensur. Deshalb müssen die Journalisten selbst die Qualität ihrer Texte definieren und fordern. Manche Redaktionen kommen halbjährlich oder jährlich zusammen, um in einer *Bilanz* ihr bisheriges Handeln zu begutachten und zu bewerten. Dann muss der Sportreporter darstellen, warum er einer Mannschaft den Aufstieg in die nächsthöhere Liga vorausgesagt hat, obwohl sie tatsächlich abgestiegen ist; warum er einen Spieler als reif für die Nationalmannschaft erklärt hat, obwohl dieser inzwischen in seinem Heimatverein die Ersatzbank drückt.

Der Qualitätsmaßstab für guten Journalismus würde weiter präzisiert, wenn die Presse jedem Menschen, über den sie als Einzelperson berichtet, zunächst Gelegenheit gäbe, sich zu dem Bericht vorher zu äußern. Dadurch verliert die Presse nicht Unabhängigkeit, sondern gewinnt Wissen. Dies lehrt die Erfahrung des Richters, der jedem Prozessbeteiligten *rechtliches Gehör* gewährt. Er macht sich gleichsam zunächst die Tatsachen- und Rechtssicht des Klägers zu Eigen, dann die des Beklagten, stellt vielleicht fest, dass beide vertretbar und folgerichtig sind, wird dadurch in seiner Beurteilung nachdenklicher, in seinem Urteil sicherer. Der Journalist wird durch diese Anhörungen im Wettbewerb um die aktuellste Nachricht auch keine Zeit verlieren, wenn jeder zur Anhörung verpflichtet ist.

7. Vertrauen in Politik und Wissenschaft

Die Maßstäbe für das öffentlich gesprochene Wort, seine Verbreitung und Kommentierung bestimmen wesentlich die Grundlagen der Demokratie. Demokratische Wahlen setzen den *informierten Bürger* voraus, der die personellen und programmatischen Alternativen kennt, eigenständig bedacht hat und dann auf der Grundlage dieses seines Wissens und Wollens wählt.

Die öffentliche Auseinandersetzung um Programm und Personen ist Bedingung der Politik. Die Demokratie lebt vom Gegensatz zwischen Regierung und Opposition, die öffentliche Debatte von den politischen Alternativen. Die Wahlbewerber gewinnen in der Kontroverse Aufmerksamkeit, planen ihre Karriere in dem wohlbedachten und bemessenen Konflikt, heben sich durch Provokation in der eigenen Partei wie auch der Öffentlichkeit hervor. Regierende von heute waren in ihrer Partei anfangs »Störer« und »Quertreiber«. Mancher politische Aufstieg gelingt in der Abgrenzung zur etablierten Politik, im Profil auch gegen die eigene Partei. Grundlage mancher Karrieren ist die Provokation.

Mächtig wird, wer die Gesten des Mächtigen beherrscht, auf deutliche Aufmerksamkeit beim Wähler verweisen kann, politische Themen mit seinem Namen verbindet, durch seine Sprache, die Kunst seines Arguments, die Glaubwürdigkeit seiner Versprechen, durch

Witz und Ironie, auch Zynismus Mehrheiten in seiner Partei gewinnt, die *Taktik der politischen Tauschgeschäfte* beherrscht. Auch die Fähigkeit, andere als Testpersonen, Mitstreiter, Beifallspender oder Moderatoren in den eigenen Kampf einzubeziehen, gehört zu den Kernfähigkeiten eines Politikers.

Doch der Politiker denkt und handelt grundsätzlich nicht anders als jeder andere. Allzumenschliches wirkt in dem grellen Licht der Politik vielleicht etwas stärker als im übrigen Leben. Der Politiker empfindet aber nicht, wie gelegentlich gesagt wird, eine ständige Freude an der Intrige. Ich habe bei meinem Kurzeinblick in die Politik Standfestigkeit und Wendehälse, Ordnungsdenken und Wieselworte, menschliche Größe und Labilität erlebt. Insoweit ist der Gedanke demokratischer Repräsentation richtig. Parlament und Kandidaten repräsentieren das Staatsvolk in seinen Vorzügen und Nachteilen, allerdings im Licht einer kritischen Öffentlichkeit und entlarvungswilliger Parteilichkeit, vor allem aber in hervorgehobener Erheblichkeit ihrer Entscheidungen.

Aus dieser Ähnlichkeit des Menschen in Politik und allgemeinem Leben wird vielfach abgeleitet, der unzulängliche Wähler sei einem argumentierenden Wahlkampf nicht gewachsen. Dort seien nicht die Wahrheit gefragt, sondern Meinungen und Gefühle. Hat nicht schon Machiavelli gesagt, dass *Vernunft und Wissen* im Leben der Völker nur eine untergeordnete Rolle spielen können, die Menge aber durch *Emotionen* beeinflusst werden müsse? Für uns stellt sich damit die Frage, ob wir uns auf die demokratische Vorstellung des mündigen Bürgers einlassen, der die politische Wirklichkeit zu erkunden sucht, seine Wahlentscheidung auf seine Erkenntnisse und Erfahrungen stützt, die Folgewirkungen seiner Entscheidung bedenkt und verantwortet.

Meine Erfahrung im Wahlkampf bestätigt diesen Befund des mündigen Bürgers. Reden und Diskussionen mit den verschiedenen Wählern zeigen, dass die Wähler sich für die Grundsatzstrukturen der anstehenden politischen Aufgaben interessieren, einen großen Bedarf an Information und Argumentation verspüren, dabei aber vor allem prüfen, ob sie *dem Redner vertrauen können*. Grundlage eines Vertrauens ist zunächst ein hinreichendes Wissen. Wer die Entwicklung der Energieressourcen, die Gefahren der Atompolitik, die Chancen der

Gentechnik, den Schutz des Arzneimittelrechts oder die Vereinfachung des Steuerrechts beurteilen will, braucht die langjährige Erfahrung des Fachmanns oder gute Ratgeber. Deswegen ist es auch in Deutschland unverzichtbar, dass erfahrene Unternehmer, Wissenschaftler, praxiserprobte Freiberufler für eine Kandidatur zu Parlament und Regierung gewonnen werden. Damit rede ich nicht einer Quote das Wort, durch die diese Minderheiten in eine bisher geschlossene Mehrheit hineingezwungen werden sollen. Ich spreche mich vielmehr für die Politiker aus, die schon bisher Sachverständige jenseits des Parteisystems für die Politik gewinnen, auch die Kompetenz von Parteilosen für ihre politische Arbeit nutzen wollen.

In dieser Auseinandersetzung des Wissens *unterscheidet sich allerdings das wissenschaftliche Gespräch grundlegend vom Wahlkampf.* Der Wissenschaftler will seine Kollegen mit seinen Erkenntnissen beeindrucken, auch die bessere Erkenntnis des Konkurrenten übernehmen, um darauf aufbauend eine Spitzenleistung zu erbringen. Wenn der Konkurrent hingegen im Wahlkampf einem überzeugenden Konzept seines Gegners begegnet, mag er versuchen, die Diskussion darüber zu verhindern und das Projekt mit Desinformationen zuzuschütten. Er meidet die inhaltliche Auseinandersetzung mit dem konkurrierenden Konzept, sucht es vielmehr zu verkürzen, fehlzudeuten, misszuverstehen und zu karikieren. Während meines vierwöchigen Ausflugs in die Politik, ein Crashkurs in praktischer Demokratie, habe ich ein Steuerkonzept vorgestellt, das einfach, verständlich, sozial ausgewogen ist. Der politische Gegner hat dies aber nicht durch ein verständlicheres und ausgewogeneres Programm überboten, hat stattdessen seine steuerpolitische Vorstellung beharrlich verschwiegen und von meinem Modell behauptet, es benachteilige die Krankenschwester, den Polizeibeamten, den Pendler. Diese Aussagen waren zwar leicht widerlegbar, doch hatte ich immer nur das *kleine Mikrofon* in Händen, der Konkurrent hingegen das große.

Bei diesen Fehlinformationen stellt sich die Frage, ob das Demokratieprinzip verletzt ist, wenn der Bürger aufgrund einer Fehlinformation eine Wahlentscheidung trifft. Der wirtschaftliche Wettbewerb kennt – trotz einer vergleichbaren Härte – ein *Gesetz gegen den unlauteren Wettbewerb.* Der politische Wettbewerb sollte ähnliche Maßstäbe – vielleicht unter den Parteien vereinbart, nicht durch staatliches Gesetz vorgeschrieben – entwickeln, um Fehlinformationen nicht auch noch politisch zu honorieren. Bewusste Desinformation darf sich nicht lohnen. Es gibt Instrumente, die ihr vorbeugen. Konkret könnte man daran denken, dass bei einem groben Informationsfoul, ähnlich wie im Fußballspiel, zunächst die gelbe Karte gezeigt wird, beim zweiten Foul dann die rote Karte, die den Fehlinformierenden verpflichtet, fünf Tage im Wahlkampf unsichtbar zu sein oder seinem Konkurrenten im gleichen Medium in gleicher Breitenwirkung die Chance zu geben, die Fehlinformation richtig zu stellen.

Für die Demokratie gilt aber weiterhin, was *Max Frisch* in »Stiller« sagt: Zwar gehöre der politische Kompromiss zur Demokratie. Bedenklich aber sei, wenn die allermeisten außerstande seien, *an einem geistigen Kompromiss überhaupt noch zu leiden*. Der gewohnheitsmäßige Verzicht auf das Große, das Ganze, das Vollkommene, das Radikale führe schließlich zur Impotenz sogar der Phantasie. Und die Armut an Begeisterung, die allgemeine Unlust seien doch wohl deutliche Symptome, wie nahe wir dieser Impotenz schon sind. Diese 1954 geschriebenen Worte sind auch heute aktuell.

Auch in dieser Kraft und Bereitschaft zum Großen, zum Ganzen, zum Vollkommenen trifft die Medien eine Verantwortlichkeit. Zwar kann man selbstverständlich Größe nicht anordnen. Im Kampf gegen Kleinmut und geistige Enge, gegen die staatsbürgerliche Migräne aber sind die Medien die wichtigsten Therapeuten oder Infektionsträger. Wenn der Nachrichtensprecher des Fernsehens allabendlich zu Gast ist, die Morgenzeitung täglich Wissen oder Fehlinformationen vermittelt, Denkweisen vorschlägt und politischen Willen anregt, so werden sich nur wenige Menschen diesem Einfluss des Wissens, des Deutens und Wollens entziehen können. Missmut und Resignation infizieren, weitsichtige Planung und Lösungskonzepte ermutigen – ohne sie wird der Kampf gegen die Hydra scheitern.

IX. Die Macht des Geldes

1. Das Märchen vom Himmel auf Erden

Es war einmal ein junger Mann, der zog in die Welt hinaus, um sein Glück zu machen. »*Ade und auf ein Wiedersehen*«*, sprach er zu Vater und Mutter, die traurig waren, dass er Haus und Hof verließ.* »*Wenn ich reich bin, kehre ich in meine Heimat zurück. Dann sollt auch ihr teilhaben an meinem Glück!*« *Der junge Mann durchstreifte ferne Länder und große Städte, bis ihm das Glück hold war und er einen großen Schatz angesammelt hatte. Darüber war er freilich alt und grau geworden. Doch besann er sich und sprach:* »*Ich will mein Wort wahr machen und in die Heimat ziehen!*«

Als er aber in sein Dorf kam, kannte ihn niemand. Vater und Mutter waren schon lange tot. Er weinte und gab sich den Bürgern des Dorfes zu erkennen. »*Du bist es also, der vor langer Zeit in die Welt zog!*«*, sprachen die Bürger, freuten sich und hießen ihn freundlich willkommen.* »*Da Vater und Mutter nun nicht mehr sind*«*, sprach der Fremde,* »*so will ich den Schatz, den ich angesammelt habe, euch, ihr lieben Bürger, zuteil werden lassen, auf dass ihr fröhlichen Anteil habt an dem, was ich gewonnen habe!*« *Da jubelten die Bürger; und sie freuten sich noch mehr, als sie sahen, wie groß der Schatz war.* »*Ihr sollt jedoch*«*, sprach der Fremde,* »*das Geld nicht aufbrauchen, sondern nur nutznießen. Der Zins nur soll genommen werden; und dieser soll verteilt werden Jahr um Jahr, so dass jedem im Dorf ein erklecklicher Batzen zu Eigen wird, wenn das Jahr zur Neige geht. So sei es von nun an und für immer!*« *Da feierten sie ein fröhliches Fest, tranken bis in den Morgen und ließen den Heimgekommenen hochleben.*

So floss Reichtum aus der Quelle des unermesslichen Schatzes. Ein jeglicher trug ihn nach Hause und sann mit den Seinen, wozu er zu nutzen sei. Der eine bestellte den Maler. Der andere erwarb Wiesen und Felder. Der Nächste ließ sein brüchiges Dach erneuern. Und wieder ein anderer gab ein frommes Bild in Auftrag. Bald leuchtete das Dorf, das vordem arm gewesen, weit in das Land hinaus, so dass die Leute sagten: »*Dort ist der Himmel auf Erden.*« *Und so war es für eine Zeit, doch nicht für lange.*

Es kam nämlich der Tag, da sich ein junger Mann des Dorfes verliebte in ein schönes Mädchen aus einem anderen Dorfe. Da er gedachte, das Mädchen zum Altar zu führen und Haus und Hof mit ihm zu gründen, führte er es auch zu dem großzügigen Mäzen. »Wie ist es«, sprach der junge Mann zu ihm, »wenn ein junges Weib zu uns ins Dorf kommt? Wird auch sie teilhaben an deiner Freundlichkeit?« Der Alte, dem das Mädchen gut gefiel, sprach milde: »Ja, sie wird! Und Gleiches gilt für jeden, der kommt, um unser Glück zu teilen.« Und so geschah es. Die beiden freiten und übers Jahr lachte ein Kindlein in der Wiege.

Als aber der Tag des Teilens kam, murrte einer und sprach zu dem Wohltäter: »Warum geschieht mir Abtrag?« Der Alte wog das Haupt und sprach: »Nun sieh, mein Freund! Nun wohnen nicht mehr 100 im Dorf, sondern 102. Das Geld wird aber nicht mehr. Sei fröhlich – wo 100 satt werden, werden's auch 102!« Der Mann nahm das um ein Kleines Geringere und lief ins Wirtshaus. Dort saßen andere und klagten über den Verlust, den sie erlitten hatten. Sie steckten die Köpfe zusammen und berieten lange das böse Geschick. In der Nacht, da sie zu Herd und Hof wankten, hatten sie einen Schwur getan: »Aus ist's mit Hochzeiten und Kinderkriegen, mit Hereinkommen und Wohnung nehmen in unserem Dorf! Der Esser sind's genug. Wir werden es zu hindern wissen!« Und so geschah's.

Wollt nun ein junges Weib einen Fremden zum Manne nehmen, so verboten sie es. Taten sich zwei aus dem Dorf zusammen, um Hochzeit zu halten, so nahmen sie es finster auf. Und machten sie's doch, so wurde es kein Fest. Die Alten traten hinzu und mahnten sie strenge, das Zeugbett zu meiden. Und sie sprachen zu sich: »Wahrlich, der Esser sind's genug!« So kam es, dass keiner mehr ein Kind zur Taufe trug, und wenn es doch geschah aus Unbedacht, man eifrig klagte. Wenn aber das Totenglöcklein läutete, kam eitel Freude auf in vielen Häusern. Sie wussten sie aber zu verbergen. Doch eines Tages zeigten sie ihre Freude doch, als sie den Ersten verstießen aus dem Dorf, der ihnen nicht lieb gewesen war. »Wo 100 satt wurden«, lachten sie, »werden's 90 besser!« Im Herzen aber dachten sie voll Angst: »Wer ist der Nächste, der verstoßen wird? Bin ich's vielleicht?«

Sie wurden alt, aber auch bitter und wussten nicht, warum. Das reiche Dorf leuchtete nicht mehr. Und die Menschen aus den anderen Dör-

*fern sprachen zu sich: »Dort ist die Hölle auf Erden!« Da dies den
Leuten im Dorf zu Ohren kam, bedachten sie's in ihren Sesseln – und
es fiel ihnen wie Schuppen von den Augen. Einer sprach zum andern:
»Was haben wir nur falsch gemacht, dass wir so traurig sind an diesem schönen Ort?« – »Kein Kind, das lacht, kein Fest, das klingt, kein
Mut im Dorf und keine Kraft zu neuen Dingen! Fett sind wir geworden
an Bauch und Herz!« Ein Alter gar sagte: »Ein Taler selbst verdient –
das ist etwas!« Und sie verfluchten die Stunde, an welcher der Wohl-
tätige, der lange schon gestorben war, zu ihnen gekommen war.*

*Als es Nacht wurde am selben Tag, traten wackere Männer beherzt
zusammen, vergruben den Schatz und schworen sich, niemandem zu
verraten, wo er lag.*

2. Der Traum von der Grenzenlosigkeit

Unsere Hydra steigert ihre Raffinesse und verheißt im Reichtum grenzenlose Freiheit. Sie reißt die Zäune zwischen Mein und Dein ein, verwischt Grenzen zwischen Verdientem und Unverdientem, schwächt die Verlässlichkeit des Eigenen und Fremden, verspricht ungebundene Freiheit und verheimlicht, dass sie Geborgenheit und Sicherheit zerstört und die freien Menschen in den Kampf ohne Ordnung entlässt. Die Hoffnung, sie werde die Enge der eigenen Erwerbsmöglichkeiten sprengen, ein anstrengungsloses Einkommen gewähren und dabei stetige Zuwachsraten sichern, bringt die Menschen zum Tanzen und Taumeln, weil die Gesetzmäßigkeit von Anstrengung und Erfolg, von Leistung und Gegenleistung aufgehoben scheint.

a) Umfrieden bringt Frieden

Als junge Familie haben wir einmal ein Grundstück in einem Neubaugebiet gekauft, auf dem wir ein Haus bauen wollten. Die kommunale Bauordnung sah vor, dass die einzelnen Grundstücke nicht durch einen Zaun oder eine andere Umfriedung eingegrenzt werden dürften, die kleinen Gärten vielmehr den Charakter eines für alle offenen Gemeinschaftsparks gewinnen sollten. Mir leuchtete diese Idee der Großzügigkeit, der nachbarschaftlichen Offenheit ein. Doch meine Frau bestand darauf, dass unsere kleinen Kinder einen umfriedeten Raum des Eigenen und Familiären brauchten, einen Sandkasten, in dem sie vor einem fremden Hund sicher sind, eine Terrasse, auf der ein Kinderwagen von keinem fremden Ball erreicht wird. Für uns hat sich diese Frage bald erledigt, weil wir in eine andere Stadt gezogen sind und dort auf einem Grundstück unser Haus gebaut haben, das von einem hinter Büschen unsichtbaren Zaun umfriedet ist. Später haben wir die Partner unserer ursprünglich geplanten Nachbarschaft besucht. Wir waren gespannt, ob sich das private Leben gänzlich in die Häuser zurückgezogen hatte und die Gärten eine ungenutzte Grünfläche boten. Doch das Gegenteil war eingetreten: In allen Gärten sahen wir schmucke Terrassen, einladende Liegestühle, Sandkästen und Kinderschaukeln und vor allem lesende, spielende und Kaffee trinkende Menschen. Doch jeder Garten hatte auch einen Zaun. Die Eigentümer begrüßten uns mit dem Hinweis, das Bedürfnis nach Sicherheit im Eigenen und friedlicher Nachbarschaft hätte sich gegenüber der abstrakten Planung durchgesetzt. Sie hätten die Wohnlage der Gemeinderatsmitglieder ermittelt und festgestellt, dass alle Ratsmitglieder, die ein Haus hatten, ihren Garten umfriedet hätten. So wurde der Wunsch nach dem Eigenen zum allgemeinen Maßstab der Eigentumsbildung.

Der Mensch braucht Nähe und Weite zugleich. Jedem scheint sein Leben zeitweilig zu eng, zu begrenzt. Wer hat sich nicht gefreut, als die Landesgrenzen in der Europäischen Union gefallen sind, und wir ohne Kontrollen die Grenzen passieren konnten? Wer hat nicht schon unter der Enge einer U-Bahn gelitten und darauf gehofft, dass sich die Türen öffnen und er in das Tageslicht hinaufrollen möge? Wer hat sich nicht schon durch die Engräumigkeit von Steuerformularen, Baugenehmigungsanträgen oder behördlichen Bewilligungsbescheiden bedrängt gefühlt? Unsere Hydra trifft ein Kernanliegen des freiheitswilligen, weltoffenen Menschen.

Doch wenn ich morgens von meinem Haus zu meinem Institut fahre, dabei eine Neckarbrücke und gelegentlich auch eine Bahnschranke überquere, bin ich froh, dass die Brücke von zwei Geländern umgrenzt ist, die dem Fußgänger wie dem Autofahrer die Sicherheit geben, nicht in den Fluss zu stürzen. Noch wichtiger ist mir, dass der Bahnübergang beschrankt ist, dass die Schranken jedermann anzeigen, wenn ein Zug naht, und wir deshalb die Schienen nicht überqueren können. Gleiche Sicherheit gewinnen wir, wenn die Autobahn uns vom gegenläufigen Verkehr durch einen Grünstreifen trennt, der Sportplatz das Spielfeld durch eine Außenlinie abgrenzt, die Bibliothek gegen Außenlärm durch eine dicke Mauer abgeschirmt ist, die eigene Gemeinde mit der niedrigeren Gewerbesteuer sich deutlich von der anderen Gemeinde mit der höheren Gewerbesteuer abhebt, das Gebiet unseres Staates nicht verwechselt werden kann mit dem Gebiet des anderen Staates, in dem ein Krieg geführt wird. Und abends nutze ich mein selbstverständliches Recht, meine Garage für mein Fahrzeug reservieren und Fremde fernhalten, mein Haus für meine Freunde öffnen und andere ausschließen zu können. Unser Wirtschaftswachstum baut auf diese Grenze zwischen Mein und Dein, überwindet sie aber auch im täglichen Tausch.

b) Geld sprengt Grenzen, ist heimatlos

Beim Tausch von Gütern werden Grenzen überschritten, aus Dein wird Mein. Die Tauschgerechtigkeit bemisst sich seit *Aristoteles* nach dem Wirtschaftsgut, das den Eigentümer wechseln soll; sie ist eine Gerechtigkeit des Wechsels. Der Vertrag über den Kauf eines Autos ist wirksam, wenn Verkäufer und Käufer darin übereinstimmen, dass der Kaufpreis dem Wert des Fahrzeugs genügt. Der Arbeitslohn erscheint angemessen, wenn er die geleistete Arbeit hinreichend entgilt. Der Tausch findet seinen rechtlichen Rahmen in dem Wert des hingegebenen Gutes oder der geleisteten Arbeit, ist im Übrigen aber von Raum und Zeit unabhängig.

Diese im Tauschgut angelegte Gerechtigkeit verliert ein Stück ihres Maßes, wenn der Mensch nicht sein Gut oder seine Arbeit für einen Preis hingibt, er vielmehr sein *Kapital für sich arbeiten lässt*. Er vermietet eine Wohnung, verpachtet einen Betrieb, beteiligt sich als Aktionär an einem Unternehmen. Hier löst sich die Erwartung auf ein Entgelt von der Bereitschaft zur eigenen Arbeitsanstrengung um des Entgelts willen. Die Entgelterwartungen steigen ohne Maß und wachsen unermesslich. Kann ein Wirtschaftsgut – etwa das Recht an einem Film, an einem Computerprogramm, an einem Buch oder an einer Nachricht – nicht wie die Wohnung nur einem Berechtigten überlassen werden, sondern beliebig vielen Interessenten, die jeweils ein eigenes Entgelt zahlen, um das Recht für sich nutzen zu können, so fehlt diesem Markt die natürliche Grenze, die sich aus der *Knappheit der Güter* ergibt. Der Filmproduzent wird seinen Film so oft als möglich gegen Entgelt zum Abspielen überlassen. Die einzige Grenze ziehen die Kinobesucher, die für diesen Film bezahlen. Auf sie ergießt sich deshalb die ganze Macht der Werbung. Der Tausch wird schier grenzenlos und gerät in das Spekulative, wenn jemand Geld für Geld erwirbt, er Hoffnungen kauft und Enttäuschungen verkauft, auf Wertsteigerungen oder Wertverluste setzt, hohe Zinssätze gegen niedrige, feste gegen variable tauscht, auf die Entwicklung von Zinssätzen oder anderen Erträgen wettet. Hier liegen Reiz, Risiken und Rausch der modernen Geldwirtschaft.

Wer in Geld denkt und spekuliert, verliert das Maß für Werte und demokratische Zugehörigkeit. Sein Ziel ist die Gewinnmaximierung, sein Markt die Welt. Einsatz und Erfolg sind Geld; die tatsächliche Wirkung dieser Kapitalmacht wird nicht ersichtlich, mag sie Arbeitsplätze schaffen oder zerstören, Regionen kultivieren oder ausbeuten, Wiegen oder Waffen hervorbringen. Der *Geldeigentümer* verantwortet nicht mehr die Wirkungen seiner Kapitalmacht wie der *Verantwortungseigentümer,* der in seinem eigenen Betrieb mit seinem Vermögen für die Güte seines Angebots steht, mit seinem Namen die Qualität seiner Leistung verantwortet, in persönlicher Begegnung die Bedürfnisse der Kunden erforscht.

Der Geldwirtschaftler lebt in einer *Welt hoher Abstraktion, Mittelbarkeit und Gegenstandslosigkeit.* Während der Handwerker am Werk seiner Hände feilt, der Erfinder dem Gelingen seines Experiments entgegenfiebert, der Autor ständig an seinem Manuskript arbeitet, der Techniker die Maschine repariert, begegnet der Geldwirtschaftler nicht Werkstücken, sondern Zahlen, nicht Kunden, sondern Tabellen, nicht Bedürfnissen, sondern Renditeerwartungen. Der Geldmarkt vertreibt den Menschen und handelt von Strukturen, von Angebot und Nachfrage, Investition und Konsum, Markierungen und Renditen. Die Renditeerwartung übersteigt das Sinnhafte, gerät ins Sinnlose. Der Akteur kämpft auch dann mit aller Kraft für weitere Gewinne, wenn sie seiner eigenen Lebensführung nicht mehr dienen, seine Ehe gefährden, seine Kinder durch die zu erwartende Erbschaftssumme unglücklich machen, sie in den Abwehrkampf gegen den Zugriff auf das Kapital, in die Wertschätzung mehr des Kapitals als der Person, gelegentlich in die auch literarisch beschriebene Einsamkeit des Reichen drängen.

Geld ist strukturell heimatlos. Es fließt in alle Ecken, flüchtet täglich, sammelt sich hier und zerstreut sich dort, bietet kein greifbares, allenfalls ein flüchtiges Glück. Deswegen bildet es wenige und zerstört viele Gemeinschaften. Eine Familie erlebt ihren Zusammenhalt in Zuwendung, Lebensgemeinschaft, Begegnung und Dialog. Eine Berufsgemeinschaft schafft Kollegialität in der gemeinsamen Aufgabe und dem gemeinsamen Erfolg. Ein demokratisches Staatsvolk und damit ein Staat finden ihre Mitte in ihrer Kultur, Tradition, Schicksalsverbundenheit und politischen Zielsetzung. Geld hingegen ist nicht zugehörig, wird hier erworben und dort verschwendet, hier erkämpft und dort verloren. Geld erregt Habgier und Spieltrieb, nicht Liebe zu einem Menschen, nicht Begeisterung für eine Sache, nicht Zugehörigkeit zu einer Gemeinschaft. Geld verlockt zum Mehr, bindet nicht im Genug.

Der Kampf um das Geld *führt in die Unzufriedenheit.* Der Geld- und Goldsucher gerät in den Sog eines schier maßstablosen Wettbewerbs, in dem jeder Erfolg nur vorläufig ist und nach mehr verlangt. Dieser Wettbewerb bestimmt den Markt, erreicht die Politik, ist im Sport selbstverständlich, macht vor der Kultur nicht Halt.

Das Streben nach Geld zielt auf ein Maximum ohne Haltepunkt. Geldhunger ist niemals gesättigt. Eltern finden in ihren Kindern einen Lebensauftrag und ein Lebensziel, sind deshalb nicht auf eine weitere Mehrung der Kinderzahl bedacht. Das erfolgreiche Staatsexamen führt zu einem gewissen Abschluss der Berufsausbildung, so dass nur noch eine Weiterbildung ansteht. Der Bau eines Eigenheimes deckt den Wohnbedarf und beendet damit den Kampf um das beste Grundstück und den gelungensten Plan. Demgegenüber zielt der Wettbewerb um das Geld auf den ersten Platz und auch die Numero eins will es mit dem gewonnenen Kapital noch nicht genug sein lassen.

Jeder scheint bemüht, in der ersten Reihe zu sein. Wer zu einem Festakt einlädt, steht vor der Aufgabe, jeden Gast möglichst weit vorne zu setzen. Unsere Alte Aula in Heidelberg aber hat in Reihe eins nur acht Plätze, muss also die anderen 400 Gäste auf die nächsten Plätze verweisen. Der Gastgeber in der Kaiserpfalz von Paderborn hat es da besser: Als ich dort gesprochen habe, war ich von Zuhörern umgeben, die in einem lang gezogenen Rechteck um den Redner herum saßen. Ich hatte die seitlich und hinter mir Sitzenden zwar weniger im Blick, es saßen aber viele zufrieden in der ersten Reihe. Dem Architekten, der einen Saal mit Plätzen nur in der ersten Reihe bauen kann, bin ich noch nicht begegnet.

3. Das Auto ist käuflich, der Führerschein nicht

Nestroy hat die berühmte Frage gestellt: »Die Phönizier haben das Geld erfunden, aber warum so wenig?« Die Knappheit des Geldes ist die Bedingung seines Wertes; das Streben nach Geld allerdings grenzenlos. *Deswegen ist eine der Kernfragen jeder Rechtsordnung, wie sie das knappe Geld verteilt.*

Geld befähigt den Menschen, beliebige Wirtschaftsgüter und Dienstleistungen zu kaufen. Deswegen sehen wir eine wesentliche Aufgabe unseres Lebens darin, Geld zu erwerben; wir widmen diesem Ziel einen Großteil unserer Lebenszeit. Der eine oder andere gefährdet dafür sogar seine Gesundheit, seine Unbescholtenheit, sein öffentliches Ansehen. Kriege und Revolutionen werden des Geldes wegen begonnen.

Geld in eigener Hand nennen wir Kapital, Geld in fremder Hand Kapitalismus. Eigenes Geld spricht für wirtschaftlichen Erfolg, Freiheitskraft, Bürgerstolz. Fremdes Geld veranlasst den scheelen Blick.

Der wichtigste Verteilungsmaßstab für das Geld ist die *Tauschgerechtigkeit,* der Vertrag, der Markt. Wenn zwei Menschen sich einig sind, ein Auto gegen Zahlung von 30 000 Euro zu tauschen, einen Arbeitnehmer für 3000 Euro einzustellen oder eine Wohnung für 1000 Euro zu vermieten, macht allein der so erklärte übereinstimmende Wille, der Vertragsschluss, diese Vereinbarung rechtsverbindlich. Der Staat wird sie mit seinen Gerichten und auch mit seinem Gerichtsvollzieher vollziehen.

Dieses System der Tauschgerechtigkeit ist ungeeignet, wenn Leistungen nicht um des Entgelts willen erbracht, sondern dem Bedürftigen zugewendet werden sollen. Den existenziellen Bedarf der Armen und Bedürftigen mag früher ein Robin Hood befriedigt haben, der die Reichen ausraubte und ihren Überfluss den Armen gab. Heute übernimmt diese Aufgabe der Staat, in Hochkulturen die dem Sozialen verpflichtete Demokratie. Der soziale Staat leistet Sozialhilfe dem Bedürftigen gerade deshalb, weil dieser nicht genügend Geld hat, um seinen lebensnotwendigen Bedarf zu kaufen. Der Kulturstaat bietet den Kindern einen Schulunterricht, ohne dafür ein Entgelt zu fordern, weil es ihm um die allgemeine Bildung für alle geht. Der Rechtsstaat schützt auch den Bedürftigen, sichert Frieden für jedermann, mag er arm oder reich sein.

Würde der Staat an jedem Monatsende bei allen Haushaltungen eine *Sicherheitsgebühr* für die von der Polizei gewährleistete Sicherheit und Ordnung verlangen, bei jedem Vertragsschluss eine *Vertragsgebühr* für die Nutzung des vom Staat bereitgestellten Vertragsrechts fordern, bei jedem Grundschulbesuch eine *Schulabgabe* für das staatliche Bildungsangebot erheben, so wäre der Bedürftige von der allgemeinen Sicherheit, Vertragsfreiheit und Schulpflicht ausgenommen. Staatliches Handeln würde in seinen Motiven zu einem Erwerbsstreben verfremdet, die *Bedarfsgerechtigkeit* durch eine Tauschgerechtigkeit verdrängt.

Die Unterscheidung zwischen einem privatwirtschaftlichen Gütertausch, einer Besteuerung nach individueller Finanzkraft und der Staatsleistung nach individuellem Bedarf ist Grundlage der modernen Verfassungsstaaten. Der Rechtsstaat gewährt Rechte nach Gesetz und Recht, nicht nach Zahlungsfähigkeit. Demokratie ist jedem Bürger verantwortlich, nicht nur dem Kaufkräftigen. Die Republik verwirklicht das Gemeinwohl, nicht nur das Wohl der am Erwerbsleben Beteiligten. Der soziale Staat widmet sich gerade dem Bedürftigen, der ein Leistungsentgelt nicht zahlen kann.

Dementsprechend unterscheiden sich die Maßstäbe für staatliche Leistungen deutlich von denen der Privatwirtschaft. Würde ein Beamter, der dem Fahrtüchtigen einen Führerschein, dem Bauberechtigten eine Baugenehmigung zu erteilen hat, dafür ein Entgelt verlangen, würde der Staat die härtesten Mittel der Gegenwehr einsetzen und den Beamten wegen *Bestechlichkeit* bestrafen. Der Finanzminister folgt nicht dem Prinzip der Gewinnmaximierung, das ihn in die erwerbswirtschaftliche Betätigung in Markt und Wettbewerb drängen würde, sondern ist stets in einer Kultur des Maßes gebunden. Der Steuerzahler gewinnt keinen größeren Einfluss auf das staatliche Verhalten, weil er gezahlt hat; vielmehr trennt das Recht die Maßstäbe der Zahlungspflichten *(Steuern)* strikt von den Staatsleistungen *(Haushaltssystem),* um die Haushaltsentscheidung unbefangen und in Distanz zu dem Finanzier des Staates zu halten.

4. Wozu das Geld gut ist

a) Geld ist ein Werkzeug der Freiheit

Geld ist »geprägte Freiheit«, ist eines der großartigsten Werkzeuge zur Freiheit, die der Mensch je erfunden hat. Während das gegenständliche Eigentum – der Gewerbebetrieb, der landwirtschaftliche Betrieb oder auch die Wohnung – dem Menschen Besitz und Nutzung einer Sache erlauben, gestattet das Geld dem Eigentümer, einen wirtschaftlichen Wert aufzubewahren und diesen gegen beliebige Güter oder Leistungen zu tauschen. In der modernen Geldwirtschaft hat das Geld keinen Gebrauchswert; Dagobert Duck mag in seinen Münzen baden, der Geldeigentümer braucht sein Geld nur als Wertträger und Zahlungsmittel. Heute hat das Geld auch kaum noch einen Materialwert; selbst der Wert von Münzgeld ist gering und erreicht in der Regel nicht den in der Münze vermittelten Geldwert.

Geld dient als Recheneinheit, um Güter zu bewerten oder Preise zu vereinbaren, auch als allgemeines Mittel, um Werte zu übertragen oder aufzubewahren. Geld verkörpert das Vertrauen, die Währungsgemeinschaft werde den im Geld verbrieften Wert in beliebiger Zukunft gegen Waren oder Dienstleistungen einlösen. Dieses *Einlösungsvertrauen* erlaubt dem Geldeigentümer, Tauschwerte zu sammeln, auf andere zu übertragen, zu verleihen und zu nutzen. Geld ist das Werteigentum, das der wirtschaftlichen Nutzung, Verwaltung und Verfügung dient, ist *Blankettinstrument zu ökonomischem Handeln,* ist vergegenständlichte Freiheit zum Wirtschaften.

Geld ist deshalb in besonderer Weise auf Begegnung, Tausch, gemeinschaftliche Einschätzung und Bewertung angewiesen. Während ein Eigentümer sein Sacheigentum – sein Grundstück, sein Musikinstrument, sein Buch – als Einzelperson, als einsamer Eigentümer nutzen kann, ist das Geldeigentum nur in der Begegnung mit anderen nutzbar. Die Eigentümerfreiheit des Geldeigentums ist *auf eine ihr entgegenkommende Freiheit des anderen angelegt,* ist die Freiheit zum Tausch, ist in die Entwicklung der Rechts- und Wirtschaftsgemeinschaft eingebunden. Der Geldeigentümer verfügt über einen entwicklungsoffenen Wert, der von der Einlösungsbereitschaft durch Privatwirtschaft, Staat und Gesellschaft abhängt. Hinzu tritt eine allgemein bewusste, aber schwer greifbare Sozialbindung des Geldeigentums, die auch die Verteilung dieses Eigentums betrifft: Da die Wahrnehmung der Freiheitsrechte fast immer Geldmittel voraussetzt, ist dem Staat daran gelegen, das Geldeigentum für jedermann zugänglich zu machen und in seinem Wert zu sichern. Deswegen neigt der Staat dazu, insbesondere auf Geldbewegungen zuzugreifen, also Einkommen und Umsatz zu besteuern. Das Geldvermögen ist nicht in gleicher Weise gegen staatlichen Zugriff geschützt wie das Sachvermögen.

Das Geldeigentum sichert individuelle Existenz und stützt persönliche Freiheit, befähigt den Eigentümer zum Tausch seines Geldes gegen die von ihm ausgewählten Güter. Das Sozialhilferecht gibt dem Bedürftigen deshalb grundsätzlich Geld und nicht nur Sachgüter, behält ihm damit die freie Entscheidung zur Nachfrage nach eigenem Belieben vor. Würde die Sozialbehörde dem Bedürftigen Nahrungsmittel und Kleidung zuteilen, würde sie den Konsum des Empfängers bevormunden. Geld hingegen überlässt ihm die Kaufentscheidung und *vermittelt damit Freiheit.* Diese Freiheit schützt das Recht grundsätzlich in einer Berechtigung zur beliebigen Nachfrage.

b) Geld bietet die Freiheit für Wissende

Wenn ich meinem Enkel ein Spielzeugauto im Wert von zehn Euro schenke, freut er sich über das Geschenk, das er in die Hand nimmt, hin und her schiebt, dabei Türen und Motorhaube öffnen kann, das seine Spielphantasie lebhaft anregt. Würde ich ihm stattdessen zehn Euro schenken, hätte diese Gabe für ihn praktisch noch keinen Wert. Kündigte ich hingegen meinem Sohn an, ich wolle für ihn ein Auto kaufen, das ich bereits ausgesucht und auch in der Detailausstattung vorbestimmt hätte, so würde er mir nahe legen, ihm die entsprechende Geldsumme zu schenken, weil er sein Fahrzeug selbst auswählen wolle. Geld befähigt den Wissenden zur Freiheit, der den Markt und seine Bedingungen kennt, der für die Nachfrage schon hinreichend ausgebildet ist. Der junge Doktorand am Anfang seiner Arbeit erbittet Literaturempfehlungen, um die für ihn förderlichen Bücher zu kaufen. Hat er seine Arbeit vollendet und ist in seinem Fach Spezialist geworden, kann er uns für unsere Institutsbibliothek Kaufempfehlungen geben.

Diese Freiheit des Wissenden führt zu individuellem Eigentum, das gänzlich durch die Erwerbsentscheidung des Eigentümers bestimmt ist. Oft hat das individuelle Sacheigentum – die eigene Wohnung, die eigene Bibliothek oder das eigene Auto – für den Eigentümer einen höheren Wert als das wertentsprechende Geldeigentum, weil es für die Bedürfnisse des Eigentümers ausgewählt und ausgestaltet worden ist. In anderen Fällen bevorzugt der Eigentümer das Geldeigentum, weil er sich die Einlösungsentscheidung und damit ein Stück ökonomischer Freiheit noch offen halten will. Enteignet der Staat aus Gründen des Gemeinwohls ein Sacheigentum, muss er dieses in Geld entschädigen, die Bestandsgarantie also durch eine Wertgarantie ersetzen.

Die Freiheit des Geldeigentümers hängt von der Währungsgemeinschaft ab, ihrer Verlässlichkeit, das Geld wie versprochen einzulösen. *Garant des Geldwertes ist herkömmlich eine Nationalökonomie,* eine Volkswirtschaft, die für das Gebiet eines bestimmten Staates Wert und Einlösung des Geldes sichert. Das Geldeigentum ist nicht eine vorgefundene Rechtsposition, wie Leben oder körperliche Unversehrtheit, sondern ein rechtlich geschaffenes, von Volkswirtschaft, Staat und Rechtsordnung abhängiges Recht. Der Eigentümer wird den Wert seines Geldeigentums nur wahren und mehren, wenn er diese Wertbedingung einzuschätzen und zu würdigen weiß.

c) Geld ist sterblich

Der Geldwert entspricht dem Preis der für dieses Geld einlösbaren Waren- und Dienstleistung. Geld spiegelt den Wert eines Gutes, der von der jeweiligen Lebenslage abhängt. Sand im Sandkasten ist ein Wirtschaftsgut, Sand in der Wüste Gemeingut, Sand im Getriebe ein Schaden. Für ein Glas Wasser zahlt der Durstige in Deutschland vielleicht 50 Cent, kurz vor dem Verdursten in der Wüste gibt er sein Vermögen.

Der Geldwert unterliegt ständigen Veränderungen. Die frühere Deutsche Mark war eine besonders stabile Währung, hat aber in den

40 Jahren seit dem 20. Juni 1948 zwei Drittel ihrer ursprünglichen Kaufkraft eingebüßt. Das Preisniveau hat sich – gemessen am Preisindex für Lebenshaltung – um jährlich durchschnittlich 2,7 % erhöht. Geld ist also ebenso sterblich wie die Arbeitskraft des Menschen. Die im Geld dargestellte Kaufkraft misst sich nach dem Gesamtangebot von Gütern und Dienstleistungen, nach dem Marktgeschehen im Währungsgebiet, aber auch nach der Geldmenge, für die jeweils die Zentralbank eine wesentliche Verantwortung trägt. Doch auch der Privatmann kann Geld schöpfen, wenn er mit seiner Kreditkarte bezahlt oder seine Bank zu anderen Einlösungsversprechen veranlasst. Der Geldwert hängt auch von den durch die Vertragspartei vereinbarten Preisen, den von den Tarifvertragsparteien abhängigen Löhnen, den gesetzlich geregelten Steuern und Gebühren sowie einer Vielfalt von Einschätzungen und Bewertungen durch den Markt ab.

Gleichermaßen bestimmt sich der Geldwert durch seinen *Außenwert,* also den Kurs für den Umtausch des Geldes in andere Währungen. Eine staatliche Währungsordnung allein kann den Wert seiner Währung nicht garantieren. Der Garant des Einlösungsvertrauens ist nicht nur ein Verfassungsstaat oder seine Volkswirtschaft.

Vor 20 Jahren haben wir bei den Staatshandelsländern in Mittel- und Osteuropa erlebt, wie sehr der Wert des Geldes auch von der Leistungsfähigkeit eines Wirtschaftssystems abhängt. Kann die Wirtschaft die gewünschten Waren und Dienstleistungen nicht in genügender Zahl anbieten, versagt die Kaufkraft des Geldes. Die Mangelgüter werden zunächst sehr teuer, schließlich verliert das Geld seinen Wert und die Menschen kehren zur Tauschwirtschaft zurück. Der Nachfrager hat nicht Geld auf dem Konto, sondern zehn Reifen auf Vorrat in der Garage, bietet vier davon an, um sie gegen sechs Hemden zu tauschen. Von diesen nutzt er dann zwei selbst, bewahrt wiederum vier auf, um sie später als Zahlungsmittel für den Erwerb von Heizmaterial einzusetzen. Das Geld setzt die Leistungsfähigkeit und freiheitliche Offenheit der Wirtschaft voraus, deren Werte sie repräsentiert. Andererseits ist das Geld die Bedingung eines freien Leistungsverkehrs, der Beweglichkeit des Marktes, auch der Konzentration auf Großprojekte und langfristige Vorhaben.

d) Zwangsumtausch: DM gegen Euro

Als die Deutsche Mark durch den Euro ersetzt worden ist, *wechselte der Garant des Geldwertes.* An Stelle der Währungsgemeinschaft Deutschland trat eine europäische Währungsgemeinschaft der am Euro beteiligten Mitgliedstaaten der Europäischen Union. Das Bundesverfassungsgericht hatte sich damals mit der Frage auseinander zu setzen, ob das bei deutschen Sparern und Geldeigentümern ausgeprägte Vertrauen in die Deutsche Mark und die Deutsche Bundesbank durch staatlichen Hoheitsakt in ein Vertrauen in die damaligen großen Unbekannten – Euro und Europäische Zentralbank – übergeführt werden darf. Ich hatte mit dieser Frage als Berichterstatter des Verfahrens im Grundsatz wenig Mühe. Das Grundgesetz war im Dezember 1992 ausdrücklich durch die Ermächtigung ergänzt worden, die Aufgaben und Befugnisse der Bundesbank im Rahmen der Europäischen Union auf die Europäische Zentralbank zu übertragen. Zugleich hatte der deutsche Gesetzgeber dem Vertrag über die Europäische Union zugestimmt, in dem vereinbart war, dass Deutschland unter bestimmten Rechtsvoraussetzungen in eine Währungsunion einbezogen werden kann, die Deutsche Mark deshalb nach Einführung einer einheitlichen Währung in den Euro umgerechnet und deshalb in dieser europäischen Währung aufgehen wird. Der Zwangsumtausch war also verfassungsrechtlich und europarechtlich gutzuheißen.

Deutschland darf allerdings der Europäischen Union *nur als Stabilitätsgemeinschaft* beitreten und angehören. Die Verpflichtung auf die Stabilität des Geldwertes ist notwendige Grundlage für eine langfristige staatliche Haushaltspolitik, ebenso für private Planungen und Investitionen, vor allem aber für die Sparer und sonstigen Geldeigentümer, die mit jeder Inflation jeweils ein Stück ihres Privateigentums verlieren. Wenn die Europäische Währungsunion eine Inflation hinnimmt, lässt sie insoweit eine entschädigungslose Enteignung der Geldeigentümer zu, während die Sacheigentümer von dieser Entwicklung nicht betroffen sind. In dieser Frage ist die deutsche Gesellschaft nach ihren Erfahrungen mit zwei Währungszusammenbrüchen besonders sensibel. Das Bundesverfassungsgericht hat deshalb daran mitgewirkt, die Stabilitätsanforderungen mit dem Instrumentarium des

Rechts zu verschärfen und langfristig verbindlich zu machen. Glücklicherweise hat die Währungsunion des Euro sich inzwischen als Stabilitätsgemeinschaft festigen können. Zwar haben sich einige Regierungen der Mitgliedstaaten bemüht, die Stabilitätskriterien zu lockern, um in ihrer Staatsverschuldung fortfahren zu können; diese Angriffe waren aber nicht erfolgreich.

e) Geld arbeitet nicht

Geld wird noch mehr zu einer Freiheit nur für Wissende, wenn der Geldeigentümer nicht Güter zum eigenhändigen Gebrauch erwirbt, sondern sein Geld anlegt, damit das Kapital arbeite und ihm weitere Erträge in Geld bringe. Dieses Stichwort vom *arbeitenden Kapital* lenkt von dem Menschen ab, der mit dem Kapital arbeitet und Erträge erzielt. Das Geld ist das potenzielle Handwerkszeug, das wir dem Handwerker in die Hand geben, damit er leichter und ertragreicher arbeiten kann. Ohne Handwerker aber liegt das Handwerkszeug brach, bleibt ungenutzt und verliert letztlich an Wert. *Geld arbeitet nicht, sondern erleichtert die Arbeit.*

Hier liegt die Macht der Banken und Anlagespezialisten. Sie nutzen fremdes Geld als Freiheit der Wissenden, kennen die Handwerker, die Handwerkszeug brauchen, beobachten Qualifikation und Leistungskraft der Arbeitenden in ihrer Entwicklung, ebenso die Güte und Modernisierung der Handwerkszeuge, kennen auch die Nachfrager nach bestimmten Werkstücken und das Desinteresse an anderen Gütern.

Besonders Wissende kaufen für Geld Geld, tauschen Euro in Dollar oder Yen, wechseln in Sekundenschnelle ihre Beteiligungen an verschiedenen Betrieben, erzielen dadurch Börsengewinne, ohne den mit ihrem Geld arbeitenden Menschen, sein Werk und die Wirkung seines Werkes überhaupt nur kennen zu wollen. Das Wirtschaftsleben wird gegenstandslos, begegnet den Menschen und Produkten nur noch mittelbar, verliert sich in Abstraktionsgrößen wie Produktivität, Angebotsmenge, Nachfragepotenzial, Humankapital. Aus der Arbeit am konkreten Werkstück, der Dienstleistung für den individuellen Kunden werden Hoffnungen, Spekulationen, Wetten. Der Anleger arbeitet nicht an der Werkbank und nicht mit Menschen, sondern lässt sein Kapital arbeiten, sitzt angespannt an seinem Computer, um es jeweils dorthin zu schicken, wo er die größte Rendite erhofft.

Diese virtuelle Welt des Wirtschaftens schwächt Verantwortlichkeit. Der Anlegende sieht das Werk nicht, das mit seinem Geld hergestellt wird, er schaut keinem Kunden ins Gesicht, erlebt also nicht dessen Zufriedenheit oder Enttäuschung. Er entscheidet nicht, ob er Mehl oder Müll herstellt, sondern bestimmt allein über seine Renditeerwartungen. Er trägt keine persönlich spürbare Verantwortung für einen Standort, eine Branche, die Entwicklung eines Produkts oder die Ausbildung für eine Dienstleistung. Sein Handlungsinstrument ist sein Computer, sein Gesprächspartner allenfalls der Anlageberater. Der Mensch in seinen Bedürfnissen, der Arbeitende in seiner Kraft und Leistungsfähigkeit, die Begegnung von Menschen in der Kultur ihrer Nachfrage und ihres Angebots sind ihm fern. Sein Markt ist nicht der Wochenmarkt, in dem er sein Gemüse und seine Blumen kauft, sondern die Börse, die er nicht betritt, an der er sich nur maschinell beteiligt. Führen seine Spekulationen zur Insolvenz eines Unternehmens, klagt er nicht über die menschliche Tragik dieses Geschehens, sondern über den Wertverlust seines Papiers. Diese Erfahrung lehrt ihn, mit »modernen« Finanzprodukten nicht nur auf den Gewinn eines Unternehmens, sondern auch auf dessen Verlust zu spekulieren, also an jeder Wertbewegung profitabel beteiligt zu sein. Der Verlust an Unmittelbarkeit zerstört jede individuelle Verantwortlichkeit des Anlegers für die Wirkungen seiner Kapitalmacht.

Deswegen sollte der Anleger *über die Wirkungen seines Kapitals unterrichtet* werden, die Art und Weise seiner Nutzung – zum Bau von Staudamm oder Kaserne – rechtsförmlich gutheißen müssen, vielleicht auch mit einer Bilanz über die Folgewirkungen seines Wirtschaftens für die Qualitätsstandards – Lebensmittel oder Schädigungsmittel, sichere oder riskante Energie –, für die betroffene Region, den Inlandsmarkt und die Umwelt konfrontiert werden. Langfristig stellt sich völkerrechtlich die Frage auch einer Anlegerhaftung. Eigentümergewinne ohne Eigentümerhaftung entsprechen nicht der Idee des privatnützigen Eigentums.

Geld bleibt geprägte Freiheit, *prägt aber auch die Freiheitskultur einer Gemeinschaft.* Mir sagte einmal ein sehr erfahrener, durch den Erfolg aber zynisch gewordener Manager, dass mit Geld alles käuflich sei. Und in der Begeisterung für diesen Gedanken verstieg er sich zu der These, selbst ein Mord sei eine Frage des Preises. Diese Überlegung zum Ungewollten zeigt uns erneut, dass die Macht des Geldes in die Rechtskultur unserer Werte eingebunden werden muss. Deshalb ist ein Kind, eine Adoption, niemals käuflich. Die Bildung unserer Kinder darf nicht von der Zahlungsfähigkeit ihrer Eltern abhängig gemacht werden. Recht, insbesondere eine Gesetzgebung oder ein Verwaltungsakt, lässt sich nicht kaufen und wird durch Strafvorschriften zur Bestechlichkeit gegen jeden Korrumpierungsversuch abgeschirmt. Die wissenschaftliche Suche nach der Wahrheit, die öffentliche Kritik an der Politik oder die Prüfung der Berufsqualifikation junger Menschen bleiben schlechthin außerhalb des Herrschaftsbereichs des Geldes. Auch der Kampf um das Geld tobt auf einer rechtlich begrenzten Arena.

5. Die Logik der Kapitalgesellschaft

Das Geld entfaltet seine Gestaltungs- und Entwicklungskraft besonders eindringlich, wenn es zur Gründung von Betrieben dient. Wenn drei Menschen sich zu einem gemeinsamen Erwerbsunternehmen zusammenschließen, bringt der erste vielleicht die Arbeitskraft eines Schreiners, der zweite das Betriebsgrundstück und der dritte die für die Schreinerei benötigten Maschinen und Handwerkszeuge mit. Ist der Schreiner aber Möbelschreiner, sind die Maschinen nur für eine Bauschreinerei geeignet und liegt das Grundstück in einem Gebiet, das einer Kunstschreinerei die besten Erwerbschancen bietet, passen unsere drei Firmengründer schon nicht mehr zusammen. Hier hilft die Geldwirtschaft. Der erste bringt seine Arbeitskraft als Möbelschreiner mit. Der zweite und der dritte tragen das Geld dazu bei, um Grundstück, Maschinen und Handwerkszeuge passgenau für die Gründung einer Möbelschreinerei zu kaufen. Das Geld bietet beliebiges Betriebsvermögen, erlaubt den Erwerb zusätzlicher Arbeitskraft, erschließt neue Märkte durch Werbung, öffnet den Betrieb für hunderte und tausende von Kapitalgebern, bewegt die Leistungskraft des Betriebes in der Leichtigkeit des Kapitalmarktes von einem Kontinent zum anderen. Geld ist die grandiose Idee wirtschaftlicher Leichtigkeit, unternehmerischer Behändigkeit, schier schrankenloser Tauschbarkeit.

a) Der Erfinder der Eisenbahn braucht die Erfindung der Kapitalgesellschaft

Unsere arbeitsteilige Wirtschaft braucht diese Betriebe, in denen sich mehrere Personen zu einer Personen- oder Kapitalgesellschaft zusammenschließen, um gemeinsam ihrem Erwerb nachzugehen. Wenn sich eine Erwerbseinheit zu einem solchen Unternehmen verselbstständigt, verstetigt diese Firma Produktion und Handel, macht sich von den Firmengründern unabhängig. *Die juristische Person scheint unsterblich.*

Die Kapitalgesellschaft *bündelt das Kapital* einer unbegrenzten Anzahl von Menschen, finanziert damit Großunternehmen, deren Leistungskraft den Anforderungen der modernen Industriegesellschaft genügt. Das Unternehmen organisiert die Struktur einer Arbeitsteilung, in der eine Abteilung das Auto konstruiert, die andere die für die Produktion benötigten Materialien beschafft, die dritte das Auto zusammenbaut, die vierte den Kunden sucht, die fünfte das Auto liefert und die sechste die Fahrzeuge später prüft und repariert. Diese Organisation erlaubt den Arbeitnehmern eine Spezialisierung, die Verlässlichkeit und Erfolg der Arbeit steigert. Hat das Unternehmen viel Geld, kann es die handwerkliche Arbeit, weitgehend auch die Verwaltung und Kontrolle den Maschinen und Computern überlassen, die Menschen damit für schöpferische Tätigkeiten, für die Begegnung und Betreuung von Kunden, für die humane Begleitung des Arbeitslebens freistellen. Die Unternehmen halten Arbeitsplätze, Produktionsstätten, Kaufhäuser, Dienstleistungszentren, Energieversorger, Kommunikationslinien, Verkehrsbetriebe oder Medien bereit. Moderne Formen des Wirtschaftens oder der Technik, des Arbeitslebens oder der Versorgung wären ohne diese Struktur der Unternehmen nicht möglich.

Die Erfindung der Dampflokomotive brauchte die Kapitalgesellschaft, um die großen Eisenbahnlinien zu bauen. Die Produktion von Autos, das Fördern von Öl, der Ausbau eines Telefonnetzes und die Begründung von Fluglinien sind ohne Kapitalgesellschaft undenkbar. Wenn eine solche Gesellschaft ein Grundstück vermietet, eine Maschine angeschaltet, eine Telefonleitung verlegt oder ein Urheberrecht verkauft hat, dann arbeitet dieses Kapital selbstständig. Zwar muss die Kapitalnutzung durch den Menschen geleitet, überprüft und erneuert werden. Der handelnde Mensch aber erzielt Wirkungen, die er allein durch seine Arbeit niemals erreichen würde.

Dennoch war die Kapitalgesellschaft im 18. Jahrhundert insbesondere in England *jahrzehntelang verboten*. Ein Organisationsmodell, das Firmeneigentum und Firmenleitung voneinander trennt, das dem Management das Geld anderer Leute anvertraut, erschien als Weg in die Nachlässigkeit und Verschwendung, in Korruption und Skandal. Die Entwicklung zu einem Wirtschaftssystem, in dessen Mittelpunkt die juristische Person, nicht die natürliche Person – der Mensch – steht, war jedoch unaufhaltsam. Zunächst wurde die Haftung der Menschen auf die juristische Person beschränkt, wenn sie in deren Namen handelten. Die Geschäftsführer einer juristischen Person konnten sich also auf einen Handel einlassen, der unbeschränkte Gewinnchancen bot, das Risiko des Verlustes aber auf das Firmenvermögen beschränkte.

Sodann wurde die Bestimmung aufgehoben, ein Unternehmen dürfe keine Anteile an einem anderen Unternehmen besitzen. Firmen in privater Hand traten immer weniger im freien Wettbewerb gegeneinander an, immer mehr bildeten sich große Konzerne, die sich oft im Besitz von mehreren tausenden, gelegentlich von mehreren hunderttausend Aktionären befanden, die keinen Einfluss auf das Unternehmen hatten, dennoch aber eine gewaltige Kapitalmacht für das Unternehmensmanagement oder für die Banken bereitstellten. Die Kapitalgesellschaft ohne Fleisch und Blut verlor an Verständnis, Mitgefühl, Begegnungsfähigkeit zu den Menschen, je mehr sie auf den alleinigen Auftrag verpflichtet wurde, für ihre Aktionäre Geld zu verdienen. Ein Manager, der soziale Verantwortung für das Wohlergehen seiner Arbeitnehmer zu seinem Hauptziel erklärte, seine Produkte für seine Kunden planmäßig verbilligte, vorrangig für Umweltschutz oder Entwicklungshilfe arbeitete, würde entlassen werden.

Der historische Modellfall ist der Prozess des Autokonzerngründers *Ford gegen die Gebrüder Dodge,* die sich im Jahre 1906 mit einer Einlage in Höhe von 10 500 Dollar an der Gründung seines Unternehmens beteiligt hatten. Ford wollte seinen Arbeitern einen erheblich höheren Lohn als damals üblich zahlen und die Preise für seine Kunden jährlich senken. Die Brüder Dodge hingegen machten geltend, Ford dürfe das ihnen als Aktionäre zustehende Geld nicht an Kunden verschenken. Der Richter gab den Aktionären Recht. Eine Kapitalgesellschaft sei in erster Linie darauf angelegt, Gewinne für die Aktionäre und nicht Vorteile für andere zu erzielen. Heute gibt es Gesetze, die Führungs- und Aufsichtskräfte verpflichten, die Interessen der Aktionäre über alles andere zu stellen. Der Vorstand wird in Quartalsberichten, in den Einschätzungen der Analysten, im täglich mehrfachen Blick auf die Börsenkurse, in den Beobachtungen der zur feindlichen Übernahme bereiten Konkurrenz, in den Erwartungen der Aktionäre und der optionsberechtigten gehobenen Angestellten und durch seine eigene Gewinnbeteiligung gedrängt, ausschließlich und kurzfristig für die Rendite – für Kurse und Dividenen – zu arbeiten.

b) Handeln ausschließlich im Dienst der Aktionäre?

Der Bundesgerichtshof hat im Fall *Mannesmann/Vodafone* diese ausschließliche Ausrichtung unternehmerischen Handelns auf die Kapitalgeber bestätigt und verstärkt. Das Präsidium der ehemaligen Mannesmann AG hatte nach der Übernahme des Unternehmens früheren Mitgliedern des Vorstandes hohe Anerkennungsprämien zugesprochen, die für die Zukunft der Gesellschaft nutzlos waren. Dieser Fall zeigt, dass die Rechtsordnung für derartige Zahlungen eine Kultur des Maßes entwickeln muss. Sie könnte insbesondere diese Absprachen in Frage stellen und eine Rückzahlung des Geldes anordnen. Dieser Weg allerdings führte im Fall Mannesmann zu keiner Korrektur, weil das Unternehmen Vodafone, das inzwischen alleiniger Inhaber der Mannesmann AG ist, sein Einverständnis mit den Prämien erklärt hat.

Der Bundesgerichtshof sucht mit dem Instrumentarium des Strafrechts ein Maß des Angemessenen, verstärkt damit aber ungewollt eine Entwicklung zur Maßlosigkeit. Die Präsidiumsmitglieder seien Verwalter fremden Vermögens, deshalb verpflichtet, »ausschließlich und uneingeschränkt im Interesse des Vermögensinhabers« zu handeln, und dürften das anvertraute Vermögen nicht nutzlos hingeben. Einem Einzelunternehmer bliebe es unbenommen, einem verdienten Mitarbeiter aus seinem Betriebsvermögen eine freiwillige Sonderzahlung zuzuwenden, auch wenn hierdurch dem Unternehmen kein Vorteil erwachse. Dem Verwalter eines fremden Vermögens hingegen sei diese Möglichkeit versperrt.

Die Strafverfahren betreffen die einzelnen Angeklagten unterschiedlich und sind im Ergebnis noch offen. Von dem Urteil des Bundesgerichtshofs aber geht ein rechtliches Signal aus, das nicht eine Kultur des Maßes begründet, sondern die Ausschließlichkeit der Gewinnmaximierung für die Aktionäre auf die Spitze treibt. Es sieht die Kapitalgesellschaft nicht als im Wirtschaftsleben verantwortliches Unternehmen, sondern nur als Aktionärsveranstaltung. Wenn Vorstand und Aufsichtsrat ein aufwändiges Unternehmensprogramm für den Schutz der Menschenrechte beschließen, den Umweltschutz auch jenseits der rechtlichen Standards fördern, eine neue Unternehmenskultur der Gewinnbeteiligung auch der Arbeitnehmer einführen oder eine gemeinnützige Spende machen wollen, so bedarf es einer grundsätzlichen Auseinandersetzung über die Frage, ob die modernen Großunternehmen ausschließlich ihren Aktionären zu dienen haben oder ob sie in ähnlicher Weise auch ihren Arbeitnehmern, ihren Kunden und den Menschen ihres Standortes verpflichtet sind.

Die Großkapitalgesellschaften haben inzwischen eine *wirtschaftliche Kraft* und auch eine *politische Macht* gewonnen, die rechtliche Verantwortlichkeiten für alle vom Unternehmen betroffenen Menschen zur Folge haben müssen. Das Zusammenwirken von Kapital und Arbeit ist heute in den Mitbestimmungsbefugnissen von Arbeitgeberverbänden und Gewerkschaften anerkannt. Die Verantwortlichkeit des Unternehmens für seine Kunden wird in einem verstärkten Verbraucherschutzrecht eingefordert. Unternehmenspflichten für die Umwelt und den Standort werden durch Gesetzgeber und Rechtspolitik deutlich gesteigert. Diese Pflichten verengen die Chancen der Aktionäre auf Gewinnmaximierung nicht nur als Gegenprinzip zum eigentlichen Unternehmenszweck, sondern bestimmen als gleichrangige Handlungsaufträge die Struktur des Unternehmens. Die Kapitalgesellschaft ist das zentrale Organisationsprinzip modernen Wirtschaftens, nicht nur eine Veranstaltung der Kapitalgeber.

Das Bundesverfassungsgericht hat im *Mitbestimmungsurteil* offen gelassen, ob Kapitalgesellschaften, die von der Willensbildung ihrer Mitglieder weitgehend unabhängig handeln, sich noch in freier Vereinigung ihrer Mitglieder selbst bestimmen, deswegen die verfassungsrechtlich garantierte Vereinigungsfreiheit in Anspruch nehmen können. Größere Kapitalgesellschaften könnten »nur bedingt als Träger des Prozesses freier sozialer Gruppenbildung angesehen werden«. Deswegen bleiben Zweifel, ob eine Kapitalgesellschaft eine Vereinigung ist, die stetig an Person und Willen ihrer Aktionäre gebunden ist, oder eine rechtlich verselbstständigte Wirtschaftsorganisation, die Arbeitgebern und Arbeitnehmern, Kunden und Lieferanten die Grundlage zur Wahrnehmung ihrer Freiheiten bietet. *Die juristische Person ist mehr Wirtschaftsunternehmen als Kapitalgesellschaft,* die Aufsichtsratsmitglieder sind eher Unternehmensvertreter als Anteilseignervertreter.

Inzwischen haben die großen Kapitalgesellschaften sich im weltoffenen Markt mit ihren Tochtergesellschaften ausgebreitet, entziehen sich damit den nationalen Rechtsordnungen und treffen mit ihrer Standortwahl auch eine Entscheidung über das einschlägige Recht. Wem in Deutschland die Löhne zu hoch, die Steuern zu drückend, die Mitbestimmung zu streng, das Umweltrecht zu anspruchsvoll oder die Arzneimittelzulassung zu akribisch ist, *weicht in einen anderen Staat mit niedrigeren Rechtstandards* aus, kann damit auch Staaten mit hoher Rechtskultur ins Hintertreffen bringen und Staaten mit einem noch unterentwickelten Recht bevorzugen. Den Unternehmen ist es gelungen, die Staatsregierungen in eine Konkurrenz um ein unternehmensfreundliches Arbeitsrecht, Steuerrecht, Umweltschutz- und Verbraucherschutzrecht, um möglichst großzügige Infrastrukturleistungen und Investitionshilfen, um ein möglichst verhaltenes Programm der sozialen Sicherung zu bringen. Vielfach haben die Weltkonzerne sogar ein Denken angestoßen, das dieses Bemühen der Staaten um Industrieansiedlungen und Arbeitsplätze als »Wettbewerb« qualifiziert. Dieser Wettbewerbsgedanke kann jedoch einen korrumpierenden Machtverlust der Staaten gegenüber der Mächtigkeit der Konzerne nicht rechtfertigen, weil ein Staat über das Recht und die treuhänderisch gebundenen Finanzmittel nicht wie über Waren oder Dienstleistungen in freier Konkurrenz verfügen kann, über sie vielmehr in verfassungsrechtlicher Bindung einer zuteilenden, nicht einer ausgleichenden Gerechtigkeit entscheidet.

c) Unternehmerischer Verhaltenskodex

Gegen die Mächtigkeit der Kapitalgesellschaften bilden sich inzwischen Gegenmächte, private gemeinnützige Organisationen wie Greenpeace, Amnesty International oder Antikorruptionsverbände, die insbesondere für Menschenrechte, Umweltverantwortung und ein mitmenschliches Fundament der Integrität und des Vertrauens streiten.

Auch die Unternehmen selbst beginnen nachhaltig, sich auf allgemeinverantwortliches Handeln zu verpflichten. Viele Großunternehmen sind dem *Global Compact* beigetreten, einer Initiative der Vereinten Nationen, in der die Unternehmen für ihren gesamten Einflussbereich einen Katalog von Grundwerten auf dem Gebiet der Menschenrechte, der Arbeitsnormen, des Umweltschutzes und der Korruptionsbekämpfung anerkennen, ihn unterstützen und in ihrem Handeln gegenüber Mitarbeitern, Geschäftspartnern, Kunden und der Öffentlichkeit mit Nachdruck vertreten. Manche Unternehmen suchen darüber hinaus durch eigene Leitlinien oder einen Verhaltenskodex Kunden, Kollegen, Geschäftspartner und Gesellschafter auf weitergehende ethische Grundprinzipien zu verpflichten. Ich habe selbst an dem Verhaltenskodex für ein großes deutsches Versorgungsunternehmen mitgewirkt und dabei in vielen Samstagssitzungen im Unternehmen erlebt, wie ernst die Unternehmensleitung ihre Verantwortung gegenüber Kunden und Geschäftspartnern, Mitarbeitern und Aktionären, aber auch der Gesellschaft insgesamt nimmt. Hier wächst eine noch zarte Pflanze einer unternehmerischen Verantwortungskultur heran.

6. Der Konzern bestimmt, was wir essen, wie wir uns kleiden, welche Autos wir fahren

Ein Konzern wirkt mit Massenprodukten anders als ein Handwerker, der ein Einzelstück auf Bestellung herstellt. Die Konzerne bestimmen, was wir essen, wie wir uns kleiden, welche Autos wir fahren, welche Kommunikationsmittel uns angeboten werden, welche Sportarten wir ausüben, welche Fernsehsendungen wir anschauen. Der Großkonzern *erspürt* weniger den Bedarf des Nachfragers, sondern *schafft* durch tägliche Werbung einen Bedarf. Diese Bestimmungsmacht über unser Wollen und Handeln, über unsere Freiheit begründet eine Allgemeinverantwortlichkeit, die jedenfalls nicht ausschließlich auf den Auftrag verengt werden darf, das Eigentum der Anteilseigner zu mehren. Daraus erwächst dem Vorstand eines Unternehmens nun nicht eine Fülle von Einzelpflichten, die seinen unternehmerischen Entscheidungsraum beengen. Vielmehr löst diese Gesamtverantwortung den Vorstand aus der Dominanz einer Verpflichtung gegenüber dem Anteilseigner und stellt ihn in den Auftrag eines Zielbündels, das der Global Compact der Vereinten Nationen formuliert hat. Dieser Auftrag zur Weitsicht und Umsicht überwindet die Enge einer bloßen Verpflichtung gegenüber dem Kapitalgeber, wie sie gegenwärtig noch das deutsche Aktienrecht und die strafrechtliche Rechtsprechung zur Untreue vertreten. Er stellt uns eine anspruchsvolle Erneuerungsaufgabe vor Augen.

Mächtige Konzerne werden allerdings auf ihrem Konzept eines ausschließlich dem Kapitalgeber dienenden Unternehmens beharren und androhen, nur unter dieser Voraussetzung einen Standort in Deutschland oder Europa beibehalten zu wollen. Diese Drohung beansprucht jenseits des Weltmarktrechts Ungebundenheit und Willkür. Sie unterstellt, dass auch dem Unternehmen, das seinen Sitz außerhalb Deutschlands oder Europas wählt, der europäische und deutsche Markt beliebig zugänglich sei. Knüpft das Recht aber den Verbraucherschutz, den Umweltschutz, den Menschenrechtsschutz und die Steuerlast an den Ort des Kaufes, weil der Käufer und Konsument nur Waren und Dienstleistungen bestimmter kultureller Prägung entgegennehmen soll, so dürfte ein Gleichgewicht der Kräfte gefunden werden, das bald zu einer kulturell flankierten und gestützten Marktfreiheit zurückfinden wird. Auch die Bedingungen der Arbeit können nicht ins Belieben verlegt werden, bestimmen sich zwar nach Recht und Kultur des Arbeitsplatzes im Ausland, treffen aber auf Maßstäbe einer internationalen Arbeitsorganisation. Zudem kann ein Land, das von Köpfen und nicht vom Kapital lebt, bei der Überlassung von Patenten, Nutzungsrechten und Techniken auch den dortigen Arbeitsmarkt beeinflussen. *Jedenfalls muss das provozierende Dogma der Weltkonzerne, allein den Anteilseignern dienen zu wollen, durch die Freiheitsrechte aller Wirtschaftsbeteiligten widerlegt werden.* Die neuen Verhaltenskodices der Weltunternehmen haben einen kleinen blühenden Baum der Rechtskultur gepflanzt, der kräftig wachsen und weithin sichtbar sein wird.

X. Aufbruch in den Garten der Freiheit

1. Das Märchen von der Habelust

Es war einmal ein Fürst, der mit Umsicht regierte und als weise galt. Doch war ein jedes Ding im Land sein Eigen – die Äcker und die Häuser, die Werkstätten und Betriebe, die Handelsstätten und Bauhütten, die Mühlen und das Mehl. Alle Bewohner gingen des Morgens an die Arbeit, um den Reichtum des Fürsten zu mehren. Sie taten's mit Unlust und wenig Mut. Die Äcker brachten kargen Ertrag und die Mühlen mahlten langsam. Aus den Schmieden hallten rar die Hammerschläge und die Minen brachten schwachen Gewinn. Doch sobald das Werk für den Fürsten getan war, wurden die Untertanen fleißig in Heimlichkeit. Das Land war arm, die Schatulle des Fürsten blieb schmal.

Weil der Fürst aber als weise galt und den Menschen zugetan, brachen einige auf von den Feldern, den Schmieden und Minen und gingen zu ihm: »Gib uns Freiheit, Fürst, von der Fron für deinen Beutel! Und gib uns zu Eigen, was wir erarbeiten! Das Land wird blühen, wenn jeder zu seinem eigenen Nutzen wirtschaften kann!« – »Es mag so sein«, sprach der Fürst, »doch sehe ich nicht, wovon ich soll leben. Wie soll ich die Minister bezahlen, die wehrhaften Mauern gegen die Feinde errichten und Lehrer entlohnen für die Bildung der Kinder?« – »Gib Freiheit, Fürst«, sprachen die Abgesandten, »und du wirst ein Vielfaches haben für deine Aufgaben. Denn wir werden dir reichlich geben von unserem Gewinn und Blüte wird einziehen in unser Land.« Das war dem Fürsten recht, denn er war ein kluger Mann.

Die Bürger gingen von dannen und beschlossen in gemeinsamem Rat, dass ein jeder dem Fürsten übers Jahr 100 Taler bringen müsse. Doch arbeitete der Erste mit großem Geschick, der Zweite aber rührte sich vergebens, dem Dritten verhagelte es die Ernte, dem Vierten zersprang das Werkzeug, dem Fünften geriet der Wurm ins Mehl. Übers Jahr, als es zum Schatzhaus ging, da zahlten die einen die 100 Taler mit leichter Hand, die anderen baten um einen kleinen Aufschub und wieder andere kehrten die Taschen nach außen. Denn sie waren arm und würden's bleiben. Diese wurden ergriffen und in den Schuldturm geworfen. Im Turm aber wuchs kein Korn und ihre Hände konnten sich nicht rühren.

Bald entstand große Ungleichheit im Land und Groll bei den Armen. Und auch dem Fürsten war's zu wenig, was einkam von den Bürgern. Da traten sie erneut zusammen und berieten mit dem Fürsten, wie die Lasten gerechter aufgeteilt werden könnten. »Lasst uns Stände bestellen«, so sprachen sie, »die nehmen nach kluger Art von den einen viele Taler, den anderen wenige. Arme und Reiche sollen gleichermaßen vertreten sein. So wird nach Recht und Augenmaß genommen. Und deine Kasse, Fürst, wird prall sein und überquellen, dass es eine Lust ist.« Der Fürst bewunderte die Klugheit seiner Leute und gab sich darein.

Übers Jahr aber klagte der Fürst den Ständen: »So es auch mehr ist als vordem, so ist es noch lange nicht genug. Die Straßen zerfallen, die Brunnen versickern, die Feste sind trüb, die Wächter harren ihres Lohnes. Beschafft mir mehr Geld! Treibt es mir ein!« – »Wenn wir ausschwärmen und es eintreiben sollen, so drehen sich unsere Mühlen nicht und die Felder bleiben unbestellt.« – »So nehmt«, sprach der Fürst, »einen Teil von dem, was ihr beischafft für euren Ausgleich, dann wird es auch viel sein, was ihr mir bringt.«

Da schwärmten die Mitglieder der Stände aus und drückten und pressten mit Kraft. Sie versprachen den Bürgern viele Freitische, festliche Umtrünke, großes Theater und bessere Häuser. Bald sprachen die Bürger zu sich: »Sind die Mitglieder der Stände noch auf unserer Seite oder sind sie des Fürsten Büttel? Wir bestellten sie doch, um die Last niedrig zu halten und erträglich für jedermann! Sie jagen und treiben, sie prüfen und lauern, ein jegliches zu nehmen, was riecht nach Geld.«

So entstand großer Unfriede im Land und Zorn und Neid. »Steht nicht geschrieben«, rief einer, »im Dritten Buch des Mose: ›Alle Zehnten im Lande, beides vom Samen des Landes und von den Früchten der Bäume, sind des Herrn und sollen dem Herrn heilig sein‹. Der Zehnte aber ist es nicht, was sie uns nehmen. Das Halbe ist es schon von dem, was übrig bleibt!« Und sie schickten Kundschafter aus, um zu sehen, wie es die anderen Länder machten. Die Kundschafter kamen zurück und sprachen: »Da ist ein Land, darin ein König Friedrich herrscht, den sie ›den Großen‹ nennen. Und groß verdient er genannt zu werden. Die Schafe, sagt er, soll man scheren, doch ihnen nicht das Fell abziehen! Niemand soll mehr als die Hälfte von dem zahlen, was er einnimmt.« – »Wohl gesprochen!«, riefen die Leute. Ein anderer Kundschafter trat hinzu: »Und ich war im Frankenland. Dort haben sie den König gar vertrieben und wollen, dass nur noch für die Soldaten und Beamten des Landes Abgaben gezahlt werden!«

Da bestellten sie einen Geheimen Rat, der eine Urkunde entwerfen sollte, was zu geben und was zu lassen, was des Staates sei und was nicht. Doch weil die Urkunde klug und gerecht werden sollte und auch nicht das Kleinste darin ohne Regel, Zügel und Maß bleiben, währte die Beratung lange. Da kam einer von den Bergleuten um guten Rat und drängte auf ein Privilegium, ein altbewährtes schon, ein kleines nur, ohne welches im Land keine Gerechtigkeit herrsche. Der Rat sah's ein. Bald kam einer von den Bauern, der von den Bergleuten nicht wusste. Auch er verlangte ein Privilegium, ein kleines nur und altbewährtes, sonst sei es nichts. Dieser kam und jener kam und der Rat geriet in Not: »So viele Privilegien!« – »Dann gebt doch allen anderen zwei oder drei Privilegien, uns aber 20, nein 30«, riefen die Bittsteller, »denn so muss es sein zum gerechten Ausgleich!«

Da die Bittsteller so viel Gefallen an den Privilegien fanden, sprach schließlich auch der Rat nur noch über diese und wie fein sie zu tarieren seien zum allgemeinen Wohl. »Es wird«, sagte einer, »den Leuten gefallen, wenn nur jeder seine schöne Ausnahme hat.« – »Und was ist mit denen, die dennoch keine Ausnahme haben?« – »Auch diesen schaffen wir eine«, sprach der andere, »lasst uns ein leichtes Rätsel erfinden. Wer es löst, erhält einen Abzug von der allgemeinen Last und glaubt, er hätte ihn, weil er das Rätsel löste, auch verdient!« Und so berieten sie noch lange und kamen zu keinem Ende.

Und da sie nicht ausgestorben sind, beraten sie noch heute.

2. Die Steuer als Ausdruck der Freiheit

Unsere Hydra hat ihr Tarngewand angezogen, verspricht allen Steuerpflichtigen Bevorzugungen und lockt sie so in den Untergang von Gleichheit und Gerechtigkeit. Jeder sucht seinen Steuervorteil, wähnt sich damit glücklich und ahnt nicht, dass er vielleicht drei Privilegien genießt, sein Konkurrent aber 20 und sein Gegner 30. Der Hydra gelingt es mit List und Verschlagenheit, vor der Allgemeinheit der Steuerpflichtigen zu verbergen, dass die Begünstigung des einen die Steuererhöhung für den anderen zur Folge hat. So treibt sie die Steuersätze immer weiter in die Höhe und durchlöchert die steuerliche Bemessungsgrundlage mit immer mehr Ausnahmen. Mit ihren gewaltigen Pranken zertritt sie das Ideal der maßvollen und gleichmäßigen Steuerlast.

Die Steuer ist die Rückseite der Medaille, auf der vorn das Prinzip der Freiheit geprägt ist. Als wir uns Anfang der neunziger Jahre nach dem Fall des Eisernen Vorhangs mit den ehemaligen Staatshandelsländern in Mittel- und Osteuropa auseinander setzen mussten, trafen wir gelegentlich auf Staaten, die nur eine Steuer mit einem Steuersatz von 2 oder auch 5 % kannten. Diese Steuersysteme boten den Bürgern aber nicht das Steuerparadies auf Erden, sondern brachten zum Ausdruck, dass der Staat der alleinige Unternehmer, Arbeitgeber und Leistungsanbieter war, er also die Löhne und Preise beherrschte und sich dadurch selbst finanzieren konnte. Ein Staat, der in eigenen Unternehmen wirtschaftet und das Wirtschaftsleben gänzlich beherrscht, braucht keine Steuern.

a) Wie verschiedene Staaten zu Geld kommen

Die praktische Frage, wie der Staat zu seinem Geld kommt, wen er zur Finanzierung der Staatsausgaben heranzieht, hängt vom jeweiligen Staatsverständnis ab. Im alten Griechenland war die Steuer noch die Last, die der *Unfreie* zu tragen hatte. Der ansässige Nichtbürger musste eine Kopfsteuer zahlen. Die »Bundesgenossen«, oft ehemalige, besiegte Kriegsgegner, mussten Athen Kriegsschiffe bereitstellen oder konnten diese Pflicht durch Geldzahlungen ablösen. Bei den Römern war die Steuer kurzzeitig noch deutlicher ein Unterwerfungsinstrument. Das *tributum,* eine Kriegsanleihe, sollte aus der Kriegsbeute refinanziert werden, zwang das Gemeinwesen also in ständige Eroberungskriege. Nur der erfolgreiche Feldherr konnte dem Staat seine finanzielle Grundlage sichern.

Im Mittelalter und bis zur Neuzeit war die Steuer vielfach Ausdruck der Herrschaft, die auf den Willen der Untertanen abgestimmt werden musste. Die Steuer war lange die *Bitte* (Bede) des Herrschers nach Geldleistung, die anfangs nur bei einer außerordentlichen Notlage, dann nur situationsbedingt (Befestigungsbau, Straßenbau) und sporadisch (Grund- und Kopfsteuern) erhoben werden durfte, später allerdings in der Regel nicht verweigert werden konnte. Der Adel genoss Immunität, bestimmte Städte waren steuerbefreit, auch einzelne Gruppen oder Personen, die anderweitig für den gemeinen Nutzen wirkten, z. B. die Stadtmauern befestigten, das Amt des Stadtschreibers ausübten oder im Schulwesen tätig waren. Dennoch galt noch zum Ende des 15. Jahrhunderts – auf dem Wormser Reichstag 1495 mit dem dort beschlossenen *Gemeinen Pfennig* – die Steuer als Merkmal der Unfreiheit.

Solange Fürsten und Könige den öffentlichen Finanzbedarf überwiegend aus dem Ertrag ihrer herrschaftlichen *Domänen* finanzierten, konnte nur der zum Herrscher gewählt werden, der Hof und Regierung, Soldaten und Gerichtsbarkeit aus den Erträgen seiner Güter bezahlen konnte. Ein solcher Herrscher verfolgt eine Politik, die seiner eigenen Erwerbswirtschaft dient, nicht dem Wirtschaftswachstum und Wirtschaftserfolg seiner Untertanen, an denen er steuerlich hätte teilhaben wollen.

Je mehr dem Herrscher aber bewusst wird, dass er seinen Untertanen eine Leistung erbringt, die einen Vermögenswert hat, lässt er sich diese bezahlen. Zahlt der Untertan einen Preis dafür, dass der Fürst Leib und Leben, Eigentum und Ehre seiner Untertanen schützt, tauschen Fürst und Untertanen Leistungen, die nach dem Tauschverhältnis bemessen werden. Der Weg zu einer *Kopfsteuer* und einer *Vermögensteuer* ist beschritten. Hat der Landesherr hingegen eine stetige Verwaltung, ein stehendes Heer und eine ständige Gerichtsbarkeit zu finanzieren, entwickelt sich der Gedanke einer allgemeinen, für jedermann gleichen Steuerlast, die sich von der empfangenen Staatsleistung löst. Die Steuerlast greift auf die erwarteten *Sollerträge* eines Grundstücks und eines Gewerbebetriebes zu oder sie erfasst das erworbene *Einkommen* und die genutzte Kaufkraft *(Umsatz).*

Die rechtsstaatliche Kultur der Steuer entfaltet sich erst, seit die Steuer als Ausdruck wirtschaftlicher Freiheit verstanden wird. Ein freiheitlicher Staat, der seinen Bürgern Berufsfreiheit und Eigentümerfreiheit gewährt, also die Produktionsfaktoren Kapital und Arbeit in privater Hand belässt, verzichtet auf staatseigene Wirtschaftsunternehmen und finanziert sich dadurch, dass *er am Erfolg privaten Wirtschaftens teilnimmt, also Steuern erhebt.* Die Grundsatzentscheidung für die Steuer muss dann in ihrer freiheitlichen Ausgestaltung bestätigt werden. Die Steuerlast soll maßvoll bleiben, der Staat also nur wenige Finanzierungsaufgaben an sich ziehen. Die Steuer soll außerdem schonend zugreifen, den Steuerpflichtigen also nicht aus seinem Eigentum verdrängen, sondern möglichst an seinem gegenwärtigen Eigentumserwerb teilhaben. Die Steuer soll schließlich lediglich den Staat finanzieren und auf eine steuerliche Lenkung des freien Bürgers verzichten.

Wie intensiv ein Staat den Steuerpflichtigen belastet und ihm so ein Stück ökonomischer Freiheit nimmt, bemisst sich nach den Staatsaufgaben. Ein *liberaler Staat,* der das Wirtschaftsgeschehen und die ökonomische Sicherung weitgehend seinen Bürgern überlässt, begnügt sich mit einem geringeren Steueraufkommen, während der *Wohlfahrtsstaat,* der das Wohlergehen seiner Bürger gestalten, organisieren und finanzieren will, sehr hohe Steuerleistungen fordern muss. Ein freiheitlicher Staat belastet den Bürger, der seiner Rechtsgemeinschaft Einkommen oder den Mehrwert eines Leistungstausches (Umsatz) verdankt, ein freiheitlich noch unterentwickelter Staat greift dort zu, wo er Vermögen – Grundbesitz, Gewerbekapital, Gesamtvermögen – findet. Für den freiheitlichen Staat ist Steuer das Instrument, um den Staatshaushalt zu stärken; der intervenierende Staat nutzt seine Finanzmacht, um den Steuerpflichtigen durch Anreize und Abreize zu einem staatlichen Verhalten zu lenken, ihn also finanziell zu einem bestimmten wirtschaftlichen, kulturellen oder ökologischen Tun zu verlocken.

Der steuerfinanzierte Staat gerät in Abhängigkeit vom Erfolg der Privatwirtschaft, ist auf Gedeih und Verderb darauf angewiesen, dass privatwirtschaftliches Produzieren und Tauschen Werte schafft, an denen der Staat teilhaben kann. Dabei zeigt sich das Freiheitsvertrauen des Staates in der Entscheidung, ob er die *Sollerträge* oder die *Isterträge* besteuert. Belastet der Staat die Sollerträge, besteuert er die erwarteten Erträge aus Grundbesitz, Gewerbekapital oder Vermögen, weil der Eigentümer mit diesem Eigentum Erträge erzielen sollte, mag er auch tatsächlich keine Erträge erzielt oder gar Verluste erlitten haben. Der Bürger ist verpflichtet, für den Staat zu erwerben. Das Recht, das eigene Haus selbst zu bewohnen oder den eigenen Obstgarten ertraglos zu genießen, kann sich der Eigentümer nur erkaufen, wenn er noch anderweitig Einkommen erzielt und dieses für die Steuerzahlung verwendet. Die Sollertragsteuer ist aus den alten Lehensverhältnissen hervorgegangen und sieht den Staat letztlich als den Ersteigentümer, der dem Zweiteigentümer das Eigentum gegen einen Zins überlässt. Die Besteuerung der allgemein erwarteten Erträge statt der tatsächlich erzielten hat zur Folge, dass der Erfolgreiche einen Teil seines Erfolges steuerfrei genießen kann, der Erfolglose dennoch einen Durchschnittserfolg versteuern muss. In diesem System liegt ein Ansporn für den Tüchtigen wie den Trägen, aber eine Härte für den schuldlos Erfolglosen.

b) Wer schützt gegen die übermäßige Last?

Der Steuerpflichtige braucht grundrechtlichen Schutz gegen ein Belastungsübermaß, gegen eine ungleiche Last und gegen eine freiheitsbeengende Lenkung. Diesen Schutz gegen die Steuergewalt gibt es schon seit Beginn einer Menschenrechtskultur, die anfangs eher Stände und Gruppen, nicht einzelne Personen berechtigte. Die *Magna Carta libertatum* vom 15. Juni 1215, eine der ersten Dokumente von Freiheitsgarantien, beschränkte die Besteuerungsbefugnisse des Fürsten zugunsten der Stände auf bestimmte Finanzierungsaufgaben. Ab-

gaben durften nur erhoben werden, wenn Burg- oder Befestigungs-
arbeiten zu leisten, der Fürst aus der Geiselhaft auszulösen oder die
erste Hochzeit der Fürstentochter und die erste Krönung des Fürsten-
sohnes zu feiern waren. Sicherheit, Unrechtsfolgen und soziale Freu-
denfeste waren schon damals Anlass für Steuererhöhungen. Auch die
Lebensklugheit, die sozialen Feste auf die erstmalige und damit einmalige Hochzeit und Krönung zu beschränken, dokumentiert praktische Erfahrung. Wenn der Fürst oder der soziale Staat mit einem Fest
Beifall und Anerkennung gefunden hat, sucht er erneut Applaus und
ist daher zu Steuererhöhungen bereit.

In Deutschland spricht *Friedrich der Große* in seinem Zweiten
Politischen Testament (1768) von der »großen Frage«, ob man bei
der Besteuerung das Wohl des Staates oder des Einzelnen vorziehen
müsse. »Ich antworte, dass der Staat aus Einzelnen zusammengesetzt
ist und es nur ein Wohl für den Fürsten und seine Untertanen gibt. Die
Hirten scheren ihre Schafe, aber sie ziehen ihnen nicht das Fell ab.« Es
sei gar nicht gerecht, dass der Einzelne »die Hälfte seines jährlichen
Einkommens mit dem Souverän teilt«.

Ein Anlass für die französische Revolution war »ein erstaunlicher
und unheilvoller Erfindungsgeist im Finanzwesen«, der immer wieder die Allerärmsten besteuert und die Reichen verschont *(Alexis de
Tocqueville)*. Der König hatte versucht, den Wiederaufbau von Paris
durch Erhöhung der Grundsteuer zu finanzieren. Dieses Vorhaben
scheiterte am Widerstand der Großgrundbesitzer. Deswegen erhöhte
er die Taillensteuer, eine Arme-Leute-Steuer, und setzte sich damit
selbst das Messer an die Kehle; er lieferte einen Grund für den Sturm
auf die Bastille. Die *Erklärung der Menschen- und Bürgerrechte von
1789* sucht die Abgabenlast zu mäßigen und eine allgemeine Abgabe
nur »für den Unterhalt der öffentlichen Gewalt und die Kosten der
Verwaltung« zuzulassen, und sie auf alle Bürger unter Berücksichtigung ihrer Vermögensumstände gleichmäßig zu verteilen.

c) Der Krieg zerstört die Steuerkultur

Der Zusammenklang von Staatsverfassung, Grundrechten und Steuer ist selbstverständliche Alltagsmelodie, wird uns aber in seinem Wert erst deutlich, wenn er fehlt. Das zeigt sich dramatisch im Krieg, der Leben und Güter, aber auch eine Steuerkultur zerstört. Schon *Friedrich der Große* hat in seinem Zweiten Politischen Testament daran erinnert, dass der Staat in Kriegszeiten besonders hohe Steuerlasten auferlegen müsse, *im Krieg das Maß der Besteuerung verloren zu gehen drohe.* Diese Warnung hat sich für Deutschland während und nach den beiden Weltkriegen bestätigt. Das Deutsche Reich hatte während des *Ersten Weltkriegs* hohe militärische Ausgaben zu tragen. Diese waren jedoch in einen »außerordentlichen« Haushalt eingestellt worden, der durch Staatsanleihen und Schatzanweisungen gedeckt, letztlich aber aus den Reparationsleistungen der besiegten Gegnerstaaten finanziert werden sollte. Deutschland baute also auf einen militärischen Sieg, die Verliererstaaten sollten im Nachhinein den Krieg finanzieren. So entstand während der Kriegsjahre der Eindruck, der Staatshaushalt sei ausgeglichen und könne sogar Überschüsse erwirtschaften.

Zugleich gingen die Staatseinnahmen durch den Krieg zurück. Nach dem verlorenen Krieg musste Deutschland industrialisierte Gebiete an die Siegermächte abtreten, einen Großteil der Handelsflotte und auch der Eisenbahnen abgeben. Dadurch gingen wertvolle Steuerquellen verloren. Als das Reich sich dann steigenden, auf bis zu 132 Milliarden Goldmark anwachsenden Reparationsforderungen gegenübersah, geriet Deutschland in eine fast zur Verzweiflung treibende Finanzlage.

Dieses war der Ausgangspunkt für die *Erzberger'sche Finanzreform.* Neben Sofortmaßnahmen wie dem »Reichsnotopfer«, eine einmalige Abgabe auf das Vermögen, führte Matthias Erzberger eine progressive Einkommensteuer ein, die das Einkommen bis zur »äußersten Grenze des Erträglichen« belasten sollte. Der Einkommensteuertarif, der lange Zeit in der Spitze 4 % nicht überschritten hatte, belief sich nunmehr auf 10 bis 60 %. Zwar gab es persönliche Freibeträge für das Existenzminimum des Steuerpflichtigen, seiner Frau und seiner Kinder, auch Entlastungen bei Krankheit und besonderen Aufwendungen im Haushalt. Die neue Steuerlast sollte jedoch die Einheit Deutschlands retten, alle Staatsbürger ohne Unterschied je nach Einkommen zur Finanzierung der öffentlichen Last heranziehen, auch die Fehler der vergangenen Wehr- und Wirtschaftspolitik vermeiden. Der Staat habe im Krieg vom Menschen das »unersetzliche Opfer von Leben und Gesundheit« gefordert, der Heeresindustrie hingegen eine Wurzel des Verdienstanreizes geboten. Er habe den Soldaten das Leben genommen, nicht aber der Industrie ihre Wirtschaftsgüter – »nur das Blut, nicht auch das Gut« verlangt.

Matthias Erzberger musste auch die indirekten Steuern erhöhen. Dabei steigerte er die Umsatzsteuer auf 1,5 % und führte eine ergänzende Umsatzsteuer auf Luxusartikel in Höhe von 15 % ein, belastete im Übrigen durch weitere indirekte Steuern weniger den Massenkonsum und eher die Luxusgüter. So hat der Krieg das Fundament und die Wertungsmaßstäbe des Finanzwesens grundlegend erschüttert. In seiner Einführungsrede vor der Weimarer Nationalversammlung hat Erzberger gesagt: *»Ein guter Finanzminister ist der beste Sozialisierungsminister.«* Mit diesen Worten kündigte der junge Minister zwar nicht eine Sozialisierung von Privateigentum und konfiskatorische Steuern an, wollte vielmehr der Sozialdemokratie ein Schlagwort wegnehmen und in den Dienst seiner Ziele stellen. Er verstand die Steuergerechtigkeit aber durchaus als umverteilende Gerechtigkeit, teilweise auch als eine das Kriegsunrecht ausgleichende Steuerordnung.

Die Belastungsintensität und damit der Verlust an individueller Freiheit entwickelte sich nach dem *Zweiten Weltkrieg* noch dramatischer. Die Alliierten forderten für das Einkommensteuerrecht *einen Steuersatz von 95 %*. Sie ordneten somit eine Steuerlast an, die jede wirtschaftliche Entwicklung hemmt, eine kriegszerstörte Industrie aber schlechthin am Neubeginn hindert. Diese Entwicklung konnte der deutsche Gesetzgeber nur vermeiden, indem er zunächst diese überhöhten Steuersätze akzeptierte, dann aber die einkommensteuerliche Bemessungsgrundlage mit vielen Ausnahmen und Durchbrechungstatbeständen so löchrig machte, dass nur noch das halbe Einkommen belastet war, der Steuersatz sich also real halbierte. *An*

diesem rechtlichen Fehlkonzept – überhöhte Steuersätze und löchrige
Bemessungsgrundlage – leidet das deutsche Steuerrecht bis heute.

Sodann hat der Zweite Weltkrieg die deutsche Nachkriegsgesell-
schaft in zwei Gruppen geteilt: Die eine hatte wesentliche Teile ihres
Vermögens über den Krieg hinaus retten können, die andere ihr Vermögen durch Kriegsschäden und Vertreibung verloren. Deshalb plante
der Gesetzgeber eine *Lastenausgleichsabgabe,* wonach 50 % der zum
21. Juni 1948 registrierten Vermögen an einen Lastenausgleichsfonds
abzuführen seien, um die unterschiedlichen Kriegsfolgen gegeneinander auszugleichen. Auch diese Abgabe mit hohem Abgabesatz hat der
Gesetzgeber wiederum durch eine verminderte Bemessungsgrundlage
aufgefangen und den Lastenausgleich nicht nach der Vermögenssubs-
tanz, sondern nach den Erträgen bemessen. Der Krieg endet nicht mit
dem Ruhen der Waffen. Für das Steuerrecht wirkt er bis in die Gegenwart nach.

3. Die Besteuerung von Kapital und Arbeit

a) Einkommen der Menschen und der Körperschaft

Für uns liegt der Krieg heute glücklicherweise in weiter Ferne. Wir
haben eine Verfassung, die uns seit über 50 Jahren Frieden gebracht
hat und mehr als weitere 50 Jahre Friedlichkeit verheißt. Doch der
steuerliche Kampf um Privileg und Unterdrückung ist lebhaft ent-
brannt. Die Wirkungen dieses Kampfes sind verheerend: Während der
Körperschaftsteuersatz 25 % beträgt und gleich hoch bleibt, mag eine
Körperschaft 100 000, 1 Million oder 1 Milliarde Euro Gewinn erwirtschaften, steigt der Steuersatz für das Einkommen auf bis zu 42 %.
Tendenziell soll also der im Betrieb verbleibende Gewinn aus der
Kapitalgesellschaft mit einem Viertel, das Einkommen aus Arbeit mit
42 % belastet werden. Die gegenwärtige Reformdiskussion will diese
Ungleichheit noch verstärken. Die Steuersätze für Kapital sollen ge-
senkt, die für Arbeit noch erhöht werden. Das Kapital solle durch
einen halbierten Steuersatz – also durch eine Regelbelastung von

12,5 % – in Deutschland gehalten oder zur Rückkehr aus dem Ausland veranlasst werden.

Dieses Begünstigungskonzept ist aus zwei Gründen verfehlt: Einmal *liegt die Stärke unserer Wirtschaft in unseren Köpfen.* Große Erfinder wie Siemens, Benz, Daimler, Bosch oder Freudenberg haben Firmen gegründet, die sich inzwischen zu Weltunternehmen entwickelt haben. Wenn diese Erfinder erfolgreich sind, sammelt sich das Kapital um ihre Ideen. Deswegen dürfen wir nicht die Arbeit vertreiben und das Kapital locken, sondern müssen allenfalls – wenn denn die Steuer auch zur Lenkung eingesetzt werden soll – Anreize für das Verbleiben von Arbeitskraft in Deutschland setzen. Selbst wenn aber steuerrechtliche Privilegien Kapital im Inland halten sollen, müsste dieser Tatbestand auf dieses Lenkungsziel ausgerichtet werden. Er darf dann nicht jede Körperschaft, auch die mit dem fliehenden Kapital, begünstigen; der niedrige Steuersatz sollte dann an die Inlandsinvestitionen oder an die im Inland verbliebenen Arbeitsplätze, also an die Lohnsumme anknüpfen.

Parteipolitisch scheint das Privileg der Kapitalgesellschaften nur durchsetzbar, wenn die Sozialausschüsse der Parteien durch eine *»Reichensteuer«* beruhigt werden. Deswegen geistert dieses finstere Stichwort durch die gegenwärtige Steuerreformdiskussion. Während die Bürger in Deutschland hoffen, möglichst viele Nobelpreisträger, Olympiasieger und Weltmeister, Oscar-Preisträger und SAP-Gründer zu haben, an ihren Werken und steuerlich an ihren Einkommen teilhaben wollen, scheint die Reichensteuer den Erfolg eher abzuwehren als anzuerkennen.

In der Sache ist die geplante Reichensteuer nicht sonderlich dramatisch: Sie erhöht die Progression um 3 %, nimmt die meisten Reichen – die Körperschaften und die natürlichen Personen, die Gewinne ermitteln – ausdrücklich aus, soll nur kurzfristig gelten und schafft mit der Freistellung der Unternehmer und der Belastung ihrer Manager eine verfassungsrechtliche Sollbruchstelle. Das Problem dieser Steuer ist ihr Ziel: Sie wendet sich gegen etwas, steht nicht für etwas. *Die Reichensteuer ist eine Reichenrüge.*

Hier deutet sich ein Staatsverständnis an, das eine Steuer nicht mehr als Instrument nutzt, um die Finanzierung der für alle notwendigen

Staatsaufgaben maßvoll und gleichmäßig zu verteilen, das vielmehr gesellschaftspolitische Entwicklungen steuern und lenken soll. Die Unternehmensteuerreform soll das Kapital in Deutschland halten, die Reichensteuer den Reichtum mäßigen, die Ökosteuer das Umweltverhalten der Menschen honorieren oder belasten.

Dieser staatlichen Intervention fehlt hinreichendes Vertrauen in die Freiheitsfähigkeit der Bürger. Das Kapital würde bleiben, der Reichtumserfolg würde verallgemeinert, die Umweltverantwortung würde wachsen, wenn der Staat uns wieder mehr Freiheit und Verantwortlichkeit ließe. Das Steuerrecht hat zu bestätigen, dass *Gerechtigkeit nicht allein durch den Staat, sondern insbesondere durch den freien Bürger verwirklicht wird:* Die Eltern erziehen ihre Kinder zur Verantwortung. Die Erwerbstätigen erzielen Einkommen durch eigene Arbeit. Forschung, Kunst und Mäzenatentum bringen wertvolle Güter zum Gemeingebrauch hervor. Diese Beiträge zur Gerechtigkeit knospen, blühen und tragen Früchte in freiheitlicher Distanz zum Staat, schaffen soziale Voraussetzungen der Freiheit im sozialen Staat, die ein Sozialstaat allein mit staatseigenen Mitteln nie bieten könnte.

Eine Sondersteuer, die den Erfolg freiheitlicher eigener Lebenswege nicht anerkennt, sondern seine Legitimität in Frage stellt, erträgt die Unterschiedlichkeit, also die Freiheit nicht. Die *»Höhenlinie« gegen übermäßigen Reichtum* – ein berechtigtes Wort des Wirtschaftsliberalismus aus dem 19. Jahrhundert – wird nicht durch Minderung eines Erfolges, sondern durch Mehrung der Erfolgschancen für alle gewahrt; geboten ist Chancengleichheit, nicht Umverteilung. Wir brauchen eine neue Begeisterung für die Freiheit, nicht Emotionen gegen den Erfolg.

Die Steuerlast wird noch unübersichtlicher, wenn die Gewinne eines Unternehmens an den Unternehmer oder den Kapitalgeber *weitergegeben* werden. Bei der Einkommensteuer sind diese Gewinne bereits bei den Gesellschaftern einer Personengesellschaft oder beim Einzelunternehmer versteuert, so dass keine weitere Steuerlast entsteht. Bei der Körperschaftsteuer hingegen muss die Hälfte des weitergegebenen Gewinns beim Empfänger noch der Einkommensteuer unterworfen werden *(Halbeinkünfteverfahren)*. Doch diese Steuerbelastung lässt sich vielfach durch steuerbewusste Gestaltungen vermeiden.

Allerdings ist auch hier der Preis des Freiheitsverlustes hoch: Der Empfänger der Gewinnanteile entgeht einer zusätzlichen Steuer nur, wenn er sich in seinem Verhalten und seinen rechtlichen Erklärungen immer wieder tief vor dem modernen Geßlerhut des Steuerrechts verbeugt und verbiegt.

In dieser verbogenen Welt der Steuer wird eine GmbH, wenn sie 1 Million Euro Gewinn erzielt und diesen im Betrieb belässt, 125 000 Euro Steuern zu bezahlen haben, während die Gesellschafter der mit ihr konkurrierenden Kommanditgesellschaft, die ebenfalls 1 Million Euro Gewinn erzielt, teilweise fast 400 000 Euro Steuern zu begleichen haben. Wird der Gewinn der GmbH von 1 Million zwischen dem Geschäftsführer, der den Gewinn durch seine Arbeit erzielt hat, und dem Kapitalgeber aufgeteilt und stellen beide den Gewinn für den Betrieb zur Verfügung, so werden die 500 000 Euro aus Arbeit in der Spitze mit 45%, die 500 000 aus Kapital mit 12,5 % belastet.

Dieses widerspricht der guten Tradition des deutschen Steuerrechts, die das »fundierte« Einkommen aus Kapital höher belastet hatte. Das Kapital biete eine verlässlichere und stetigere Einkommensquelle, müsse kein Existenzminimum finanzieren, werde nicht krank, altere nicht und erspare dem Eigentümer weitgehend Arbeitsanstrengungen. Inzwischen gilt die Regel, dass Einkünfte aus Kapital und Arbeit gleich belastet werden sollen, weil sich beide Ertragsquellen in der Entwicklung des modernen Kündigungsschutzes, des Rechts der Alterssicherung und der Erfordernisse des Kapitalmanagements angeglichen haben. Wenn das Kapital nun aber privilegiert wird, geraten wir von einem vertretbaren Gleichheitsanliegen in die Benachteiligung der Arbeit und verlieren Standfestigkeit, Recht und politische Vernunft.

b) Einkommen und Gewerbeertrag

Belasten Einkommensteuer und Gewerbesteuer gleichzeitig einen Gewerbeertrag, so führt die Flickschusterei des Gesetzgebers zu noch absurderen Ergebnissen. Die Körperschaften müssen vielfach noch Gewerbesteuer zahlen; dadurch kann ihr Gewinn, der derzeit mit 25 % nach den Wertungen des Einkommensteuerrechts angemessen belastet ist, nochmals mit weiteren 10 bis 13 % besteuert werden. Sie können diese Last allerdings teilweise durch Steuergestaltungen vermeiden, so dass in manchen Jahren kaum Gewerbesteuer, in anderen wieder erhebliche Beträge gezahlt worden sind. Für die Personengesellschaften hingegen kann die Gewerbesteuer sogar *von der Last zur Gunst werden:* Sie können die gezahlte Gewerbesteuer pauschaliert auf ihre Einkommensteuer anrechen, dabei – je nach Hebesatz der Gemeinde – höhere Anrechnungsbeträge geltend machen als sie selbst gezahlt haben. Sodann dürfen sie die Gewerbesteuer, die sie zwar zahlen, aber nicht tragen müssen, dennoch bei der Einkommensteuer als Betriebsausgabe absetzen. Wenn ich diese Regelungen meinen Studenten erklären muss, stoße ich auf allgemeines Unverständnis. Und auf die Frage, ob diese Regelungen Recht seien, muss ich antworten, sie seien *geltende Ordnung, aber Unrecht.* Es ist für einen Professor an einer deutschen Universität unzumutbar, den jungen Menschen Unrechtsregeln in das Gedächtnis einprägen zu müssen und so daran mitzuwirken, dass diese jungen Menschen mit ihrem bisher unverbildeten Verstand dieses Unrecht weitertragen. Ich stelle deshalb meinem kritischen Bericht über das geltende Recht stets eine ebenso klare Aussage über die Verfassungswidrigkeit dieses Rechts an die Seite.

Die Unzulänglichkeit von Einkommensteuer, Körperschaftsteuer und Gewerbesteuer wird gelegentlich zu dem beruhigenden Hinweis genutzt, der Mangel der einen Steuer werde durch den Mangel der anderen kompensiert. Insbesondere werde das Körperschaftsteuerprivileg dadurch ausgeglichen, dass die Körperschaften tatsächlich noch durch die Gewerbesteuer belastet werden. Dieser Gedanke ist schon rechnerisch nicht richtig, weil die individuelle Gewerbesteuer nicht so hoch ist wie die Ersparnis bei der Besteuerung des Einkommens, die Gewerbesteuer zudem nicht alle Körperschaften trifft. Er ist aber insbesondere systematisch verfehlt, weil der Gesetzgeber nicht einen Rechtsfehler durch einen anderen ausgleichen, er nicht durch Aneinanderreihen von Fehlerquellen eine rechtliche Ordnung herstellen kann. Wenn auf dem einen Grundstück ein Haus mit schönen Fenstern, aber ohne Dach steht, auf dem anderen ein Haus mit einem schönen Dach, aber ohne Fenster, wird das Leben in beiden Häusern nicht gemütlich, auch wenn der Eigentümer beide Häuser selbst bewohnt.

4. Die Besteuerung von Einkommen und Konsum

Wenn nun erwogen wird, die Unternehmensteuern zu senken, gleichzeitig aber die Mehrwertsteuer um drei Punkte von 16 auf 19 % zu erhöhen, so werden erneut die Mächtigkeiten im Kampf um die Verteilung der Steuerlasten sichtbar. Die Mehrwertsteuer zahlt derjenige, der sein Einkommen voll für seinen und seiner Familie Lebensbedarf einsetzen muss. Wer mehr als zum Leben benötigt verdient, kann hingegen sparen und als Unternehmer investieren und vermeidet insoweit die Mehrwertsteuer und alle weiteren indirekten Steuern vollständig. Hier bahnt sich ein Unrecht an, das mit der sozialen Härte der Ökosteuer, der Besteuerung des Energiekleinverbrauchs, bewusst geworden ist und sich nun durch Erhöhung der Mehrwertsteuer fortsetzt.

Allerdings kann auch die Mehrwertsteuer auf die individuellen Bedürfnisse abgestimmt werden. Zwar bleibt der Steuerträger anonym; Bettler und Millionär zahlen denselben Steuersatz. Die Mehrwertsteuer kann jedoch die lebensnotwendigen Güter verschonen, damit ein Existenzminimum auch hier freistellen. Das geltende Recht geht einen – zaghaften – Schritt in diese Richtung: Wohnung und ärztliche Leistungen sind steuerfrei. Für Nahrungsmittel und Personennahverkehr gilt ein ermäßigter Steuersatz von 7 %, aber Kleidung, Kinderbedarf oder Möbel sind mit dem vollen Steuersatz belastet.

a) Die Besteuerung des Markterfolges: Einkommen und Erwerbskraft

Heute führen die steuerverfassungsrechtlichen Rechtfertigungslehren und die gesetzgeberische Praxis zu dem Ergebnis, dass die Steuer zugleich auf die im Einkommen erworbene zusätzliche Finanzkraft und auf die im Umsatz zum Erwerb eingesetzte Finanzkraft zugreifen soll. Wer *Einkommen* erworben hat, nutzt die in einer Rechtsgemeinschaft geltende Rechtsordnung, um einen Vertrag zu schließen, stützt sich auf die Währung, um einen Preis zu vereinbaren, beansprucht die in Schulen und Universitäten gut ausgebildeten Arbeitskräfte, um zu produzieren und Handel zu treiben, lässt sich seine Leistung aus der verfügbaren Kaufkraft bezahlen. Allein ein glänzendes Leistungsangebot begründet noch kein Einkommen. Mancher Komponist ist in Armut verstorben, obwohl seine Kompositionen noch heute in allen Konzertsälen der Welt gespielt werden. Auch der Buchautor erzielt sein Einkommen nicht allein durch seine Leistung, sondern durch die Kaufbereitschaft seiner Leser. Ob ein Autor mit einem Buch – etwa einem Roman – ein Millionenpublikum erreicht oder einem anderen Werk – etwa einem Gedichtbändchen – nur wenige Käufer anspricht, bemisst sich nicht nur nach der Qualität seines Leistungsangebotes, sondern ebenso nach Neigungen, Interessen und Moden der Marktteilnehmer. Das individuelle Einkommen bringt zum Ausdruck, wie die Inlandsgemeinschaft der Nachfrager eine Leistung anerkennt und bewertet. Wir verdanken unser Einkommen nicht nur der eigenen Leistung, sondern auch der Markt- und Rechtsgemeinschaft. Diesen Dank statten wir in der Einkommensteuer ab.

Gleiches gilt beim *Umsatz*. Wer über Geld, also über Kaufkraft verfügt und in seinem Hunger ein gutes Frühstück nachfragt, steht in Deutschland vor einem vergnüglichen Genuss, in der Wüste trotz des Geldes vor dem Verhungern. Die Möglichkeit, unser Geld gegen die erwünschte Leistung einzutauschen, verdanken wir dem Waren- und Leistungsangebot, das die Rechtsgemeinschaft für uns bereithält. Deswegen fordert die Mehrwertsteuer bei jedem Erwerb einen finanziellen Beitrag zum Erhalt dieser Erwerbsstruktur.

Mit der gleichzeitigen Besteuerung von Einkommen und Umsatz belastet die Steuer somit denjenigen, der den Markt zu seinem Vorteil genutzt hat. Damit vermindert die Steuer das Entgelt beim Einkommenserwerb und verteuert den Preis beim Kauf von Leistungen. Der Marktteilnehmer ist trotz dieser Preisfaktoren bereit, sich für das Einkommen anzustrengen und den Umsatz zu entgelten. Insoweit wirkt die Steuer freiheitsschonender, als wenn sie auf bestehende, nicht freiwillig veränderte Merkmale wie den Kopf, das Grundstück, das Gewerbekapital oder das Gesamtvermögen zugreifen würde. Sie bewahrt einen Hauch Freiwilligkeit auch bei der unvermeidlichen Steuer, erzwingt nicht Dispositionen.

Allerdings sollte der Gesetzgeber dieses System von Einkommen- und Mehrwertsteuer so weiterentwickeln, dass beide Steuern in sich stimmig und möglichst mit einem ähnlichen Gesamtertrag erhoben werden. Das System der direkten Steuern nähert sich einer einheitlichen Einkommensteuer, wenn die Körperschaftsteuer in die Einkommensteuer integriert ist und die Gewerbesteuer durch einen kommunalen Zuschlag zur Einkommensteuer ersetzt wird. Bei der Besteuerung des Konsums brauchen wir eine grundsätzlichere Erneuerung des Grundtatbestandes.

b) Die »brutalere, primitivere« Steuer

In der Betriebswirtschaft gibt es heute starke Strömungen, grundsätzlich weniger das Einkommen und eher den Konsum zu versteuern. Die Besteuerung des Verbrauchs erschließe die allgemeinste Besteuerungsgrundlage, weil jeder, der leben will, verbrauchen müsse. Eine Steuer, die jeden Verbrauch ergreife, umfasse nahezu die Gesamtheit der Güter, die einer Volkswirtschaft zur Verfügung stehen, sie belaste formal gleich und erziele in ihrer Breitenwirkung gewaltige Einnahmen. Dieser kühne Gedanke ist erwägenswert, erscheint aber – folgerichtig durchgeführt – nicht realistisch. Eine allgemeine Verbrauchsteuer müsste auch den unternehmerischen Verbrauch von Maschinen, Produktionsmaterial und Arbeitskraft – ohne Vorsteuerabzug – erfassen. Würden alle Löhne – als Entgelt für beanspruchte Arbeitsleistung – mit 19 % belastet, wäre das Aufkommen gewaltig. Würden alle Finanzumsätze – oder nur die der privaten Anleger – mit 1 % besteuert, wäre der Staatshaushalt bald finanziert. Doch sind die Vorschläge einer konsumorientierten Steuer so nicht gemeint. Sie erfassen nicht die Umsätze des Kapitals und nicht die Umsätze der Unternehmen, wollen vielmehr im Gegenteil die üblichen Kapitalerträge von der Einkommensteuer ausnehmen.

Die allgemeine Verbrauchsteuer, so sagt *Johannes Popitz,* der große Finanzwissenschaftler und frühere preußische Finanzminister, nimmt auf die Lage des einzelnen Verbrauchers keine Rücksicht. Sie »ist die brutalere, primitivere unter den allgemeinen Besteuerungsformen«. Allerdings habe die Entwicklung nach dem Ersten Weltkrieg uns gelehrt, dass bei außerordentlichem Steuerbedarf auch die feststehende wissenschaftliche Überzeugung von der Schädlichkeit einer allgemeinen Verbrauchsteuer, ja das Totschweigen dieser Steuerform in der finanzwissenschaftlichen Lehre ihre Wiedergeburt nicht zu verhindern vermochte.

Dieses vernichtende Urteil stützt sich auf viele Zeitgenossen der ersten Verbrauchsteuern. Sie seien grob ungerecht, wirtschafts- und verwaltungspolitisch ungeeignet. *Von Justi* weist darauf hin, dass »alle diejenigen, welche genügsames Vermögen besitzen, um sich Vorräte anzuschaffen, und dazu einen guten Marktpreis abwarten, im Stande sind, sich der Akzise zu entledigen ... Alle diejenigen, welche eine starke Familie zu unterhalten haben, müssen in Ansehung des Brotes, des Fleisches, des Getränkes und vieler anderer unentbehrlicher Dinge, doppelt und dreifach so viel Akzise entrichten, als diejenigen, welche im ledigen Stand leben oder eine kleine Familie haben«. Es sei unmenschlich, die Bürger so lange Hunger leiden zu lassen, bis sie die Beträge zur Leistung der Abgabe, zum Beispiel beim Getreidekauf, aufbringen könnten. Die Verteuerung der Nahrungsmittel durch die Steuer würde die Bevölkerung sogar zu Aufständen und Auswanderungen zwingen.

Die indirekte Steuer gilt als Favorit der Aristokratie, die direkte Steuer als Favorit der Demokratie. Die sozialen Steuerreformer des 19. Jahrhunderts betonen, dass die direkten Steuern soziale Gleichheit herstellten, die indirekten Steuern vor allem die mittleren und unteren Klassen träfen: »Die direkten Steuern veredeln das Finanzwesen, die indirekten Steuern ziehen es in das Gemeine herab; jene schärfen das Rechtsgefühl, diese stumpfen es ab.« Heute erscheint vor allem die Verteilungswirkung der indirekten Steuer ungerecht. Die Mehrwertsteuer wirkt regressiv, sinkt mit steigendem Einkommen.

c) Verbrauchsteuer – Gerechtigkeitsfortschritt und ethischer Ansatz

Die Besteuerung des Verbrauchs war finanzpolitisch ergiebig, hatte aber vor allem den rechtlichen Vorteil, alle Bevölkerungsschichten zu verpflichten, also auch die steuerprivilegierten Stände, insbesondere den Adel, zur Finanzierung heranzuziehen. Die indirekte Steuer vollzog einen wesentlichen Schritt zur Allgemeinheit der Besteuerung. Auch konnten reisende Händler besteuert werden. Außerdem drängte das Aufkommen der indirekten Steuern das Steuerbewilligungsrecht der Stände zu einer bloßen Formalität zurück und ließ es letztlich ganz entfallen. Damals konnte die allgemeine Verbrauchsteuer – die Akzise – durchaus als ein Gerechtigkeitsfortschritt gelten, weil sie bisher steuerbefreite Schichten besteuerte und damit die Schwächeren entlastete.

Allerdings traf die Verbrauchsteuer von Anfang an auf Widerstand. Über den Wein sagt die Dichtung des Mittelalters:

»Vor Jahren schmeckt er wohl
Eh dass ihn versalzet gar
Das Ungeld und der Zoll.«

1759 reichte *Leopold Mozart* – sein Sohn Wolfgang war gerade drei Jahre – ein Bittschreiben an seinen Dienstherrn, in dem er die Befreiung von der Weinsteuer begehrte. Aus gesundheitlichen Gründen sei ihm das Biertrinken untersagt. Der Kauf von Wein aber falle ihm schwer, weil der wohlfeilste Wein vor Ort 6 Gulden (ca. 130 Euro) je Eimer (ca. 56 Liter) koste. Hinzu kämen die Aufwendungen für Fuhrlohn und die österreichische Maut, außerdem ein Geldverlust aus dem Währungsunterschied zwischen Österreich und dem Erzstift Salzburg, sowie das Salzburgische Umgeld. Diese Ausgabe könne er bei der Höhe des ihm zustehenden, seit 200 Jahren unveränderten Wein- und Brotgeldes nicht tragen.

Mozart spricht mit seiner Bittschrift ein Kernproblem der Verbrauchsteuern an, die ärmere Schichten schwerer belasten als die begüterten. Ein zentrales Anliegen des seit Jahrhunderten schwelenden Streits um die Verbrauchsteuer ist es, den existenznotwendigen Konsum von der Steuer freizustellen oder aber kinderreichen Familien einen »Freizettel« für den lebensnotwendigen Konsum zu gewähren, stattdessen die Luxusgüter höher zu belasten. In der Rechtswirklichkeit allerdings traf eine Mehl- und Fleischakzise die ärmere Bevölkerung härter als die wohlhabenderen Volksschichten; die Luxusgüter unterlagen in der Regel geringeren Steuersätzen als die allgemeinen Grundbedürfnisse.

Schließlich sollten die Akzisen Luxus und Verschwendung bestrafen, Fleiß und Sparsamkeit fördern. *Max Weber* stützt diese Erwartung mit der protestantischen Ethik, wonach der Bürger zu sparen und zu investieren habe, sich nicht der Völlerei und Verschwendung hingeben dürfe. Hinzu treten steuerliche Lenkungswirkungen: Die Tabak- und Alkoholsteuern sollen den Konsumenten von der gesundheitlichen Selbstschädigung abhalten, die Mineralölsteuer ihn zu ökologischem Wohlverhalten drängen. So trägt die Steuer auch einen institutionellen Konflikt in die jeweilige Regierung: Der Finanzminister hofft auf kräftigen Tabak- und Alkoholkonsum und auf lebhaften Mineralölverbrauch, der Gesundheitsminister und der Umweltminister fordern gegenläufig Konsumverzicht, also auch geringere Staatseinnahmen.

d) Erneuerung der Mehrwertsteuer

Der bloße tatsächliche Verbrauch rechtfertigt noch keine Steuer. Wer das im eigenen Garten angebaute Gemüse verzehrt oder den selbstgebauten Schreibtisch nutzt, ist nicht steuerpflichtig. Besteuert wird nicht der Konsum, sondern der Erwerb des Gutes am Markt. Dabei ist es unerheblich, wie der Steuerpflichtige seine Kaufkraft erworben hat. Er mag sein Geld als Einkommen erzielen, es geerbt, im Lotto gewonnen, gefunden, sich durch Kredit verschafft oder gestohlen haben, der *tatsächliche Erwerb einer Leistung am Markt* begründet die Mehrwertsteuerpflicht. Besteuert werden sollte der entgeltliche Erwerb, den die Rechtsgemeinschaft ermöglicht hat. Die existenznotwendigen Güter sollten ausgenommen werden.

Danach ist der Vorsteuerabzug bei der Umsatzsteuer neu zu bedenken. Die frühere Umsatzsteuer hat jeden Leistungsvorgang auf jeder Stufe der Unternehmenskette belastet. Der Hersteller von Leder musste 4 % Umsatzsteuer entrichten, 4 % auch der Gerber dieses Leders, wiederum 4 % der Hersteller des Schuhs, sodann 4 % der Großhändler und schließlich nochmals 4 % der Einzelhändler. Konnte hingegen der gesamte Produktionsvorgang vom Leder bis zum Einzelverkauf unter dem rechtlichen Dach eines Kaufhauskonzernes abgewickelt werden, so schuldete dieser Konzern nur einmal 4 % Umsatzsteuer auf den

Endverkaufspreis. Diese Regelung war offensichtlich gleichheitswidrig. Deshalb kann heute jeder Unternehmer sich die Vorsteuer, die sein Vorunternehmer ihm in Rechnung stellt, vom Finanzamt erstatten lassen. Dadurch werden die unternehmerischen Zwischenstufen von der Belastung mit Mehrwertsteuer befreit und nur noch die Leistung des Einzelhändlers an den Endverbraucher wird besteuert. Durch diese Belastung der Vorstufe und die Entlastung durch einen Vorsteuerabzug ereignet sich allerdings ein *Nullsummenspiel,* bei dem im Jahre 2003 insgesamt 546 Milliarden Euro vereinnahmter Umsatzsteuer bewegt wurden, der Staatskasse aber nach Vorsteuerabzug nur 137 Milliarden Euro verblieben. Unternehmer und Finanzverwaltung müssen etwa die vierfache Summe des Steuerertrages bewegen, dokumentieren und kontrollieren.

Von den im Jahre 2003 gezahlten Entgelten von insgesamt knapp 4,3 Billionen Euro entfallen aber mehr als die Hälfte auf das verarbeitende Gewerbe und den Großhandel, die generell nur an Unternehmer liefern, deswegen letztlich keine Mehrwertsteuer tragen. Diese Unternehmer *könnten von jeglicher Mehrwertsteuer befreit,* das Besteuerungsverfahren dadurch grundlegend vereinfacht werden. Die Steuerfreiheit für Leistungen an einen Unternehmer kann bei einem bargeldlosen Zahlungsverkehr und bei bundeseinheitlichen Steuernummern technisch verlässlich geprüft werden.

Schließlich lehren jüngste Erfahrungen mit der Mineralölsteuer und der Tabaksteuer, dass die indirekten Steuern durchaus als Lenkungsmittel greifen. Die deutliche Verteuerung der Mineralölsteuer hat die Nachfrage nach Benzin spürbar verringert, das Verhalten der Kraftfahrer damit beeinflusst. Die Anhebung der Tabaksteuertarife hat die Konsumenten zu einem zurückhaltenden Konsum – allerdings wohl auch zur Steuerumgehung (Schmuggel) – veranlasst. Die ökologische und die gesundheitspolitische Lenkung war also durchaus erfolgreich, allerdings nicht immer im Sinne des Rechtsanliegens wirksam. Der Berufskraftfahrer oder der auf sein Auto angewiesene Pendler können der erhöhten Mineralölsteuer nicht ausweichen, müssen aber in dieser Unausweichlichkeit die höheren Steuern tragen. Der Tabaksüchtige ist sicherlich erster Adressat der gesundheitspolitischen Steuerlenkung, wird aber durch die erhöhte Tabaksteuer nicht von seinem Konsum abgehalten, muss vielmehr mit der Sucht auch die höhere Steuer tragen. Damit zeigt sich auch hier, dass finanzpolitische Interventionen selbst bei spürbarem Lenkungserfolg unerwünschte Wirkungen erzielen. Vor allem kann sich der Finanzstarke leichter Hand von der Lenkung freikaufen, während der Finanzschwache sich dem abgabenrechtlich überbrachten Befehl unterwerfen muss. Der Gesetzgeber sollte deshalb auf ein *Steuern durch Steuern* gänzlich verzichten.

Im Steuerrecht müssen Friedensverhandlungen eingeleitet werden. Arbeit und Kapital, Arm und Reich, insbesondere Familien und Einzelpersonen müssen sich darauf verständigen, welche Erwartungen sie an den Finanzstaat richten und welche Steuerleistungen dafür zu bezahlen sie bereit sind. Unsere Demokratie steckt insoweit noch in den Kinderschuhen. Der Gedanke, der Steuerzahler selbst möge über die maßvolle und gleichmäßige Steuerlast und damit über die Staatsaufgaben entscheiden, bleibt faszinierend. Der Weg von diesem Faszinosum zu einer privilegienfeindlichen Rechtswirklichkeit ist vorgezeichnet.

5. Steuern nach Gesetz, nicht nach Vertrag

Seit Aristoteles unterscheiden wir zwei Formen der Gerechtigkeit: Die *zuteilende Gerechtigkeit,* nach der ein Gemeinwesen Lasten und Wohltaten angemessen zuteilt, und die *austauschende Gerechtigkeit,* bei der die Menschen untereinander in der vertraglichen Annäherung in einer gemeinsamen Vereinbarung übereinstimmen. Die verteilende Gerechtigkeit wird vom Hoheitsträger der einzelnen Person zugemessen, erfährt in deren Lebensbedingungen ihre Angemessenheit. Die ausgleichende Gerechtigkeit überlässt den Vertragspartnern freie Hand, bemisst das Angemessene nicht nach der Person, sondern nach dem Wert der ausgetauschten Leistungen. In diesem Gerechtigkeitssystem ist die Steuer nach den Prinzipien der verteilenden Gerechtigkeit zu bemessen. Sie verteilt die Steuerlasten gleichmäßig auf die Schultern seiner Bürger, so dass jeder die Lasten tragen kann und er insoweit die Gemeinlast der Steuern angemessen mitträgt.

a) Die unausweichliche Last

Ein solches Steuerkonzept kann die Lasten nur maßvoll und gleichmäßig auf alle Schultern der Leistungsfähigen verteilen, wenn die Steuerlast gesetzlich möglichst unausweichlich zugeteilt wird. Wenn ein Steuerpflichtiger sich ihr entziehen kann, muss der andere dafür umso mehr bezahlen. Das Bundesverfassungsgericht hat die *Einkommensteuer auf Kapitaleinkünfte* beanstandet, weil diese Einkommen zu einem sehr erheblichen Teil ohne wirksame Kontrolle nicht erklärt, deswegen auch nicht erfasst wurden. Ein Steuergesetz müsse rechtlich und tatsächlich gleich belasten, die Steuererklärung müsse deswegen durch hinreichende und wirksame Kontrollmöglichkeiten abgestützt werden. Deshalb sind die Besteuerungsmaßstäbe und das Besteuerungsverfahren so auszugestalten, dass der Steuerpflichtige kaum noch hinterziehen kann.

Für den Steueralltag allerdings wichtiger ist, dass wir Belastungsmaßstäbe entwickeln, denen der Steuerpflichtige *legal nicht ausweichen kann.* Selbstverständlich will jeder Mensch möglichst wenig Steuern zahlen, deswegen sein Verhalten so einrichten, dass er die Steuerlast vermeidet. Das klassische Beispiel bietet das Pfennigurteil des Reichsfinanzhofs. Wenn ein Arbeitnehmer mit seinem Arbeitgeber einen Lohn einen Pfennig unterhalb der nächsten Progressionsstufe vereinbart, ist dieses – entgegen der Rechtsprechung des Reichsgerichts – legal. Er erzielt weniger Einkommen, zahlt deswegen auch weniger Steuer.

Problematisch sind die Gestalter, die wirtschaftlich Einkommen erzielen oder Kaufkraft einsetzen, diesen Erfolg aber formal so verkleiden, dass eine Steuervermeidung tatbestandlich möglich ist. Bis zum Jahre 1999 waren »*Butterfahrten*« üblich, bei denen Lebensmittel, alkoholische Getränke und andere Waren nicht ins Inland eingeführt und dort getauscht wurden, der Zoll und die Umsatzsteuer vielmehr vermeidbar war, wenn der Ort des Tausches auf die nahe See verlegt wurde. Verkäufer und Käufer stechen einträchtig von einem Inlandshafen aus mit den Waren in See, übergeben dort die Waren und kehren gemeinsam in den Inlandshafen zurück. Andere nutzen die verschiedenen Geltungsbereiche der nationalen Steuergesetzgebung, wenn sie aus der Ferienreise Genussmittel mit geringeren Verbrauchsteuerbelastungen mitbringen. Vor allem werden Ertragsteuern dadurch vermieden, dass Unternehmen ihren Firmensitz in ein Niedrigsteuerland verlegen und dadurch nach gegenwärtig geltendem Recht wesentliche Teile ihres Gewinns dort versteuern können.

b) Der Vertrag als Weg zur steuerlichen Ungleichheit

Praktisch bedeutsamer noch ist eine Nutzung der Vertragsfreiheit, des Instrumentes privaten Leistungstausches, um steuerliche Ungleichheit herzustellen. Es ist im Steuerrecht alltägliche Praxis, privatrechtliche Verträge abzuschließen, um dank der Vereinbarung einen steuerlichen Vorteil zu erringen. Die Vertragspartner, die mit ihrer Vereinbarung nur über etwas ihnen Gehöriges verfügen können, wollen die unabdingbare Höhe ihrer Steuerlast vertraglich in ihre Verfügungsgewalt einbeziehen.

Gesellschafter eines Betriebes *spalten ihr einheitliches Unternehmen* formal in eine Kapitalgesellschaft auf, die das operative Geschäft betreibt, und in ein Besitzunternehmen, das der Kapitalgesellschaft die Betriebsgrundlagen – Grundstücke und Geldkapital – durch einen Pacht- und Darlehensvertrag überlässt. Dieser in eine GmbH und eine KG aufgespaltene Gesamtbetrieb kann die für das Betriebsunternehmen benötigten Gewinne in der Kapitalgesellschaft zu einem Steuersatz von 25 % im Betrieb lassen, während er bei den Gesellschaftern der Personengesellschaft einen Spitzensatz von 42 % hätte bezahlen müssen. Die Kapitalgesellschaft begründet mit einem Gesellschafter-Geschäftsführer ein Arbeitsverhältnis und zahlt ihm ein Geschäftsführergehalt, das bei dem Betriebsunternehmen abzugsfähig ist, dort die Körperschaftsteuer und die Gewerbesteuer mindert, den Gesellschafter-Geschäftsführer aber in seiner individuellen Einkommensteuer belastet. Zudem kann der Geschäftsführer diese Einnahmen vielfach noch durch Verluste mindern, die seine Besitzgesellschaft gemacht hat. Werden Pensionsrückstellungen für die Gesellschafter-Geschäftsführer gebildet, verringert dieses den Gewerbeertrag. Schließlich kann das einheitliche Unternehmen seine Jahreserträge so auf verschiedene

Gesellschaften verteilen, dass die Gewerbesteuerfreibeträge für natürliche Personen und Personengesellschaft jeweils nebeneinander voll ausgeschöpft werden können. Wenn diese Betriebsaufspaltung sodann noch die Haftung beschränkt, nicht aktiv tätige Familienmitglieder durch laufende Einnahmen aus Pacht- oder Darlehen wirtschaftlich sichert, die zukünftige Erbfolge erleichtert, bei der Kapitalbeschaffung hilfreich ist, auch Pflichten nach dem Bilanzrichtliniengesetz, dem Betriebsverfassungsrecht und der Mitbestimmung vermeidet oder mindert, so erscheint die Aufspaltung in GmbH und KG besonders attraktiv. Sie ist im Gesellschaftsrecht nicht vorgesehen, jedoch seit dem Jahre 1912 rechtlich anerkannt.

Das Bundesverfassungsgericht hat die Steuerungleichheit durch Vertragsgestaltung grundsätzlich beanstandet. In der Entscheidung zur *Schwarzwaldklinik* betont es, dass die bloße Wahl der Organisationsform eines Unternehmens für sich genommen keine Belastungsunterschiede rechtfertige. In einem Schwarzwalddorf waren zwei benachbarte kardiologische Kliniken unterschiedlich organisiert: Die eine wurde von einem Chefarzt – also von einem Freiberufler – geführt, die andere hingegen war in Form einer GmbH gegründet. Der Chefarzt schuldete als Freiberufler keine Gewerbesteuer und konnte die für Ärzte vorgesehene Umsatzsteuerbefreiung in Anspruch nehmen. Die GmbH hingegen war wegen ihrer Rechtsform ein Gewerbebetrieb, musste deswegen Gewerbesteuer zahlen und verlor als Gewerbetreibende auch die Umsatzsteuervergünstigungen. Das Bundesverfassungsgericht hat entschieden, dass diese allein in der Organisationsform einer Klinik angelegten Belastungsunterschiede vor dem Gleichheitssatz nicht gerechtfertigt sind. Damit gibt das Gericht den Menschen zugleich ein Stück Vereinigungsfreiheit zurück, die der Unternehmer gegenwärtig noch an den Toren des Steuerrechts abgeben muss.

c) Steuergeheimnis und Bürgerstolz

Die Hydra der Steuergestaltung, der vertraglich herstellbaren Steuerungleichheit wirkt seit Jahrzehnten so weit und so beharrlich, dass sie längst die Köpfe der Menschen erreicht und ihr Denken verfälscht hat. Wer heute einen Steuerbescheid erhält und eine hohe Schuld zu begleichen hat, wird sich über die Zahlungspflicht ärgern, könnte aber stolz und selbstbewusst darauf verweisen, dass er wirtschaftlich sehr erfolgreich ist – für sich und für die steuerliche Rechtsgemeinschaft. Tatsächlich aber macht er sich eher den intellektuellen Selbstvorwurf, seine Steuerlast nicht mit hinreichend Witz und Geschick gesenkt zu haben. Aus der gleichmäßigen Last je nach finanzieller Leistungsfähigkeit ist fast eine Gleichheit nach steuertaktischer Geschicklichkeit geworden.

Wir wissen heute nicht, ob unser wohlhabender Nachbar wie wir Steuern zahlt, ob seine Firma Subventionen erhält, ob er sein Haus mit Hilfe unserer Steuern gebaut hat, ob er seine Spekulationen auf Steuersubventionen ausrichtet. Über alles dieses breitet sich der Schleier von Datenschutz, Amtsverschwiegenheit und Steuergeheimnis. In anderen Ländern – in Schweden und Norwegen, auch in Italien und Japan – ist das Auslegen von *Steuerlisten* erlaubt, das Steuergeheimnis insoweit entwertet oder aufgehoben. Teilweise nutzen Verleger diese Offenbarung für jährlich erscheinende Steuerhandbücher, in denen Einkommen und Vermögen von Steuerpflichtigen verzeichnet sind. Diese Staaten setzen auf die kritische Beobachtung der Öffentlichkeit, die Steuerprivilegien für den Nachbarn rügt, Subventionsverschwendungen beanstandet, auf Gleichheit vor dem Finanzstaat drängt.

In Deutschland war die Bekanntgabe der Steuerleistungen durch Steuerlisten in den zwanziger Jahren eine Forderung der Sozialdemokratie. Im Deutschen Bundestag ist 1950 ein Antrag, Steuerlisten offen zu legen, gescheitert. Hier herrscht die Sorge, die Veröffentlichung von Einkommen werde Neid, Missgunst, Gehässigkeit, Intrigen, Verleumdungen, Kriminalität, Denunziation und Kapitalflucht anregen. Die Veröffentlichung der Einkommensteuer jedoch wäre ein Instrument, um Bürgerstolz auf den wirtschaftlichen Erfolg zu fördern, der dem Einzelnen, steuerlich aber auch der Allgemeinheit zugute kommt. Der Bundespräsident, der Ministerpräsident eines Landes und der Oberbürgermeister einer Stadt könnten die 30 besten Steuerzahler zu sich einladen, sie festlich bewirten und ihnen für ihren Erfolg – für sich und die Rechtsgemeinschaft – herzlich danken. Im abendlichen Fernsehen hätte ein *Steuer-DAX* jedenfalls einmal im Monat einen höheren Informationswert als der Börsen-DAX.

d) Gesetzliche Einladung zur Steuervermeidung

Wenn der Steuerpflichtige den zivilrechtlichen Vertrag nutzt, um steuerliche Ungleichheit herzustellen, beruht dieser Fehlgebrauch des Vertrages allerdings oft nicht auf einer Verweigerungsraffinesse, sondern auf einer Einladung des Gesetzgebers. Der Steuergesetzgeber will durch Steuern steuern, den Steuerpflichtigen zu einem wirtschaftspolitisch, kulturell oder ökologisch erwünschten Verhalten lenken. Wer Denkmäler, Windräder, Filme und Fonds kauft, erhält einen Steuervorteil; wer sich diese Anlagen nicht leisten kann, trägt die Regelsteuer.

Hier hat sich die Hydra in die staatlichen Institutionen eingeschlichen. Sie verschlingt verwirrend und willkürlich ein Stück privater Freiheit, kauft dem Menschen im Steueranreiz ein Stück ihres Willens zur Selbstbestimmung, zur Vernunft ab. Der Steuerpflichtige geht auf das steuerliche Gestaltungsangebot ein, wähnt sich klug und clever, wird aber zum Objekt staatlicher Steuerung, fällt in Unfreiheit und Verluste, scheint aber in diesen selbst gewählten Ketten vermeintlicher Steuerersparnis recht zufrieden. Wüsste er, dass bei generellem Verzicht auf steuerliche Lenkungen der Steuersatz wesentlich gesenkt werden könnte, er also in Freiheit oft einen größeren Steuervorteil empfinge als in Unfreiheit, würde er sich über dieses System empören.

Mit diesem sensiblen Angriff auf die Freiheit des Steuerpflichtigen gelingt es der Hydra, dem Steuerpflichtigen ein Stück seiner Freiheit abzukaufen, die Gleichheit der Steuerlast zu zerstören und dem Steuerrecht die Ersichtlichkeit und Einsichtigkeit zu rauben. Unsere Hoffnung richtet sich vor allem auf das Bundesverfassungsgericht. Ein Gericht allerdings ist kein Herakles, der sich allein gegen eine seit Jahrzehnten unter dem Schleier des Geheimnisses gewachsene, von einer Beratungsindustrie verfestigte Unsitte stemmen könnte. Das Gericht hat jedoch ein scharfes Schwert geschmiedet, dessen sich ein Herakles bedienen kann.

e) Die Quersubvention

Die klassische, aristotelische Unterscheidung zwischen staatlich zu-
geteilter Gerechtigkeit und privat vereinbarter wird völlig aufgehoben,
wenn der Staat den privatvertraglichen Austausch nutzt, um Geld
hoheitlich von einem zum anderen Vertragspartner zu übertragen. Im
Normalfall nimmt der Staat steuerlich eine Geldsumme und weist den
Steuerertrag später als Subvention einem Berechtigten zu. Bei der Quer-
subventionierung wählt der Staat einen abgekürzten Zahlungsweg und
verpflichtet den einen Vertragspartner, im Vertrag ein höheres Leistungsentgelt zu bezahlen, das den anderen wie eine Subvention begünstigt.

Das *Erneuerbare-Energien-Gesetz* verpflichtet die Betreiber von
Netzen für die allgemeine Stromversorgung, Strom aus erneuerbaren
Energiequellen abzunehmen und zu einem gesetzlich überhöhten
Mindestpreis zu vergüten. Im Jahre 2005 sind rund 2,7 Milliarden
Euro von den Stromversorgern an die Einspeiser von erneuerbarer
Energie gezahlt worden. Der Gesetzgeber fördert so finanziell die um-
weltverträgliche Stromerzeugung aus regenerativer Energie, ohne aber
als Steuerbehörde oder als Subventionsbehörde in Erscheinung zu tre-
ten. Der staatlich gebotene Geldtransfer wird ausschließlich zwischen
Privaten im Rahmen des vertraglichen Entgelts gezahlt.

In einer ähnlichen Methode versucht der Gesetzgeber, die finanziellen Grundlagen der gesetzlichen Krankenversicherung zu konsolidieren. Er legt den Herstellern von Arzneimitteln Preisrabatte auf, um
dadurch die Budgets der Krankenversicherungsträger von Ausgaben
für Arzneimittel zu entlasten. Das *Sozialgesetzbuch* ordnet einen Abschlag von 6 % auf Arzneimittel an, die nicht der Festbetragsregelung
unterliegen. Damit wurden im Jahre 2005 die Pharmaunternehmen
mit Umsatzeinbußen von mehr als 500 Millionen Euro belastet.

Eine der ältesten Formen staatlicher Umverteilung in Vertragsform
bietet das Arbeitsrecht, das den Arbeitgeber verpflichtet, die Hauptlast
des *Mutterschaftsgeldes* durch Lohnfortzahlung zu tragen, also die
werdende Mutter finanziell abzusichern und ihr dadurch zu gestatten,
die Mutterschutzfristen im Dienst ihrer Gesundheit und des Kindes
ohne finanzielle Sorgen in Anspruch zu nehmen. Diese Zahlungen, die
sich im Jahre 2004 auf rund 1,3 Milliarden Euro beliefen, werden heu-

te in einem Umlagesystem erbracht, das der einzelne Arbeitgeber nicht für seine Arbeitnehmerinnen, sondern für alle Mutter gewordenen Arbeitnehmerinnen finanziert, um den einzelnen Arbeitgeber nicht zu veranlassen, von der Einstellung potenzieller Mütter abzusehen. Auch hier werden innerhalb eines Arbeitsrechtsverhältnisses abgekürzt Steuern erhoben und entsprechende Leistungen erbracht, ohne dass die staatliche Verwaltung in Erscheinung träte.

Unsere Hydra hat Kopf und Mund der privaten Vertragspartner erreicht. Sie ist nicht mehr als Ungeheuer sichtbar, erscheint auch nicht als staatlicher Leviathan, sondern führt den Stromversorgern, den Herstellern von Arzneimitteln und den Arbeitgebern das Wort. Die Vertragspartner vereinbaren nicht mehr den Preis, der ihnen leistungsangemessen erscheint, sondern sie finanzieren im Preis ein staatliches Unterstützungsprogramm. Die Flamme der Vertragsfreiheit gerät ins Flackern und wird immer schwächer. Das Wirtschaftssystem ist im Nerv getroffen.

6. Das Verfassungskonzept der Besteuerung

Im Kampf gegen diese Hydra stetig wachsender Steuerprivilegien und eines entsprechenden Steuerübermaßes muss der Verfassungsstaat seine Waffen neu schärfen. Sein Schwert der parlamentarisch-demokratischen Steuerbewilligung versagt, weil die Abgeordneten dieses Schwert nicht für maßvolle und gleichmäßige Steuerlasten führen, sich dem Wähler vielmehr durch neue Staatsleistungen, also als *Vordenker für Steuererhöhungen* empfehlen. Als ein scharfes Schwert stehen jedoch die Menschenrechte und die Grundrechte zur Verfügung, die schon früh in dem Auftrag entwickelt worden sind, die Abgabengewalt des Herrschers zu mäßigen.

Bei der Schwäche des Gesetzesvorbehalts prallen staatliche Steuerbegehrlichkeiten und ausufernder staatlicher Finanzbedarf ungemäßigt auf den Grundrechtsschutz des Steuerpflichtigen. Die Grundrechte, insbesondere die Eigentumsgarantie und der Gleichheitssatz, werden zum Maß der Steuergesetzgebung.

a) Der Eigentumsschutz des Steuerpflichtigen

Das Besteuerungsrecht des Fürsten und dessen Begrenzung wurden traditionell aus dem Eigentum begründet. Der Herrscher wollte das Steuerbewilligungsrecht der Stände mit der These überwinden, ihm stünde uneingeschränktes Eigentum an dem Vermögen seiner Untertanen zu. Zugleich aber suchte insbesondere die Mittelklasse – der Adel war steuerbefreit – den steuerlichen Zugriff auf das Privateigentum zu mäßigen; sie schloss mit dem Herrscher einen Gesellschaftsvertrag zum Schutze des Eigentums, der den Herrscher an einem willkürlich besteuernden Eingriff in das Privateigentum hinderte.

Friedrich der Große entwickelt sodann ein Grundprinzip einer eigentumsgerechten Besteuerung, indem er die Obergrenze der Besteuerung unterhalb der Hälfte des jährlichen Einkommens des Steuerpflichtigen zieht. Der europäische Liberalismus des 19. Jahrhunderts verdeutlicht diesen Eigentumsschutz in einem Eigentumsrecht, das die Besteuerungsgewalt des Staates vielfach begrenzt. Der Staat habe *»jene prinziplosen oder bloß von Willkür oder von hablustiger Berechnung diktierten Steuersysteme«* zu unterlassen und Gleichheit sowie Verhältnismäßigkeit der Belastung zu wahren. Dabei erschließt die Rechtsgeschichte drei Wege, um diese Besteuerungsgrenzen konkret wirksam werden zu lassen.

Der *erste begrenzt die Steuerlasten durch die Aufgaben,* die zu finanzieren sind. Eine Besteuerung war anfangs nur für den Unterhalt der Streitmacht und für die Kosten der Verwaltung zulässig. Heute gibt die wachsende Steuerlast Anlass, die Staatsaufgaben zurückzunehmen, den schlanken Staat zu erkämpfen. Umgekehrt erwartet der Schutz des Eigentums für die zukünftige Generation, dass die Staatsaufgaben durch Steuern, nicht durch Schulden finanziert werden.

Ein *zweites Maß* erlaubt nur dann den steuerlichen Zugriff auf das Privateigentum, wenn der Staat mit den Steuererträgen *ähnlich wie ein Privater effizient ist.* Nach *Lorenz von Stein* muss jede Steuer »ihrer wahren Bestimmung nach eine reproduktive sein, und mindestens soviel erzeugen […], als sie selber beträgt«. Eine Steuer ist immer unzulässig, wenn sie beginnt, »das Einkommen so weit zu verringern, dass es seine kapitalbildende Kraft verliert«. Hier entwickelt sich ein modernes Verständnis des Staates als einer Produktionsgemeinschaft, die den Steuergesetzgeber vor allem in seiner kapitalbildenden und wachstumsfördernden Wirkung beurteilt.

Ihr *wirksamstes Maß* findet die Besteuerungsgewalt heute in den *Grundrechten*. Dieser Schutz des Steuerpflichtigen erlaubt nicht eine beliebige Ausdehnung der Staatsaufgaben, sondern zieht strukturell eine Grenze zwischen freiheitsverpflichtetem Staat und freiheitsberechtigter Gesellschaft, die das Wirtschaftsleben grundsätzlich dem Eigentümer und dem Berufstätigen in Freiheit, also in privater Hand überlässt. Für den Betroffenen macht es kaum einen Unterschied, ob der Staat sein Grundstück entschädigungslos enteignen will oder von ihm eine Grundsteuer in Höhe des Grundstückswertes fordert. Ob ein Gesetz den Rentenanspruch auf die Hälfte kürzt oder mit 50 % besteuert, bleibt für die Altersvorsorge gleich. Mag der Staat dem Autohändler den Verkauf seiner Fahrzeuge verbieten oder seinen Umsatz zu 100 % besteuern, er wird ihm in beiden Fällen ein Stück seiner Freiheit rauben. Deswegen ist heute anerkannt, dass die Steuer auf das privatnützige Eigentum zugreift. *Dieser Steuereingriff ist nur zulässig, wenn er im Rahmen der Sozialpflichtigkeit des Eigentums verbleibt* und nicht die Intensität einer Enteignung – des Verdrängens aus dem Eigenen – erreicht. Dieser Eigentumsschutz gegen die Besteuerungsgewalt hat vier Rechtsfolgen:

(1) Das Maß der zulässigen Besteuerung ist nicht die Finanzerwartung an den Staat, sondern die *Betroffenheit des Grundrechtsträgers in seinem Eigentum*. Deswegen darf der Gesetzgeber nicht zunächst entscheiden, wie viel er ausgeben will, um dann die Finanzlöcher durch Steuererhöhungen zu stopfen. Vielmehr muss er umgekehrt zunächst ermitteln, welche Steuerlasten angemessen erscheinen, um dann die staatlichen Ausgaben nach dem danach möglichen Steueraufkommen zu bemessen. Geboten ist also eine Umkehrung der heute üblichen staatlichen Finanzpolitik: Der Staat kann nicht zunächst alle finanziellen Forderungen und Überforderungen des Staates befriedigen und dann die Lasten auf den Steuerzahler abwälzen. Vielmehr muss er zunächst die Belastbarkeit der Steuerpflichtigen bestimmen, sodann aus dem dadurch begrenzten Steueraufkommen seine Finanzierungsaufgabe erfüllen.

(2) Der Steuerzugriff schont das Eigentum am meisten, wenn er *nicht die Erträge besteuert, die aus einem Eigentum erwirtschaftet werden könnten, sondern das Einkommen, das erzielt worden ist.* Würde eine Steuer die Sollerträge aus einem Grundstück oder einem Gewerbebetrieb belasten, so würde sie, wenn der Steuerpflichtige nicht anderweitig liquides Vermögen hat, den Eigentümer letztlich aus seinem Grundbesitz und seinem Gewerbebetrieb vertreiben, weil er diesen nach und nach verkaufen müsste, um die Steuern zu bezahlen. Wer sein Gartengrundstück im Schaukelstuhl genießen wollte, brauchte anderes Vermögen, um dafür Grundsteuer zu zahlen. Greift die Steuer hingegen nicht auf Grundbesitz, Gewerbekapital oder Vermögen zu, sondern auf das soeben erworbene Einkommen oder die erfolgreich eingesetzte Erwerbskraft (Umsatz), so nimmt sie an einem Gütertausch teil, den die Beteiligten freiwillig vereinbart haben.

(3) Die Intensität des Steuerzugriffs ist so maßvoll zu gestalten, dass der Steuerpflichtige aus Einkommenserwerb und Umsatz grundsätzlich *den privaten Nutzen ziehen kann, den er von seinem Erwerb erwartet.* Deswegen sollte das Einkommensteuergesetz den existenznotwendigen Bedarf des Steuerpflichtigen und seine Erwerbsaufwendungen (Betriebsausgaben und Werbungskosten) von der Besteuerung ausnehmen, die kleineren und mittleren Anfangseinkommen möglichst gering belasten, dann einen Regelsteuersatz von 25 % wählen. Bei diesem Steuersatz wird die Obergrenze der Gesamtsteuerbelastung auch unter Berücksichtigung der indirekten Steuern nicht überschritten. Würde die Gesamtsteuerlast hingegen auf nahezu die Hälfte des erworbenen Einkommens zugreifen oder beim Umsatz den Kaufpreis so verteuern, dass die Umsatzsteuer typischerweise nicht mehr überwälzbar ist, so dienten Einkommenserwerb und Umsatz weniger dem privaten Eigentümer und eher dem Steuerstaat. *Die Garantie des Privateigentums wäre verletzt.* Deswegen mäßigt das Grundrecht der Eigentümerfreiheit den Steuerzugriff so, dass Einkommen und Kaufpreis auch nach der Steuer vor allem dem Eigentümer nutzen.

(4) Sodann sind die Grundrechte im Kern Menschenrechte, *schützen also die einzelne Person und erst um der Menschen willen auch den wirtschaftlichen Betrieb.* Deswegen müssen die Steuerlasten zwischen den Menschen und den Kapitalgesellschaften so verteilt

werden, dass der Mensch möglichst geschont wird und die Steuer die dienende Funktion einer Kapitalgesellschaft betont.

Diese Forderung steht allerdings gegen die realen Mächtigkeiten der großen Kapitalgesellschaften, die ihre Steuerlast von sich fortschieben und auf den einzelnen Menschen abwälzen wollen. Dieses ist kurzsichtig. Denn sie sind auch auf den Käufer, den Arbeitnehmer, den Kapitalgeber angewiesen. Hier liegt das Problem der gegenwärtigen Unternehmensteuerreform in Deutschland.

b) Die Gleichheit der Besteuerung

»Alle Menschen sind vor dem Gesetz gleich«, so sagt es das Grundgesetz und stellt uns damit vor eine schwierige Aufgabe. Berechtigter des Gleichheitssatzes ist der Mensch. Wenn nun juristische Rationalität fordert, diesen Menschen in einem möglichst klaren Tatbestand zu fassen, so erinnern wir uns an die rechtliche Klugheit, die dieses Vorhaben zurückweist. Der rechtliche Schutz würde dort verweigert, wo er am dringlichsten benötigt wird. Das Recht achtet den Menschen in seiner Undefinierbarkeit. Wir geraten in die Nähe des Tabus, des geheimnisvoll Offensichtlichen, der Kant'schen Kernfrage: *Was ist der Mensch?* Doch hier zeigt sich die Einfachheit des Steuerrechts: Es wendet sich an jedermann, der erwerben und tauschen, erklären und zahlen kann. Die Steuer folgt sehr schlichten Prinzipien.

Alle Menschen *»sind«* gleich. Mit diesem Satz behauptet die Verfassung nicht, dass alle Menschen gleich seien. Sonst würde das Grundgesetz das Freiheitsprinzip missachten, das dem Menschen erlaubt, sich vom anderen zu unterscheiden. Der eine strebt täglich nach hohem Gewinn, der andere nach viel Muße zum Denken. Beide sind in ihrer Verschiedenheit freiheitlich gerechtfertigt. Die Freien dürfen sodann bestehende Unterschiede mehren. Der Geigenvirtuose darf noch mehr üben und damit seinen Abstand zum mäßigen Geiger – in Virtuosität wie im Einkommen – weiter vergrößern. Vorgegeben sind Freiheit und Ungleichheit, nicht Gleichheit und Unfreiheit. An diesem Befund unterschiedlicher Finanzkraft knüpft die Steuer an.

Alle Menschen sind *»vor dem Gesetz«* gleich. Gemeint ist also eine

Gleichheit, die in der generellen, abstrakten, auf Dauer ausgerichteten Regel angelegt ist, die das allgemeine, verfassungsgebundene Gesetz herstellen kann. Der Gleichheitssatz ermutigt also nicht den scheelen Rundumblick im eigenen Umfeld, der entdeckt, dass der andere gesünder, gebildeter, reicher, freiheitsfähiger ist, er die bessere Familie, das schönere Haus, den befriedigenderen Beruf oder den anregenderen Freundeskreis hat. Gleichheit »vor dem Gesetz« sagt vielmehr, dass die Lebensgestaltung im Privaten – Familie, Freundeskreis, Charakter- und Geistesbildung – für das Gesetz nicht zugänglich ist. Zudem hat das Gesetz die Freiheitsrechte, insbesondere die Berufs- und die Eigentümerfreiheit auszugestalten und in eigenen Gewährleistungen für den jeweiligen Lebensbereich zu verdeutlichen. Im Privatrecht behandelt das Gesetz alle Vertragspartner formal gleich, im Recht der Berufsqualifikation je nach ihren Fähigkeiten verschieden, im Recht der Eheschließung allein nach dem Willen der Beteiligten individuell. Daneben weist das Gesetz in seiner Allgemeinheit eine Klassengesetzgebung zurück, erfasst in der Dauerhaftigkeit der Regel die unbestimmte Vielzahl künftiger Fälle und breitet damit – mit einer modernen Gerechtigkeitstheorie gesprochen – den Schleier des Nichtwissens im Konkreten über den Regelungsinhalt aus. Die Steuer ist eine Idee des Rechts, wird nicht in der Wirklichkeit vorgefunden. Umso mehr ist Steuerrecht den Gestaltungsprinzipien des »Gesetzes« – begrenzte Regelungsgegenstände, Privilegienfeindlichkeit, Vorgriff auf die noch unbekannte Zukunft – verpflichtet.

Vollends in eine anfängliche Ratlosigkeit stürzt uns aber der Gleichheitssatz, wenn er sagt, dass »alle« Menschen »gleich« seien. Der allgemeinste Ausgangstatbestand für das an Menschen adressierte Recht sind alle Menschen. Und diese sollen vom Gesetz gleich behandelt werden. Damit scheint der Weg zu einer Kopfsteuer, die jeden Menschen – den Millionär wie den Bettler – zur Zahlung von monatlich 500 Euro verpflichtet, unausweichlich vorgegeben. Wir entrinnen der Torheit der Kopfsteuer – der gleichheitswidrigsten aller Steuern – nur in dem Bewusstsein, dass die Gleichheit aller Menschen für die Menschen in ihrer Verschiedenheit und Freiheitlichkeit gelten soll. Die Menschen sind nicht gleich, sondern verschieden; sie sollen in ihrer Verschiedenheit jeweils gleich behandelt werden.

Diese jeweilige Gleichheit bestimmt sich nach der zu regelnden Rechtsfolge. Alt und Jung sind gleich in der Steuerpflicht, ungleich in der Geschäftsfähigkeit. Deutsche und Ausländer sind gleich in der Geschäftsfähigkeit, ungleich im Wahlrecht. Mann und Frau sind gleich im Wahlrecht, ungleich in Mutterschutz und Wehrpflicht. Arm und Reich sind gleich in Mutterschutz und Wehrpflicht, ungleich im Steuerrecht.

Der Mensch bezahlt seine Steuern nicht aus seinem Kopf, sondern aus seinem Vermögen. Deswegen muss er *je nach seiner Finanzkraft gleich, also dementsprechend unterschiedlich besteuert werden.*

So wird der Steuergesetzgeber die Steuerlasten der Menschen je nach ihrer Finanzkraft – ihrem Einkommen und ihrer Kaufkraft – unterschiedlich bemessen. Wer ein hohes Einkommen erzielt, wird höher belastet; wer ein geringes Einkommen erzielt, wird entlastet. Wer eine Luxuskarosse kauft, muss entsprechend dem höheren Kaufpreis Umsatzsteuer bezahlen; wer ein Kleinfahrzeug erwirbt, spart im niedrigeren Preis auch Umsatzsteuer. Der Gleichheitssatz fordert eine Unterscheidung je nach individueller Finanzkraft, verbietet aber Unterscheidungen nach anderen Eigenheiten oder Lebensumständen wie Alter, Geschlecht, Religion oder Beruf, die unterschiedliche Steuerlasten nicht zu rechtfertigen vermögen.

Der Gleichheitssatz kämpft immer wieder gegen das Steuerprivileg, ist dabei aber in der Geschichte des Steuerrechts oft nicht erfolgreich. Heute fordern wir insbesondere die steuerliche Gleichbehandlung von Kapital und Arbeit, von Weltkonzernen und mittelständischen Konkurrenten, die sachgerechte Unterscheidungen zwischen Reich und Arm, zwischen Familie und Einzelperson.

Der Gleichheitssatz braucht besondere Kraft, wenn der Gesetzgeber *bewusst ungleich belastet,* um den Steuerpflichtigen zu einem bestimmten Verhalten zu veranlassen oder von einem anderen fernzuhalten. Er bietet einen Vorteil für denjenigen, der in bestimmten Immobilien investiert, oder benachteiligt steuerlich denjenigen, der ein besonders umweltschädliches Auto fährt. Hier wirkt der Gleichheitssatz mit den Freiheitsgarantien zusammen, stärkt das Freiheitsvertrauen des Gesetzgebers, das dem Einkommensbezieher und Kaufkräftigen zutraut, selbst zu entscheiden, was er mit seinem Einkommen und seiner Kaufkraft tun will. Gleichheitssatz und Freiheitsrecht streiten gemeinsam für die wirtschaftliche Selbstbestimmung, bei der ein wirtschaftender Mensch auf eigene Rechnung und eigenes Risiko handelt, damit am ehesten dem ökonomisch Vernünftigen nahe kommt. Es bedarf schon sehr guter Gründe, um den einen steuerlich bewusst zu entlasten, den anderen dafür entsprechend zu belasten und dadurch dem Begünstigten ein Stück seiner Freiheit abzukaufen.

7. Die acht Prinzipien der Erneuerung

Misst man das gegenwärtige Steuerrecht an diesen Maßstäben, so drängt das Verfassungsrecht zur *großen Steuerreform.* Das Steuerrecht ist in seiner Kompliziertheit und Gleichheitswidrigkeit ein Freiheitshindernis, ein wirtschaftliches Hemmnis, ein Instrument der Unplanbarkeit und damit der Einschüchterung. Die steuerliche Schwächung unserer Familie trägt dazu bei, Demokratie, Kultur und Wirtschaft auszuzehren. Die steuerlichen Ertragseinbußen durch Privilegien und Lenkungstatbestände treiben den Staatshaushalt in die Verschuldung, die inzwischen verfassungsrechtlich und europarechtlich schon zur chronischen Illegalität geworden sind.

Die Frage nach der Steuergerechtigkeit stellt sich heute nicht mehr – wie in Gründerzeiten bei Entstehung des Verfassungsstaates – als Auftrag zur erstmaligen Kodifikation eines Steuerrechts, sondern als Verpflichtung, geltendes Recht fortzubilden. Der Auftrag des Parlaments von heute ist *weniger die Gesetzgebung als die Gesetzesänderung,* weniger das Entdecken neuer Regelungsbedürfnisse als der Abbau bestehender Gesetze, mehr der Kampf gegen die Normenflut als der Auftrag, die Überfülle noch zu vermehren. Deswegen treten als Gerechtigkeitsmaßstab für die Steuern neben das Gleichmaß und die Mäßigung der Steuerlast der Vertrauensschutz und die Kontinuitätsgewähr, daneben die Frage des Freiheitsverlustes durch Überregulierung, des Gleichheitsverlustes durch fehlende Einsichtigkeit des Rechts sowie der Auftrag zur Vereinfachung des Rechts, das wieder verstehbar werden muss und damit als gerecht empfunden werden kann. So *gilt keinesfalls der Grundsatz »Alte Steuer ist gute Steuer«;* wohl aber der Auftrag, *das geltende Recht so zu erneuern, dass es der Gerechtigkeitsidee wieder entspricht.*

(1) Das Steuerrecht wird verständlich
Zunächst muss das Steuersystem so durchsichtig, die Sprache der Steuergesetze so einfach werden, dass der Bürger den steuerlichen Belastungsgrund wieder verstehen und seine individuelle Steuerschuld vorausberechnen kann. Deswegen sind die mehr als 200 Steuergesetze in einem einheitlichen *Bundessteuergesetzbuch* – ähnlich dem Bürgerlichen Gesetzbuch – zusammenzuführen. Die 36 Einzelsteuern sind auf vier – auf das Einkommen (Einkommensteuer und Körperschaftsteuer), auf den Umsatz, die Erbschaft (einschließlich Schenkung) und auf besondere Verbrauchsvorgänge zurückzunehmen. Diese Regelung ist als Kodifikation auf langfristige Geltung angelegt, so dass das Verbot der rückwirkenden Steuergesetzgebung sowie der individualrechtliche Vertrauensschutz tatsächlich zur Wirkung kommen.

Die Maßstäbe des Rechts sollen schlicht und einsichtig sein. Das lehrt uns das *Erlebnis der Fußballweltmeisterschaft.* Der Reiz des Fußballspiels liegt in seiner Einfachheit: Das Spiel ist auf eine Fläche von höchstens 90 × 120 Meter und eine Zeit von 2 × 45 Minuten begrenzt. Das Ziel ist in dem Auftrag, den Ball möglichst einmal mehr als die gegnerische Mannschaft in das Tor zu befördern, klar definiert. Handlungsimpulse geben System und Begeisterung, nicht Mauer und Ängstlichkeit. Die Handlungsmittel sind im Prinzip der Selbsterschwerung – gespielt werden darf mit dem Fuß, nicht mit der Hand – jedem geläufig. Die Interessengegensätze sind in zwei Mannschaften organisiert und durch unterschiedliche Trikots sichtbar gemacht. Der Fußballverband hat aus einer nicht klar verfassten Rechtsquelle 17 Regeln hervorgebracht, über deren Beachtung ein Schiedsrichter, zwei Linienrichter und viele tausend Zuschauer wachen. Dieses Recht ist dank seiner Einfachheit und Einsichtigkeit national und international wirksam, ist in das Rechtsbewusstsein vieler Menschen deutlicher eingedrungen als das Verfassungsrecht.

Etwas ganz anderes gilt für das Steuerrecht. Wenn jemand von einem Freund zur Fußballweltmeisterschaft *eine Karte für einen Logenplatz* erhalten hat, wird er vergnügt ins Stadion gegangen sein, Spiel und Bewirtung genossen, bei jedem Tor gejubelt, bei jeder Regelwidrigkeit gepfiffen haben. Nach dem Spiel allerdings bleibt ihm das Pfeifen im Halse stecken, wenn er den Erlass des Bundesministeriums der Finanzen über die ertragsteuerliche Behandlung von Aufwendungen für VIP-Logen in Sportstätten liest. Die Freikarte führt in die steuerliche Unterdrückung und Entmutigung. Ob und inwieweit der Unternehmer den Aufwand für die Freikarte bei seiner Gewinnermittlung absetzen kann, hängt davon ab, ob die Freikarte der Pflege von Geschäftskontakten dient, ob sie als Gegenleistung erbracht oder ob sie geschenkt wird, ob ihr Wert 35 Euro übersteigt, ob sie ein Geschäftspartner oder ein Arbeitnehmer nutzt, ob der Unternehmer vom Veranstalter ein Gesamtpaket von Werbeleistungen, Bewirtung und Kartengeschenk erworben hat. Der Empfänger dieser Leistungen muss die Freikarte grundsätzlich versteuern, die Bewirtung hingegen nicht. Für Arbeitnehmer gilt eine Freigrenze von 44 Euro im Kalendermonat und die Steuerfreiheit bei ganz überwiegendem betrieblichem Interesse. Der Unternehmer kann die Steuerpflicht des Empfängers der Freikarte dadurch vermeiden, dass er 60 % des auf seinen Geschäftsfreund entfallenen Anteils am Gesamtpaket bei sich versteuert, bei Arbeitnehmern die Lohnsteuer mit einem Pauschsteuersatz von 30 % abgilt. Bei Kapitalgesellschaften kann eine verdeckte Gewinnausschüttung vorliegen. Die prozentuale Aufteilung der Leistungen ist sodann für die »Hospitality-Leistungen« im Rahmen der Fußballweltmeisterschaft 2006 nochmals durch einen gesonderten Erlass verändert worden.

Der Sportsfreund weiß, dass ein kompliziertes und undurchsichtiges Spielsystem den sportlichen Erfolg hindert, die Mannschaft aus dem Turnier drängt. Das Besteuerungssystem für die Sportfreikarten überzeugt nicht. Dabei wäre alles so einfach: Freikarte und Bewirtung sind persönliche Zuwendungen, also beim Schenker und Empfänger steuerlich unerheblich. Wenn das System unseres Steuerrechts so undurchsichtig ist, keiner mehr dieses Spiel verstehen kann, wird es bald abgepfiffen und es droht der Abstieg in die Amateurliga.

(2) Der Gesetzgeber sucht den Dialog mit dem Steuerpflichtigen
Auch durch eine verständliche Sprache muss der Gesetzgeber wieder

den Dialog mit dem Steuerpflichtigen suchen. Der Bürger kann als gerecht nur empfinden, was er versteht. Deswegen muss der Grundtatbestand des Einkommens schlicht und einsichtig formuliert werden: Steuerbar sind die Einnahmen des Steuerpflichtigen, von denen er seinen erwerbssichernden Aufwand (Betriebsaufwand und Werbungskosten), den existenznotwendigen Bedarf für sich und seine Familie sowie bis zu 10 % Spenden abziehen kann. Das so berechnete Einkommen wird in den Anfangsstufen in einem Progressionstarif entlastet. Danach gilt die einfache Regel: »Die Einkommensteuerschuld beträgt ein Viertel des Einkommens.« Würde der Steuerpflichtige heute im Text des Einkommensteuergesetzes den Steuersatz lesen wollen, so träfe er bei einem Einkommen von 50 000 Euro auf die Regel: Die tarifliche Einkommensteuer beträgt: $(265{,}78 \times z + 2405) \times z + 1016$, wobei »z« ein Zehntausendstel des 12 739 Euro übersteigenden Teils des auf einen vollen Euro-Betrag abgerundeten zu versteuernden Einkommens ist. Dieser Gesetzgeber verweigert das Gespräch mit dem Steuerpflichtigen, gibt ihm nicht die Kerninformation über die Höhe seiner Steuerlast. Der Bürger fordert Einfachheit und Verständlichkeit für die Grundtatbestände der Einkommensteuer, der Umsatzsteuer, der Erbschaftsteuer und der besonderen Verbrauchsteuern.

(3) Die Einzelsteuern werden zu einer maßvollen Gesamtlast
Die vier in Zukunft erhobenen Einzelsteuern sind so aufeinander abzustimmen, dass *die Gesamtbelastung sachgerecht und maßvoll wirkt.* Gegenwärtig wird die Erhöhung der Umsatzsteuer, die in der Regel aus dem Einkommen des Konsumenten getragen wird, bei der privaten Einkommensteuer nicht berücksichtigt; selbst das Existenzminimum, das sich mit der Umsatzsteuer erhöht, bleibt gleich. Einkommen- und Gewerbesteuer sind in einem widersprüchlichen, sinnwidrigen Verwirrsystem aufeinander bezogen. Die Einkommen- und die Körperschaftsteuer belasten denselben Tatbestand, das Einkommen, begründen aber für die reinvestierten Gewinne grobe Ungleichheiten, für die ausgeschütteten Gewinne gleichheitswidrige Gestaltungsmöglichkeiten. Direkte und indirekte Steuern müssen so zusammenwirken, dass die Gesamtlast auf kleine wie auf große Einkommen sachgerecht zugemessen wird. Das Zusammenwirken von Umsatzsteuer und an-

deren Verbrauchsteuern ist völlig ungeklärt; insbesondere kann die Umsatzsteuer beim Unternehmen als Vorsteuer abgezogen werden, während die Mineralölsteuer, die Tabaksteuer oder die Biersteuer auch den Unternehmer als Konsumenten belasten.

Deswegen sind Einkommensteuer und Körperschaftsteuer in eine gemeinsame Steuer zu integrieren. Die Gewerbesteuer muss entfallen und durch einen kommunalen Zuschlag zur Einkommensteuer ersetzt werden. Einkommensteuer und Erbschaftsteuer sind so aufeinander abzustimmen, dass es keinen Unterschied mehr macht, ob der Erblasser zunächst ein Wirtschaftsgut veräußert und dann den um die Einkommensteuer geminderten Veräußerungsgewinn vererbt oder ob er das Wirtschaftsgut vererbt und der Erbe es dann veräußert. Die besonderen Verbrauchsteuern belasten ebenso wie die Umsatzsteuern den Konsum, müssen deshalb in eine Gesamtkonzeption der Konsumbesteuerung aufgehen. Den Steuerpflichtigen bewegt zunächst die Frage, ob er in dem einzelnen Belastungsgrund – des Einkommens, des Konsums, der Erbschaft – angemessen besteuert wird, dann aber vor allem, welche steuerliche Gesamtlast er zu tragen hat. Auch der Grundrechtsschutz fordert die maßvolle und gleichmäßige Last zweistufig: zunächst muss die Steuer dem einzelnen Steuergegenstand sachlich gerecht zugemessen werden, danach aber vor allem in der Gesamtsteuerlast des Steuerpflichtigen maßvoll und gleichmäßig sein.

(4) Steuervergünstigungen und Steuerlenkungen entfallen
Alle Begünstigungs– und Lenkungstatbestände müssen entfallen. Der Steuergesetzgeber hat wieder auf das Prinzip der Freiheit zu setzen, also dem freiheitsberechtigten Steuerpflichtigen zu vertrauen, dass er am besten weiß, wie er sein selbstverdientes Einkommen, seine Kaufkraft oder auch seine Erbschaft einsetzt. Wenn das Steuerrecht dem Steuerpflichtigen gegenwärtig Anreize gibt, Verluste zu organisieren, Mehrkontenmodelle zu kultivieren, in Windräder, Denkmäler und »Schrottimmobilien« zu investieren, so führt das Steuerrecht den Menschen oft in die ökonomische Torheit. Der Steuerpflichtige würde derartige Gestaltungen aus eigener Vernunft nicht wählen. Wenn er aber durch seine Gestaltungen Steuern erspart, also einen Wertzu-

wachs nicht am Markt, sondern im Staatshaushalt erzielt, erzwingt sein Steuervorteil eine steuerliche Benachteiligung des anderen. Wer für die eigene Steuervergünstigung kämpft, streitet für die Steuererhöhung beim anderen. Deswegen muss dieser Teufelskreis einer Klientelwirtschaft durchbrochen werden, bei der ein Politiker Geschenke gewährt, dafür Applaus bekommt und auf mehr Beifall sinnt, der Beschenkte sich über anstrengungslose Einnahmen freut und weitere derartige Einnahmequellen sucht.

(5) Auch im Steuerrecht gilt die Vereinigungsfreiheit

Die Steuerreform muss dem Steuerpflichtigen die von Artikel 9 Abs. 1 des Grundgesetzes versprochene Vereinigungsfreiheit zurückgeben. Gegenwärtig nimmt das Steuerrecht dem Steuerpflichtigen seine Vereinigungsfreiheit ab. Wenn das Einkommensteuerrecht die einbehaltenen Gewinne bei den Einzelkaufleuten und Personenunternehmen mit 42 %, bei den Körperschaften hingegen mit 25 % belastet, ist dies offensichtlich gleichheitswidrig. Korrekturen dürfen nicht von der Gewerbesteuer erwartet werden, die nur für gewerbliche Einkommen greift und dort nicht immer zu Steuerlasten führt, müssen vielmehr innerhalb des Systems der Einkommen- und Körperschaftsteuer geregelt werden. Deswegen dürfen gegenwärtige Pläne zu einer »Unternehmensteuerreform« die Körperschaften nicht weiter begünstigen. Vielmehr muss das Gefälle zwischen Körperschaften, Personengesellschaften und Einzelkaufmann auf null zurückgeführt werden.

(6) 1000 Euro haben bei Gewerbetreibenden und Arbeitnehmern den gleichen Wert

Die das Einkommensteuerrecht prägende Unterscheidung von sieben Einkunftsarten organisiert strukturell eine Ungleichheit der Steuerlasten. Wer 1 Euro verdient hat, ist gleichermaßen leistungsfähig, mag er dieses Einkommen in seinem Gewerbebetrieb, in seiner Praxis, an seinem Arbeitsplatz oder an der Börse erzielt haben. Deshalb muss die Unterscheidung verschiedener Einkunftsarten aufgegeben und alle Einkünfte müssen gleich besteuert werden. Damit ist gewährleistet, dass es keinen Sondertatbestand »Gewerbebetrieb« mehr gibt, daran also keine eigene Gewerbesteuer geknüpft werden kann. Ebenso ist sichergestellt, dass Einkünfte aus Kapital und Einkünfte aus Arbeit nicht unterschiedlich belastet werden, ein gegenwärtig propagiertes »Duales System« also nicht die Kapitalerträge gegenüber den Arbeitserträgen bevorzugen kann. Eine solche Regelung verfehlte zudem das Anliegen des Wirtschaftsstandortes Deutschland, der im Wesentlichen von unseren Köpfen, also der Arbeit der Erfinder, Erneuerer, Unternehmensgründer lebt, hingegen nicht das Problem eines Kapitalmangels zu bewältigen hat. Die steuerliche Benachteiligung unserer Köpfe wäre ein Angriff auf die Grundlagen unserer Wirtschaftskraft, gefährdete außerdem den in der sozialen Marktwirtschaft verlässlich angelegten sozialen Frieden.

(7) Was dem Kind gehört, können die Eltern nicht versteuern
Die Steuer ist familiengerecht auszugestalten. Wenn die Eltern zum Unterhalt ihrer Kinder verpflichtet sind, ein Teil des Einkommens der Eltern deswegen den Kindern gehört, kann dieses Einkommen bei den Eltern nicht besteuert werden. Dementsprechend sind die Kinderfreibeträge zu bemessen. Wenn zudem ein Steuerpflichtiger mit viel Vermögen und einem guten Berater durch Gründung einer Familiengesellschaft das Familiensplitting erreichen kann, wenn er seinen Kindern jeweils einen Kapitalanteil an der Gesellschaft schenkt und diese dann aus der Gesellschaft ein eigenes Einkommen erzielen, so sollten die Familien mit kleineren Einkommen ähnliche Erwerbsgemeinschaften bilden können. Dies ist eine Frage der steuerlichen Gleichheit, noch nicht der Familienförderung.

Bei den indirekten Steuern sind die existenznotwendigen Güter von der Besteuerung auszunehmen. Indirekte Steuern treffen jeden Nachfrager gleich, belasten deshalb die Familien mit kleineren und mittleren Einkommen besonders, weil sie ihr gesamtes Einkommen konsumieren müssen. So belastet insbesondere die Umsatzsteuer umso höher, je kleiner das Einkommen ist. Diese Regression kann durch eine Steuerbefreiung der existenznotwendigen Leistungen aufgefangen werden.

(8) Vorerst: Das Steueraufkommen bleibt gleich
Diese Steuerreform ist bezahlbar, sollte vorerst – bis zur Überprüfung

der Staatsaufgaben – aufkommensneutral sein. Sie sieht für das Einkommensteuerrecht einen Freibetrag von 8000 Euro pro Steuerpflichtigem und einen Vereinfachungsfreibetrag von 2000 Euro vor und senkt sodann durch Abzugsbeträge die Steuersätze auf 15, 20 und 25 %. Diese Entlastung führt bei Wegfall aller Steuersubventionen zu keinem Aufkommensverlust; die Steuersenkung wird aus der Verbreiterung der Bemessungsgrundlage finanziert. Das Konzept der Freiheit zur ökonomischen Vernunft macht das Steuerrecht wieder einfach und verständlich, bietet dem Staat auch eine verlässliche Finanzgrundlage.

Die Zeit ist reif für eine kraftvolle Politik, die das Steuerrecht nicht in kleinräumiger Enge, sondern in einem großen Zukunftsentwurf erneuert. Diesen großen Wurf müssen wir heute angehen. Er ist Pflicht, nicht Wunsch. Würden wir zögern, verlören wir Bürgerstolz, Mut und Freiheit. Doch wir sind längst im Aufbruch zum Garten der Freiheit.

XI. Abbau der Schulden

1. Das Märchen vom wohlfeilen Säckel

Es war in jenen Zeiten, in denen es dem Land wohl erging. Der Handel blühte, die Bauern freuten sich über reiche Ernte, das Gewerbe brachte guten Ertrag und im Hohen Rat sannen kluge Vertreter des Volkes, wie sie das Wohlergehen des Volkes mehren könnten. »Für die Wohltat sind wir da!«, sprachen sie zueinander, »Lasst uns weitere Wohltaten erfinden!« Im Stillen dachte ein jeder: »Für die Wohltat werden wir gewählt – und ohne Wohltat entscheiden sie sich bei der nächsten Wahl für andere, die mehr versprechen.«

Also taten sie sich zusammen und erfanden so viele Wohltaten, dass den Leuten die Augen übergingen. »Bessere Schulen brauchen wir«, riefen sie, »und Hoheschulen von Rang, auf dass die Studiosi aus aller Herren Länder zu uns herbeieilen! Lichte Spitäler lasst uns errichten, worinnen die teuersten Ärzte ihre Künste ausüben zum Wohl der Gebrechlichen! Aus Wegen werden Straßen, aus Pfaden fügliche Bahnen, darauf man eilen kann von Ort zu Ort! Lasst Taler regnen über denen, die Familien gründen! Lasst lohnen uns den Mut zu neuen Werken, die Schatulle öffnen zum Wohl derer, die Haus und Hof errichten!« Die Menschen hörten's gern. Und die im Rat taten wie beschlossen.

Bald aber trat der Verwalter des Geldes zu ihnen und tat die Schatulle auf. Sie war leer. »Wenn ihr Wohltaten verteilt«, sprach der Mann düster, »sollt ihr auch dafür sorgen, dass sie bezahlt werden können!« Die Räte schauten betreten. »Das ist einfach«, sprach ein Junger unter den Räten, »lasst uns die Steuer erhöhen! Dann klimpert's in der Kasse und der Wohltaten ist kein Ende.« Die anderen aber schüttelten den Kopf und einer belehrte den Kecken: »Der Steuern sind schon zum Stöhnen zu viel. Da heben wir nicht die Hand.« Alle stimmten zu und wussten keinen Rat.

In ihrer Not trat ein Reicher zu ihnen, der viel Geld gesammelt hatte und es den Armen lieh: »Was sorgt ihr euch? Mein Säckel ist voll. Ich will euch Geld leihen, um ein geringes Aufgeld nur, damit es mit euren Wohltaten kein Ende nimmt.« Da taten sie die Köpfe zusammen und einer sprach: »Ein kluger Rat! Wir nutzen's heut – und zahlen's morgen!« Doch ein Alter erhob seine Stimme und mahnte sie: »Das ist Lug und Trug! So sollen es die Kinder zahlen?« Ein anderer fragte: »Das Geld bleibt gleich, es wird nur neu verteilt. Das Aufgeld macht den Reichen reich, der fett an Zins und Zinseszinsen wird. Wer zahlt's? Die Armen!« Und wieder ein anderer sprach: »Wer leiht, der wird zum Knecht, auch wenn er hoch das Haupt trägt. Ich rate nicht zur Gefangenschaft!« So hießen sie den Reichen gehen.

Als aber die Wohltaten karger wurden und das Volk murrte, beschlich die Räte Angst, sie könnten abgewählt werden. Und sie baten den Reichen aufs Neue zu sich. Der war gewitzt und sprach: »Es ist nicht wahr, dass ihr durch Zins verliert. Wird Geld ins Volk gestreut, so geht's bergauf. Da ist ein Säen und Ernten, ein Werkeln und Schaffen, ein Wagen und Gewinnen! Die Steuer steigt! Den Zins? Ihr nehmt ihn mit leichter Hand vom Zugewinn!« Da hellten sich die Mienen der Räte auf: »Ist's wahr? So lasst's uns machen! Ist einer hier, der anders denkt?« Ein Alter nur erhob sich und sprach: »Ein Bauer, wisst ihr, bin ich. Und dies ... es ist nicht Bauernart! Das Haus, den Hof – man gibt sie schuldenfrei den Kindern!« Da entstand ein Tumult unter den Räten und sie blickten ihn feindselig an. »So wir's nicht machen, sind wir abgewählt!«, rief einer. Und ein anderer: »So wir's nicht machen, machen's andere!«

Also nahmen sie aus dem Säckel des Reichen und griffen kräftig zu. Die Wohltaten wuchsen, doch schneller noch die Schulden. Und da die lähmenden Wohltaten und die drückenden Schulden nicht gestorben sind, belasten sie uns noch heute.

2. Der Irrtum von der
sich selbst finanzierenden Schuld

Unsere Hydra holt zum entscheidenden Schlag aus. Sie gewöhnt uns an ein Wohlleben, das die nachfolgende Generation unserer Kinder finanzieren soll. Die alltägliche Gesetzmäßigkeit, dass jeder nur das Geld ausgeben kann, das er vorher verdient hat, scheint aufgehoben: Die Staatsschuld gibt dem Staat Geld für heutige Wohltaten, verpflichtet aber zugleich unsere Kinder, den Kredit mit Zins und Zinseszins zurückzuzahlen.

Ein nachdenklicher Mensch wird sich auf diesen »*Generationen-vertrag*« *zu Lasten unserer Kinder* nicht einlassen. Deswegen verbreitet die Hydra die verführerische These, eine Staatsschuld finanziere sich selbst. Sie erinnert an den ordentlichen Kaufmann, der durch Kredit zusätzliche Produktivität gewinnt, aus dieser zusätzlichen Unternehmerkraft dann höhere Erträge erzielt und daraus seine Rückzahlungs- und Zinsverpflichtungen erfüllt. Hätte der Unternehmer jedoch die Möglichkeit, das geborgte Geld heute zu verwenden, die Rückzahlungs- und Zinsverbindlichkeiten aber auf den zukünftigen Steuerzahler zu überwälzen, so würde er heute die Darlehenssumme nehmen und sich um deren Rückzahlung wenig scheren.

Schon vor 30 Jahren, als Staatsverschuldung und staatliche Verschwendung wuchsen, habe ich der These widersprochen, die Staatsverschuldung finanziere sich selbst. Diese Behauptung macht die Rechnung ohne den Staat, der nicht Kapitalerträge erwirtschaften soll, aber auch ohne den Menschen, der sich schnell an die Bequemlichkeit schuldenfinanzierter Staatsleistungen gewöhnt, ein Steuermehraufkommen nicht zur Schuldentilgung, sondern für weitere Staatsleistungen verwendet, in dieser Spirale immer höhere Staatsleistungen fordert und so den Staat in die weitere Verschuldung treibt. Die Geschichte des Staatskredits lehrt, dass öffentliche Schulden vielfach nicht erfüllt werden. Die Finanzwissenschaft zitiert sogar Autoren, nach denen alle 100 Jahre ein Staatsbankrott notwendig sei, damit der Staat wieder »reine Bahn« habe. *Adam Smith* stellt 1776 fest, es sei kaum jemals gelungen, die öffentliche Schuld, wenn sie einmal eine bestimmte Höhe überschritten habe, auf gerechte Weise und vollständig zurückzuzahlen.

Bund, Länder und Gemeinden haben gegenwärtig *eine Staatsverschuldung von 1 500 000 000 000 Euro angehäuft.* Diese Summe von 1,5 Billionen nehmen wir vielfach mit Gelassenheit zur Kenntnis, weil wir sie uns schwer vorstellen können. Deshalb müssen wir uns vor Augen führen, welche Zins- und Tilgungslasten in dieser gewaltigen Schuld auf uns zukommen: Würde der Staat heute mit der Rückzahlung beginnen und jährlich 100 Milliarden Euro tilgen – eine bei einem Gesamtsteueraufkommen von rund 450 Milliarden Euro pro Jahr kaum realistische Summe –, so würde er für die Tilgung rund 30 Jahre brauchen.

Die Staatsverschuldung ist aber nicht nur das Verführungsinstrument, das den Rechtsstaat den ihm eigenen Maßstab, die Kultur des Maßes, vergessen lässt. Sie ist auch deshalb eine Hydra mit zwei gefräßigen Köpfen, weil sie mit dem einen Kopf den Staat in immer größere Schulden und immer mehr Verschwendung treibt, mit dem anderen Kopf *aber Kapital für wenig produktive Zwecke einsetzt* und damit Wohlstand und Wachstum hemmt.

Es wäre wirtschaftlicher, Kredite an Private statt an die öffentliche Hand zu vergeben, sodass die Bürger damit Unternehmen gründen, Wirtschaftsbetriebe erweitern, Häuser bauen und die Bildung ihrer Kinder finanzieren können. Die derzeitige Neuverschuldung von 38,3 Milliarden Euro wird von der derzeitigen Zinslast von 37,6 Milliarden Euro fast aufgezehrt. Der Kredit eröffnet dem Staat also nicht mehr zusätzliche finanzwirtschaftliche Gestaltungsmöglichkeiten, sondern finanziert gehabten Überfluss. Dem Staat steht der Kredit als Instrument, um den eigenen Handlungsraum zu erweitern, nicht mehr zur Verfügung. Würde ein privates Unternehmen seine Zinsschulden nurmehr durch Kredit finanzieren können, wäre es auf dem Weg in die Insolvenz.

Das *Grundgesetz* erlaubt deshalb eine jährliche Kreditaufnahme nur bis zur Höhe der jährlichen Investitionen. Wer die Lasten durch Verschuldung der zukünftigen Generation aufbürdet, soll auch die Vorteile der dadurch gewonnenen Finanzmacht durch Investition – den gegenwärtigen Konsumverzicht – an die nächste Generation weitergeben. Diese strikt verbindliche Verfassungsregel ist durch die letzten fünf Bundeshaushalte verletzt worden.

Allerdings haben die Bundesregierungen sich stets auf eine Ausnahmevorschrift des Grundgesetzes berufen, um das Überschreiten der Verschuldensobergrenze zu rechtfertigen. Das Grundgesetz erlaubt eine höhere Verschuldung in dem Ausnahmefall, in dem diese zur Abwehr einer »*Störung des gesamtwirtschaftlichen Gleichgewichts*« erforderlich ist. Diese geheimnisvolle Formel bezeichnet einen Zielkonflikt, auf den die Finanzverfassungsreform 1967 Bundes- und Länderhaushalte verpflichtet hat. Bund und Länder haben bei ihrer Haushaltswirtschaft auf Geldwertstabilität, einen hohen Beschäftigungsstand, eine ausgeglichene Außenhandelsbilanz und auf stetiges und angemessenes Wirtschaftswachstum hinzuwirken. Diese allgemeine Zielverpflichtung auf vier gegenläufige Ziele, das »*magische Viereck*«, hat sich nicht bewährt. Magie im Recht stört, ermuntert nicht.

Vor allem aber erlaubt das Grundgesetz bei einer Störung des gesamtwirtschaftlichen Gleichgewichts dem Gesetzgeber nicht beliebige ökonomische Torheiten, sondern nur die *Abwehr dieser Störung*. Wenn das Haus brennt, darf die Feuerwehr nur löschen, nicht Öl ins Feuer gießen. Wenn nunmehr aber das gesamtwirtschaftliche Gleichgewicht vor allem durch hohe Arbeitslosigkeit gestört ist, darf der Staat nicht dem Markt durch einen Staatskredit Kapital entziehen und das Vertrauen in den Finanzstaat weiter schwächen. Stattdessen könnte die Störung allenfalls dadurch abgewendet werden, dass der Staat durch einen Verzicht auf Neuverschuldung und durch einen Schuldenabbau das allgemeine Vertrauen in den Finanzstaat stärkt und das Kreditangebot dem privaten Investor überlässt. Zwar verdrängt der staatliche Kreditnehmer nicht auf einer Insel einer Nationalökonomie die private Kreditnachfrage, sondern sucht sich ebenso wie der Private auf dem weltweiten Kreditmarkt sein Geld. Dennoch beeinflusst eine Staatsverschuldung von 1,5 Billionen Euro das Kapitalangebot und den Zins in Deutschland.

Um den Weg in die überhöhte Staatsverschuldung zu stoppen, habe ich 1981 im Auftrag der damaligen CDU/CSU-Opposition eine *Normenkontrolle* gegen die Verschuldung des Bundes im Haushaltsgesetz 1981 vertreten, weil schon damals die Kreditsumme höher war als die veranschlagte Investitionssumme. Wir haben vorgetragen, dass der Zinsdienst im Haushalt 1981 nach dem Ansatz für Arbeit und Sozi-

ales, aber noch vor dem Verteidigungsetat die zweitgrößte Haushalts-
summe ausmachte. Als das Gericht später über diesen Antrag zu entscheiden hatte, war ich allerdings bereits Mitglied des Bundesverfassungsgerichts geworden, deshalb in diesem Verfahren gleichsam »in
eigener Sache« befangen und konnte an dieser Entscheidung nicht
mitwirken. Im Ergebnis hat sich der Verfassungsmaßstab eines Junk-
tims zwischen Investitions- und Verschuldenssumme als zu schwach
erwiesen, um das Unheil überhöhter Staatsverschuldung wirksam auf-
halten zu können.

Gleiches gilt für die Verschuldensgrenze der *Europäischen Union.*
Nach dem Vertrag der Europäischen Gemeinschaft dürfen die Mitgliedstaaten sich nur insgesamt bis zu 60 % des Bruttoinlandsprodukts
verschulden und bis zu 3 % des Bruttoinlandsprodukts neu verschulden. Die Regierungen der Mitgliedsländer bemühen sich jedoch kaum,
diese europäische Idee einer maßvollen Staatsschuld aufzugreifen und
damit auch den Geldwert des Euro zu sichern. Vielmehr verwenden
sie viel Kraft darauf, die Rechtsfolgen einer überhöhten Verschuldung
durch ein Aufweichen der Verschuldensmaßstäbe und des Sanktions-
verfahrens zu vermeiden. Auch hier wirkt die verführende Kraft der
Staatsverschuldung stärker als der Wille zum Recht.

3. Die Staatsschuld als Übel
oder als staatswirtschaftliche Klugheit

In der Geschichte der deutschen Finanzwissenschaft *gilt die Staats-*
verschuldung grundsätzlich als Übel. Der Staat soll in der Gegenwart
nur die Finanzmittel ausgeben, die seine Bürger gegenwärtig durch
Steuern aufgebracht haben. Dennoch haben die Staaten bei erheb-
lichem Finanzbedarf, insbesondere bei der Finanzierung von Kriegen
und Kriegsfolgen, aber auch im Glanz großer und kleiner Sonnen-
könige immer wieder auf den Staatskredit zurückgegriffen. *Lorenz*
von Stein hat die Staatsschuld als eine regelmäßige Form der Staatsfinanzierung gerechtfertigt. Der »Hass gegen die Staatsschuld« habe
seinen Grund nie in der Schuld selbst, sondern stets in ihrer Verwen-

dung gehabt. Erst seine Zeit – 1878 – sei reif, die Staatsschuld als einen »Höhepunkt der Staatswirtschaft« zu verstehen und sachgerecht zu verwenden. Im Staatskredit könne der Staat die zukünftigen Bedürfnisse und den Fortschritt des Volksvermögens richtig berechnen.

Die von Lorenz von Stein erwartete Reife in Verständnis und Verwendung der Staatsschuld ist der Staatspolitik allerdings immer wieder verloren gegangen. Insbesondere die Entwicklung des Reiches um die Jahrhundertwende 1900 und die Folgen des Ersten Weltkrieges gaben Anlass, die überhöhten Staatsschulden grundsätzlich in Frage zu stellen. *Albert Hensel* betonte das finanzpolitische Erfordernis, die durch Staatsleistung begünstigte Generation müsse diese auch finanzieren. Er spricht von einer Konnexität zwischen Gegenwartsbedarf und Gegenwartslast. Der Staat habe durch weitgehende Anleihepolitik die Sorgen einer fernen Zukunft zugeschoben. Vor allem im Krieg habe die öffentliche Hand mit den Kriegsanleihen »einen Wechsel auf die Zukunft« gezogen, damit die Finanzkraft des Staates nicht jeweils aus dessen wirtschaftlicher Leistungsfähigkeit, seinen »Lebenskräften« abgeleitet. Dies müsse »eine Lehre für die Zukunft sein«.

Die dennoch folgende Verschuldung des Deutschen Reiches zeigt, dass die »Verausgabung auf Borg« sich nicht bezahlt machte. Die Theorie des Sich-bezahlt-Machens wurde schon damals zurückgewiesen, weil *sich jede öffentliche Ausgabe bezahlt machen soll,* steuerfinanzierte Ausgaben ebenso gut wie anleihegedeckte. Der Kredit ist das Finanzierungsinstrument für eine erwerbswirtschaftliche, wirtschaftlich produktive Ausgabe, die hinreichend Einnahmen zur Verzinsung und Tilgung der Gelder verspricht, die sie ermöglichen. Staatliche Ausgaben hingegen, die keine oder nicht ausreichende Einnahmen erbringen, müssen durch Steuern gedeckt werden. Ein Kredit würde die Steuerlast nicht aufheben, sondern allenfalls aufschieben. Der Staatskredit macht aus heutigen künftige Steuern.

Doch baut der Staat auch Straßen, erschließt Grundstücke, sorgt für Bildung und Ausbildung, für Gesundheit und Alter. Diese Staatsleistungen geben der Wirtschaft Aufträge und wirken auch als Produktivitätshilfen. Doch ist das kein Grund, nicht den Steuerzahler der Gegenwart für diese Zuwendungen aufkommen zu lassen und die Steuererträge der Zukunft schon jetzt auszugeben.

Für unsere Gegenwart haben zwei Weltkriege und die daraus folgenden Verschuldenskrisen bewusst gemacht, dass der Verfassungsstaat die Staatsschuld begrenzen muss. Wenn eine Verfassung auch künftigen Generationen ein freies politisches Leben offen halten will, muss sie der kommenden Generation die Belastung durch Staatsschulden ersparen. Dies gilt umso mehr, als die Zahl unserer Kinder zurückgeht, eine wachsende Staatsschuld also von einer sinkenden Zahl von Schuldnern zu tragen ist.

Der Verfassungsstaat verspricht die langfristige Stabilität seiner rechtlichen und wirtschaftlichen Grundlage. Der *Staatsbankrott des Deutschen Reiches* hatte die Grundrechte der Bürger geschwächt oder aufgehoben, Kompetenzen durch dramatische wirtschaftliche Not ausgehöhlt, die Kontinuität von Recht und Wirtschaftsentwicklung abrupt unterbrochen. Im Staatsbankrott weicht der Maßstab des Rechts der Maßgabe des Möglichen. Deswegen muss das Verfassungsrecht den Staat so organisieren und binden, dass die Staatverschuldung nicht die Stabilität der Wirtschaftsentwicklung, das Vertrauen in den Staat und die Verlässlichkeit des Geldwertes gefährdet.

4. Verfassungsrechtliche Grenzen der Staatsverschuldung

Die Verfassung begrenzt die Staatsverschuldung, ebenso wie die Steuer, durch die Entscheidungsverantwortung des Parlaments und durch eine materielle Obergrenze. Strukturell *wirken Steuer und Staatsverschuldung ähnlich:* Der freiheitliche Staat belässt die Wirtschaftsgüter und die Arbeitskraft grundsätzlich in privater Hand. Der Staatskredit verschiebt aber strukturell die wirtschaftliche Herrschaft über Güter und Arbeitskräfte auf die öffentliche Hand. Die Darlehenssumme steht dem Staat zur Verfügung, die Rückzahlung obliegt dem Steuerzahler. Zugleich verliert der Staat auch ein Stück Unbefangenheit und Distanz gegenüber seinem Finanzier: Das Steueraufkommen wird für die Allgemeinheit der Steuerzahler verwendet. Beim Kredit hingegen schuldet der Staat seinem Kreditgeber Rückzahlung und Zins, ist also nicht mehr unbefangener Steuergläubiger, sondern abhängiger Darlehensschuldner.

a) Der Parlamentsvorbehalt

Die beginnende Demokratie in Deutschland bemühte sich, auch die Verschuldung der Fürsten einzudämmen, indem sie die Entscheidung über die Höhe der Verschuldung den Ständen und später dem Parlament vorbehielt. Allerdings zeigte sich bei der Verschuldung, ebenso wie bei der Steuer, dass die Abgeordneten – Vertreter des Staatsvolkes – zur stetigen Steigerung der Staatsleistungen bereit waren. Die Parlamentarier waren sogar noch anfälliger für eine Verschuldung, weil sie im Staatskredit die Chance sahen, dem Staatsvolk heute Wohltaten zu erweisen, ohne es gleichzeitig mit deren Finanzierung belasten zu müssen.

Dennoch hat der *Gesetzesvorbehalt,* wonach nur das Parlament in dem öffentlichen Verfahren der Gesetzgebung zur Aufnahme eines Kredits ermächtigen darf, auch heute noch praktische Bedeutung. Das Parlament soll vor seinen Wählern den Vorgriff auf die zukünftige Zahlungskraft der Steuerpflichtigen verantworten, im Gesetzestext die Höhe des zulässigen Kredits veröffentlichen, ihr zugleich die jährliche Investitionssumme gegenüberstellen, in öffentlicher parlamentarischer Debatte die Gründe für und gegen eine Verschuldung erörtern, sodann im Gesetz die Schuld für jedermann voraussehbar und berechenbar machen. Zugleich gewinnt die parlamentarische Opposition, die Parlamentsmehrheit und Regierung von morgen, die Chance, eine zu hohe Verschuldung der Gegenwart zu rügen und damit die Abwälzung von Finanzierungsverantwortlichkeiten durch die gegenwärtige auf die nachfolgende Regierung zu beanstanden. Das parlamentarische Verfahren entfaltet so vor allem eine Warnfunktion: Es macht den Wählern, der Öffentlichkeit, der parlamentarischen Opposition und dem Rechnungshof bewusst, dass hier ein Finanzierungsmittel eingesetzt wird, das nur als Ausnahmeinstrument genutzt werden sollte. Der Gesetzesvorbehalt ist deshalb eine wichtige, aber nicht hinreichende Voraussetzung für die staatliche Schuldenaufnahme.

b) Die materielle Kreditgrenze

Die wesentlichen Grenzen setzen die Bestimmungen, die den staatlichen Kredit nur für einen bestimmten Anlass oder eine begrenzte Summe zulassen. Die Verfassung des Deutschen Reiches von 1871 machte die Staatsanleihe von einem *»außerordentlichen Bedürfnis«* abhängig. Grundsätzlich sollten Ausgaben für Anschaffungen, die in einem Menschenalter aufgebraucht werden, also für die nächste Generation ohne Wert sind, von der gegenwärtigen Generation finanziert werden. Anderenfalls lebe das gegenwärtige Geschlecht auf Kosten des zukünftigen. Die Finanzierung von laufenden Ausgaben durch Anleihen sei prinzipiell bedenklich. Die Weimarer Reichsverfassung hat das Erfordernis des »außerordentlichen Bedürfnisses« weiter verschärft. Geldmittel dürfen durch Kredit nur bei außerordentlichem Bedarf und in der Regel nur für Ausgaben zu werbenden Zwecken beschafft werden. Das zusätzliche Erfordernis *»zu werbenden Zwecken«* erlaubt nur eine kreditfinanzierte Aufwendung, die sich finanziell lohnt, zum Beispiel eine Kapitalaufwendung, die Einnahmequellen erschließt oder ausbaut. Verfassungswidrig war es, einen Reichskredit für unproduktive Ausgaben, zum Beispiel für Heer und Marine einzusetzen.

Das Grundgesetz hat diese Verfassungsmaßstäbe zunächst übernommen. Allerdings haben sich die mit dieser Regelung verknüpften Erwartungen, den Staatskredit zu mäßigen, nicht erfüllt. Der Begriff »Ausgaben für werbende Zwecke« ist im Laufe der Zeit immer weiter ausgedehnt und schließlich weit über seine ursprüngliche Bedeutung der »rentablen« Ausgaben hinaus erstreckt worden. Als die große Koalition 1969 die Finanzverfassung des Grundgesetzes änderte, um den Staatshaushalt als Steuerungsinstrument in den Dienst einer lenkenden Finanzwirtschaft zu stellen, wurde auch der Maßstab für die Aufnahme eines Kredits neu gefasst. Der »traditionelle objektgebundene Deckungsgrundsatz« sollte durch »eine moderne, situationsgebundene Betrachtungsweise« abgelöst werden. Nunmehr durften *die Einnahmen aus Krediten die Summe der im Haushaltsplan veranschlagten Investitionen nicht überschreiten.* Diese in Zahlen ausgedrückte, deswegen verlässliche Obergrenze wurde durch den Zusatz *»in der Regel«* gelockert, vor allem aber durch den weiteren Halbsatz eingeschränkt, wonach Ausnahmen nur »*zur Abwehr einer Störung des gesamtwirtschaftlichen Gleichgewichts*« zulässig seien. Mit dieser Ausnahmeermächtigung sollte dem Parlament und der Regierung ein »modernes Instrument der Finanzpolitik des Staates« in die Hand gegeben werden.

Das *kreditverfassungsrechtliche Übermaßverbot* wird damit für eine stabilitätspolitische, situationsgebundene Ausnahmelage *geschwächt*. Diese allerdings erlaubt nur, eine Störung des gesamtwirtschaftlichen Gleichgewichts abzuwehren, nicht sie zu festigen oder zu verstärken. Ein Staatskredit kommt daher nur in Frage, wenn er gegen die Störung des gesamtwirtschaftlichen Gleichgewichts wirkt, er also mehr Stabilität schafft als eine steuerfinanzierte Ausgabe oder ein Verzicht auf Staatsausgaben. Dieses Erfordernis des Grundgesetzes ist allerdings bisher nicht beachtet worden. Die politische Praxis handhabt die Ausnahmeermächtigung so, als sei bei einer Störung des gesamtwirtschaftlichen Gleichgewichts jeder, nicht nur der störungsabwehrende Kredit zulässig. So öffnet sich ein Fenster zum Übermaß.

Die verfassungsrechtlichen Grenzen der Staatsverschuldung halten dem Staat finanzwirtschaftliche Gestaltungsräume für die Zukunft offen und richten staatliches Handeln auf die Freiheit und die Gleichheit des einzelnen Menschen in der Generationenfolge aus. Wenn die Verschuldung aller Gebietskörperschaften heute 1,5 Billionen Euro erreicht, die Staatsverschuldung sich also zu einer Finanzkrise ausgeweitet hat, ist dieses Verfassungskonzept gefährdet. Wie der Staat diese Schuld zurückzahlen und seine Handlungsfähigkeit, auch seine Unabhängigkeit vom Kreditgeber zurückgewinnen will, wird von der gegenwärtigen Politik nicht beantwortet. Vielmehr haben sich die Bundesregierungen in den vergangenen Jahren bemüht, die verfassungsrechtlichen Verschuldensgrenzen durch Hinweis auf die Störung des gesamtwirtschaftlichen Gleichgewichts zu überspielen und die europarechtlichen Stabilitätsmaßstäbe zu lockern, um die Gesamtverschuldung des Staates weiter zu vermehren. Wir sprechen nur noch von »*Neuverschuldung*« statt von Schuldenabbau, richten die öffentliche Aufmerksamkeit also auf die Frage, wie viel weitere Schulden auf den vorhandenen Schuldenberg noch zusätzlich aufgetürmt werden sollen.

Dieser wachsende Schuldenberg ist dramatisch, weil Wege zur Entschuldung des Staates nur schwer erkennbar sind. Traditionelle Sanierungsmöglichkeiten stehen nicht mehr zur Verfügung: Früher konnten die Herrscher den Metallwert der Münzen verringern und dadurch auch den Wert der Schuld mindern; dieses Mittel der *Münzverschlechterung* erübrigt sich heute, nachdem der Geldwert nicht mehr im Wert der Münze besteht, sondern im Einlösungsversprechen der Rechtsgemeinschaft, einen in Papiergeld oder in sonstigen Geldforderungen verbrieften Wert durch tatsächliche Wirtschaftsleistung eintauschen zu wollen. Der Geldwert und damit eine Geldschuld konnte herkömmlich auch durch *Mehrung oder Minderung der Geldmenge* beeinflusst werden. Eine solche Veränderung der Geldmenge liegt heute nicht mehr in der Kompetenz der Deutschen Bundesbank, sondern der Europäischen Zentralbank, teilweise auch in privater Hand. Üblich war es auch, dass der Staat sich durch hoheitliche Anordnung *seine Schuld selbst erlassen* oder durch eine *gezielte Inflationspolitik* deutlich vermindert hat. Diese Methoden des Selbsterlasses oder der Selbstentlastung von Schulden verbietet aber die Garantie des Privateigentums, die hier insbesondere den Geldeigentümer gegen die Entwertung seines Eigentums schützt. Schon *Matthias Erzberger* hatte sich in der Finanznot nach dem Ersten Weltkrieg gegen eine Nichterfüllung der staatlichen Kreditschuld und insbesondere gegen den Staatsbankrott gewehrt, weil er das Vertrauen in den Staat untergrabe, insbesondere die Kleinsparer und andere Geldeigentümer enttäusche, die Eigentümer von Grund- und Industriebesitz hingegen unberührt lasse. Dieses Staats- und Einlösungsvertrauen ist gegenwärtig noch schützenswerter, weil der Bürger heute die wirtschaftliche Grundlage seiner Freiheit mehr denn je im Geldeigentum findet und sich in den Rahmenbedingungen seines Lebens immer mehr an den Staat anlehnt.

Die gegenwärtige Politik muss deshalb energisch darauf hinwirken, dass die Staatsverschuldung abgebaut wird, der Staat zur Normalität der Schuldenfreiheit zurückfindet, sodann der Schutz gegen zukünftige Staatsverschuldung wirksam wird.

5. Das Konzept der Entschuldung

Die Hydra der Staatsverschuldung stellt uns wahrlich vor eine Herkulesaufgabe. Auch diese ist aber lösbar. Zunächst müssen die Kreditaufnahmen verringert, daneben die staatlichen Leistungsversprechen vermindert, sodann die Höhe der Staatsleistungen von der Höhe der Staatsverschuldung abhängig gemacht werden. Schließlich sind Steuermehreinnahmen zur Tilgung von Altschulden zu reservieren und bundesstaatliche Anreize zur Haushaltskonsolidierung zu setzen.

a) Stetiger Abbau der Neuverschuldung

Der Staat nimmt oft Kredite auf, um die *Zinslasten aus Altschulden* weiter bedienen zu können. Der Kredit deckt also Folgen vergangenen Überflusses, eröffnet dem Staat keinen neuen ökonomischen Handlungsraum, in dem er produktiv sein und Schuldenlasten mindern könnte. Diese Praxis muss durch neue Regeln der Kreditbegrenzung beendet werden.

Zunächst muss durch Verfassungsänderung oder durch politische Selbstbindung bestimmt werden, dass jede weitere Neuverschuldung unzulässig ist. Soweit die Zinsverpflichtungen oder andere bestehende Verbindlichkeiten ohne Neuverschuldung nicht erfüllt werden können, darf schon im ersten Jahr des Abbaus der Neuverschuldung nur der Kredit aufgenommen werden, der zur Bedienung fälliger Zinsen und Verbindlichkeiten notwendig ist. In den folgenden Jahren wird diese Obergrenze zulässiger Kreditaufnahme dann stufenweise gesenkt und der steuerfinanzierte Anteil an den Kosten der Zinsbedienung entsprechend erhöht. Auf diesem Wege könnte in wenigen Jahren die Neuverschuldung beendet, sodann die Gesamtschuldenlast zügig getilgt werden.

b) Befristung von Leistungsgesetzen

Dieser Schuldenabbau ist nur möglich, wenn die *Staatsaufgaben zurückgenommen* werden. Die öffentliche Debatte muss sich vor allem der Frage widmen, was wir vom Staat erwarten dürfen. Wer vom Staat weiterhin mehr Geld fordert, treibt ihn in die Steuererhöhung und die Neuverschuldung. Deswegen sind insbesondere die Gesetze aufzuheben oder zu ändern, die den Staat zu Leistungen verpflichten.

Bei dieser Aufgabe wird das Parlament sich schwer tun. Hat der Staat dem Bürger einmal Wohltaten gewährt, erwartet der Bürger diese Leistungen auch in Zukunft und sucht Möglichkeiten, sie zu vermehren, nicht aber zurückzunehmen. Solange Leistungsgesetze dem Begünstigten etwas geben, was ihm nach seiner Auffassung »zusteht«, wird der Gesetzgeber Ansprüche und Besitzstände auf Staatsleistungen nur schwer vermindern oder aufheben können. Diese Reformbremse lässt sich jedoch lockern, wenn Leistungsgesetze in der Regel nur noch befristet erlassen werden dürfen, sie also innerhalb begrenzter Zeit ohne weiteres Zutun des Parlaments außer Kraft treten. Wie der Haushalt alljährlich vom Parlament erneut zu beschließen und damit zu überprüfen ist, so könnten auch die Leistungsgesetze von erneuter parlamentarischer Bewilligung abhängig gemacht werden. Der Empfänger einer Staatsleistung müsste dann begründen, warum das Leistungsprogramm fortgesetzt werden solle. Die Interessengruppen könnten nicht mehr auf geltende Leistungsgesetze und ihre Richtigkeit verweisen, sondern müssten das Bedürfnis nach Staatsleistungen darlegen und ihre Finanzierbarkeit erkunden.

Damit wäre ein Weg beschritten, um die Staatsfinanzen stetig zu entlasten: Der Unternehmer sucht seinen Gewinn am Markt, weniger in Staatshaushalten. Der vermeintliche Wettbewerb um die höchsten Staatsleistungen weicht der Garantie des Maßes für gegenwärtige und zukünftige Steuerlasten. Der Empfänger von Sozialleistungen des Staates erwartet nicht stetigen Unterhalt aus öffentlichen Mitteln, empfängt diese vielmehr als Überbrückungshilfe, die grundsätzlich durch Eigenanstrengungen für zukünftige Selbsthilfe abgelöst werden soll. Soweit der Rechtsstaat die Sicherheit stetiger Zuwendungen bieten muss, um einen existenziellen Bedarf zu decken, Sozialversicherungen zu finanzieren, nachhaltige Schul- und Bildungsstätten anzubieten und Arbeitsleistungen im öffentlichen Dienst zu entgelten, wird der Staat sich dem Grunde nach langfristig verpflichten, die Höhe aber unter Finanzierungsvorbehalt stellen.

c) Staatliche Leistungen
je nach Ausmaß der Staatsverschuldung

Eine extreme Krisenlage erfordert elementare Lösungen. Deswegen kann an die Stelle dieses Finanzierungsvorbehalts auch ein Verschuldensvorbehalt treten. Solange die Staatsverschuldung einen bequemen Weg bietet, Steuererhöhungen und Leistungskürzungen zu vermeiden, wird die Politik dieser Verführung folgen und den gegenwärtigen Wähler zu Lasten des zukünftigen begünstigen. Deshalb brauchen wir einen Mechanismus, der die staatliche Kreditaufnahme in der Gegenwart als Last für Amtsträger und Wähler spürbar macht.

Grundsätzlich kann der Staat nur das leisten, was ihm gegenwärtig aus Steuererträgen zur Verfügung steht. Er muss Staatsleistungen in dem Umfang zurücknehmen, in dem seine Leistungen die Staatsschuld und die Zinslasten erhöhen würden. Unsere aktuelle Haushaltsnot fordert einen kühnen Reformvorschlag, der unsolides Wirtschaften schmerzhaft macht. Die Bezüge für Abgeordnete und Regierungsmitglieder, aber auch im öffentlichen Dienst für Beamte, Angestellte und Arbeiter, für Richter und Soldaten sollten immer *um 1 % gekürzt werden, wenn die Staatsverschuldung um 1 % wächst.* In gleicher Weise müssen die Staatsleistungen an den Bürger, insbesondere die Subventionen und Sozialleistungen, vermindert werden, wenn die Staatsverschuldung steigt. Letztlich stehen alle staatlichen Geldleistungen unter dem Vorbehalt, durch Steuern finanzierbar zu sein.

In diesem System gewinnen alle Staatsbediensteten und alle sonstigen Empfänger von Staatsleistungen ein eigenes Interesse, eine weitere Staatsverschuldung zu vermeiden. Sie würden zu *Sparkommissaren,* die in ihrem Verantwortungsbereich neue Möglichkeiten der Wirtschaftlichkeit und Sparsamkeit entdecken werden. Gesetzesberatungen und Tarifverhandlungen über höhere Staatsleistungen finden ihr Maß in der jeweiligen Verschuldensnormalität. Dabei wird auch die Dringlichkeit einer Ausgabeposition neu bewertet und im Vergleich zu einer anderen zurückgenommen oder verschoben. Das Gesamtleistungsversprechen sinkt.

Umgekehrt könnten die Staatsleistungen jeweils um einen halben Prozentpunkt erhöht werden, wenn die Staatsverschuldung um 1 %

sinkt. So wird das Interesse von Parlament, Staatsbediensteten und Wählern deutlicher auf die Generationengerechtigkeit ausgerichtet. Die Staatsschuld ist nicht mehr eine in der Gegenwart unmerkliche Zukunftslast, sondern stört die gegenwärtigen Leistungserwartungen, Leistungsgepflogenheiten und Besitzstände.

In diesen Zusammenklang von staatlichem Leistungsversprechen und Staatsverschuldung können auch das staatliche Beschaffungswesen und seine Einstellungspraxis einbezogen werden. Selbstverständlich muss der Staat Kaufverträge, Arbeitsverträge oder andere rechtsverbindliche Leistungsversprechen erfüllen; er kann sie nicht nachträglich unter Verschuldensvorbehalt stellen. Bei der Begründung dieser Verbindlichkeiten darf der Staat aber nur die Zahlungen versprechen, die er nach gegenwärtigem Steueraufkommen auch finanzieren kann. Insoweit verstärkt auch die private Nachfrage nach Staatsaufträgen und nach Arbeitsplätzen im öffentlichen Dienst den Druck auf Schuldenabbau und Schuldenbegrenzung.

d) Steuermehreinnahmen zur Tilgung von Altschulden

Wenn so die Neuverschuldung zügig abgebaut wird, können gleichzeitig Altschulden abgetragen werden. Für diese Aufgabe wäre es hilfreich, alle Steuermehreinnahmen von vornherein dem Schuldenabbau vorzubehalten. Der Gesetzgeber müsste nicht jedes Haushaltsjahr über die Verwendung der Mehreinnahmen entscheiden, sähe sich in der politischen Auseinandersetzung nicht neuen Forderungen gegenüber, die Mehreinnahmen beanspruchen, gewinnt vielmehr im Steuermehraufkommen erst wieder finanzwirtschaftliche Macht, wenn die Überschuldung beendet ist.

Allerdings hängen die Steuermehreinnahmen von der Schätzung des Steueraufkommens, also von einer politisch beeinflussbaren Größe, ab. Deshalb ist die Mehreinnahme nach dem durchschnittlichen Steueraufkommen der letzten Jahre zu ermitteln, insoweit auf der Grundlage einer mittelfristigen, für die Vorjahre im tatsächlichen Steueraufkommen berichtigten Finanzplanung zu bestimmen. Auch hier wird ein Perspektivenwechsel der Finanzpolitik erforderlich: Der

Staat soll nicht stetig wachsende Begehrlichkeiten nach Staatsleistungen wecken und befriedigen, sondern den Bürger vor Abgabenlasten schützen. Der Staat bietet seinen Bürgern grundsätzlich gutes Recht, nicht gutes Geld.

e) Bundesstaatliche Anreize für solide Haushalte

Die Gesamtverschuldung von 1,5 Billionen Euro ist in den Haushalten von Bund, Ländern und Gemeinden entstanden, ist also ein Problem des gesamten Bundesstaates. Die Haushalte dieser Gebietskörperschaften sind gegenwärtig in einem System des Finanzausgleiches verbunden. Schwache Haushalte werden von den starken unterstützt. In diesem System erhält Ausgleichszahlungen, wer in seinem Haushalt seine Ausgaben am wenigsten decken kann. Dieses Verfahren begünstigt denjenigen, der hohe Ausgaben und eine hohe Verschuldung zu finanzieren hat.

Ein solcher Ausgleich hilft dem finanzschwachen Land, verlockt aber auch zu haushaltspolitischer Großzügigkeit und Verschwendung. Dieser Anreiz muss in sein Gegenteil verkehrt werden. Die Finanzzuweisungen dürfen nicht mehr allein nach der größten *Deckungslücke* bemessen, sondern müssen auch von den Anstrengungen und Erfolgen des jeweiligen Haushaltsgesetzgebers bei der *Haushaltskonsolidierung* abhängig gemacht werden. Wer die Deckungslücke aus eigener Kraft am deutlichsten verringert und bei der Entschuldung am erfolgreichsten war, erhält die größten Zuweisungen. Wer sich höher verschuldet hat, muss geringere Zuweisungen hinnehmen. Dieses Ausgleichssystem vermindert die Zuweisungen an Haushaltssünder und entlastet die haushaltspolitisch Erfolgreichen. Sanktion und Anreizmotiv bedingen einander.

Dieser Ausgleich wählt die gegenwärtigen Haushalte zum Ausgangspunkt, berücksichtigt insbesondere die unterschiedliche Finanzkraft in den alten und neuen Bundesländern. Die Finanzzuweisungen hängen nicht von der Verschuldung pro Kopf ab; dieses würde die strukturschwachen Länder benachteiligen. Vielmehr empfängt derjenige die höchsten Finanzzuweisungen, der sich gegenüber dem gegenwärtigen Schuldenstand am meisten verbessert hat. Wer schuldenfrei ist, zieht aus diesem Anreizsystem keinen Vorteil mehr; der Anreiz hat sein Ziel erreicht. Dieser »*Stabilitätsfaktor*« verbindet die Anliegen von Haushaltskonsolidierung und struktureller Annäherung. Zugleich macht er für den Wähler solide und unsolide Finanzpolitik sichtbar, trägt so auch zur Wirksamkeit des Demokratieprinzips bei.

6. Der materielle Haushaltsausgleich

Sind die Schulden abgebaut und werden die Anreize zur langfristigen Schuldenfreiheit wirksam, kann der Verfassungsstaat zu dem ihm angemessenen Prinzip übergehen: *Einnahmen und Ausgaben des Staates sind auf Dauer ohne Kreditaufnahme des Staates auszugleichen.* Da der Staat grundsätzlich keine ökonomisch produktiven Wirtschaftsunternehmen betreibt, erwirtschaftet er auch strukturell keinen ökonomischen Gewinn, der die Zins- und Tilgungszahlungen finanzieren könnte. Der Staat ist in Aufgabe, Finanzmacht und Rechtsanstrengung auf einen ideellen Ertrag für die Zukunft angelegt, muss deshalb seine Aufgaben grundsätzlich aus Steueraufkommen finanzieren. Die Höhe der im Haushaltsplan bewilligten Ausgaben bestimmt sich deshalb nach der Höhe des zu erwartenden Finanzaufkommens.

Die *Schweizerische Bundesverfassung* hat dieses Gebot eines Haushaltsausgleichs ohne Kredit im Jahre 2001 in ihren Text aufgenommen. Diese »*Schuldenbremse*« folgt einfachen Grundregeln: Der jährliche Haushalt darf nur so viele Ausgaben ausweisen, als staatliche Einnahmen zu erwarten sind. Diese Regel wird durch einen »Konjunkturfaktor« vorübergehend gelockert: Die öffentlichen Haushalte können die Konjunktur in Phasen der Rezession weiterhin leicht beleben, in Phasen des Wachstums leicht abschwächen. Allerdings müssen derartige konjunkturpolitische Maßnahmen innerhalb eines Zyklus von sechs bis acht Jahren gegeneinander ausgeglichen werden. Weitere Ausnahmen gelten bei außergewöhnlichen Umständen wie Naturkatastrophen oder auch bei kurzfristigen Überbrückungshilfen.

Dieser *Konjunkturausgleich* ist notwendig und könnte sogar zur demokratischen Finanzkultur beitragen, wenn er innerhalb einer Wahlperiode von vier oder besser fünf Jahren vorgenommen werden müsste. In diesem Zeitrahmen werden Regierung und Parlamentsmehrheit vermeiden, am Ende einer Legislaturperiode als Schuldentreiber dazustehen, der nun Staatsleistungen kürzen oder Abgaben erhöhen muss. Die demokratische Wahlperiode drängt die Akteure, Lasten der Gegenwart der ersten Hälfte der Legislaturperiode aufzubürden, mehr Segnungen des Staatshaushaltes der zweiten vorzubehalten. Dieser demokratische Zyklus dürfte letztlich ein hoch sensibles und effektives Stabilitätsinstrument sein. Schließlich könnten in diese Konjunkturpolitik auch eine noch notwendige Schuldentilgung mit einbezogen und insbesondere konjunkturabhängige Mehrtilgungen vorgesehen werden.

7. Der Hieb gegen die Hydra

Im Ergebnis wird eine Abkehr von der überhöhten Staatsverschuldung nur gelingen, wenn die Erwartungen an den Staat korrigiert werden. Der Verfassungsstaat ist vorrangig Rechtsstaat, weniger Finanzstaat. Allerdings wächst gegenwärtig die Bereitschaft des Staates zu Subvention, Sozialleistung und Steuerprivileg ständig. Der Politiker, der Geschenke gemacht hat, hofft dadurch Wähler zu gewinnen. Der Beschenkte erlebt, wie bequem die staatlich gewährte, anstrengungslose Einnahme ist, bleibt daher nicht in Dankbarkeit bescheiden, sondern fordert erneut die Staatsgunst. So dreht sich eine *Begünstigungs- und Privilegienspirale,* die der Verfassungsstaat nur durch energische Verfassungsgrenzen zum Stillstand bringen kann.

Unsere Lebensverhältnisse werden immer komplizierter. Deshalb muss das Recht einfacher werden. Der Finanzstaat allerdings neigt zur Verkomplizierung. Während das Recht grundsätzlich vor der klaren Alternative des Ja und Nein steht, wenn es ein Medikament zulassen, einen Reaktor stilllegen, eine Gefahr abwehren oder einen Beamtenbewerber als geeignet qualifizieren soll, eröffnet die Entscheidung über Finanzzuwendungen *so viel Kompromisse, als eine Summe in*

Euro teilbar ist. Dementsprechend drängen und zerren die Gruppen und Verbände an den Steuergesetzen und den Geldzahlungsgesetzen, um bei jedem Gesetzgebungsschritt einen weiteren Vorteil für sich zu erringen. Dabei können die Gruppenbegehren besonders erfolgreich sein, weil die Bevorzugung einer kleinen Gruppe weniger Geld kostet als die Verteilung staatlicher Finanzmittel an jedermann.

Der Finanzstaat neigt auch zu *Bevorzugungen und Privilegien,* die letztlich die Grundprinzipien des Rechts gefährden. Hätte der Staat heute 80 Millionen Euro zu verteilen und gäbe jedem Bürger in Deutschland 1 Euro, bliebe diese Maßnahme ohne Wirkung. Wendet er hingegen 80 Menschen jeweils 1 Million Euro zu, kann er mit diesen Staatsleistungen die Begünstigten lenken, langfristige Wirkungen erzielen und Strukturen verändern. Werden diese Begünstigungen durch Verschuldung finanziert, ist der Verfassungsstaat elementar bedroht.

Der Handlungsraum der nachfolgenden, in ihrer Zahl schon geschwächten Generation von freiheitsberechtigten Bürgern wird eingeschränkt, die Glaubwürdigkeit der gegenwärtigen politischen Verantwortungsträger leidet, das Vertrauen in die zukunftgestaltende Kraft des Staates schwindet, seine Abhängigkeit von den Kreditgebern im Inland und Ausland wächst, das Parlament entmachtet sich selbst. Ein Staatsbankrott brächte die tragenden Elemente des Verfassungsstaates zum Einsturz; das Recht müsste der Macht des Faktischen weichen. Deshalb braucht dieses immer komplizierter und unübersichtlicher gewordene Verschuldenssystem eine einfache Regel, die den Begehrlichkeiten der Bürger, der Verschwendungssucht des Staates und dem Erwerbsstreben der Kreditanbieter eine klare Grenze setzt: Der Staat ist wirtschaftlich nicht produktiv, in dieser Struktur nicht zur Kreditaufnahme berechtigt.

XII. Der Weg zum besseren Recht

1. Der arme Bigamist – Märchen und Wirklichkeit

In Zeiten der ehemaligen DDR gab es einen mutigen und aufrechten Kabarettisten, der mit kritischen Liedern für Bürgerfreiheit kämpfte und die Regierung immer wieder provozierte. Er wurde unter besondere Beobachtung gestellt und nach Kräften schikaniert. Schließlich griffen die Machthaber nach einem probaten Mittel, um den Unbequemen für immer loszuwerden: Der Mann wurde in die Bundesrepublik ausgewiesen; seine Frau aber, die er liebte, musste in der DDR bleiben. Der Mann wurde durch staatlichen Zwang von seiner Frau geschieden, obwohl beide Ehepartner einander weiterhin verbunden waren.

Nachdem der Kabarettist einige Jahre diesseits der Mauer gelebt hatte und keine Hoffnung für ihn bestand, seine Frau jemals wiederzusehen, richtete er sich auf ein neues Leben ein. Er heiratete eine andere Frau und bekam mit ihr Kinder.

Nun geschah, was niemand zu hoffen wagte: Die Mauer fiel – West und Ost feierten die Wiedervereinigung. Da klopfte eines Tages die erste Frau des Kabarettisten an die Türen eines deutschen Gerichts. Unter Berufung auf die allgemeinen Menschenrechte verlangte sie die Feststellung, dass die Zwangsscheidung menschenrechtswidrig gewesen und deswegen nichtig sei. Das Gericht nutzte die Chance, den radikalen Neuanfang im besseren Recht bewusst zu machen, und stellte fest, dass die staatlich erzwungene Scheidung rechtswidrig und nichtig sei.

Wenige Wochen später erhob der Staatsanwalt Anklage gegen den Kabarettisten, weil er in Bigamie lebe. Seine erste Ehe sei nicht geschieden, seine zweite dennoch geschlossen worden. Er führe zwei rechtsgültige Ehen. Dieses sei nach dem Gesetz rechtswidrig und strafbar.

2. Der schonende Übergang

Unsere Hydra will die Revolution, die zerstört. Wir brauchen die Erneuerung, die aufbaut. Die Hydra ist von Argolis nach Deutschland gekommen und hat Staaten und Ehen getrennt, durch eine Mauer eine gemeinsame Kultur und ehelichen Zusammenhalt zerschnitten. Wenn nun das deutsche Staatsvolk die Wiedervereinigung von Staat und Ehe erreicht hat, sucht die Hydra ihre zerstörende Gewalt im Übergang zu bewahren. Sie will die Wiedervereinigung erneut in Frage stellen und behauptet, dass zwei verschiedene Rechtsordnungen – die der ehemaligen DDR und die der Bundesrepublik, das alte Trennungsrecht und das neue Vereinigungsrecht – nicht zueinander passen, die Bürger deswegen zum alten Zustand zurückkehren mögen.

Bei einem späten Glas Wein hat mir jüngst ein Freund gesagt, die Reform der kleinen Schritte sei erfolglos, notwendig sei der große Wurf. Dazu sollten wir ein erstes Signal setzen und alle Kennzeichen von unseren Fahrzeugen abschrauben, damit man uns nicht als bloße Nummern behandeln und im Stau stehen lassen könne. Die Forderung nach dem großen Wurf ist richtig. Doch die Fahrzeugkennzeichen heben uns aus der Anonymität der Verkehrsteilnehmer heraus, begründen eine Ordnung individueller Sichtbarkeit und Verantwortlichkeit. Diese Ordnung muss bleiben, auf diesem Fundament der Stau aufgelöst werden.

Dies zeigt unsere Geschichte vom armen Bigamisten. Hier verläuft die Grenze zwischen Märchen und Wirklichkeit nicht, wie in den bisherigen Geschichten, zwischen tatsächlichem Problem und seiner märchenhaften Ausmalung, sondern trennt den Handlungsablauf: die Zwangsscheidung hat es tatsächlich gegeben, das Urteil und die Anklage selbstverständlich nicht. Gericht und Staatsanwalt wissen, dass sie das ehemalige schlechtere Recht vom gegenwärtigen besseren Recht nicht abheben können, indem sie das alte Recht einfach für ungültig erklären. Die Menschen haben in der alten Rechtsordnung gelebt, ihre Ehen geschlossen, ihre Arbeitsverträge vereinbart, Eigentum erworben, Vereine gegründet, Forschungsvorhaben ins Werk gesetzt. Für diese Vorhaben bot das ehemalige Recht der DDR eine Ordnung, hat Frieden gestiftet und Rechtsgeltung auf Dauer versprochen. Wenn nun der rechtsstaatliche Neubeginn sich deutlich und für jedermann sichtbar von dem bisherigen Recht abheben will, gerät das Vertrauen in das bisher geltende Recht in Konflikt mit den Reformanliegen. Zwar muss das vertraute Recht dem besseren Recht weichen, der Neubeginn im Recht kann aber nicht grundsätzlich alles bisherige Unrecht für null und nichtig erklären.

Die *Revolution* sucht den schroffen Bruch mit dem bisherigen Recht, der *Rechtsstaat* organisiert den schonenden Übergang. Diese Erfahrung lehrt uns schon die Kirchengeschichte. Ende des 9. Jahrhunderts lebte der *Papst Formosus,* der in seiner Lebensführung und seiner Politik seinem Amt nicht gewachsen war. Heftig umkämpft war insbesondere die Frage, ob Formosus den ostfränkischen König Arnulf 896 hatte zum Kaiser krönen dürfen. Neun Monate nach dem Tode des Formosus saß die Synode über diesen Papst zu Gericht und stellte fest, dass er aus rechtlichen Gründen niemals römischer Bischof, sondern einfacher Laie gewesen sei. Der Leichnam des Formosus wurde der beiden Vorderfinger an der rechten Hand beraubt, mit der er die Amtshandlungen vorgenommen hatte, und schließlich in den Tiber geworfen. Damit waren alle seine Amtshandlungen nunmehr Handlungen eines Laien, also nichtig. Jede Salbung, auch die Krönung Arnulfs zum Kaiser, war ungültig.

Nun stellte sich aber heraus, dass auch alle anderen während des fünfjährigen Pontifikats von Formosus vorgenommenen Weihehandlungen ungültig waren. Die von Formosus geweihten Priester und Bischöfe waren ebenfalls Laien, die von diesen Getauften waren plötzlich wieder Heiden, die von ihnen Verheirateten wieder unverheiratet. Mit diesen Folgen waren die Betroffenen keinesfalls einverstanden. Es entstand allgemeine Unruhe und Empörung. Die Beschlüsse des »Leichengerichts« wurden rückgängig gemacht, die Weihen des Formosus wieder als rechtsgültig anerkannt.

Im Kampf um das bessere Recht neigen Unterdrückte und Entrechtete zu radikalen Änderungen. Die Geschichte staatspolitischer Grundsatzerneuerung ist auch eine Geschichte der *Tyrannenmorde.* Das Attentat auf die Tyrannenbrüder Hippias und Hipparchos, bei dem Hipparchos getötet wurde, gilt als die Geburtsstunde der Demokratie in Athen; die Athener weihten den Attentätern Harmodios und Aristogeton ein Denkmal. Der Tyrannenmord bereitete den Weg für eine neue politische oder soziale Grundordnung, verteidigte aber auch das geltende Recht, wenn der Tyrann unrechtmäßig an die Macht gekommen war, der Erwerb seines Amtes also die bestehende Rechtsordnung verletzte, oder er die ihm anvertraute Macht missbrauchte, er also gegen die Grundnormen des Rechts verstoßen hatte.

In einer jahrhundertelangen Auseinandersetzung zwischen der Obrigkeitslehre, die den Gehorsam gegenüber der Autorität forderte, und einer Freiheitslehre, die bei Versagen der Herrschaft als äußerste Maßnahme den Tyrannenmord zuließ, wird schließlich ein *Widerstandsrecht* zum Menschenrecht. *Wilhelm Tell* richtet seinen Pfeil auf Geßler, weil eine Rückkehr zu Recht, Gesetz und vernünftigem Staat nur möglich ist, wenn der Rechtsbrecher und Tyrann beseitigt wird. Wenn der Vogt Geßler unbeugsam den Weg der Freiheit behindert, er seine Pflichten dem Volk gegenüber nicht erfüllt, wird der Widerstand zur Pflicht eines freien Menschen. Der Tyrann, der einen Vater zwingt, auf sein eigenes Kind zu zielen, berechtigt den Betroffenen, für das ganze Volk zu strafen und zu rächen. Während *William Shakespeares* »Julius Cäsar« noch offen lässt, ob das Recht auf Seiten des Verschwörers Brutus oder des Tyrannen Cäsar liegt, also den Streit um das Widerstandsrecht abbildet, ist im Sturm und Drang der freie Mann berechtigt und verpflichtet, gegen Unterdrückung und Tyrannei zu kämpfen und äußerstenfalls auch vor einem Tyrannenmord nicht zurückzuschrecken.

Das Recht kann den Herrscher umso mehr gegen Angriffe abschirmen und in seiner Autorität stärken, je mehr seine Wertungen überzeugen und die Größe eines Herrschaftsgebietes einen starken Zusammenhalt fordert. Dies zeigt die Geschichte der Päpste und Könige. Das Amt eines *Papstes* erlischt durch Tod oder durch Amtsverzicht. Im Übrigen aber kann niemand über den Papst zu Gericht sitzen und ihm sein Amt aberkennen. Die Einheit der Kirche stützt sich auf die Immunität des Papstes. Dieses Prinzip wurde allenfalls für Extremfälle und theoretisch in Frage gestellt, wenn ein – häretischer – Papst von einer Glaubenswahrheit abweicht, deswegen kein gültiger Papst mehr sein könne, oder wenn nicht sicher feststehe, dass er sein Amt gültig bekleide. Die ungeklärte Frage, wer diese Gründe des Amtsverlustes verbindlich feststellen und durchsetzen könne, zeigt aber, dass die Amtsautorität grundsätzlich unangefochten und die Kirche sich ihres Zusammenhalts in ihren Lehren und ihrer Ethik sicher ist.

Auch bei den *Königen* des deutschen Mittelalters war die Wahl ein Gehorsamsversprechen; einen König durfte man nicht absetzen. Allerdings bedeutet die Freiheit der Wahl, dass der Gewählte grundsätzlich in Übereinstimmung mit den Großen handelt, er im Einvernehmen mit ihren Werten und Zielen regiert. Der Papst konnte den König exkommunizieren, damit seine Macht anfechten, ihn aber nur selten allein durch Exkommunikation entmachten. Aus der Freiheit der Königswahl wurde gelegentlich auch ein Absetzungsrecht abgeleitet. Die Wahl erlaubte zeitweilig Entmachtungspläne oder Neuwahlen. Königsmorde sind aber vielfach nicht Ausdruck grundsätzlicher Strukturkonflikte, sondern persönlicher Rivalitäten und Gegensätze.

Die vordemokratische Rechtsgeschichte kennt somit durchaus auch schonende Formen, um eine ungewollte Herrschaft zu beenden. Im Kirchenrecht ist die Bedingung des Amtes die Fähigkeit zum Glauben und zum Vernunftgebrauch; fehlt diese, kann der Amtsträger zum Amtsverzicht bewogen, vielleicht auch aus dem Amt verdrängt werden. Das König- und Kaisertum des deutschen Mittelalters baut auf die freie Wahl des Herrschers, damit auf einen Konsens mit den Großen seiner Zeit, die eine Absetzung und eine Neuwahl nicht schlechthin ausschließen.

Staatsverfassungen der Neuzeit sehen insbesondere vor, dass ein Monarch sein Amt verliert, wenn er für längere Zeit an dessen Wahrnehmung gehindert ist. Ein Beispiel bietet *König Ludwig II. von Bayern,* der am 10. Juni 1886 für geisteskrank erklärt worden ist, deswegen an der Ausübung der Regierung auf längere Zeit gehindert sei und so nach bayerischem Verfassungsrecht seines Amtes enthoben werden konnte.

Die *modernen Demokratien* versuchen, durch regelmäßige Neuwahl des Gesetzgebers und der Regierung den Staat in einer Entwicklung stetiger Erneuerung zu halten. Der Bürger wählt ein neues Parlament, damit es bessere Gesetze mache. Der revolutionäre Impuls wird in einer freiheitlichen Demokratie in friedliche Verfahren gelenkt, in denen das bessere Recht gefunden werden soll.

Auf dieser Grundlage *gilt das neue Gesetz für die Zukunft,* nicht für die Vergangenheit. Das Gesetz kann heute nur anordnen, dass ein Mensch morgen eine neue Geschwindigkeitsbegrenzung beachten oder eine Schuld bezahlen soll. Verlangte das Gesetz eine gestrige Verlangsamung oder Zahlung, so könnte diese Anordnung nicht befolgt werden. Ebenso bleibt ein nach altem Gesetz begründetes Recht gültig, auch wenn es heute so nicht mehr hätte begründet werden können. Wer nach altem, inzwischen aufgehobenem Recht eine Ehe geschlossen, eine Staatsbürgerschaft erworben, einen Verein gegründet oder ein Grundstück gekauft hat, behält diese Rechtsposition, die nach damaligem Recht wirksam entstanden ist. Wer für ein vergangenes Jahr seine Steuern bezahlt, seine Sozialversicherungsbezüge empfangen oder seine Dienstleistungspflichten erfüllt hat, kann sicher sein, dass für diese vergangenen Sachverhalte keine neuen Forderungen mehr an ihn gerichtet, seine Rechtslage nicht nachträglich verschlechtert werden darf. Auch wer längerfristige Planungen auf das damals geltende Recht gestützt, etwa in die Kalkulation seines Hausbaus gesetzlich zugesagte Zulagen einberechnet hat, ist in seinem Vertrauen geschützt, dass einem ins Werk gesetzten Plan nicht nachträglich der rechtliche Boden entzogen wird. Allerdings wird dieses Zukunftsvertrauen *von dem demokratischen Auftrag* begrenzt, *der Gesetzgeber möge stets bessere Gesetze machen:* Wer in einem siebenjährigen Plan auf die staatliche Eigenheimzulage vertraut, ist in diesem Vertrauen geschützt. Wer vor 50 Jahren eine Aktie erworben hat, deren Ertrag damals steuerfrei war, wird heute nicht fordern können, dass der Gesetzgeber diese Steuerfreiheit auch für die Gegenwart fortbestehen lässt. Die friedliche Erneuerung des Rechts fordert den schonenden Übergang. Mit diesem Auftrag haben wir mehr als jeder andere Staat Erfahrung. Die Wiedervereinigung Deutschlands verlangt täglich die behutsame Brücke vom alten zum neuen Recht.

3. Die Wiedervereinigung

Die Bürger der DDR, die mit Kerzen und Demonstrationen eine friedliche Revolution in Deutschland angestoßen haben, suchten Reisefreiheit, Meinungs- und Medienfreiheit, Wohlstand, die Grundstruktur des freiheitlichen Rechtsstaates. Manche dieser friedlichen Revolutionäre haben aber bald geklagt, sie hätten die *Gerechtigkeit gesucht und den Rechtsstaat gefunden.* Auch der Rechtsstaat kann aber vergangenes Unrecht nicht ungeschehen machen, sondern nur in einem anstrengenden und zeitraubenden Prozess das Recht verbessern und umgestalten. Außerdem bleibt die Gerechtigkeit ein Ziel, das wir nie vollständig erreichen werden, dem wir uns jedoch beharrlich in fairem Verfahren und klarer Prinzipienbindung annähern.

Der schwierige und fast unlösbare Auftrag eines schonenden Übergangs wurde mir bewusst, als im Rahmen der Wiedervereinigung das Problem der Zwangsscheidung zu einem Thema wurde, oder als ein General der Nationalen Volksarmee mit seiner Uniform im Gericht erschien, obwohl das Tragen dieser Uniform damals schon verboten war. Der General wies darauf hin, er habe im Krieg in Korea durch Einsatz von Leib und Leben seinem Vaterland gedient, und erwarte nunmehr, dass sein größer gewordenes Vaterland diese Leistung, die nur wenige Bürger für ihren Staat erbracht hätten, anerkenne. Diese Biographie verdient Respekt. Dennoch muss der Rechtsstaat darauf bestehen, dass in Zukunft die neue Verfassungsgewalt in ihren Symbolen sichtbar wird. Ich war damals froh, dass der General in seiner NVA-Uniform auf keinen Polizisten getroffen ist, der diese Uniform beanstandete. Ebenso froh waren wir, dass der Fall der Zwangsscheidung und der des Generals ohne gerichtliche Entscheidung gelöst werden konnten.

a) Die Vorbereitung der Wiedervereinigung

Zur Vorbereitung der Wiedervereinigung hatte das Bundesverfassungsgericht zunächst die Währungsumstellung zu beurteilen, die prinzipiell einen *Umtausch der Mark (Ost) in D-Mark (West)* im Verhältnis 2:1 vorsah, dem Geldeigentümer mit Wohnsitz in der damaligen DDR jedoch – nach Alter gestaffelt – bis zu einer Obergrenze von 6000 DM einen Kurs von 1:1 anbot. Gegen diese Regelung erhoben westdeutsche Eigentümer von Mark (Ost) – ehemalige »Devisenausländer« – Verfassungsbeschwerde, weil sie ebenfalls Geld im Wert von 6000 DM im Kurs von 1:1 umtauschen wollten.

Das Gericht hat diese Verfassungsbeschwerden zurückgewiesen, weil der *Anpassungsbedarf* für Bürger der DDR und der Bundesrepublik verschieden sei. Die Geldeigentümer mit Wohnsitz in der DDR mussten hinnehmen, dass sich ihr gesamtes geldpolitisches Umfeld abrupt veränderte, während die Geldeigentümer in der Bundesrepublik weiterhin in der Kontinuität ihrer bisherigen Währung leben konnten. Die Währungsunion war zwar einheitlich auf Geldmarkt und Geldwert im wiedervereinigten Deutschland angelegt, erlaubte aber in der Übergangsphase durchaus eine vorübergehende Unterscheidung des Geldwertes, die den aktuellen Lebensbedarf der Bürger in der DDR vereinfacht finanzieren sollte.

Der zweite Fall betraf den *Einigungsvertrag, in dem bestimmte Änderungen des Grundgesetzes vereinbart worden waren,* die insbesondere die verfassungsrechtliche Lage der Länder betrafen und feststellten, dass die Wiedervereinigung nunmehr vollendet sei. Nun beanstandeten sieben Abgeordnete des Deutschen Bundestages, dass sie in der Entscheidung über den Einigungsvertrag als einem völkerrechtlichen Vertragswerk dem vereinbarten Vertrag nur insgesamt als einem Paket zustimmen oder es insgesamt ablehnen könnten, während sie bei einer Grundgesetzänderung zu jeder Einzeländerung einen Antrag stellen und über ihn gesondert abstimmen dürften. Durch eine Verfassungsänderung im Paket eines völkerrechtlichen Vertrages zwinge man den Abgeordneten, der Verfassungsänderung zuzustimmen, weil er zur Wiedervereinigung Ja sagen wolle, obwohl er die damit verbundene Verfassungsänderung ablehne.

Diese Frage *führt an die Grenzen des Verfassungsrechts.* Ich war Berichterstatter in diesem Verfahren, weil die Beziehungen zwischen der Bundesrepublik Deutschland und der DDR vor der Wiedervereinigung noch als völkerrechtliche Rechtsbeziehungen galten und deshalb in meine Zuständigkeit fielen. Die Frage musste über ein längeres

Wochenende entschieden werden, da sie mit einem Antrag auf einstweilige Anordnung verbunden war, das Bundesverfassungsgericht möge dem Gesetzgeber in den Arm fallen, der dem Einigungsvertrag und damit dem Fortgang der Wiedervereinigung zustimmen wollte. Einerseits kann ein Verfassungsgericht kaum anerkennen, dass die deutsche Verfassung durch einen Vertrag mit einer auswärtigen Macht verändert werden dürfe – die DDR war vor der Wiedervereinigung eine auswärtige Macht. Hier drohte also ein Präzedenzfall, der dem Demokratieprinzip und ihrer verfassunggebenden Gewalt des Staatsvolkes die Grundlage entzöge. Andererseits können Richter kaum verantworten, den Wiedervereinigungsprozess aufzuhalten, um die Verfassung in ihrer Entstehens- und Erkenntnisquelle zu bewahren, dafür aber die Wiedervereinigung zu gefährden.

Den rettenden Gedanken bot der damalige Artikel 23 Absatz 2 des Grundgesetzes, der vorsah, dass die neuen Bundesländer dem Grundgesetz beitreten. Ein solcher Beitritt hängt erfahrungsgemäß von Bedingungen ab, über die sich die Beteiligten verständigen. Artikel 23 erlaubte also für den Sonderfall der Wiedervereinigung Vereinbarungen unter den beteiligten Staaten, die auch die zukünftige gemeinsame Verfassung zum Gegenstand haben können. Das Gericht hat deshalb anerkannt, dass eine Vereinbarung über den Inhalt des Grundgesetzes in diesem Ausnahmefall der Wiedervereinigung möglich ist, in dem beide Vertragspartner sich auf das Grundgesetz verpflichten. Der praktische Vorzug dieser Begründung liegt darin, dass der Artikel 23 Satz 2 just durch den Einigungsvertrag ersatzlos aufgehoben worden ist, dieser Fall sich also in Zukunft nicht wiederholen konnte.

Vor der ersten gesamtdeutschen Wahl, der zwölften Bundestagswahl, hatten wir über das für diese Wahl geltende Wahlrecht zu entscheiden. Das Parlament hatte angeordnet, dass die erste gesamtdeutsche Wahl nach dem Bundeswahlgesetz durchgeführt werde. Diese naheliegende Lösung hatte zur Folge, dass für die gesamtdeutsche Wahl auch die *Fünf-Prozent-Klausel* gelten solle.

Diese Regelung beanstandeten Parteien, die bisher nur in der alten DDR tätig gewesen waren. Zwischen der Öffnung des gesamtdeutschen Wahlgebietes und dem Tag der ersten gesamtdeutschen Wahl lägen gerade einmal drei Monate, die diesen Parteien keine ausreichende Möglichkeit gegeben hätten, in den neu hinzugekommenen, westlichen Wahlkreisen Kandidaten aufzustellen und den Wählern im Westen Programm und Kandidaten bekannt zu machen. Faktisch hatten die Parteien der alten DDR nur die Chance, im ehemaligen Gebiet der DDR Stimmen zu gewinnen, während die Parteien der ehemaligen Bundesrepublik (West) nur im alten Bundesgebiet erfolgreich sein konnten. Auf dieser Grundlage aber mussten die ehemaligen Ost-Parteien in ihrem bisherigen Tätigkeitsbereich 23,75 % der Zweitstimmen erzielen, um die Fünf-Prozent-Hürde für Gesamtdeutschland zu überspringen. Den ehemaligen West-Parteien genügten in ihrem bisherigen Wirkungsraum mit deutlich mehr Wählerstimmen gut 6 % der Zweitstimmen.

Das Bundesverfassungsgericht hat diese Regelung als gleichheitswidrig beanstandet und angeordnet, dass vereint zu wählen, aber getrennt zu zählen sei, dass also die Fünf-Prozent-Klausel für die zwölfte deutsche Bundestagswahl gesondert auf das alte Gebiet Westdeutschlands und das ehemalige Gebiet der DDR anzuwenden sei. Zwar war die Fünf-Prozent-Klausel der für Wahlen in Deutschland richtige und bewährte Maßstab, hätte aber im Übergang von zwei getrennten Staaten zu einem gemeinsamen Staat zu unvertretbaren Ergebnissen geführt.

b) Der Angleichungsauftrag nach der Wiedervereinigung

Die Wiedervereinigung hat die Rechtseinheit in Deutschland hergestellt, das völkerrechtliche Außenrecht zum Innenrecht gemacht, die Verantwortlichkeit der deutschen Gerichte für den gesamten Prozess der inneren Wiedervereinigung Deutschlands begründet. Auch bei der Anwendung des nunmehr für alle geltenden deutschen Rechts zeigte sich aber, dass der Mensch in der Kontinuität seiner Biographie lebt, seine Vergangenheit also in die Gegenwart hineinreicht, er deswegen einen schonenden Übergang zum neuen Recht braucht.

Am deutlichsten wurde dies bei der strafrechtlichen Verantwortung für früheres Handeln von Spionen, Mauerschützen und Tätern der Regierungskriminalität. Die Angeklagten taten, was nach altem Recht der DDR rechtmäßig oder jedenfalls angeordnet worden war, verletzten aber Rechtsgüter, die nach den Wertungen des Grundgesetzes und der Menschenrechtspakte, denen die DDR beigetreten war, besonders geschützt waren. Die *Ostspione* hatten für ihr Land, die DDR, spioniert, dafür Honorar und Orden erwartet, waren aber in dem ausspionierten Land, der Bundesrepublik Deutschland, nach dem im Zeitpunkt ihrer Tat geltenden Recht mit Strafe bedroht. Sie mussten nunmehr erleben, dass diese beiden Länder durch Wiedervereinigung identisch geworden waren, das ausspionierte Land deshalb in die Spionageakten der ehemaligen DDR hineinschauen und so die Täter überführen konnte.

Ein *Mauerschütze* war dazu »vergattert« worden, auf einen wehrlos in der Spree schwimmenden Flüchtling zu schießen. Er tat dies im Einklang mit der damaligen Ordnung in der DDR, allerdings im Gegensatz zu den auch dort gelten Menschenrechtspakten.

Bei der *Regierungskriminalität* verfolgten Mitglieder der damaligen Regierung Menschen in grob rechtwidriger Weise, veranlassten ihre Inhaftierung, zerstörten ihre Familien, hinderten sie an der Ausübung ihrer Religion oder ihres Berufes, wiesen sie aus und hatten teilweise auch ihren Tod zu verantworten. Die Opfer rufen nun im wiedervereinigten Deutschland nach Strafe; die Täter behaupten, das Recht des damaligen Systems vollzogen zu haben, das ihren Herrschaftsanspruch begründete und stützte.

Das Grundgesetz sagt nun, dass jemand nur bestraft werden darf, wenn seine Strafbarkeit zur Zeit der Tat »*gesetzlich bestimmt*« war. Nur wenn der demokratische Gesetzgeber im Vorhinein die Strafe ihrem Grunde und ihrer Höhe nach bestimmt hatte und der Täter dieses wissen konnte, darf er bestraft werden. Wenn jetzt aber in der DDR die Strafwürdigkeit nicht ausschließlich durch Gesetz geregelt wurde, in anderen Staaten ein förmliches Strafgesetz überhaupt nicht gilt, wäre der Tyrann immer straflos, weil in seinem Land ein rechtsstaatliches Defizit ihn schützt, sein tyrannisches Tun dort nicht strafbar ist. In diesen Fällen muss der Staat auf andere Erkenntnisquellen für Recht zurückgreifen, die Strafwürdigkeit nach allgemeinen Wertungen des Rechts und der Völkergemeinschaft beurteilen.

Er muss das Vertrauen des Täters in die geltende Rechtsordnung prüfen, Gleichheit unter den Tätern herstellen, das Ausgleichs- und Sühnebedürfnis der Opfer berücksichtigen, vor allem aber die Strafwürdigkeit unter den Bedingungen des nunmehr veränderten Rechts beurteilen. Das Bundesverfassungsgericht hat sich jeweils bemüht, die *Verwerflichkeit und das Unrecht der Tat deutlich zu machen, den Täter aber in seiner damaligen Lebens- und Rechtslage zu verstehen.* Als Lösung bot sich oft eine Strafe an, deren Vollzug zur Bewährung ausgesetzt wurde.

Ein Urteil des Ersten Senats widmete sich den Bediensteten im öffentlichen Dienst der ehemaligen DDR, die sich auf eine Lebenszeitstellung im öffentlichen Dienst eingerichtet hatten und jetzt erfahren mussten, dass ihr Partner, der Staat der DDR, nicht einhalten konnte, was er ihnen versprochen hat. Der Einigungsvertrag bringt diese Arbeitsverträge zum Ruhen und führt zu ihrer Beendigung, wenn der Arbeitnehmer nicht innerhalb von sechs Monaten weiterbeschäftigt wird *(»Warteschleife«)*. Hier fordert der rechtsstaatliche Neubeginn einen durchgreifenden und für jedermann sichtbaren Austausch des Personals. Die betroffenen Bediensteten hingegen hofften, ihr auf Lebenszeit angelegtes Beschäftigungsverhältnis fortsetzen zu können. Besonders hart betroffen waren Berufsgruppen wie Historiker, Politologen und Juristen, die im alten Rechtssystem der DDR besonders qualifiziert und dem Staat der DDR persönlich verbunden waren, die aber gerade wegen dieser Bindung für das rechtsstaatliche System des Grundgesetzes ungeeignet waren.

Auch dieser Streit wird aus der besonderen Umbruchlage der Wiedervereinigung gelöst. Die Arbeitsplätze im öffentlichen Dienst der DDR waren bereits vor der Wiedervereinigung durch den wirtschaftlichen Niedergang der DDR gefährdet. Die öffentlichen Bediensteten nahmen weitgehend am allgemeinen Schicksal ihrer Mitbürger teil, die in der sich auflösenden DDR in ihrer Existenz bedroht waren. Allerdings erklärte das Gericht die Regelungen des Einigungsvertrages, die die Arbeitsverhältnisse zum Ruhen gebracht und befristet hatten, für verfassungswidrig, soweit dadurch besonders schutzbedürftige Personengruppen betroffen waren. Insbesondere der mit dem Mutterschutz verbundene Kündigungsschutz durfte nicht durchbrochen werden.

Bis heute noch lebhaft diskutiert wird die Entscheidung des Ersten

Senats zur *Bodenreform*. Der deutsche Staat hatte in Zeiten des Deutschen Reiches Grundstücke enteignet, die später zurückgegeben und entschädigt worden sind. In der Zeit zwischen 1945 und 1949 aber hatte auch die damalige sowjetische Besatzungsmacht Grundstücke entschädigungslos konfisziert. Diese Enteignungen sind nach internationalem Recht grundsätzlich wirksam und vom deutschen Staat nicht zu verantworten. Die rechtliche Folge ist, dass der von der deutschen Staatsgewalt Enteignete sein Eigentum zurückbekommt, während der von der fremden – sowjetischen – Staatsgewalt Enteignete sein Eigentum endgültig verloren hat.

Die Härte dieser juristischen Logik sucht das Bundesverfassungsgericht *durch den Gleichheitssatz zu mäßigen*. Der Gleichheitssatz fordere, dass der Gesetzgeber auch für die gültig bleibenden entschädigungslosen Enteignungen durch die damalige Sowjetunion eine Wiedergutmachung regeln und Ausgleichsleistungen vorsehen müsse. Dann fügt das Gericht allerdings den wichtigen und richtigen Gedanken hinzu, dass dieser ausgleichende Gleichheitssatz nicht nur für die enteigneten Eigentümer, sondern auch für diejenigen gelte, die Einbußen an anderen Rechtsgütern erlitten haben, etwa an ihrer Gesundheit beschädigt, in ihrem beruflichen Fortkommen behindert worden sind, ihre Freiheit verloren, gar ihr Leben eingebüßt haben. Hier weitet das Gericht die Vergleichsperspektive: Es vergleicht nicht nur die Eigentümer, sondern alle durch staatliches Unrecht der DDR Betroffenen. Damit zeigt es aber auch die gewaltige Finanzierungsaufgabe, die uns die Wiedervereinigung stellt und die bis heute noch nicht bewältigt ist. Die Kritik an diesen Entscheidungen hat ihren Grund vor allem darin, dass Leben, Gesundheit, zeitgebundene Freiheit endgültig verloren, die Grundstücke hingegen noch vorhanden sind.

4. Die Bewährungsprobe: das Steuerrecht

Die Verlässlichkeit der Rechtsordnung ist Grundbedingung für die Geltung und Gestaltungskraft des Rechts. Der Mensch vertraut nur einem Recht, das ihm vertraut ist. Der Mensch handelt in der Gegenwart, nicht in der Zukunft. Wollte er nur einen Tag in die Zukunft vorgreifen, etwa heute die Zeitung von morgen lesen oder die Wahlergebnisse von morgen schon heute erfahren, würde ihm die tatsächliche Begrenztheit seiner Handlungsmöglichkeiten bewusst. *Deshalb kann der Gesetzgeber nur zukünftiges Handeln regeln,* also heute nur anordnen, dass morgen eine Steuer erklärt oder eine Steuerschuld bezahlt wird.

Dennoch neigt der Gesetzgeber dazu, gegenwärtige Belastungen auch rückwirkend an vergangenes Verhalten zu knüpfen. Dabei wird er ein in der Vergangenheit rechtmäßig erbautes Haus nicht durch neue Anforderungen an die Bauästhetik für rechtswidrig erklären, eine erfolgreich bestandene Prüfung nicht durch Verschärfung der Maßstäbe wiederholen lassen oder eine nach damaligem Recht wirksame Gesellschaftsgründung nunmehr durch andere Anforderungen in Frage stellen. Wenn es aber um leicht bewegliche Güter wie das Geld geht, scheint der Gesetzgeber eher bereit, an einen früheren wirtschaftlichen Erfolg im Nachhinein höhere Lasten zu knüpfen. Die Bewährungsprobe für das Vertrauen in geltendes Recht ist deshalb das Steuerrecht.

Bei der Besteuerung des Einkommens und des Umsatzes schuldet der Steuerpflichtige jedes Jahr Zahlungen an den Staat, steht also in einer langfristigen *Dauerrechtsbeziehung* zur Finanzbehörde. Dadurch wird auch der Schutz des Vertrauens langfristiger. Wenn eine Verbrauchsteuer wie die Tabaksteuer einmalig beim jeweiligen Tabakgenuss den Raucher belastet, wird er beim nächsten Rauchen eine Erhöhung der Tabaksteuer nicht abwehren können. Die höhere Steuer des nächsten Tages erreicht ihn wie Wind und Hagel, gegen den das Recht keinen Schirm aufspannt. Wählt der Steuerpflichtige hingegen für die langfristige Organisation seines Unternehmens eine Gesellschaft mit beschränkter Haftung, weil das für ihn steuerlich günstig ist, darf er darauf vertrauen, dass der Gesetzgeber ihm für diese Gestaltung nicht abrupt die Rechtsgrundlage entzieht.

Im Jahre 1997 hatten wir über eine Verfassungsbeschwerde zu entscheiden, die sich gegen den *Abbau von Schiffsbausubventionen* wehrte. Das Einkommensteuerrecht sah bestimmte Sonderabschreibungen bei Handelsschiffen vor, die den Investoren einen wesentlichen Steuervorteil brachten und deswegen rechtspolitisch und verfassungsrechtlich fragwürdig waren. Die Bundesregierung kündete nunmehr in den Beratungen des Finanzausschusses am 25. April 1996 an, dass die Abschreibungsbegünstigung für Schiffe und Flugzeuge zum 1. Mai 1996 gestrichen werde. Am 30. April 1996 aber hatten die Beschwerdeführer einen Schiffsbauvertrag geschlossen, für dessen Vollzug sie noch die Steuervergünstigung nach der zum Zeitpunkt des Vertragsschlusses geltenden, aber durch die Regierungsankündigung in Frage gestellten Gesetzeslage beanspruchten.

Das Bundesverfassungsgericht betont auch in dieser Entscheidung, dass der Bürger in seinem Vertrauen auf das Gesetz geschützt ist, das im Zeitpunkt seines Vertragsschlusses gilt. Wenn aber eine gesetzliche Regelung ihren Sinn verloren und die Bundesregierung deshalb ihre Aufhebung öffentlich angekündigt hat, muss sich der Steuerpflichtige auf die angekündigte Gesetzeslage einrichten. Er darf der Gesetzesänderung nicht durch einen eiligen Vertragsschluss zuvorkommen. Anderenfalls würde der Gesetzgeber das Spiel von Hase und Igel immer verlieren: Einen Schiffsbauvertrag kann man in Minuten durch den Austausch von zwei Faxen schließen. Der Gesetzgeber hingegen braucht ein zeitaufwändiges öffentliches Verfahren, um die Neuregelung förmlich wirksam werden zu lassen.

Obwohl das Vertrauen in ein Gesetz schützenswert ist, muss der Betroffene sich langfristig darauf einstellen, dass der Gesetzgeber das Recht auch einmal ändern wird. Wenn ein Gesetz von 1952 die Zinsen aus Pfandbriefen mit einer jahrzehntelangen Laufzeit von der Steuer befreit hat, weil diese der Finanzierung des sozialen Wohnungsbaus dienten *(Sozialpfandbriefe),* durfte der Gesetzgeber 1992 diese Steuerbefreiung aufheben, auch wenn manche Anleger Wertpapiere mit einer Laufzeit bis in das Jahr 2018 erworben hatten. Das Bundesverfassungsgericht hat in diesem Fall festgestellt, dass auch die Anleger, die durch die Steuerbefreiung gezielt zum Kauf ihres Wertpapiers veranlasst worden sind, nicht darauf vertrauen dürfen, dass die für sie günstige Gesetzeslage uneingeschränkt Jahrzehnte fortgilt. Deshalb durfte der Gesetzgeber eine Steuerbegünstigung, die systematisch nicht in das geltende Steuerrecht und auch nicht in die freie Ordnung des Kapitalmarktes passt, im Jahre 1992 aufheben. Die Demokratie ist grundsätzlich auf eine Erneuerung des Rechts angelegt.

Vertraut ein einzelner Bürger auf die Geltung des Gesetzes, kann er damit die Gesetzgebung nicht zementieren, darf aber erwarten, dass der Gesetzgeber ihn mit seinen Neuregelungen nicht abrupt überrascht und ein ins Werk gesetztes Vertrauen zerstört. Dabei sind der Wille des Staates, das Recht zu erneuern, und der Wille des Bürgers, sein Recht zu bewahren, jeweils im konkreten Konflikt zu würdigen. Will der Staat einen Atomreaktor, der nach früheren Sicherheitsstandards zulässig war, nunmehr aufgrund einer erst jetzt erkannten Gefährlichkeit stilllegen, wird der Betreiber sich nicht auf die frühere gesetzliche Erlaubnis berufen können. Hat ein Steuerpflichtiger sich hingegen für den Gewinn des vergangenen Jahres auf den damals geschuldeten Steuerbetrag eingerichtet und erhöht der Gesetzgeber nunmehr die Steuerlast, darf er in diese Erhöhung nicht auch die Einkommen des vergangenen Jahres einbeziehen. Der rechtsstaatliche Vertrauensschutz sichert den maßvollen Übergang, braucht aber die ständige Erneuerung des Rechts. Er kennzeichnet den Weg zur Reform, errichtet ihr keine Barrieren.

5. Demokratie beauftragt den Bürger

Demokratien sind kurzatmig. Diese oft zu hörende These weist darauf hin, dass die Machtausübung in einer Demokratie auf Wiederwahl angelegt ist, die politischen Planungen und Konzeptionen der Regierenden deshalb auf einen Zeitraum von längstens vier Jahren bemessen werden. Der Eindruck demokratischer Flüchtigkeit und Vorläufigkeit entsteht aber auch dadurch, dass in einer Demokratie alles zur Disposition der Mehrheit zu stehen scheint, deshalb Veränderung und Erneuerung, nicht Bewahrung und Kontinuität als Ziele staatlichen Handelns gelten. Demokratische Mehrheit könne – so wird beobachtet – das unverbrüchliche Recht von heute durch die elementar andere Regel von morgen ersetzen. Der Gesetzgeber könne gute Sitten, Ortsüblichkeit und Handelsbrauch durch gegenläufige Anordnungen ins Gegenteil verkehren, die Geborgenheit im vertrauten und erprobten Recht durch die Hast stetiger Reformen aufheben, die Wahrheit von heute morgen zum Irrtum erklären.

Dieses Demokratieverständnis ist falsch. Die Staatsverfassung gibt dem Gemeinwesen ungeachtet wechselnder Mehrheiten ein gleichbleibendes Gesicht. Sie sichert individuelle Freiheit, weist also wesentliche Mächtigkeit und Entscheidung dem Einzelnen zu und schirmt ihn gegen den Einfluss politischer Mehrheiten ab. Diese Gewährleistungen des Grundgesetzes sind anerkannt und werden von den Staatsorganen – nicht zuletzt von einer eigenen Verfassungsgerichtsbarkeit – bekräftigt. Der erneuerungswillige Bürger findet in dieser Verfassung ein Fundament, auf das er seine Initiativen stützen kann und das seine Reform erwartet. Er braucht nicht revolutionär zu zerstören, sondern kann stetig Neues aufbauen.

Dieses zeigt wiederum die Wiedervereinigung, die im Rückblick mit der Feststellung bedacht worden ist: »Der Rechtsstaat ist objektiv nicht in der Lage, versäumte revolutionäre Akte nachzuholen.« In diesem Satz wird bewusst, dass Revolution und Rechtsstaatlichkeit, die wir in dem Begriff der »friedlichen Revolution« versöhnen wollen, unvereinbare Ausgangspositionen einnehmen: Die Revolution bricht mit der Vergangenheit, weist erlebtes Unrecht zurück, tötet den Tyrannen und sucht das Recht in einem elementaren Neuanfang; der Rechtsstaat hingegen bemüht sich um einen schonenden Übergang vom Unrecht zum Recht, sucht die Täter des Unrechts in die Rechtsgemeinschaft aufzunehmen, kann die bisherige Rechtswirklichkeit nicht ungeschehen machen, sondern muss sie als tatsächlichen Ausgangspunkt der Erneuerung akzeptieren. Der Rechtsstaat allerdings kann diese Kontinuität nur wahren, wenn seine Bürger ihn stetig fortentwickeln und gegenwartsgerecht umgestalten. Der passive Bürger führt den Rechtsstaat in Stagnation, in den Untergang.

Gerechtigkeit enthält somit den Auftrag ständigen Suchens und Bemühens, der nie vollständig erfüllt ist, stets aber Gesetzgebung und Rechtsanwendung leiten muss. Die Demokratie gibt uns die Chance, in der jeweiligen Gegenwart das Neue zu verwirklichen. Das Prinzip der Macht auf Zeit, der regelmäßigen Wahl oder Abwahl der politisch Mächtigen richtet die Staatsgewalt auf den Wähler und seine Anliegen aus, formt die Gemeinschaft des Staatsvolkes, die erneuert. Die Freiheit des Meinens und Publizierens, des Versammelns und Vereinigens hält das Mikrofon zum täglichen Erneuerungsbedarf und Reformvorschlag bereit. Demokratie fordert die Ausübung der staatlichen Macht für das Volk, gestützt auf eine Wahl der Mächtigen durch das Volk. In einer Demokratie ist das politische Geschehen für den Einzelnen nicht Schicksal, sondern Auftrag.

XIII. Die zwölf Waffen des Herakles

Die Geschichte lehrt uns, dass kein Philosophenkönig, kein gutherziger Tyrann, kein dank Herkunft, Erziehung oder Krönung unbeirrt dem Gemeinwohl verpflichteter Herrscher die Hydra vertreiben konnte. Doch liegt für jeden der 12 Köpfe des Ungeheuers ein Schwert bereit:

1. Das Schwert gegen die Normenflut

Die Katastrophe der Normenflut treibt das Gesetz in die Überregulierung, in die Willkür. Die Unstetigkeit ständiger Rechtsänderungen führt das verlässliche Handeln im Vertrauen auf das Gesetz in Unsicherheit, Ängstlichkeit, Resignation. Deshalb müssen die Aufgaben von freiheitsberechtigtem Bürger und freiheitsverpflichtetem Staat neu bestimmt werden. Jeder Mensch ist grundsätzlich selbst für sein Glück verantwortlich. Die großen Talente eines Mozart, eines van Gogh oder eines Carl Benz entfalten sich, nicht weil der Gesetzgeber die Musik, das Gemälde oder die Erfindung hätte voraussehen können, sondern weil er dem Bürger das Recht belässt, das Unvorhersehbare zu wagen. Der Bundestag sollte deshalb nicht beraten, welche neuen Gesetze er beschließen könne, sondern prüfen, welche Gesetze entbehrlich sind.

2. Das Schwert gegen das Misstrauen, das die Freiheitskraft der Bürger schwächt

Die Verheißung der Politik, mit einem gewaltigen Willen zum Neuen die Grundlagen bisheriger Gemeinschaftskultur erschüttern zu wollen, muss in den Quellen des Rechts gebunden werden, das aus Wissen, Wollen und Wirklichkeit fließt. Ein freiheitlicher Staat achtet die Menschen in ihrer Vielfalt und Verschiedenheit, so wie sie sind, schützt die gewachsene Rechtskultur einer durch die Würde des Menschen, seine Freiheit und seine Zugehörigkeit geprägten Ordnung, baut auf das Freiheitsvertrauen des Bürgers in das Recht, das ihm vertraut ist. Wir brauchen den starken Staat, der Menschenrechte und Frieden garantiert, der aber seine Autorität und Gestaltungsmacht dadurch bewahrt, dass er die Lebensentwürfe und das alltägliche Leben der Menschen ihrer freiheitlichen Selbstbestimmung überlässt. Der rechtlich starke Staat lebt in der Freiheitskraft seiner Bürger.

3. Das Schwert gegen den Interessenten, der dem Gesetzgeber die Feder führt

Wenn aus der langfristigen Regel ständig veränderte Maßnahmegesetze werden, Privilegien und Vergünstigungen das allgemeine Gesetz verdrängen, gelegentlich der Interessent dem Gesetzgeber die Feder führt, müssen die Unbefangenheit und allgemeine Gleichheit des Gesetzes gestärkt werden. Deswegen sind Gesetzgebung und Regierung deutlicher zu trennen. Die Unabhängigkeit des Abgeordneten ist in seiner Berufsqualifikation und einer fortdauernden Verwurzelung in Familie und Beruf zu festigen. Die Gespräche zwischen Gesetzgeber und Interessenten müssen in Form und Stil allgemein sichtbar und kontrollierbar gemacht werden. Die Unbefangenheit der Parteien, insbesondere ihrer Finanzierung, ist zu stärken, aber auch ihr Zugriff auf den Staat zu schwächen. Ein Rat für Gesetzeskultur soll auf die Kodifikation des Rechts – seine Zurücknahme auf systematische, langfristig verbindliche, allgemein verständliche Regeln – hinwirken.

4. Das Schwert gegen ein Menschenbild von der betreuungsbedürftigen Person

Wenn der Staat in seiner Gesetzgebung, seiner Finanzkraft und seiner Organisationsgewalt den Menschen immer weniger als selbstbestimmte Persönlichkeit versteht, die er in ihrer Freiheit achtet, sondern als betreuungsbedürftigen Menschen, dessen Dasein er begleitet und gestaltet, so droht ein struktureller Verlust an Freiheit, eine prinzipielle Bevormundung. Deswegen müssen wir das Recht auf Glück wieder als das Recht definieren, das eigene Glück zu suchen und auf staatliche Hilfe nur zurückzugreifen, wenn andernfalls individuelles Dasein und persönliche Freiheit existenziell, kulturell oder rechtlich bedroht sind. Staatliche Leistungen sind grundsätzlich nur vorübergehende Freiheitshilfen, die den Menschen befähigen, seinen Lebensbedarf selbst zu befriedigen.

5. Das Schwert gegen eine Gefährdung des sozialen Staats

Der soziale Staat gefährdet sich selbst, wenn er mitmenschliche Hilfe, persönliche Betreuung, wirtschaftlichen und kulturellen Ausgleich nicht von seinen freien Bürgern erwartet, sondern allein eigenhändig mit der Macht der Staatsorganisation und der Staatsfinanzen herstellen will. Dem stellt das Grundgesetz ein Gerechtigkeitsprinzip entgegen, das einen wesentlichen Teil der Gerechtigkeit in private Hand gibt: Der Berufstätige erzielt ein angemessenes Einkommen, die Eltern erziehen ihre Kinder, Ärzte heilen Kranke, die Wirtschaft organisiert berufliche Ausbildung und Arbeitsplätze, die Religionsgemeinschaften beantworten die Fragen nach dem Sinn des Lebens und der Welt, Vereine bieten den Menschen die Entfaltung in Kunst, Kultur und Sport, Mäzene und Sponsoren fördern gemeinnützige Zwecke. Der Rechtsstaat bietet der Gerechtigkeit einen allgemeinen, unverrückbaren Rahmen und gibt die individuell erlebte Gerechtigkeit weitgehend in die Hand der freiheitsberechtigten Bürger.

6. Das Schwert gegen eine staatliche Zwangsversicherung ohne Maß

Wenn ein staatliches Zwangsversicherungssystem die Kaufkraft der zukünftigen Patienten vorher abschöpft, um den Zwangsversicherten dann bei einer Krankheit die medizinischen Leistungen zu bezahlen, stimmen Arzt und Patient jeweils überein, dass für die Behandlung das Beste gerade gut genug sei. Daraus erwächst eine Kostenexplosion, der mit der Unterscheidung zwischen notwendigen, wünschenswerten, hilfreichen und überflüssigen Leistungen zu begegnen ist. Auf dieser Grundlage werden die von der Versicherung zu zahlenden Leistungen neu definiert, teilweise auch Versicherungsleistungen von der Vorfinanzierung oder Mitfinanzierung durch den Patienten abhängig gemacht. Sodann sind die Solidaritätsgemeinschaften neu zu bestimmen: Die Zwangsgemeinschaft der Arbeitnehmer mit kleinem und mittlerem Einkommen, damit einem großen Sicherungsbedarf, sind für die Finanzierung ihrer notwendigen, wünschenswerten und teilweise auch der hilfreichen Leistungen verantwortlich. Die Privatversicherten bestimmen ihren Versicherungsbedarf und ihre Beiträge in vertraglicher Vereinbarung. Allgemeinanliegen wie die Versicherung der Bedürftigen, der Kinder oder eines erziehenden Elternteils müssen als Gemeinlasten, also aus Steuern finanziert werden. Bei dieser Umgestaltung des Versicherungssystems stellt sich die Frage, ob die persönliche Sicherungsfreiheit und ein kostendämpfender Wettbewerb durch eine allgemeine Versicherungspflicht ähnlich der Kraftfahrzeugversicherung erreicht werden kann, bei der jeder Kraftfahrer die Unfallopfer versichern muss, er sich aber den Versicherer und die Art seiner Versicherung selbst auswählen kann. Auch dabei gewährleistet der Steuerstaat, dass jeder Mensch sich eine Normalversicherung leisten kann.

7. Das Schwert gegen eine im Erwerbsstreben sterbende Gesellschaft

Wenn der Kindermangel und teilweise auch die mangelhafte Erziehung unserer Kinder uns vor die Frage stellen, ob wir eine im Erwerbsstreben sterbende oder eine im Kind vitale Gesellschaft sein wollen, müssen wir wieder das Kind in den Mittelpunkt von Gesellschaft, Wirtschaft und Staat rücken. Die Leistungsgesellschaft darf nicht nur die Erwerbstätigkeit honorieren, sondern muss insbesondere auch die Leistung der Eltern mit Honorar bedenken. Die Gestaltung der Lebensabschnitte muss den jungen Menschen rechtzeitig erlauben, sich für eine Familie zu entscheiden; deshalb sind die Schul-, Ausbildungs- und Studienzeiten zu verkürzen oder aber in berufsqualifizierenden Zwischenabschlüssen zu unterbrechen, die dann nach einer Erziehungszeit, eine weitere Ausbildung und Berufstätigkeit sicherstellen. Die strikte Trennung zwischen Familienort und Erwerbsort kann in einer modernen Welt der Teilzeitarbeit, auch der Computerarbeitsplätze und teilweise des Arbeitens zusammen mit den Kindern gelockert werden. Ein Generationenvertrag muss insbesondere in der Alterssicherung die Eltern – vor allem die Mütter – mit den höchsten Altersbezügen ausstatten, weil sie das Wichtigste zum Generationenvertrag beitragen: den zweiten Vertragspartner, die Kinder, die als Schuldner des Generationenvertrages nicht fehlen dürfen, soll das gegenwärtige Rentensystem nicht in sich zusammenbrechen. Das demokratische Prinzip: ein Mensch – eine Stimme, muss auch das Kind als Menschen anerkennen, ihm deswegen ein Wahlrecht geben, das bis zur Volljährigkeit je zur Hälfte von den Eltern für das Kind ausgeübt wird. Das Steuerrecht muss berücksichtigen, dass die Eltern ihren Kindern einen Teil ihres Einkommens als Unterhalt schulden, deshalb in dem ihnen nicht gehörenden Einkommen nicht besteuert werden dürfen.

8. Das Schwert gegen ein Eindringen in den Privatbereich des Menschen

Wenn die Freiheit des Geistes mit der Macht des Wortes Menschen schädigt und gelegentlich sogar tötet, muss diesem Übermaß ein klarer Rechtsrahmen entgegengestellt werden. Die Freiheit des Geistes und die öffentliche Kritik entfalten sich schier unbeschränkt, wenn nicht von einer als Individuum erkennbaren Person die Rede ist, vielmehr die Lebensumstände, die Gesellschaftsstrukturen, der Staat und sein Handeln gewürdigt werden. Auch wahrt die Rechtsordnung Gelassenheit, wenn jemand in der Spontaneität des Erschreckens oder der Bedrängnis, etwa im Straßenverkehr, den Zufallspartner des Geschehens erregt anspricht. Die Freiheit des Veröffentlichens allerdings trifft auf das Recht des einzelnen Menschen auf Privatheit, auf eine Intim- und Familiensphäre, auf die Unverletzlichkeit der eigenen Wohnung und des eigenen Lebensbereichs. Auch dem Prominenten, der als Politiker, Schauspieler oder Sportler die Öffentlichkeit sucht, steht ein Recht auf Privatheit zu. Kinder und Jugendliche sollten um einer unbeschwerten Entwicklung willen generell aus den Publikationen ausgenommen werden. Der Ehrenschutz nimmt auf die Empfindungen des Angegriffenen, nicht aber auf seine Empfindlichkeit Rücksicht.

9. Das Schwert gegen eine Maßlosigkeit beim Kampf ums Geld

Wenn gegenwärtig der Kampf um das Geld immer mehr in anonymen Anlageformen und Kapitalgesellschaften entschieden wird, der Mensch durch seine Arbeit und durch persönliches Verantwortungseigentum aber immer weniger am Bruttoinlandsprodukt teilhat, so muss die Rechtsordnung dieser Maßstablosigkeit eine neue Struktur entgegenstellen, die Arbeit als Grund des Gelderwerbs stärkt, dem Anleger die Wirkungen seiner Kapitalmacht ins Bewusstsein rückt, ihn vielleicht auch für Fehlwirkungen einstehen lässt. Die ausschließliche Ausrichtung der Kapitalgesellschaften auf die Rendite der Aktionäre ist durch eine Gesamtverantwortung zu ersetzen, wie sie gegenwärtig im Global Compact der Vereinten Nationen skizziert ist, die das Bedürfnis des Menschen nach Nähe und Weite, nach Heimat und Weltoffenheit, nach verlässlichem Einkommen und spekulativer Wette in einer Balance hält.

10. Das Schwert gegen ein verwirrendes und widersprüchliches Steuerrecht

Wenn das Verwirr- und Verschleierungssystem des geltenden Steuerrechts es den Steuerpflichtigen unmöglich macht, Bevorzugungen und Benachteiligungen, Widersprüche und Ausweichmöglichkeiten zu erkennen, brauchen wir auch hier den Beginn einer neuen Aufklärung: Eine Besteuerung der Gewinne aus Kapital mit 12,5 % und der Gewinne aus Arbeit mit 45 % stört die innere Balance des Wirtschaftssystems, widerspricht der verfassungsrechtlichen Besteuerungsgleichheit, stößt das Gerechtigkeitsempfinden der Bürger vor den Kopf. Die Erhöhung der Mehrwertsteuer auf 19 %, die nicht nach der Finanzkraft des einzelnen Konsumenten unterscheidet, verschiebt die Gesamtsteuerlast weiterhin auf die Konsumenten und Arbeitnehmer, bringt das Gesamtsystem damit aus den Fugen. Eine Erhöhung der indirekten Steuern ist nur zu rechtfertigen, wenn der lebensnotwendige Bedarf – Lebensmittel, Kleidung, Möbel – ebenso von der Mehrwertsteuer entlastet wird wie gegenwärtig die ärztlichen Leistungen und die Miete. Außerdem ist das geltende Recht von den hunderten von Ausnahme- und Lenkungstatbeständen zu befreien. Eine gleichheitsgerechte Verteilung der Steuerlasten verträgt auch keine Steuergestaltungen, die trotz eines Zuwachses an steuerbarer Finanzkraft Steuern vermeiden.

11. Das Schwert gegen eine Staatsschuld von 1,5 Billionen Euro

Wenn 1,5 Billionen Euro Staatsschulden in Deutschland unseren Kindern eine Last aufbürden, die sie bei wachsenden Verpflichtungen für Gesundheit und Lebensunterhalt der älter werdenden Menschen und einer schwindenden Zahl zukünftiger Kinder nicht tragen können, so muss dem Staat bewusst werden, dass ein Kredit grundsätzlich nur vertretbar ist, wenn er – wie beim privaten Hausbau – andere Aufwendungen erspart oder zu neuer Produktivität führt, aus der dann die Rückzahlung und die Zinsen finanziert werden können. Diese Voraussetzungen liegen beim Staat jedoch nicht vor. Der Kredit steht deshalb dem Staat als Finanzierungsinstrument nicht zur Verfügung. In der Gegenwart hoch verschuldeter Staaten sind deshalb Schuldenabbaupläne ins Werk zu setzen, die zunächst die Neuverschuldung stoppen, dann den Schuldenberg abtragen und schließlich in einem Verschuldungsverbot ihr Ziel erreichen.

12. Das Schwert gegen den abrupten Bruch mit vertrautem Recht

Eine stetige, Vertrauen verdienende Rechtsordnung vermeidet den abrupten Bruch, die Revolution. Die notwendigen Neukodifikationen müssen deshalb in schonenden Übergängen vom alten zum besseren Recht gestaltet werden. Sie sind unverzüglich zu beginnen, sollen in der öffentlichen Debatte den allgemeinen Willen zu einem einfachen, verständlichen, in der Grundstruktur freiheitgewährenden Recht wecken, müssen gleichzeitig die Urheber und Verteidiger eines komplizierten und privilegierenden Rechts zurückdrängen. Nur einfaches Recht ist gerechtes Recht.

Die Schwerter für die zwölf Köpfe der Hydra liegen bereit. Sie fordern ein Denken in der Kultur des Maßes, die ein Nachwachsen der Hydraköpfe verhindert. Doch wer kann zwölf Schwerter zur gleichen Zeit führen? Wir stehen erneut vor der Frage: Wer ist Herakles?

XIV. Wer ist Herakles?

Es war einmal eine ungeheure, alles verschlingende Wasserschlange mit Namen Hydra, die zu Argolis im Sumpfe von Lerna lebte. Sie besaß zwölf Köpfe und immer dann, wenn ihr ein Kopf abgeschlagen wurde, wuchsen an seiner Stelle zwei neue hervor. Eine Weile hatte das Ungeheuer der Stadt gute Dienste geleistet, denn es hielt die Feinde von ihr fern. Einige fütterten die Hydra sogar, damit sie sich nicht gegen die Bürger von Argolis wende. Da das Ungeheuer aber hungrig war und immer hungriger wurde, näherte es sich der Stadt Argolis und lauerte Tieren auf, die es auf der Stelle verschlang. Da taten sich die Bürger von Argolis zusammen und sprachen zueinander: »Lasst uns die Hydra vertreiben und ihr den Garaus machen!« Doch einige entgegneten: »Unseren Wohltäter wollt ihr vertreiben? Gebt ihm lieber zu essen, damit er freundlich ist!«

Doch viele Bürger riefen nach einem berühmten Helden namens Herakles, der ihnen der Rechte für einen solchen Kampf schien. Da nun die Stunde kam, da das Untier vor der Stadt nicht mehr Halt machte und fauchend in sie einfiel, sehnten sich schließlich alle nach diesem Retter. Aber Herakles ließ auf sich warten.

Als es fünf Minuten vor der zwölften Stunde war, ließ das Untier ein markerschütterndes Schnauben ertönen und reckte die schrecklichen Häupter in die Luft. Hydra wälzte sich in ihrer mächtigen Gestalt und schlug mit ihren Pranken und ihrem Schwanz um sich, sodass die Stühle und Tische des Gasthauses durch die Luft wirbelten, der Brunnen zerbrach und die Uhr vom Rathaus auf den Marktplatz fiel. »Jetzt verschlingt sie uns«, riefen die Frauen und Kinder. »Ich werde die Hydra bitten zu warten, bis Herakles da ist«, schrie der Narr. Aber keiner lachte.

Da begann einer der Männer, den keiner gerufen hatte, seine Rüstung zu schnüren und das Schwert zu ziehen. Weil er ohne Furcht war, wich das Ungeheuer vor ihm zurück. Das Schwert in beiden Händen, setzte der Mutige dem Untier nach. Der Kämpfer holte aus und setzte einen Hieb und noch einen und noch einen – und siehe da, einer der zwölf Köpfe der Hydra fiel auf die Erde. Als es ihm gelang, den ersten Kopf

der Hydra abzuschlagen, brandete Beifall auf, beim zweiten gesell-
ten sich Anfeuerungsrufe hinzu, beim dritten steigerte sich die Begeis-
terung zu einem orkanartigen Jubel.

Doch die Leute von Argolis beobachteten mit Schrecken, dass aus
jeder Wunde zwei neue Köpfe erwuchsen. Das Ungeheuer tobte und
war schrecklicher denn je anzusehen. Da sie spürten, dass selbst der
mutigste ihrer Bürger allein den Kampf niemals gewinnen konnte, tra-
ten weitere an seine Seite. »Lasst uns kämpfen, bis Herakles da ist«,
sprachen sie zueinander, »bis er die Hydra besiegt.« Und sie zückten
ihre Schwerter und versetzten dem Untier böse Streiche. Und bald
waren es viele, die der Hydra von allen Seiten zusetzten. Sie kämpften
mit nimmermüder Kraft. »Lasst ab, ihr Toren!«, riefen einige, die da-
beistanden, »die Hydra ist unbesieglich!« Ein anderer entschloss sich
ängstlich zu dem Ruf: »Sieh her zu mir, Hydra! Ich bin es nicht, der
dich bekämpft!« Wenige aber hofften, die Hydra nochmals zu besänf-
tigen, wollten das enge Leben unter der Herrschaft des Ungeheuers
dem Leben in Freiheit und Anstrengung vorziehen. Als das Ungeheuer
sie aber immer mehr bedrängte, sein feuriger Atem ihnen bedrohlich
näher kam und ihr Haar versengte, entschlossen auch sie sich, die
Rüstung anzulegen, das Schwert in die Hand zu nehmen und den
Kampf gegen das Ungeheuer zu unterstützen. So kam es, dass es
der Hydra immer schwerer fiel, sich der vielen Schwerter mit neuen
Köpfen zu erwehren. Und da sie nichts zu fressen bekam, während sie
kämpfte, zeigte sie Zeichen von Ermüdung.

Bald spürten die Bürger von Argolis, dass der Kampf Tage, Monate,
Jahre dauern werde. Deswegen vereinbarten sie, dass ein Teil der
Bürger den Kampf fortsetzen, der andere zu Arbeit und Familie zu-
rückkehren solle, sie sich so abwechseln und den Kampf und das all-
tägliche Leben in Argolis gleichzeitig bestreiten wollten. Schließlich
gelang es ihnen nach langem und hartem Gefecht, das Ungeheuer zu
besiegen. Es starb vielköpfig an Hunger. Und die Bürger der Stadt
konnten, erschöpft aber glücklich, Freiheit für alle ausrufen. Herakles
aber war immer noch nicht eingetroffen.

Als nun Friede, Sicherheit und Freiheit in ihren Alltag zurückgekehrt
waren, besannen sich die Bürger der Stadt auf eine Weisheit, die sie
ihren Kindern und Kindeskindern weitergeben wollten. Denn Ge-

fahren würde es immer wieder geben und der Ungeheuer sind viele in der Welt. Sie stellten einen großen Stein vor dem Rathaus auf und mei-ßelten nur einen Satz hinein:

»Herakles sind wir. Liegt nicht in der Sonne und wartet auf Helden.«

Anmerkungen

Kapitel I. Das Hydra-Prinzip

S. 15: Die griechische Sage vom Kampf des Herakles gegen die Hydra erzählt Gustav Schwab, Die schönsten Sagen des klassischen Altertums, 1882, S. 117 f. neu.

S. 18: Nach der Veröffentlichung »Bundeshaushalt 2005 – Tabellen und Übersichten, November 2004«, S. 22, Tabelle 8, und S. 31, Tabelle 14, betrug der Schuldenstand des öffentlichen Gesamthaushalts im Jahr 2005 knapp 1,5 Billionen Euro.

S. 19: Die Todesstrafe ist nach Art. 102 GG abgeschafft.

S. 20: Das »Prinzip des schonendsten Ausgleichs« formuliert das Bundesverfassungsgericht etwa in: BVerfGE 39, 1 (43) – Schwangerschaftsabbruch I –; 41, 88 (109) – Gemeinschaftsschule –.

S. 20: Die »Verwirklichung einer immer engeren Union der Völker Europas« sieht Art. 1 Abs. 2 EUV vor.

S. 20: *Zum Sorgfaltsmaßstab im Straßenverkehrsrecht,* vgl. Peter Hentschel, Straßenverkehrsrecht, 38. Aufl., 2005, § 47 Rn. 34; – bei der Steuererklärung: § 150 Abs. 2 Satz 1 Abgabenordnung.

S. 22: Die Ordnung des Geschichtsunterrichts in den »Lehrplänen und Lehraufgaben für die höheren Schulen in Preußen« findet sich in: Zentralblatt für die gesamte Unterrichts-Verwaltung in Preußen, hrsg. in dem Ministerium der geistlichen, Unterrichts- und Medizinal-Angelegenheiten, 1901, S. 473 (514–516). Vgl. Rainer Bölling, Richtlinieninflation im 20. Jahrhundert, in: Geschichte in Wissenschaft und Unterricht 57 (2006), S. 534–539.

S. 22: Der heutige Geschichtsunterricht in Nordrhein-Westfalen richtet sich nach zwei Bänden mit 363 Seiten: Richtlinien und Lehrpläne für das Gymnasium – Sekundarstufe I – in Nordrhein-Westfalen. Geschichte, 1993; Richtlinien und Lehrpläne für die Sekundarstufe II – Gymnasium/Gesamtschule – in Nordrhein-Westfalen, 1999.

S. 22: Die methodische Bemerkung in der Preußischen Richtlinie von 1901 findet sich in: Zentralblatt für die gesamte Unterrichts-Verwaltung in Preußen, hrsg. in dem Ministerium der geistlichen, Unterrichts- und Medizinal-Angelegenheiten, 1901, S. 473 (518).

S. 22: Die Formulierung zum Geschichtsunterricht in Nordrhein-Westfalen ist in Richtlinien und Lehrpläne für das Gymnasium – Sekundarstufe I – in Nordrhein-Westfalen. Geschichte, 1993, S. 140, abgedruckt.

S. 23: Die Angaben über die Entwicklung der Neuzugänge in der Arbeitsgerichtsbarkeit, der Verwaltungsgerichtsbarkeit, der Sozialgerichtsbarkeit und bei den Familiengerichten sind den Publikationen Statistisches Bundesamt, Geschäftsentwicklung bei Gerichten und Staatsanwaltschaften seit 1998 (Stand: 03.03.2005) – Online Publikation, 2005, dass., Ausgewählte Zahlen für die Rechtspflege 2004, Fachserie 10 Reihe 1, 2005, und dass., Ausgewählte Zahlen für die Rechtspflege 1986, Fachserie 10 Reihe 1, 1988, entnommen.

S. 23: Das Zitat aus dem Edikt Friedrich Wilhelms I. von Preußen vom 24. Oktober 1739 findet sich in: Acta Borussica, Denkmäler der preußischen Staatsverwaltung im 18. Jahrhundert. Die Behördenorganisation und die allgemeine Staatsverwaltung im 18. Jahrhundert, hrsg. von der Königlichen Akademie der Wissenschaften, Bd. V/2: Akten vom 4. Januar 1736 bis 31. Mai 1740, bearb. von G. Schmoller und W. Stolze, 1912, S. 864 (865).

S. 24: Zu den Ursprüngen der Verfassung: Dieter Grimm, Ursprung und Wandel der Verfassung, in: J. Isensee/P. Kirchhof (Hrsg.), Handbuch des Staatsrechts der Bundesrepublik Deutschland, Bd. I, 3. Aufl., 2003, § 1.

S. 25: Eine Textausgabe des Preußischen Allgemeinen Landrechts mit einer instruktiven

Einführung bei Hans Hattenhauer (Hrsg.), Allgemeines Landrecht für die Preußischen Staaten von 1794, 3. Aufl., 1996.

S. 25: Zum Zitat von Carl Gottlieb Svarez: ders., Eigene Werke, hrsg. v. Peter Krause i. V. m. der Forschungsstelle Vernunftrecht und Preußische Rechtsreform der Universität Trier, Bd. 4.1, Die Kronprinzenvorlesungen, 1791/1792, 2000, S. 29.

S. 25: Das Zitat über die bürgerliche Freiheit stammt von Ernst Ferdinand Klein, vgl. Christoph Link, Das Gesetz im späten Naturrecht, in: O. Behrends (Hrsg.), Zum römischen und neuzeitlichen Gesetzesbegriff. Erstes Symposion der Kommission »Die Funktion des Gesetzes in Geschichte und Gegenwart«, 1987, S. 150 (151).

S. 25: Zum Zitat Ludwigs XIV. »tel est notre plaisir«: Georg Geismann, Ein Sommernachtstraum vom ewigen Frieden, Der Staat 1978, S. 205 (213).

S. 25: Regierung und Rechtspflege entscheiden »ohne Ansehen der Person« vgl. Wolfgang Schluchter, Die Entwicklung des okzidentalen Rationalismus, 1979, S. 159 f.; vgl. auch Max Weber, Wirtschaft und Gesellschaft. Grundriss der verstehenden Soziologie, 5. Aufl. hrsg. v. Joh. Winckelmann, S. 548–550.

S. 27: Zur Entwicklung des Gesetzes und seiner Funktion: Hasso Hofmann, Das Postulat der Allgemeinheit des Gesetzes, in: Chr. Starck (Hrsg.), Die Allgemeinheit des Gesetzes, 1987, S. 9.

S. 27: Zum Konflikt zwischen allgemeiner Norm und individueller Gerechtigkeit vgl. Prinz von Homburg, das letzte Drama Heinrich von Kleists, entstanden 1809 – 11, vgl. ders., Prinz Friedrich von Homburg – ein Schauspiel, hrsg. von Richard Samuel, 1964, Einleitung S. 18 ff., S. 35 ff.

S. 27: Art. 70 Abs. 1 der Verfassung des Königreichs Spanien vom 29. Dezember 1978 bestimmt die wichtigsten Gründe für die Nichtwählbarkeit sowie die Inkompatibilitäten von Abgeordneten und Senatoren. Im Übrigen verweist die Regelung auf das spanische Wahlgesetz. Danach sind die Abgeordneten und Senatoren verpflichtet, die gesamte Arbeitskraft ihrem Mandat zu widmen (Art. 157.1 Ley orgánica 5/1985). Jede vergütete Nebentätigkeit – sei sie öffentlich-rechtlicher, sei sie privatrechtlicher Natur – ist mit dem Abgeordnetenstatus unvereinbar (Art. 157.2 Ley orgánica 5/1985). Insbesondere dürfen keine Funktionen in anderen Verfassungsorganen oder in der öffentlichen Verwaltung ausgeübt werden (Art. 157.3 Ley orgánica 5/1985). Aus Art. 70 Abs. 1 lit. b und Art. 98 Abs. 3 der Verfassung ergibt sich nur, dass Abgeordnete zugleich Regierungsmitglieder sein dürfen. Der Ministerialverwaltung dürfen sie ausdrücklich nicht angehören. Eine Ausnahme besteht auch für Forschung und Lehre, wobei aber als Gegenleistung nur die durch Verordnung festgesetzten Vergütungen gezahlt werden dürfen (Art. 157.4 Ley orgánica 5/1985). In Bestätigung des Art. 157 stellt Art. 159.1 Ley orgánica 5/1985 ausdrücklich fest, dass jede private Tätigkeit mit dem Mandat der Abgeordneten und Senatoren inkompatibel ist. Art. 159.2 Ley orgánica 5/1985 führt dies explizit aus. Ausnahmen werden nur für die Verwaltung des persönlichen und des Familienvermögens sowie für schöpferische Tätigkeiten gemacht (Art. 159.3 Ley orgánica 5/1985).

S. 27: Die strafrechtliche Inkompatibilitätsvorschrift für die Mitglieder des Kongresses der Vereinigten Staaten, die die erwähnten Tätigkeiten verbietet, ist in 18 U.S. Code sec. 203 i. V. m. sec. 216 niedergelegt. Darüber hinaus besteht nach 18 U.S. Code sec. 432 ein strafbewehrtes Verbot, dass Abgeordnete mit einer Bundesbehörde Wirtschaftsverträge abschließen. Es bestehen nur wenige Ausnahmen wie etwa für Unterstützungsprogramme für Farmer. Nach den ethischen Verhaltensrichtlinien des United States House of Represantives (»Ethics Manual« abrufbar unter http://www.house.gov/ethics/Ethicforward. html) sind mit dem parlamentarischen Mandat grundsätzlich alle Tätigkeiten unvereinbar, die es erlauben würden, durch die Erbringung von Dienstleistungen in einen Interessenkonflikt zu geraten (Chap. 3). So dürfen alle Mitglieder des Hauses, Beamte und Angestellte keine Honorare für Auftritte, Reden und Veröffentlichungen nehmen. Abgeordnete dürfen generell nicht mehr als 15 % ihrer Diät aus Einkünften von außerhalb (»outside earned income«) hinzuverdienen.

S. 27: In Deutschland sind für die Mitglieder des Deutschen Bundestages in der Anlage 1 zur Geschäftsordnung des Deutschen Bundestages bestimmte Verhaltensregeln aufgestellt. Den Abgeordneten treffen insbesondere Anzeigepflichten, die er gegenüber dem Bundestagspräsidenten zu erfüllen hat (§ 1). Bestimmte Angaben werden in typisierter Form veröffentlicht (§ 3). Der Abgeordnete hat über Spenden, die ihm für seine politische Tätigkeit zur Verfügung gestellt werden, gesondert Rechnung zu führen. Spenden über 5000 Euro je Kalenderjahr sind dem Präsidenten unter Angabe des Namens und der Anschrift des Spenders anzuzeigen. Übersteigen die Zuwendungen eines Spenders im Kalenderjahr 10 000 Euro, werden sie vom Präsidenten unter Angabe der Höhe und Herkunft veröffentlicht (§ 4). Wenn ein Abgeordneter in einem Ausschuss mit einem Beratungsgegenstand beschäftigt ist, an dem er zugleich ein entgeltliches Interesse hat, muss er dies offen legen (§ 6). Schließlich ist der Abgeordnete bei Zweifeln verpflichtet, sich durch Rückfragen beim Präsidenten über den Inhalt seiner Pflichten nach diesen Verhaltensregeln zu vergewissern (§ 7). Der zweite Abschnitt des Gesetzes über die Mitgliedschaft im Bundestag und Beruf (§ 2 – § 4 AbgG) formuliert keine besonderen Anforderungen an Nebentätigkeiten des Abgeordneten.

S. 28: Das nach der revidierten Preußischen Verfassung vom 31. Januar 1850 geltende Dreiklassenwahlrecht war zwar allgemein, aber nicht gleich und nicht unmittelbar. Die gesetzgebende Gewalt wurde gemeinschaftlich durch den König und durch zwei Kammern ausgeübt (Art. 62 Abs. 1). 90 Mitglieder der ersten Kammer wurden in den Wahlbezirken gewählt, die das höchste direkte Steueraufkommen aufwiesen. In der ersten Kammer waren außerdem die volljährigen Königlichen Prinzen, der Hochadel und vom König auf Lebenszeit ernannte Mitglieder vertreten. Lediglich 30 Mitglieder der ersten Kammer stammten aus den größeren Städten des Landes (Art. 65). Die zweite Kammer bestand aus 350 Mitgliedern (Art. 69 Satz 1). Nach Art. 71 Abs. 1 Satz 2 wurden die »Urwähler [...] nach Maßgabe der von ihnen zu entrichtenden direkten Staatssteuern in drei Abteilungen eingeteilt, und zwar in der Art, dass auf jede Abteilung ein Drittel der Gesamtsumme der Steuerbeträge aller Urwähler fällt.« Jede Abteilung wählte je ein Drittel der Wahlmänner (Art. 71 Abs. 2 bis Abs. 5), die wiederum die Abgeordneten wählten (Art. 72 Satz 1). Die preußische Verfassung von 1850 ist bei Ernst Rudolf Huber (Hrsg.), Dokumente zur Deutschen Verfassungsgeschichte, Bd. I, 2. Aufl., 1961, S. 401 abgedruckt; vgl. auch Thomas Kühne, Dreiklassenwahlrecht und Wahlkultur in Preußen 1867 – 1914, 1994.

S. 28: Für Immanuel Kant, Die Metaphysik der Sitten, in: Kants gesammelte Schriften, hrsg. von der Königlich Preußischen Akademie der Wissenschaften, Bd. VI, 1907, S. 230, ist eine jede Handlung »recht, die oder nach deren Maxime die Freiheit der Willkür eines jeden mit jedermanns Freiheit nach einem allgemeinen Gesetze zusammen bestehen kann«. Das Recht ist für ihn mit der Befugnis zu zwingen verbunden. Alles, was unrecht ist, ist – obwohl es ein Gebrauch von Freiheit ist – ein Hindernis der Freiheit nach allgemeinen Gesetzen. Es ist daher Zwang notwendig, um dieses Hindernis der Freiheit selbst zu verhindern (a.a.O., S. 231). Unter dieser Prämisse definiert Kant das strikte Recht als das, »dem nichts Ethisches beigemischt ist, dasjenige, welches keine anderen Bestimmungsgründe der Willkür als bloß die äußeren fordert; denn alsdann ist es rein und mit keinen Tugendvorschriften vermengt« (a.a.O., S. 232).

S. 29: Allein im Zeitraum vom 15.12. bis 31.12.2003 wurde das Einkommensteuergesetz durch folgende Gesetze geändert: Art. 1 des Steueränderungsgesetzes 2003 v. 15.12.2003

(BGBl. I S. 2645); Art. 3 des Investmentmodernisierungsgesetzes v. 15.12.2003 (BGBl. I S. 2676, 2731). Art. 1 des Gesetzes zur Umsetzung der Protokollerklärung der Bundesregierung zur Vermittlungsempfehlung zum Steuervergünstigungsabbaugesetz v. 22.12.2003 (BGBl. I S. 2840); Art. 61 des Dritten Gesetzes für moderne Dienstleistungen am Arbeitsmarkt (BGBl. I S. 2848, 2901); Art. 1 des Gesetzes zur Änderung des Gewerbesteuergesetzes und anderer Gesetze v. 23.12.2003 (BGBl. I S. 2922); Art. 33 des Vierten Gesetzes für moderne Dienstleistungen am Arbeitsmarkt v. 24.12.2003 (BGBl. I S. 2954, 2991); Art. 5 des Dritten Gesetzes zur Änderung des Sechsten Buches Sozialgesetzbuch und anderer Gesetze v. 27.12.2003 (BGBl. I S. 3019, 2021); Art. 48 des Gesetzes zur Einordnung des Sozialhilferechts in das Sozialgesetzbuch v. 27.12.2003 (BGBl. I S. 3022, 3066); Art. 9 des Haushaltsbegleitgesetzes 2004 (BGBl. I S. 3076, 3080); vgl. auch Ulrich Palm, Finanzgerichtsbarkeit und Verfassungsgerichtsbarkeit, in: D. C. Umbach/ Th. Clemens/ F.-W. Dollinger (Hrsg.), Bundesverfassungsgerichtsgesetz – Mitarbeiterkommentar, 2005, S. 58 ff., Rn. 3.

S. 29: Beispiele für die angesprochenen Änderungen des Einkommensteuergesetzes sind das »Gesetz zur Senkung der Steuersätze« vom 23.10.2000 (BGBl. I S. 1433); ein »Zweites Gesetz zur Familienförderung« vom 16.8.2001 (BGBl. I S. 2074); ein »Steuervergünstigungsabbaugesetz« vom 16.5.2003 (BGBl. I S. 660); ein »Gesetz zur Förderung von Kleinunternehmern« vom 31.7.2003 (BGBl. I S. 1550).

S. 30: Das Bürgerliche Gesetzbuch vom 18. August 1896 (RGBl. S. 195) trat nach Art. 1 seines Einführungsgesetzes (RGBl. S. 604) am 1. Januar 1900 in Kraft.

S. 30: Das Strafgesetzbuch für den Norddeutschen Bund vom 31. Mai 1870 (BGBl. S. 195) trat im Bundesgebiet am 1. Januar 1871 in Kraft. Das Strafgesetzbuch für das Deutsche Reich vom 15. Mai 1871 (RGBl. S. 127) trat am 1. Januar 1872 in Kraft.

S. 31: Art. 544 des Code civil des français: édition originale et seule officielle, 1804 definiert das Eigentum im Rahmen der Gesetze als absolutes Recht: »La propriété est le droit de jouir et disposer des choses de la manière la plus absolue, pourvu qu'on n'en fasse pas un usage prohibé par les lois ou par les réglemens.« Ein Eingriff in das Eigentum darf nach Art. 545 CC nur aus Gründen des Gemeinwohls und gegen Entschädigung vorgenommen werden: »Nul ne peut être contraint de céder sa propriété, si ce n'est pour cause d'utilité publique, et moyennant une juste et préalable indemnité.«

Kapitel II Die Hoffnung auf den vernünftigen Staat

S. 37: In der rechtlichen Bändigung politischer Macht liegt die Hoffnung auf den vernünftigen Staat begründet: Paul Kirchhof, Der Verfassungsstaat – ein Konzept gegen die Unvernunft, in: O. Höffe (Hrsg.), Vernunft oder Macht? Zum Verhältnis von Philosophie und Politik, 2006, S. 141; Dieter Grimm, Transnationale Macht – konstitutionalisierbar?, daselbst, S. 161.

S. 37: Zur Idee des Philosophenkönigs: Platon, Politikos, übersetzt von F. Schleiermacher und H. Müller, 1959, 294a–c.

S. 37: Zum Verfassungsstaat: Paul Kirchhof, Der Staat als Organisationsform politischer Herrschaft und rechtlicher Bindung, in: Deutsches Verwaltungsblatt 1999, S. 637 bis 657; ders., Der deutsche Staat im Prozess der europäischen Integration, in: J. Isensee/P. Kirchhof (Hrsg.), Handbuch des Staatsrechts der Bundesrepublik Deutschland, Bd. VII, 1992, § 183; ders., Die Identität der Verfassung, in: J. Isensee/P. Kirchhof (Hrsg.), Handbuch des Staatsrechts der Bundesrepublik Deutschland, Bd. II, 3. Aufl., 2004, § 21; Josef Isensee, Die alte Frage nach der Rechtfertigung des Staates, JZ 1999, S. 265–278; ders., Staat und

Verfassung, in: J. Isensee/P. Kirchhof (Hrsg.), Handbuch des Staatsrechts der Bundesrepublik Deutschland, Bd. II, 3. Aufl., 2004, § 15.

S. 38: Das Gesetz zur Umsetzung Europäischer Richtlinien zur Verwirklichung des Grundsatzes der Gleichbehandlung (Allgemeines Gleichbehandlungsgesetz) wurde vom Bundestag am 29. Juni 2006 in namentlicher Abstimmung beschlossen (BT-Plenarprot. 16/43, S. 4042; vgl. auch BR-Drucks. 329/06, 466/06). Der Bundesrat rief den Vermittlungsausschuss nach Art. 77 Abs. 2 GG nicht an (BR-Plenarprot. 824, S. 230 A). Das Gesetz dient der Umsetzung der Richtlinien – 2000/43/EG des Rates vom 29. Juni 2000 zur Anwendung des Gleichbehandlungsgrundsatzes ohne Unterschied der Rasse oder der ethnischen Herkunft (ABl. EG Nr. L180, 29.06.2000, S. 22), – 2000/78/EG des Rates vom 27. November 2000 zur Festlegung eines allgemeinen Rahmens für die Verwirklichung der Gleichbehandlung in Beschäftigung und Beruf (ABl. EG Nr. L 303, 29.06.2000, S. 16.), – 2002/73/EG des Europäischen Parlaments und des Rates vom 23. September 2002 zur Änderung der Richtlinie 76/207/EWG des Rates zur Verwirklichung des Grundsatzes der Gleichbehandlung von Männern und Frauen hinsichtlich des Zugangs zur Beschäftigung, zur Berufsbildung und zum beruflichen Aufstieg sowie in Bezug auf die Arbeitsbedingungen (ABl. EG Nr. L 269, 29.06.2000, S. 15) und – 2004/113/EG des Rates vom 13. Dezember 2004 zur Verwirklichung des Grundsatzes der Gleichbehandlung von Männern und Frauen beim Zugang zu und bei der Versorgung mit Gütern und Dienstleistungen (ABl. EG Nr. L 373, 29.06.2000, S. 37). Das zivilrechtliche Benachteiligungsverbot findet nur auf Vermieter Anwendung, die mehr als 50 Wohnungen vermieten (§ 19 Abs. 5 AGG).

S. 39: Die Richtlinie 2006/25/EG über Mindestvorschriften zum Schutz von Sicherheit und Gesundheit der Arbeitnehmer vor der Gefährdung durch physikalische Einwirkungen (künstliche optische Strahlung) (ABl. EG Nr. L 114, 27.04.2006, S. 38) wurde im Entwurfstadium als »Sonnenscheinrichtlinie« bezeichnet.

S. 40: Zu steuerfinanzierten Schrottimmobilien: BGH vom 14. Juni 2004 – II ZR 395/01, NJW 2004, 2731; BGH, Urt. v. 25.04.2006 – XI ZR 193/04; BGH Urt. v. 16.05.2006, XI ZR 6/04.

S. 41: Wissen, Wille und Wirklichkeit sind die Quellen des Verfassungsrechts: Paul Kirchhof, Die Identität der Verfassung, in: J. Isensee/P. Kirchhof (Hrsg.), Handbuch des Staatsrechts der Bundesrepublik Deutschland, Bd. II, 3. Aufl., 2004, § 21 Rn. 1–3.

S. 41: Zur »Rechtsquelle«: Peter Liver, Der Begriff der Rechtsquelle (1955), in: ders., Privatrechtliche Abhandlungen, 1972, S. 31 ff.; Christian Friedrich Menger, Die allgemeinen Grundsätze des Verwaltungsrechts als Rechtsquellen, in: Festschrift Walter Bogs, 1967, S. 90 ff.; vgl. auch Niklas Luhmann, Die juristische Rechtsquellenlehre aus soziologischer Sicht, in: Festschrift René König, 1973, S. 387 ff.; Edmund Mezger, Der Begriff der Rechtsquelle, AcP, Beilage zu Bd. 133 (1931), S. 19 ff.

S. 45: Die Staatsapokalypse verkündet Carl Schmitt in: ders., Der Begriff des Politischen (1932), Neudruck 3. Aufl. der Ausgabe von 1963, 1991, Vorwort, S. 10.

S. 45: Die philosophische Lust an der Dekonstruktion und am Untergang des Staates behandelt kritisch Josef Isensee, Die alte Frage nach der Rechtfertigung des Staates, JZ 1999, S. 265 (277 f.); ders., Staat und Verfassung, in: J. Isensee/P. Kirchhof (Hrsg.), Handbuch des Staatsrechts der Bundesrepublik Deutschland, Bd. II, 3. Aufl., 2004, § 15 Rn. 18.

S. 45: Zum Staat als Garant und Schuldner der Menschenrechte und der sozialen Grundgewährleistungen – auch gegenüber den Akten einer supranationalen Organisation – vgl. die Rechtsprechung des Bundesverfassungsgerichts, das aufgrund seiner Zuständigkeit gewährleistet, dass ein wirksamer Schutz der Grundrechte für die Einwohner Deutschlands auch gegenüber der Hoheitsgewalt der Europäischen Union generell sicher gestellt ist (BVerfGE 89, 155 (174 f.) – Maastricht –).

S. 45: Der Bildungskommissar der UN-Menschenrechtskommission, Vernor Munoz, besuchte vom 13. bis 21. Februar 2006 Deutschland, um zu untersuchen, wie hier das Recht auf Bildung verwirklicht worden ist. Seinen Bericht wird der Bildungskommissar auf der 63. Sitzung der UN-Menschenrechtskommission im Jahr 2007 präsentieren (United Nations, Press Release, Special Rapporteur on right to education to visit Germany from 13 to 21 Februar, 9 February 2006).

S. 46: 191 Staaten sind Mitglieder der Vereinten Nationen (vgl. Pressemitteilung UNIC/579 v. 31. März 2003).

S. 47: Zur souveränen Staatlichkeit in einer globalisierten Welt: BVerfGE 89, 155 – Maastricht –; Udo Di Fabio, Das Recht offener Staaten. Grundlinien einer Staats- und Rechtstheorie, 1998; ders., Der Verfassungsstaat in der Weltgesellschaft, in: R. Mellinghoff/ G. Morgenthaler/Th. Puhl (Hrsg.), Die Erneuerung des Verfassungsstaates. Symposion aus Anlass des 60. Geburtstages von Professor Dr. Paul Kirchhof, 2003, S. 7; Christian Seiler, Der souveräne Verfassungsstaat zwischen demokratischer Rückbindung und überstaatlicher Einbindung, 2005.

S. 48: Zum Nützlichkeitsdenken vgl. Otfried Höffe (Hrsg.), Einführung in die utilitaristische Ethik, 3. Aufl., 2003; ders., Stichwort »Utilitarismus« in: ders. (Hrsg.), Lexikon der Ethik, 6. Aufl., 2002, S. 272 f.

S. 49: Paul Kirchhof, Der Staat als Garant und Gegner der Freiheit. Von Privileg und Überfluss zu einer Kultur des Maßes, 2004.

S. 50: Zur Rechtssprache: Paul Kirchhof, Deutsche Sprache, in: J. Isensee/P. Kirchhof (Hrsg.), Handbuch des Staatsrechts der Bundesrepublik Deutschland, Bd. II, 3. Aufl., 2004, § 20.

S. 51: Das »Allgemeine Gesetzbuch« wurde nicht nur von sachverständiger Seite im Rahmen des Preisausschreibens kritisiert. Zur zweiten Abteilung des Personrechts machte Friedrich Wilhelm II. die Randbemerkung »es ist aber Sehr Dicke und Gesetze müssen kurtz und nicht Weitläufig seindt«, vgl. Hans Hattenhauer (Hrsg.), Allgemeines Landrecht für die Preußischen Staaten von 1794, 3. Aufl., 1996, Einführung, S. 10.

S. 52: Die Forderung nach einem Rat für Gesetzgebungskultur erhob der Deutsche Juristentag 2004, der in Bonn tagte, vgl. Paul Kirchhof, Eröffnungssitzung am 21. September 2004, in: Ständige Deputation des Deutschen Juristentages (Hrsg.), Verhandlungen des 65. DJT, Bd. II/1, 2004, K 7–17.; Sitzungsbericht über die Abteilung Gesetzgebung am 23. September 2004, in: Ständige Deputation des Deutschen Juristentages (Hrsg.), Verhandlungen des 65. DJT, Bd. II/2, 2004, Teil S.

S. 52: Zur gesetzlichen Einführung des Normenkontrollrats: Das Gesetz zur Einsetzung eines Nationalen Normenkontrollrates (BT-Drucks. 16/1406) wurde vom Deutschen Bundestag am 1. Juni 2006 beschlossen (BT-Plenarprot. 16/37, S. 3270 (D)). Der Bundesrat rief den Vermittlungsausschuss nach Art. 77 Abs. 2 GG nicht an (BR-Plenarprot. 824, S. 229 c). Der Normenkontrollrat ist nur durch das Gesetz zur Einsetzung eines Nationalen Normenkontrollrates gebunden und in seiner Tätigkeit unabhängig. Er setzt sich aus acht Mitgliedern zusammen, die auf Vorschlag des Bundeskanzlers vom Bundespräsidenten einberufen werden. Die Amtszeit beträgt fünf Jahre. Der Normenkontrollrat hat die Aufgabe, die Bundesregierung dabei zu unterstützen, die durch Gesetze verursachten Bürokratiekosten durch Anwendung, Beobachtung und Fortentwicklung einer standardisierten Bürokratiekostenmessung auf Grundlage des Standardkosten-Modells zu reduzieren. Der Normenkontrollrat kann Entwürfe für neue Bundesgesetzte, aber auch bestehendes Bundesrecht überprüfen. Dies gilt auch für Gesetze, die von der Umsetzung von EU-Recht betroffen sind. Der Normenkontrollrat ist berechtigt, eigene Anhörungen durchzuführen, Gutachten in Auftrag zu geben und der Bundesregierung Sonderberichte vorzulegen. Der

Normenkontrollrat muss seine Stellungnahmen gegenüber der Bundesregierung nicht-öffentlich abgeben, die dann dem Gesetzentwurf bei der Einbringung in den Bundestag beigefügt werden. In der Begründung des Gesetzentwurfs wird ausdrücklich hervorgehoben, dass es nicht Aufgabe des Normenkontrollrats sei, die politische Entscheidung als solche zu hinterfragen.

Kapitel III. Die Herrschaft über das Gesetz: Parlament und Verbände

S. 56: Der Deutsche Bundestag besteht nach § 1 Satz 1 BWG aus 598 Abgeordneten. Da das Bundeswahlgesetz Überhangmandate vorsieht, wenn eine Partei in einem Bundesland mehr Direktmandate erringt, als ihr nach dem Verhältnis der Zweitstimmen zustehen (vgl. § 6 Abs. 5, § 7 Abs. 3 Satz 2 BWG), kann diese Zahl überschritten werden. Nach BVerfGE 97, 317 (328 ff.) – Überhangmandat – ist eine Mandatnachfolge nach § 48 Abs. 1 BWG ausgeschlossen, solange die Partei des weggefallenen Wahlkreisabgeordneten in dem betreffenden Bundesland über Überhangmandate verfügt. Der 16. Deutsche Bundestag hat gegenwärtig 614 Abgeordnete. Die CDU/CSU hat sieben, die SPD neun Überhangmandate (http://www.bundestag.de/mdb/index.html aufgeführt).

S. 57: Bei Hugo Grotius ist das Versprechen ein Oberbegriff, unter den zum einen der Vertrag, zum anderen das Gelübde fällt (vgl. ders., Des Hugo Grotius drei Bücher über das Recht des Krieges und des Friedens, in welchem das Natur- und Völkerrecht und das Wichtigste aus dem öffentlichen Recht erklärt werden, Erster Band, 1869, Buch II, Kap. XII (405 ff., Fn. 128)).

S. 57: Zu den beim Bundestag registrierten Verbänden: Bekanntmachung der öffentlichen Liste über die Registrierung von Verbänden und deren Vertreter, Bundesanzeiger vom 3. August 2005, Nr. 144a.

S. 57: Die empirischen und rechtlichen Grundlagen der Verbände erläutert Hans-Detlef Horn, Verbände, in: J. Isensee/P. Kirchhof (Hrsg.), Handbuch des Staatsrechts der Bundesrepublik Deutschland, Bd. III, 3. Aufl., 2005, § 41.

S. 57: Es gibt – nach Angaben der DGVM (Deutsche Gesellschaft für Verbandsmanagement e. V.) – in Deutschland rund 13.941 Verbände. Zu den Verbänden zählen auch die Kammern, Innungen und andere Körperschaften des öffentlichen Rechts – nicht aber eingetragene Vereine. Von diesen Verbänden sind etwa 8.500 hauptamtlich geführt. Quelle: http://www.verbaende.com.

S. 60: Als Dachorganisation der 81 deutschen IHKs übernimmt der Deutsche Industrie- und Handelskammertag (DIHK), im Auftrag und in Abstimmung mit den IHKs, die Interessenvertretung der deutschen Wirtschaft gegenüber den Entscheidern der Bundespolitik und den europäischen Institutionen. Quelle: http://www.dihk.de.

S. 60: Im Deutschen Städtetag haben sich knapp 4700 Städte und Gemeinden mit insgesamt 51 Millionen Einwohnern zusammengeschlossen. 216 Städte sind unmittelbare Mitglieder, darunter alle 116 kreisfreien Städte einschließlich der Stadtstaaten Berlin, Hamburg und Bremen. Die anderen Städte gehören dem Deutschen Städtetag über seine Landesverbände mittelbar an. Hinzu kommen zehn höhere Kommunalverbände, Regional- und Fachverbände als außerordentliche Mitglieder. Quelle: http://www.staedtetag.de.

S. 60: Die Hochschulrektorenkonferenz (HRK) ist der freiwillige Zusammenschluss der staatlichen und staatlich anerkannten Universitäten und Hochschulen in Deutschland. Sie hat gegenwärtig 261 Mitgliedshochschulen. Quelle: http://www.hrk.de.

S. 61: Reformen des merkantilistischen Wirtschaftssystems, das von Bürokratie, starren korporativen und zünftischen Zwängen, Monopolen und wirtschaftlichen Privilegien gekennzeichnet war, wurden in Deutschland erst nach 1806 angegangen. Große Hindernisse bereitete dabei die Zerklüftung der Rechtsordnung. Selbst in Preußen bestanden nach 1815 drei unterschiedliche Gewerberechtsordnungen (Ernst Rudolf Huber, Deutsche Verfassungsgeschichte seit 1789, Bd. I, 2. Aufl., 1960, S. 202 ff., 208.).

S. 62: Auf den Befund der »Interessenverbandsprüderie« geht Hans-Detlef Horn, Verbände, in: J. Isensee/P. Kirchhof (Hrsg.), Handbuch des Staatsrechts der Bundesrepublik Deutschland, Bd. III, 3. Aufl., 2005, § 41 Rn. 1, ein.

S. 63: Gegen eine Konstitutionalisierung der Verbände wendet sich Hans-Detlef Horn, Verbände, in: J. Isensee/P. Kirchhof (Hrsg.), Handbuch des Staatsrechts der Bundesrepublik Deutschland, Bd. III, 3. Aufl., 2005, § 41 Rn. 3, weil sie die Macht dieser Institutionen legitimieren und damit noch verstärken würde.

S. 64: Die Abgeordneten des Deutschen Bundestages sind nach Art. 38 Abs. 1 Satz 2 GG Vertreter des ganzen Volkes, an Aufträge und Weisungen nicht gebunden und nur ihrem Gewissen unterworfen. Das Amt und die verfassungsrechtlichen Rechte und Pflichten des Abgeordneten beschreibt Hans Hugo Klein, Status des Abgeordneten, in: J. Isensee/P. Kirchhof (Hrsg.), Handbuch des Staatsrechts der Bundesrepublik Deutschland, Bd. III, 3. Aufl., 2005, § 51 Rn. 3.

S. 65: Vgl. oben zu S. 27 zur spanischen Regelung über entgeltliche Tätigkeiten von Abgeordneten.

S. 65: Vgl. oben zu S. 27 zu den Entgeltregelungen für Mitglieder des Kongresses der Vereinigten Staaten von Amerika.

S. 66: Eine Einschränkung des passiven Wahlrechts (vgl. Art. 38 Abs. 2, Art. 48 Abs. 2 GG) bedürfte der Verfassungsänderung. Eine Modifikation erlaubt jedoch Art. 137 Abs. 1 GG für Beamte, Angestellte des öffentlichen Dienstes, Soldaten und Richter auf Bundes-, Landes- und kommunaler Ebene. Nach § 5 Abs. 1 AbgG ruhen die Rechte und Pflichten aus einem öffentlich-rechtlichen Dienstverhältnis grundsätzlich für die Dauer der Mitgliedschaft im Deutschen Bundestag (vgl. auch §§ 6 ff. AbgG). Inkompatibilitäten mit dem Amt des Abgeordneten sieht das Grundgesetz für den Bundespräsidenten (Art. 55 Abs. 1 GG) und für die Mitglieder des Bundesverfassungsgerichts (Art. 94 Abs. 1 Satz 3 GG; § 3 Abs. 3 BVerfGG) vor. Mitglieder des Bundesrates dürfen nach § 2 GOBR nicht gleichzeitig dem Bundestag angehören. Eine Doppelmitgliedschaft im Bundestag und in einem Landtag ist hingegen zulässig. Ausgeschlossen ist sie wiederum für Abgeordnete des Europäischen Parlaments (§ 22 Abs. 2 Nr. 11a EuWG). Von den Abgeordneten des Bundestages dürfen nur die Mitglieder des Gemeinsamen Ausschusses nicht der Bundesregierung angehören (Art. 53a Abs. 1 Satz 2 Halbsatz 2 GG). Einfachgesetzliche Inkompatibilitäten mit dem Amt des Bundestagsabgeordneten bestehen für den Wehrbeauftragen des Bundestages (§ 14 Abs. 3 des Gesetzes über den Wehrbeauftragten, vgl. auch Art. 45b GG) und für den Bundesbeauftragten für den Datenschutz (§ 23 Abs. 2 BDSG). Wirtschaftliche Inkompatibilitäten sind gesetzlich nicht geregelt. Eine ausdrückliche verfassungsrechtliche Rechtfertigung, das passive Wahlrecht von Vertretern der Verbände einzuschränken, – vergleichbar dem Art. 137 Abs. 1 GG – besteht nicht.

S. 66: In Frankreich sorgt die »Commission pour la transparence financière de la vie politique«, die durch das Loi 88-277 vom 11.03.1988 eingerichtet wurde, für Transparenz der Finanzen im politischen Leben. Nach Art. LO 135-1 des Code électoral müssen Abgeordnete am Anfang und am Ende ihrer Amtszeit eine Ehrenerklärung gegenüber der Kommission über ihr gesamtes Familienvermögen abgeben. Derjenige, der eine der nach Art. 135-1 vorgesehenen Erklärungen nicht abgibt, ist für ein Jahr nicht wählbar (Art. LO 128 Code électoral).

S. 66: In Großbritannien müssen die Mitglieder des Unterhauses einem so genannten »registrar of Members' Interests« mögliche Interessenverflechtungen anzeigen, die dieser in eine der Öffentlichkeit zugängliche Liste einträgt. Mitteilungspflichtig sind auch alle Verträge, die ein Abgeordneter in seiner Eigenschaft als solcher abschließt und in denen er Dienstleistungen verspricht; die Mitteilungspflicht entfällt jedoch, wenn die Gegenleistung unter 1% der Abgeordnetendiäten verbleibt. Angegeben werden muss auch Grundeigentum, mit Ausnahme des Erst- und Zweitwohnsitzes sowie Aktienbesitz von mehr als 15% einer Gesellschaft oder bei Übersteigen des Jahreseinkommens des Parlamentariers, vgl. Resolution des House of Commons vom 15.7.1947, geändert durch Resolution des House of Commons vom 6.11.1995 sowie durch Resolution des House of Commons vom 14.5.2002. Des Weiteren müssen Geschenke gemeldet werden, die 1% der jährlichen Diäten übersteigen. Vertragliche Absprachen, bei denen sich der Abgeordnete zu einem bestimmten Verhalten im Parlament verpflichtet, sind ausdrücklich untersagt. Der Abgeordnete muss darüber hinaus auch mögliche eigene finanzielle Interessen in den Debatten aufdecken, wobei jedoch die Vorlage eines Auszugs aus dem Register mit den Interessenverflechtungen genügt, vgl. Resolution des House of Commons vom 12.6.1975; vgl. zum Ganzen: The Code of Conduct together with The Guide to the Rules relating to the Conduct of Members, Approved by the House of Commons on the 14th May 2002, 2005.

S. 66: Nach Art. 6 Abs. 1 des Aktes zur Einführung allgemeiner unmittelbarer Wahlen der Abgeordneten der Versammlung vom 20.9.1976 (Beschluss 76/787/EGKS, EWG, Euratom – Direktwahlakt) (BGBl. 1977 II, S. 733) ist es mit der Mitgliedschaft im Europäischen Parlament unvereinbar, zugleich Richter, Generalanwalt oder Kanzler des EuGHm Mitglied der Regierung eines Mitgliedstaats, der Kommission, des Rechnungshofs, der Europäischen Investitionsbank, bestimmter Ausschüsse und im aktiven Dienst stehender Beamter oder Bediensteter der Europäischen Gemienschaften zu sein. Die Inkompatibilitäten wurden durch Art. 1 des Beschlusses des Rates vom 25.6.2002 und 23.9.2002 zur Änderung des Akts zur Einführung allgemeiner unmittelbarer Wahlen der Abgeordneten des Europäischen Parlaments (BGBl. 2003 II, S. 810; 2004 II, S. 520) erweitert. Danach ist es mit der Mitgliedschaft im Europäischen Parlament auch unvereinbar, Richter des Gerichts erster Instanz, Mitglied des Direktoriums der Europäischen Zentralbank, Bürgerbeauftragter der Europäischen Gemeinschaften zu sein. Insbesondere ist nun auch europarechtlich eine Doppelmigliedschaft im Europäischen Parlament und in einem nationalen Parlament unzulässig. Die Möglichkeit, weitere Unvereinbarkeiten für die Mitgliedschaft im Europäischen Parlament innerstaatlich festzulegen (Art. 6 Abs. 2 des Direktwahlakts), wurde in § 7 Europaabgeordnetengesetz in Verbindung mit § 22 Abs. 2 Nr. 7–15 Europawahlgesetz umgesetzt. Diese Inkompatibilitäten entsprechen weitgehend denen, die für Abgeordnete des Deutschen Bundestages gelten.

S. 66: Auf der Grundlage des Art. 9 Abs. 1 seiner Geschäftsordnung hat das Europäische Parlament Regeln über die Transparenz der finanziellen Interessen seiner Mitglieder beschlossen, die der Geschäftsordnung als Anlage 1 beigefügt sind. Nach Art. 1 der Anlage 1 muss ein Abgeordneter, wenn er ein finanzielles Interesse an einem Beratungsgegenstand hat, dies mündlich mitteilen, bevor er im Parlament oder in einem seiner Gremien das Wort ergreift oder als Berichterstatter vorgeschlagen wird. Darüber hinaus haben die Abgeordneten nach Art. 2 der Anlage 1 den Quästoren des Parlaments anzugeben, welche beruflichen Tätigkeiten und entgeltlichen Nebentätigkeiten sie ausüben und welche finanzielle, personelle oder materielle Unterstützung sie im Rahmen ihrer politischen Tätigkeit von Dritten erfahren. Die Mitglieder des Parlaments versagen sich bei Ausübung ihres Mandats die Annahme aller anderen Geschenke oder Zuwendungen. Die Angaben werden in einem öffentlichen Register geführt, das jährlich zu aktualisieren ist. Weigert sich ein

Abgeordneter, die erforderlichen Angaben zu machen, kann dies bis hin zu einem Ausschlussverfahren nach Art. 147 i.V.m. Art. 18 der Geschäftsordnung führen.

S. 69: Das Bundesverfassungsgericht hat in sechs Entscheidungen die verfassungsrechtlichen Grundlagen und Grenzen der Parteienfinanzierung aufgezeigt: BVerfGE 8, 51 – 1. Parteispenden-Urteil –; 20, 56 – Parteienfinanzierung I –; 24, 300 – Wahlkampfkostenpauschale –; 52, 63 – 2. Parteispenden-Urteil –; 73, 40 – 3. Parteispenden-Urteil –; 85, 264 – Parteienfinanzierung II –.

S. 71: Die Formel von Protagoras »die schwächere Seele zur stärkeren zu machen« erläutert Egon Friedell, Kulturgeschichte Griechenlands – Leben und Legende der vorchristlichen Seele, 1949, S. 249. Eine andere Übersetzung lautet: »um Unrecht zu Recht zu machen«.

S. 72: Der Begriff »Nachtwächterstaat« stammt von Ferdinand Lassalle, Arbeiterprogramm – Über den Zusammenhang der gegenwärtigen Geschichtsperiode mit der Idee des Arbeiterstandes (1862), abgedr. in: ders., Ausgewählte Reden und Schriften, hrsg. v. Hans Jürgen Friederici, 1991, S. 137 (167 f.): »Entsprechend diesem Unterschiede fasst die Bourgeoisie den sittlichen Staatszweck so auf: er bestehe ausschließend und allein darin, die persönliche Freiheit des Einzelnen und sein Eigentum zu schützen. Dies ist eine Nachtwächteridee, meine Herren, eine Nachtwächteridee deshalb, weil sie sich den Staat selbst nur unter dem Bilde eines Nachtwächters denken kann, dessen ganze Funktion darin besteht, Raub und Einbruch zu verhüten. Leider ist diese Nachtwächteridee nicht nur bei den eigentlichen Liberalen zu Haus, sondern selbst bei vielen angeblichen Demokraten, infolge mangelnder Gedankenbildung, oft genug anzutreffen. Wollte die Bourgeoisie konsequent ihr letztes Wort aussprechen, so müsste sie gestehen, dass nach diesen ihren Gedanken, wenn es keine Räuber und Diebe gebe, der Staat überhaupt überflüssig sei.«

S. 73: Das Zitat über das »vollkommene Gesetzbuch« findet sich in: Die Werke Friedrichs des Großen, hrsg. v. G. B. Volz, Bd. 8, Philosophische Schriften, übersetzt von Friedrich v. Oppeln-Bronikowski, 1913, S. 32.

S. 73: Die Beispiele vom Rauchen auf der Straße und vom Entleeren der Mülleimer, um den Verständniswandel zu verdeutlichen, dem der Begriff der öffentlichen Ordnung unterliegt, bildete Bill Drews, Preußisches Polizeirecht – Allgemeiner Teil. Ein Leitfaden für Verwaltungsbeamte, 1927, S. 14, vor knapp 80 Jahren.

S. 73: Sprache des Gesetzes: Paul Kirchhof, Deutsche Sprache, in: J. Isensee/P. Kirchhof (Hrsg.), Handbuch des Staatsrechts der Bundesrepublik Deutschland, Bd. II, 3. Aufl., 2004, § 20.

S. 76: Zur Europäischen »Verfassung« vgl. Paul Kirchhof, Die rechtliche Struktur der Europäischen Union als Staatenverbund, in: A. v. Bogdandy (Hrsg.), Europäisches Verfassungsrecht, 2003, S. 893 (895 ff.).

Kapitel IV. Der Traum vom Glück

S. 82: Kant zum Personbegriff: Immanuel Kant, Grundlegung zur Metaphysik der Sitten, in: Kants gesammelte Schriften, hrsg. von der Königlich Preußischen Akademie der Wissenschaften, Bd. IV, 1911, S. 428 ff.; ders., Kritik der praktischen Vernunft, in: Kants gesammelte Schriften, hrsg. von der Königlich Preußischen Akademie der Wissenschaften, Bd. V, 1913, S. 86 ff.; ders., Die Metaphysik der Sitten, in: Kants gesammelte Schriften, hrsg. von der Königlich Preußischen Akademie der Wissenschaften, Bd. VI, 1907, S. 223 ff.

S. 82: Zum historischen Verlust der Selbstgewissheit: Eugen Biser, Ist der Mensch, was er sein kann? – Eine anthropologische Reflexion, in: Stimmen der Zeit 199 (1981), S. 291.

S. 83: Die Virginia Bill of Rights vom 12. Juni 1776 ist in: Staatsverfassungen – eine Sammlung wichtiger Verfassungen der Vergangenheit und Gegenwart in Urtext und Überset-zung, hrsg. von Günther Franz, 2. Aufl., 1964, S. 6 ff., abgedruckt.

S. 83: Zur Tradition der Staatsziele von Wohlfahrt, Glück und Sicherheit: Hans Maier, Die ältere deutsche Staats- und Verwaltungslehre, 2. Aufl., 1980.

S. 85: Das Zitat von Theodor Heuss findet sich in indirekter Rede im Jahrbuch des öffent-lichen Rechts der Gegenwart, Neue Folge, Bd. 1, 1951, S. 48 (49).

S. 86: Die Zehn Gebote: 2. Mose (Exodus) 20, 2 – 17; 5. Mose (Deuteronomium) 5, 6–21.

S. 87: Zu den ethischen, philosophischen und rechtlichen Grundlagen der Menschenwürde: Christian Starck, in: H. v. Mangoldt/F. Klein/Chr. Starck (Hrsg.), Das Bonner Grundge-setz, Kommentar, Bd. 1, 5. Aufl., 2005, Art. 1 Abs. 1 Rn. 3 ff.; Peter Häberle, Die Men-schenwürde als Grundlage der staatlichen Gemeinschaft, in: J. Isensee/P. Kirchhof (Hrsg.), Handbuch des Staatsrechts der Bundesrepublik Deutschland, Bd. II, 3. Aufl., 2004, § 22 Rn. 31 ff.

S. 88: Daniel Defoe, Robinson Crusoe (1719), hrsg. von Michael Shinagel, 2. Aufl., 1994.

S. 90: Eine Übersicht über die Menschenwürde in den nationalen Verfassungen und den Völkerrechtsordnungen bieten Peter Häberle, Die Menschenwürde als Grundlage der staatlichen Gemeinschaft, in: J. Isensee/P. Kirchhof (Hrsg.), Handbuch des Staatsrechts der Bundesrepublik Deutschland, Bd. II, 3. Aufl., 2004, § 22 Rn. 1 ff.; Horst Dreier, in: ders. (Hrsg.), Grundgesetz-Kommentar, Bd. 1, 2. Aufl., 2004, Art. 1 Abs. 1 Rn. 26 ff.

S. 91: Zur Rechtstellung des Individuums im Völkerrecht: Heinz Guradze, Der Stand der Menschenrechte im Völkerrecht, 1956; Jost Delbrück, in: G. Dahm/R. Wolfrum, Völker-recht, Band I/2, 2. Aufl., 2002, § 109; Kay Hailbronner, Der Staat und der Einzelne als Völkerrechtssubjekte, in: M. Bothe/R. Dolzer/ders./E. Klein/Ph. Kunig/M. Schröder/W. Graf Vitzthum, Völkerrecht, 3. Aufl., 2004, S. 149–243; Eibe Riedel, Universeller Men-schenrechtsschutz – Vom Anspruch zur Durchsetzung, in: G. Baum/E. Riedel/M. Schaefer (Hrsg.), Menschenrechtsschutz in der Praxis der Vereinten Nationen, 1998, S. 25–55.

S. 93: »Alle Bilder der Einbildungskraft erwachen« stammt von *Friedrich Gottlob Klop-stock* (1755), in: K. A. Schleiden (Hrsg.), Ausgewählte Werke, 3. Aufl., 1969, S. 997 (1004).

S. 94: Zum Geniebegriff im Sturm und Drang und seinen literarischen Belegen: Rüdiger Safranski, Schiller oder die Erfindung des deutschen Idealismus, 2004, S. 47 f.

S. 94: Für Kant ist das Genie »das Talent (Naturgabe), welches der Kunst die Regel giebt« (Immanuel Kant, Kritik der Urteilskraft, in: Kants gesammelte Schriften, hrsg. von der Königlich Preußischen Akademie der Wissenschaften, Bd. V, 1913, § 46, S. 307).

S. 94: Originelles und Genie: Johann Gottfried Herder, in: W. Pross (Hrsg.), Werke, Bd. I, 1984, S. 359 f.

S. 94: Die Wortschöpfung »Fabrikware Mensch« geht auf Arthur Schopenhauer, Die Welt als Wille und Vorstellung, in: Sämtliche Werke, hrsg. v. Frhr. v. Löhneysen, Bd. I, 1961, § 36, S. 268 zurück: »Der gewöhnliche Mensch, diese Fabrikware der Natur, wie sie sol-che täglich zu Tausenden hervorbringt, [...].« Für ihn ist »Genialität nichts anderes als die vollkommene Objektivität« (a.a.O., S. 266).

S. 94: »Naiv muss jedes wahre Genie sein«: Friedrich Schiller, Über naive und sentimenta-lische Dichtung, ders., Werke in drei Bänden, hrsg. v. Herbert G. Göpfert, Bd. II, 1981, S. 540 (548).

S. 94: Zur existenzdialektischen Ethik: Sören Kierkegaard, Das Gleichgewicht zwischem dem Aesthetischen und dem Ethischen in der Herausarbeitung der Persönlichkeit, in: Ent-weder/Oder, Zweiter Teil, 1843, Nachdruck 1957, S. 141 ff. (165 ff.).

S. 95: Die sog. Objektformel geht auf Günter Dürig, in: Th. Maunz/G. Dürig, Kommentar zum Grundgesetz, Erstauflage, Art. 1 Abs. 1 Rn. 28, zurück: »Die Menschenwürde ist getroffen, wenn der konkrete Mensch zum Objekt, zu einem bloßen Mittel, zur vertretbaren Größe herabgewürdigt wird.« Das Bundesverfassungsgericht wendet sie in ständiger Rechtsprechung an, vgl. jüngst BVerfG, Urt. v. 15. 2. 2006 – 1 BvR 375/05 –, NJW 2006, 751 (757 f.) – Luftsicherheitsgesetz –.

S. 95: Die Bedeutung der Religion für die Entstehung der Menschenrechte betont Georg Jellinek, Die Erklärung der Menschen- und Bürgerrechte, 4. Aufl., 1927, S. 42 ff. Zum Fremdenrecht im Völkerrecht: Jost Delbrück, in: Dahm/Delbrück/Wolfrum, Völkerrecht, Band I/2, 2. Aufl., 2002, § 95 – § 99.

S. 95: Zur Einheit des Menschen bei Herder: Rüdiger Safranski, Schiller oder die Erfindung des deutschen Idealismus, 2004, S. 70 f.

S. 96: Das Bild vom Menschen als geselliges Raubtier zeichnet Adam Ferguson, Abhandlungen über die Geschichte der bürgerlichen Gesellschaft, 7. Aufl., 1814, übersetzt von Valentine Dorn, 2. Aufl., 1923, S. 1 ff.

S. 96: Zum Wettbewerbsprinzip und zur Wettbewerbsordnung: Walter Eucken, Grundsätze der Wirtschaftspolitik, 7. Aufl., 2004, S. 241 ff. Der Wettbewerb als Prinzip des Marktes ist von Verfassungs wegen in eine Rechtskultur des Maßes einzubetten: Paul Kirchhof, Demokratischer Rechtsstaat – Staatsform des Zugehörigen, in: J. Isensee/P. Kirchhof (Hrsg.), Handbuch des Staatsrechts der Bundesrepublik Deutschland, Bd. IX, 1997, § 221 Rn. 83 ff.; ders., Das Wettbewerbsrecht als Teil einer folgerichtigen und widerspruchsfreien Gesamtrechtsordnung, in: P. Kirchhof (Hrsg.), Gemeinwohl und Wettbewerb, 2005, S. 1 (7 ff.).

S. 98: Demokratie als Prinzip des Verfassungsstaats behandeln grundlegend Ernst-Wolfgang Böckenförde, Demokratie als Verfassungsprinzip, in: J. Isensee/P. Kirchhof (Hrsg.), Handbuch des Staatsrechts der Bundesrepublik Deutschland, Bd. II, 3. Aufl., 2004, § 24; Peter Badura, Die parlamentarische Demokratie, daselbst, § 25. Die »Grundsätze« des Demokratieprinzips fallen unter die Identitätsgarantie des Art. 79 Abs. 3 GG, vgl. Paul Kirchhof, Die Identität der Verfassung, daselbst, § 21 Rn. 89.

S. 98: Vgl. Kap. I zum Preußischen Dreiklassenwahlrecht

S. 98: Zum demokratischen Grundsatz, dass jede Stimme den gleichen Zählwert haben soll (One Man, one Vote): Dieter Nohlen, Wahlrecht und Parteiensystem, 3. Aufl., 2000, S. 78 ff.

S. 100: Nach der Rechtsprechung des Bundesverfassungsgerichts haben der Schutz von Privat- und Intimsphäre (BVerfGE 6, 32 (41) – Elfes – ; 38, 312 (320) – berufsbezogenes Zeugnisverweigerungsrecht –), das strafrechtliche Schuldprinzip (BVerfGE 20, 323 (331) – nulla poena sine culpa –; 45, 187 (259 f.) – Lebenslange Freiheitsstrafe –.), die Unschuldsvermutung (BVerfGE 74, 358 (370 ff.) – Unschuldsvermutung –; 82, 106 (114 f.) – Unschuldsvermutung II –), das Verbot eines Zwangs zur Selbstbezichtigung (BVerfGE 38, 105 (114 f.) – Rechtsbeistand –; 56, 37 (41 ff.) – Bremer Modell –; 95, 220 (241) – Aufzeichnungspflicht –), der Anspruch des Straftäters auf Resozialisierung (BVerfGE 35, 202 (235 f.) – Lebach –), das Recht auf Kenntnis der eigenen Abstammung (BVerfGE 90, 263 (270 f.) – Ehelichkeitsanfechtung –; 96, 56 (63) – Vaterschaftsauskunft –), das Recht am eigenen Namen (BVerfGE 78, 38 (49) – Gemeinsamer Familienname –.), Bild (BVerfGE 35, 202 (220) – Lebach –; BVerfG 101, 361 (392) – Caroline von Monaco II –.) und Wort (BVerfGE 54, 148 (155) – Eppler –), das Grundrecht auf Datenschutz (BVerfGE 65, 1 (42 ff.) – Volkszählung –), der Schutz der persönlichen Ehre (BVerfGE 54, 208 (217 f.) – Böll –), das Recht auf schuldenfreien Eintritt in die Volljährigkeit (BVerfGE 72, 155 (170 ff.) – ererbtes Handelsgeschäft –), die Gewährleistung einer menschenwürdigen Existenz (BVerfGE 82, 60 (85) – Steuerfreies Existenzminimum –; 99, 246 (259 ff.) – Kinderexistenzminimum –.), auch der körperlichen wie geistig-seelischen Identität und Integrität (BVerfGE 56, 54 (75) – Fluglärm –.) ihre Wurzel jeweils in Art. 1 GG, finden ihre Verdeutlichung und ihre Anwendungsbedingungen im Einzelnen aber in einem besonderen Freiheitsrecht.

S. 100: Die mittlere Zugehörigkeitsdauer der Abgeordneten des Deutschen Bundestages betrug zu Beginn der 14. Wahlperiode 6,85 Jahre (13. WP: 6,13; 15. WP: 6,93), am Ende der 14. Wahlperiode 10,64 Jahre (13. WP: 9,85), vgl. Michael F. Feldkamp/Birgit Ströbel, Datenhandbuch zur Geschichte des Deutschen Bundestages 1994 bis 2003, 2005, S. 146.

S. 104: Zur Menschenwürde und zum Recht auf Leben: BVerfGE 39, 1 (41 ff.) – Schwangerschaftsabbruch I; 46, 160 (164 f.) – Schleyer; 88, 203 (251 ff.) – Schwangerschaftsabbruch II.

S. 105: Das Luftsicherheitsgesetz ist Kernstück des Gesetzes zur Neuregelung von Luftsicherheitsaufgaben v. 11.1.2005, BGBl. I S. 78. Das Bundesverfassungsgericht hat die Ermächtigung der Streitkräfte, gemäß § 14 Abs. 3 LuftSiG durch unmittelbare Einwirkung mit Waffengewalt ein Luftfahrzeug abzuschießen, im Rahmen eines Verfassungsbeschwerdeverfahrens für nichtig erklärt (BVerfG, Urt. v. 15.2.2006 – 1 BvR 375/05 –, NJW 2006, S. 751 – Luftsicherheitsgesetz). In seiner Entscheidung weist das Bundesverfassungsgericht unter anderem auf die staatliche Schutzpflicht hin, jedes menschliche Leben vor rechtswidrigen Angriffen zu bewahren (st. Rspr. BVerfGE 39, 1 (42) – Schwangerschaftsabbruch I –; 46, 160 (164) – Schleyer –; 56, 54 (73) – Fluglärm –).

S. 108: Die Entscheidung des Landgerichts Frankfurt a. M., Urt. v. 20.12.2004 – 5/27 KLs 7570 Js 203814/03 (4/04) ist in der NJW 2005, 692 abgedruckt.

Kapitel V. Die Suche nach Gerechtigkeit

S. 111: Zu den verschiedenen Gerechtigkeitslehren: Hans Kelsen, Was ist Gerechtigkeit?, 2. Aufl., 1975; Arthur Kaufmann, Problemgeschichte der Rechtsphilosophie, in: A. Kaufmann/W. Hassemer/U. Neumann (Hrsg.), Einführung in Rechtsphilosophie und Rechtstheorie der Gegenwart, 7. Aufl., 2004, S. 26 – 146; Reinhold Zippelius, Recht und Gerechtigkeit in der offenen Gesellschaft, 2. Aufl., 1996, S. 39 – 46.

S. 115: Das Schreiben König Friedrich Wilhelms IV. an den Gesandten Bunsen ist bei Ernst Rudolf Huber (Hrsg.), Dokumente zur Deutschen Verfassungsgeschichte, Bd. I, 1978, S. 402 f., abgedruckt.

S. 115: Die deutsche Verfassungsgeschichte behandeln vertieft: Dieter Grimm, Ursprung und Wandel der Verfassung, in: J. Isensee/P. Kirchhof (Hrsg.), Handbuch des Staatsrechts der Bundesrepublik Deutschland, Bd. I, 3. Aufl., 2003, § 1; Rainer Wahl, Die Entwicklung des deutschen Verfassungsstaates bis 1866, daselbst, § 2; Walter Pauly, Die Verfassung der Paulskirche und ihre Folgewirkungen, daselbst, § 3.

S. 117: Paul Kirchhof, Das Grundgesetz als Gedächtnis der Demokratie – Die Kontinuität des Grundgesetzes im Prozess der Wiedervereinigung und der europäischen Integration, in: M. Heckel (Hrsg.), Die innere Einheit Deutschlands inmitten der europäischen Einigung, Tübinger rechtswissenschaftliche Abhandlungen, Bd. 82, 1996, S. 35.

S. 118: Den Weg zum Grundgesetz beschreibt: Reinhard Mußgnug, Zustandekommen des Grundgesetzes und Entstehen der Bundesrepublik Deutschland, in: J. Isensee/P. Kirchhof (Hrsg.), Handbuch des Staatsrechts der Bundesrepublik Deutschland, Bd. I, 3. Aufl., 2003, § 8 – zur Einsetzung des Parlamentarischen Rates: Rn. 33 ff., – zur Annahme des Grundgesetzes durch die Landtage: Rn. 86.

S. 118: Zur Wiedervereinigung: BVerfGE 82, 316 – beitrittsbedingte Grundgesetzänderung –; Michael Kilian, Der Vorgang der deutschen Wiedervereinigung, in: J. Isensee/

P. Kirchhof (Hrsg.), Handbuch des Staatsrechts der Bundesrepublik Deutschland, Bd. I, 3. Aufl., 2003, § 12; Rudolf Dolzer, Die Identität Deutschlands vor und nach der Wiedervereinigung, daselbst, § 13.

S. 119: Auch die amerikanische Verfassung vom 17. September 1787, abgedruckt in: Staatsverfassungen – eine Sammlung wichtiger Verfassungen der Vergangenheit und Gegenwart in Urtext und Übersetzung, hrsg. von Günther Franz, 2. Aufl., 1964, S. 10, entsprach nicht unserem heutigen Demokratieverständnis. Nach Art. I Abschn. 2 Abs. 3 sollten Abgeordnete und direkte Steuern »auf die einzelnen Staaten [...] im Verhältnis zu deren zahlenmäßiger Stärke verteilt werden; diese soll bestimmt werden, indem zur Gesamtzahl der freien Personen, einschließlich derer, die für eine bestimmte Zahl von Jahren zu Dienst verpflichtet sind, jedoch ausschließlich der nicht besteuerten Indianer, drei Fünftel aller übrigen Personen hinzugezählt werden« (a.a.O., S. 13).

S. 120: Verfassungsgebung ist Verfassungweitergebung: Paul Kirchhof, Die Identität der Verfassung, J. Isensee/P. Kirchhof (Hrsg.), Handbuch des Staatsrechts der Bundesrepublik Deutschland, Bd. II, 3. Aufl., 2004, § 21 Rn. 1 ff; zur verfassunggebenden Gewalt: Ernst-Wolfgang Böckenförde, Die verfassunggebende Gewalt des Volkes – Ein Grenzbegriff des Verfassungsrechts, 1986.

S. 123: Bei der Bundestagswahl 2005 bestand das allgemeine Staatsvolk aus 61,87 Millionen Abstimmungsberechtigten, vgl. http://www.bundeswahlleiter.de/bundestagswahl2005/ergebnisse/bundesergebnisse/b_tabelle_99.html.

S. 123: Das Prinzip der parlamentarischen Repräsentation behandeln: Ernst-Wolfgang Böckenförde, Staat, Verfassung, Demokratie, 1991, S. 379 ff.; Peter Badura, Die parlamentarische Demokratie, in: J. Isensee/P. Kirchhof (Hrsg.), Handbuch des Staatsrechts der Bundesrepublik Deutschland, Bd. II, 3. Aufl., 2004, § 25 Rn. 34 ff.

S. 124: Zum Plebiszit: Ernst Fraenkel, Die repräsentative und die plebiszitäre Komponente im demokratischen Verfassungsstaat, in: Recht und Staat Heft 219/220, 1958; Christian Pestalozza, Der Popularvorbehalt. Direkte Demokratie in Deutschland, 1981; Ernst-Wolfgang Böckenförde, Demokratie und Repräsentation, 1983; Ingwer Ebsen, Abstimmungen des Bundesvolkes als Verfassungsproblem, AöR 110 (1985), S. 2; Josef Isensee, Der antiplebiszitäre Zug des Grundgesetzes – Verfassungsrecht im Widerspruch zum Zeitgeist, in: Verfassung in Zeiten des Wandels. Symposium zum 60. Geburtstag von Heinz Schäffer, 2002, S. 53; Peter Krause, Verfassungsrechtliche Möglichkeiten unmittelbarer Demokratie, in: J. Isensee/P. Kirchhof (Hrsg.), Handbuch des Staatsrechts der Bundesrepublik Deutschland, Bd. III, 3. Aufl., 2005, § 35.

S. 129: Der Staat gewährt als Garant des Rechts nicht nur Sicherheit, sondern auch Freiheit: John Locke, Two Treatises of Government, 1690, übersetzt von Hans Jörn Hoffmann, Zwei Abhandlungen über die Regierung, 1967, 2. Abhandlung, Kap. 9, §§ 123, 131; Josef Isensee, Der Verfassungsstaat als Friedensgarant, in: R. Mellinghoff/G. Morgenthaler/Th. Puhl (Hrsg.), Die Erneuerung des Verfassungsstaates. Symposion aus Anlass des 60. Geburtstages von Professor Dr. Paul Kirchhof, 2003, S. 7 (27 ff.); Paul Kirchhof, Der Staat als Garant und Gegner der Freiheit. Von Privileg und Überfluss zu einer Kultur des Maßes, 2004.

S. 130: Zwischen der Welt des Politischen und der Welt des Gelehrten trennen Johann Wolfgang von Goethe/Friedrich Schiller, Xenien Nr. 95, in: Friedrich Schiller, Sämtliche Werke, hrsg. von Gerhard Fricke und Herbert G. Göpfert, 4. Aufl., Bd. 1, 1965, S. 267.

S. 130: Seine Distanz zur Politik bringt Thomas Mann in ders., Betrachtungen eines Unpolitischen (1918), Stockholmer Gesamtausgabe, Bd. 9, 1956, S. 223, 251, 253, zum Ausdruck.

S. 130: Zum deutschen Politikverständnis: Gordon A. Craig, Die Politik des Unpolitischen, deutsche Schriftsteller und die Macht, 1770 bis 1871, 1993, S. 109 – Politik der Gegenwart als der meist verkannte Auftrag, für eine prinzipielle Besserung einer gesamten Generation nach Gesetz und Sittlichkeit leidenschaftlich zu kämpfen.

S. 131: Zur freiheits- und gleichheitsgerechten Zuteilung von Studienplätzen: BVerfGE 33, 303 – numerus clausus I –; 43, 291 – numerus clausus II –.

S. 134: Den Grundsatz der Widerspruchsfreiheit und Folgerichtigkeit der Rechtsordnung wendet das Bundesverfassungsgericht in ständiger Rechtsprechung an, vgl. BVerfGE 84, 239 [271] – Zinsbesteuerung –; 93, 121 [136] – Vermögensteuer –; 98, 83 [97 f.] – Landesabfallabgabe –; 98, 106 [118 f.] – Kommunale Verpackungsteuer –; 101, 158 [233] – Finanzausgleich III –.

S. 134: Staaten und ihre Rechtssysteme treten nicht in einen Wettbewerb: Paul Kirchhof, Der Staat als Garant und Gegner der Freiheit. Von Privileg und Überfluss zu einer Kultur des Maßes, 2004, S. 27 ff.; ders., Das Wettbewerbsrecht als Teil einer folgerichtigen und widerspruchsfreien Gesamtrechtsordnung, in: P. Kirchhof (Hrsg.), Gemeinwohl und Wettbewerb, 2005, S. 1 (7 ff.).

S. 139: Zum Subsidiaritätsprinzip: Papst Benedikt XVI., Enzyklika Deus Caritas Est, 2006, Verlautbarungen des apostolischen Stuhls Nr. 171, hrsg. vom Sekretariat der Deutschen Bischofskonferenz, 2006.

S. 140: Die Notwendigkeit einer Verwirklichungsgemeinschaft für universelle Menschenrechte betont Hasso Hofmann, Die versprochene Menschenwürde, AöR 118 (1993), S. 353 (367).

Kapitel VI. Der Traum von der ewigen Jugend

S. 144: Zum Sorgfaltsmaßstab im Arztrecht: BGH, Urt. v. 22.9.1987, VI ZR 238/86, BGHZ 102, 17 (24); BGH, Urt. v. 26.11.1991, VI ZR 389/90, NJW 1992, 754; Christian Katzenmeier, Arzthaftung, 2002, S. 167–170.

S. 144: Die Weltgesundheitsorganisation (WHO) definiert Gesundheit in der Präambel ihrer Satzung als einen Zustand des vollständigen körperlichen, geistigen und sozialen Wohlergehens und nicht nur als das Fehlen von Krankheit oder Gebrechen (die Satzung der Weltgesundheits-Organisation ist abgedruckt in: Forschungsstelle für Völkerrecht und ausländisches öffentliches Recht der Universität Hamburg (Hrsg.), Dokumente, Heft VI, Weltgesundheitsorganisation (WHO), 1952, S. 14). Diese Definition stimmt nicht mit dem sachlichen Schutzbereich des Art. 2 Abs. 2 GG überein, vgl. Dieter Lorenz, Recht auf Leben und körperliche Unversehrtheit, in: Handbuch des Staatsrechts der Bundesrepublik Deutschland, Bd. VII, 2. Aufl., 2001, § 128 Rn. 18; offen gelassen von BVerfGE 56, 54 (73 ff.) – Fluglärm.

S. 145: Dem Problem der Zeit stellt sich Augustinus in seinen autobiographischen Confessiones, die um das Jahr 400 n.Chr. entstanden sind. Augustinus' Weg zu Gott ist die Reflexion. Seine Suche nach der Wahrheit liegt im Gebet. Erkenntnis erlangt er durch das Licht Gottes. In dem Werk bekommt das alte christliche Wort »confessio« somit einen neuen Sinngehalt. »Confessio ist ein ›Tun der Wahrheit‹ und Confessio ist ›Opfer‹« (Joseph Ratzinger, Originalität und Überlieferung in Augustins Begriff der confessio, in: Revue des études augustiniennes 3 (1957), S. 375 (384)). Im Gebet erläutert Augustinus die Schwierigkeit der Frage nach der Zeit: »Zu keiner Zeit warst Du also untätig, da Du die Zeit selber schufst. Aber keine Zeit ist Dir gleichewig, denn Du bist der Bleibende, wenn aber die Zeiten blieben, wären sie keine. Was aber ist nun die Zeit? Wer kann das leicht und bündig erklären? Wer kann es, um es in Worten darzustellen, vorweg gedanklich erfassen? Dennoch kennt unsere Sprache kein vertrauteres und geläufigeres Wort als die Zeit. Wir wissen, wovon wir reden, verstehen auch, wenn ein anderer uns davon spricht. Was also ist die Zeit? Wenn keiner mich fragt, dann weiß ich's; wenn einer mich fragt und ich's erklären soll, weiß ich's nicht mehr. Mit Zuversicht sage ich immerhin, ich wisse: wenn nichts verginge, gäbe es keine vergangene, und wenn nichts käme, keine künftige, und wenn gar nichts wäre, gäbe es auch keine gegenwärtige Zeit.« (Aurelius Augustinus, Die Bekenntnisse, übersetzt von Hans Urs von Balthasar, 1985, lib. 11 XIV, 17 (299)).

S. 146: Zum Hirntod: Dieter Lorenz, Recht auf Leben und körperliche Unversehrtheit, in: Handbuch des Staatsrechts der Bundesrepublik Deutschland, Bd. VII, 2. Aufl., 2001, § 128 Rn. 15; Wilhelm Uhlenbruck/Klaus Ulsenheimer, in: A. Laufs/W. Uhlenbruck (Hrsg.), Handbuch des Arztrechts, 3. Aufl., 2002, § 131 Rn. 6 ff.

S. 147: Zu den verfassungsrechtlichen Grenzen der Befruchtungstechnologien und der Humangenetik: Udo di Fabio, in: Th. Maunz/G. Dürig, Komm. z. GG, Art. 2 Abs. 2 Rn. 24 ff. (Loseblatt, Stand: Februar 2005); Peter Häberle, Die Menschenwürde als Grundlage der staatlichen Gemeinschaft, in: J. Isensee/P. Kirchhof (Hrsg.), Handbuch des Staatsrechts der Bundesrepublik Deutschland, Bd. II, 3. Aufl., 2004, § 22 Rn. 84 ff. m. w. N.; Christian Starck, in: H. v. Mangoldt/F. Klein/Chr. Starck (Hrsg.), Das Bonner Grundgesetz, Kommentar, Bd. 1, 5. Aufl., 2005, Art. 1 Abs. 1 Rn. 95 ff.

S. 147: Zum rechtlichen Ende des Lebens: Dieter Lorenz, Recht auf Leben und körperliche Unversehrtheit, in: Handbuch des Staatsrechts der Bundesrepublik Deutschland, Bd. VI, 2. Aufl., 2001, § 128 Rn. 18; Udo di Fabio, in: Th. Maunz/G. Dürig, Komm. z. GG, Art. 2 Abs. 2 Rn. 21 f. (Loseblatt, Stand: Februar 2005).

S. 147: Das Grundrecht auf Leben ist eines der höchsten, aber nicht das höchste Rechtsgut: Udo di Fabio, in: Th. Maunz/G. Dürig, Komm. z. GG, Art. 2 Abs. 2 Rn. 7 f. (Loseblatt, Stand: Februar 2005).

S. 148: Zum Eid des Hippokrates: Adolf Laufs, in: A. Laufs/W. Uhlenbruck (Hrsg.), Handbuch des Arztrechts, 3. Aufl., 2002, § 4 Rn. 13 ff.

S. 148: Zu den Ethik-Kommissionen: Adolf Laufs, in: A. Laufs/W. Uhlenbruck (Hrsg.), Handbuch des Arztrechts, 3. Aufl., 2002, § 4 Rn. 32 ff.

S. 150: Eine Übersicht über die Kosten im Gesundheitswesen bietet: Bundesministerium für Gesundheit (Hrsg.), Statistisches Taschenbuch Gesundheit 2005, 2005. Danach betrugen die Gesundheitsausgaben 2003 insgesamt 239.703 Mio. Euro. Der Anteil der Gesundheitsausgaben am Bruttoinlandsprodukt (2003: 2.163,40 Mrd. Euro) lag damit bei etwas über 11 %. Der Anteil der gesetzlichen Krankenkassen an den Gesundheitsausgaben belief sich auf 136.031 Mio. Euro (a.a.O., Tabellen 10.2, 10.17 – vgl. außerdem die Gesundheitsberichterstattung des Bundes unter www.gbe-bund.de). Zur Entwicklung der Leistungsausgaben der gesetzlichen Krankenversicherung seit 1960: BR-Drucks. 200/88, S. 282 Tabelle 3.

S. 152: Die Lebenserwartung hat in Deutschland für Neugeborene vom Zeitraum 1901/1910 bis zum Zeitraum 2001/2003 um den Faktor 1,68 zugenommen. Ein neugeborenes Mädchen hatte 1901/1910 im Reichsgebiet eine Lebenserwartung von 48,33 Jahren. Heute beträgt sie 81,34 Jahre. Für Jungen stieg die Lebenserwartung von 44,82 auf 75,59 Jahre an (vgl. Bundesministerium für Gesundheit (Hrsg.), Statistisches Taschenbuch Gesundheit 2005, 2005, Tabelle 1.5. Das Taschenbuch kann unter http://www.bmg.bund.de abgerufen werden). Die Gründe dürften vor allem in der geringeren Säuglingssterblichkeit und der besseren Hygiene liegen.

S. 153: Aufgabe der gesetzlichen Krankenversicherung ist es, »die Gesundheit der Versicherten zu erhalten, wiederherzustellen oder ihren Gesundheitszustand zu bessern« (§ 1 SGB V). Alle Versicherten haben den gleichen Leistungsanspruch, dessen Umfang im

SGB V festgelegt ist. Entsprechend dem Solidaritätsprinzip richten sich die Beiträge gemäß §§ 220 ff. SGB V nach der finanziellen Leistungsfähigkeit des Versicherten und nicht nach seinem persönlichen Krankheitsrisiko (Alter, Geschlecht, Gesundheitsstatus).

S. 155: Zum Reformbedarf des sozialstaatlichen Finanzierungssystems: Ferdinand Kirchhof, Finanzierungsinstrumente des Sozialstaats, in: R. Mellinghoff (Hrsg.), Steuern im Sozialstaat, DStJG29 (2006), S. 39.

S. 157: Über den Patientenchip (Gesundheitskarte) informiert das Ministerium für Gesundheit unter http://www.die-gesundheitskarte.de.

S. 160: Nach dem Mikrozensus im Mai 2003 hatten die gesetzlichen Krankenkassen 72,17 Millionen Mitglieder. Das entspricht 87,5 v. H. der Bevölkerung. Davon waren 30,88 Millionen erwerbstätig, 4,21 erwerbslos. 37,07 Millionen der Mitglieder waren Nichterwerbspersonen. 7,64 Millionen Menschen waren privat versichert (vgl. Bundesministerium für Gesundheit (Hrsg.), Statistisches Taschenbuch Gesundheit 2005, 2005, Tabelle 9.2).

S. 160: Die Jahresarbeitsentgeltgrenze zur gesetzlichen Krankenversicherung im Jahr 2003 betrug gemäß § 6 Abs. 7 SGB V 41.400 Euro (2004: 41 850 Euro; 2005: 42 300 Euro). Für Fälle, die erstmals die Jahresentgeltgrenze überschreiten, galten im Jahr 2003 allerdings 45 900 Euro (§ 6 Abs. 6 SGB V; 2004: 46 350 Euro; 2005: 46 800 Euro). Die Bundesregierung passt die Jahresentgeltgrenze durch eine Rechtsverordnung an, die auf § 160 SGB VI beruht. Nach 223 Abs. 3 SGB V bestimmen sich die beitragspflichtigen Einnahmen nach der Jahresentgeltgrenze des § 6 Abs. 7 SGB V.

S. 161: Neben der staatlichen Gemeinschaft bedarf jede weitere Solidargemeinschaft der verfassungsrechtlichen Rechtfertigung: Hanno Kube, Staatsaufgaben und Solidargemeinschaften, in: R. Mellinghoff (Hrsg.), Steuern im Sozialstaat, DStJG29 (2006), S. 11 (21 ff.).

S. 161: Zu den verfassungsrechtlichen Vorgaben für das Sozialversicherungsrecht: Ferdinand Kirchhof, Sozialversicherungsbeitrag und Finanzverfassung, NZS 1999, S. 161–167. Zur Bedeutung der Freiheitsgrundrechte für das Krankenversicherungssystem: Eberhard Schmidt-Aßmann, Verfassungsfragen der Gesundheitsreform, NJW 2004, S. 1689–1695; Friedhelm Hufen, Grundrechtsschutz der Leistungserbringer und privaten Versicherer in Zeiten der Gesundheitsreform, NJW 2004, S. 14–18.

Kapitel VII. Ein Weg zum Glück: Ehe und Familie

S. 171: Die statistischen Zahlen zum Fernsehkonsum im Jahr 2004 stammen von Peter Winterhoff-Spurk, Kalte Herzen. Wie das Fernsehen unseren Charakter formt, 2005, S. 97 ff.

S. 171: Für Peter Winterhoff-Spurk, Kalte Herzen. Wie das Fernsehen den Charakter formt, 2005, S. 89ff, S. 165 ff, S. 210 ff., führt der übermäßige Fernsehkonsum zur Bindungslosigkeit und zum politischen Desinteresse.

S. 171: Der amerikanische Schüler sah 32.000 Morde und 40.000 versuchte Morde: Manfred Spitzer, Nervensachen. Geschichten vom Gehirn, 2005, S. 187.

S. 171: Den zerstörenden Einfluss von Gewaltbildern und virtuellen Vorbildern auf das Denken und Handeln der Menschen weist Manfred Spitzer, Nervensachen. Geschichten vom Gehirn, 2005, S. 187 ff., 190 ff. nach.

S. 173: Die demographischen Zahlen zur Kinderlosigkeit in Deutschland beruhen auf den Angaben von Herwig Birg, Die ausgefallene Generation. Was die Demographie über unsere Zukunft sagt, 2005, S. 33 ff. Für die Einordnung der deutschen und der ausländischen Bevölkerung war dabei das bis zum 31.12.1999 geltende Staatsangehörigkeitsrecht

(Staatsangehörigkeit nach den Eltern, nicht nach dem Geburtsort) maßgeblich (Herwig Birg, a.a. O., S. 67).

S. 174: Nach Herwig Birg, Die ausgefallene Generation. Was die Demographie über unsere Zukunft sagt, 2005, S. 67, wird die zugewanderte Bevölkerung bei den unter 40-Jährigen in wenigen Jahren die absolute Mehrheit erreichen.

S. 174: Das Reichs- und Staatsangehörigkeitsgesetz wurde durch das Gesetz zur Reform des Staatsangehörigkeitsrecht vom 15. Juli 1999 geändert (BGBl. I, S. 1618). Das Gesetz trat nach seinem Artikel 5 grundsätzlich am 1. Januar 2000 in Kraft.

S. 174: Die negative Entwicklung des deutschen Bevölkerungsanteils beschreiben Jürgen Borchert, »Humanvermögenspolitik!« als Imperativ einer Politik der Zukunftsfähigkeit, in: N. Hummel/A. Schack (Hrsg.), Kinderlärm ist Zukunftsmusik, 2006, S. 11 (14), und Herwig Birg, Die ausgefallene Generation. Was die Demographie über unsere Zukunft sagt, 2005, S. 103 ff.

S. 175: Ein Schaubild über Kinderlosigkeit, Partnerlosigkeit und Berufsposition von 1955–1965 geborenen Frauen enthält: Kurt Biedenkopf u.a., Starke Familie. Bericht der Kommission »Familie und demographischer Wandel« – Im Auftrag der Robert Bosch Stiftung, 2005, S. 56.

S. 176: Zum Zusammenhang von Kinderlosigkeit und Beruf bei Männer: Kurt Biedenkopf u. a., Starke Familie. Bericht der Kommission »Familie und demographischer Wandel« – Im Auftrag der Robert Bosch Stiftung, 2005, S. 62 f.

S. 176: Herwig Birg, Die ausgefallene Generation. Was die Demographie über unsere Zukunft sagt, 2005, S. 85 ff., analysiert die geringe Geburtenrate in Deutschland. Nicht die Ein-Kind-Familie, sondern die Zwei-Kinder-Familie dominiert. Weite Teile der Bevölkerung bleiben aber kinderlos (vgl. auch Statistisches Bundesamt Deutschland, Leben in Deutschland – Haushalte, Familien und Gesundheit – Ergebnisse des Mikrozensus 2005, Presseexemplar, 2006, S. 51 f.).

S. 176: Nach dem Mikrozensus 2005 wachsen 81 % der 12 Millionen Kinder in Deutschland bei einem Ehepaar auf (vgl. Statistisches Bundesamt Deutschland, Leben in Deutschland – Haushalte, Familien und Gesundheit – Ergebnisse des Mikrozensus 2005, Presseexemplar, 2006, S. 50).

S. 176: Zu den statistischen Angaben zu Alleinerziehenden: Statistisches Bundesamt Deutschland, Leben in Deutschland – Haushalte, Familien und Gesundheit – Ergebnisse des Mikrozensus 2005, Presseexemplar, 2006, S. 35 f.; Petra Lehmann/Christine Wirtz, Haushaltszusammensetzung in der EU – Alleinerziehende, in: Eurostat (Hrsg.), Statistik kurz gefasst, Bevölkerung und soziale Bedingungen, Thema 3–5/2004, S. 2.

S. 176: Kurt Biedenkopf u. a., Starke Familie. Bericht der Kommission »Familie und demographischer Wandel« – Im Auftrag der Robert Bosch Stiftung, 2005, S. 52, sieht in der staatlichen Unterstützung allein erziehender Frauen in den ersten beiden Lebensjahren des Kindes in Höhe von 1.200 bis 1.300 Euro im Monat die Gefahr einer falschen Anreizförderung. Die Hälfte der jungen Frauen mit 30 Jahren verdienen im Übrigen auch nur bis zu 1.200 Euro netto monatlich.

S. 176: Nach einer Pressemitteilung des Statistischen Bundesamts Deutschland vom 6. September 2005 waren in den alten Bundesländern 30 % und in den neuen Bundesländern 21 % der 37- bis 40-jährigen deutschen Frauen kinderlos. Kinderlosigkeit heißt dabei, dass mit der Frau keine minderjährigen Kinder im Haushalt leben. Unter die kinderlosen Frauen fallen daher auch Frauen, deren Kinder bereits ausgezogen sind oder die bei einem anderen Erziehungsberechtigten aufwachsen. Ein Vergleich der Ergebnisse des Mikrozensus der Jahre 1987, 1991, 2004 findet sich bei Klaus-Jürgen Duschek/Heike Wirth, Kinderlosigkeit von Frauen im Spiegel des Mikrozensus, in: Statistisches Bundesamt Deutschland (Hrsg.), Wirtschaft und Statistik 8/2005, S. 800 (803).

S. 176: Zur Familiengröße: Statistisches Bundesamt Deutschland, Leben in Deutschland – Haushalte, Familien und Gesundheit – Ergebnisse des Mikrozensus 2005, Presseexemplar, 2006, S. 44 ff.

S. 176: Zur Abnahme der Geburtenrate im Deutschen Reich und in der Bundesrepublik: Herwig Birg, Die ausgefallene Generation. Was die Demographie über unsere Zukunft sagt, 2005, S. 38.

S. 176: Die Entwicklung der Geburtenzahlen der letzten 40 Jahre in Deutschland stellt Jürgen Borchert, »Humanvermögenspolitik!« als Imperativ einer Politik der Zukunftsfähigkeit, in: N. Hummel/A. Schack (Hrsg.), Kinderlärm ist Zukunftsmusik, 2006, S. 11 (12 f.), dar.

S. 177: Die Bedeutung der Familie für Erziehung, Persönlichkeit und damit für die Freiheit in der Republik hebt Montesquieu in »De l'esprit des lois« hervor, abgedruckt in: ders., Œuvres complètes, hrsg. von Daniel Oster, Paris 1964, S. 528 (540, 542); vgl. auch zum Untergang Roms ders., Considérations sur les causes de la grandeur des Romains et de leur décadence, in: ders., Œuvres complètes, hrsg. von Daniel Oster, Paris 1964, S. 435 (452 f.); dazu Gerd Morgenthaler, Freiheit durch Gesetz. Der parlamentarische Gesetzgeber als Erstadressat der Freiheitsgrundrechte, 1999, S. 94.

S. 179: Zum Verfassungsauftrag zur Reform des Rechts der Familie: Gregor Kirchhof, Der besondere Schutz der Familie in Art. 6 Abs. 1 des Grundgesetzes. Abwehrrecht, Einrichtungsgarantie, Benachteiligungsverbot, staatliche Schutz- und Förderpflicht, AöR 129 (2004), S. 542 ff.

S. 182: Die zitierten Ergebnisse der im November 2003 durchgeführten Repräsentativbefragung des Instituts für Demoskopie Allensbach finden sich in: dass., Einflussfaktoren auf die Geburtenrate, Studie vom 5. März 2004, S. 24.

S. 184: Zur Initiative des nordrhein-westfälischen Kultusministers Mikat: Kurt Biedenkopf u. a., Starke Familie. Bericht der Kommission »Familie und demographischer Wandel« – Im Auftrag der Robert Bosch Stiftung, 2005, S. 72.

S. 185: Zur Sozialhilfequote und Armut bei Kindern: Statistisches Bundesamt Deutschland (Hrsg.), Sozialhilfe in Deutschland. Entwicklung, Umfang, Strukturen, 2003, S. 13; Lebenslagen in Deutschland – Der 2. Armuts- und Reichtumsbericht der Bundesregierung, Internetfassung, 2005, S. 75 f.

S. 186: Die Entscheidung des Bundesverfassungsgericht zu den Trümmerfrauen findet sich in BVerfGE 87, 1.

S. 188: Nach Art. 3 des Steueränderungsgesetzes 2007 wird das Kindergeld nur noch bis zur Vollendung des 25. Lebensjahres des Kindes und nicht mehr bis zum 27. Lebensjahr gezahlt (vgl. BT-Drucks. 16/1545; BR-Drucks. 464/06). Das Gesetz wurde vom Bundestag am 29. Juni 2006 beschlossen (vgl. BT-Plenarprot. 16/43, S. 3997 A). Der Bundesrat stimmte dem Gesetz am 7. Juli 2006 ohne eine Wortmeldung zu (BR-Plenarprot. 824, S. 229 D). Weil die Kinderzulage für die Altersvorsorgezulage nach § 85 Abs. 1 EStG an das Kindergeld anknüpft, wird damit auch die Förderung der Riester-Rente gekürzt, zu der sich viele junge Familien privatrechtlich verpflichtet haben.

S. 190: Zum unterschiedlichen Verhaltensmuster von Sozialhilfeempfängern und Menschen mit gleichem Haushaltseinkommen, das aber selbst verdient ist: Alois Weidacher, Verhalten von Familien in prekären wirtschaftlichen Lagen, in: W. Bien/A. Weidacher (Hrsg.), Leben neben der Wohlstandsgesellschaft. Familien in prekären Lebenslagen, 2004, S. 191 (217 ff.).

S. 191: Der Beschluss des Bundesverfassungsgerichts zum Familienlastenausgleich vom 10. November 1998 findet sich in BVerfGE 99, 216.

S. 196: Bevölkerungswachstum begründet in den entwickelten Ländern ökonomische

Macht: Herwig Birg, Die ausgefallene Generation. Was die Demographie über unsere Zukunft sagt, 2005, S. 59 ff.

Kapitel VIII. Die Weite des freien Wortes

S. 197: Zu »Soldaten sind Mörder«: BVerfGE 86, 1 (2 ff.) »Geb. Mörder«; 93, 266 (289 f.).

S. 197: Vgl. zu ein Dichter sei ein »steindummer, kenntnisloser und talentfreier« Autor: BVerfG, 1. Kammer des Ersten Senats, Beschl. v. 25.2.1993 – 1 BvR 151/93 –, NJW 1993, 1462, zu Heinrich Böll.

S. 197: Vgl. zur Darstellung eines Politikers als Schwein: BVerfGE 75, 369 (380) – Strauß-Karikatur –; vgl. auch BVerfGE 82, 272 (273 f.) – »Zwangsdemokrat Strauß« –.

S. 197: Vgl. zu Fotos von einer Fürstin mit ihren Kindern: BVerfGE 101, 361 (386) – Caroline von Monaco II –.

S. 197: Vgl. zu den Fotos von intimen Körperteilen: BVerfG, 1. Kammer des Ersten Senats, Beschl. v. 26.4.2001 – 1 BvR 758/97 –, NJW 2001, S. 1921 (1924).

S. 197: Vgl. zur Veröffentlichung des Sturzes eines Prominenten in einer Badeanstalt: BVerfG, 1. Kammer des Ersten Senats, Beschl, v. 13.4.2000 – 1 BvR 2080/98 –, NJW 2000, S. 2192.

S. 200: Das Zitat »Wenn ich entscheiden sollte, ob wir eine Regierung ohne Zeitungen oder Zeitungen ohne eine Regierung haben sollten, würde ich nicht einen Moment zögern, das Letztere vorzuziehen« wird Thomas Jefferson zugeschrieben.

S. 201: Das Zitat von John Milton »[...] who kills a Man kills a reasonable creature, Gods Image; but hee who destroyes a good Booke, kills reason it selfe, kills the Image of God, as it were in the eye«, stammt aus ders., *Areopagatica* (1644), hrsg. v. Edward Arber, London 1868, S. 35.

S. 201: Friedrich Schillers »Der Verbrecher aus verlorener Ehre. Eine wahre Geschichte.« findet sich in: ders., Werke in drei Bänden, hrsg. v. Herbert G. Göpfert, Bd. I, 1981, S. 564.

S. 201: Heinrich Böll, Die verlorene Ehre der Katharina Blum, 1974.

S. 201: Jean-Paul Sartre, Nekrassov – pièce en huit tableaux (1955), 1962.

S. 201: Milan Kundera, Die unerträgliche Leichtigkeit des Seins, 1984.

S. 202: Das Schicksal des »enfant-loup« beschreibt Anselm von Feuerbach in: ders., Kaspar Hauser. Beispiel eines Verbrechens am Seelenleben des Menschen (1832), Neudruck 1983.

S. 202: Mittermaiers Zitat zum Schutz der Ehre steht in der Kommentierung Karl Josef Anton Mittermaier, in: J. Weiske (Hrsg.), Rechtslexikon für Juristen aller teutschen Staaten, enthaltend die gesammte Rechtswissenschaft, Bd. 5, 1844, Stichwort: »Iniurien«, S. 863 (885).

S. 204: Zu den Einschränkungen der Meinungs- und Pressefreiheit: Roman Herzog, in: Th. Maunz/G. Dürig, Komm. z. GG, Art. 5 Abs. I, II Rn. 242 ff. (Loseblatt, Stand: Februar 2005).

S. 204: Die französische Verfassung von 1791 ist in: Staatsverfassungen – eine Sammlung wichtiger Verfassungen der Vergangenheit und Gegenwart in Urtext und Übersetzung, hrsg. von Günther Franz, 2. Aufl., 1964, S. 303, abgedruckt. Die Erklärung der Menschen- und Bürgerrechte von 1789 ist die Präambel der Verfassung von 1791. Art. 4 der Erklärung zeigt die Grenzen der Freiheit auf.

S. 204: Zur Entscheidung des Bundesverfassungsgerichts zum »Berufsverbot«: BVerfGE 39, 334 (370).

S. 204: Mit der staatlichen Schutzpflicht gegenüber dem ungeborenen Leben beschäftigte sich das Bundesverfassungsgericht in BVerfGE 39, 1 (36 ff.) – Schwangerschaftsabbruch I; BVerfGE 88, 203 (251 ff.) – Schwangerschaftsabbruch II. Schwangerschaftsabbruch ist »immer Tötung« (BVerfGE 39, 1 (43); 88, 203 (256)).

S. 205: Vgl. zur Unterstellung ein Künstler sei Mitglied von Scientology: BVerfGE 99, 185 – Scientology.

S. 205: Zur Beobachtung einer Partei durch den Verfassungsschutz: BVerfGE 40, 287 – Verfassungsschutzbericht.

S. 205: Als Beispiele für Übertreibungen im Gesetzestitel nennt Hans Schneider, Gesetzgebung, 3. Aufl., 2002, Rn. 313, die drei großen Gesetzeswerke der 11. Wahlperiode des Deutschen Bundestages. Das Gesundheits-ReformG 1988, das SteuerreformG 1990 und das RentenreformG 1992 haben entgegen ihrer Überschriften nur geltende Rechtsvorschriften geändert, so dass von Reformgesetzen nicht gesprochen werden kann.

S. 207: Zum Tagebuchfall: BVerfGE 80, 367 (368 ff.) – Tagebuch –.

S. 211: Zum Rechtsgrundsatz In dubio pro libertate bei Meinungsäußerung und Ehrenschutz: Hanno Kube, Ehrenschutz im Verfassungsrecht des Frühkonstitutionalismus und im Grundgesetz, Archiv des öffentlichen Rechts 125 (2000), S. 341 ff.

S. 211: Zur ursprünglichen Bedeutung des Wortes persona als Maske des Schauspielers: Siegmund Schlossmann, Persona und ›prosopon‹ im Recht und im christlichen Dogma, 1906, S. 11 ff.

S. 212: Das athenische Scherbengericht beschreibt Martin Dreher, Verbannung ohne Vergehen – Der Ostrakismos (das Scherbengericht), in: L. Burckhardt/J. von Ungern-Sternberg (Hrsg.), Große Prozesse im antiken Athen, 2000, S. 66.

S. 212: Das Zitat, »dass sich die Menschen viel zu sehr über die moralische Erniedrigung eines anderen freuten, als dass sie sich dieses Vergnügen durch irgendwelche Erklärungen verderben ließen«, stammt von Milan Kundera, Die unerträgliche Leichtigkeit des Seins, 1984, S. 183.

S. 212: Das »unveräußerliche Recht« der »Unantastbarkeit des Leibes wie die Unverletzbarkeit der Seelenkräfte« formuliert bereits Paul Achatius Pfizer, in: C. v. Rotteck/C. Welcker (Hrsg.), Das Staats-Lexikon – Encyklopädie der sämmtlichen Staatswissenschaften für alle Stände, Bd. 12, 1. Aufl., 1841, S. 689 (694). Michael Stolleis, Geschichte des öffentlichen Rechts in Deutschland, Bd. 2, 1992, S. 178 f., beschreibt die Person und das Wirken von Pfizer (1801–1867).

S. 212: Vgl. zu der Verwendung von Scheidungsakten im Disziplinarverfahren: BVerfGE 27, 344 (345 f.) – Scheidungsakte –.

S. 213: Eine staatliche Pflicht zur Sorge für körperliche und geistige Pflege des Menschen sieht der anonyme Autor des Stichworts »Menschenrechte«, der lediglich mit dem Kürzel »G.« bezeichnet wird, in: C. v. Rotteck/C. Welcker (Hrsg.), Das Staats-Lexikon – Encyklopädie der sämmtlichen Staatswissenschaften für alle Stände, Bd. 9, 3. Aufl., 1864, S. 766 (768).

S. 213: Die Einheit von Gemeinschaft, Persönlichkeit und Freiheit nach der liberalen Staatstheorie des 19. Jahrhunderts beschreibt Ernst Rudolf Huber, Deutsche Verfassungsgeschichte seit 1789, Bd. II, 3. Aufl., 1988, S. 379 f.

S. 213: Die aufgeführte Definition der Injurie findet sich in II 20 § 538 ALR zu Beginn des Zehnten Abschnitts »Von Beleidigungen der Ehre« (s. Hans Hattenhauer (Hrsg.), Allgemeines Landrecht für die Preußischen Staaten von 1794, 3. Aufl., 1996, S. 694). Die Ehre ist sowohl privatrechtliches als auch strafrechtliches Schutzgut. Sie kann durch unerlaubte Handlung (I 6 § 1 ALR) oder durch Privatverbrechen (II 20 § 509 ALR) beschädigt werden (s. a.a.O., S. 90 u. 693). Die staatliche Pflicht, die Ehre zu schützen, begründet II 17 § 1 ALR (s. a.a.O., S. 626).

S. 213: Das Gesetz betreffend das Urheberrecht an Werken der bildenden Künste und der Photographie vom 9. Januar 1907 (RGBl. S. 7) trat am 1. Juli 1907 in Kraft. § 22 des Gesetzes gilt auch noch heute:»Bildnisse dürfen nur mit Einwilligung des Abgebildeten verbreitet oder öffentlich zur Schau gestellt werden. Die Einwilligung gilt im Zweifel als erteilt, wenn der Abgebildete dafür, daß er sich abbilden ließ, eine Entlohnung erhielt. Nach dem Tode des Abgebildeten bedarf es bis zum Ablaufe von 10 Jahren der Einwilligung der Angehörigen des Abgebildeten. Angehörige im Sinne dieses Gesetzes sind der überlebende Ehegatte oder Lebenspartner und die Kinder des Abgebildeten und, wenn weder ein Ehegatte oder Lebenspartner noch Kinder vorhanden sind, die Eltern des Abgebildeten.«

S. 213: Die Fotografie von Bismarck auf dem Totenbett war Gegenstand eines Verfahrens vor dem Reichsgericht: RG, Urt. v. 28.12.1899, VI 259/99, RGZ 45, 170; vgl. auch BVerfGE 101, 361 (387) – Caroline von Monaco II –.

S. 214: Die Entscheidung des Bundesverfassungsgerichts zum»Soldatenmord von Lebach« ist in BVerfGE 35, 202 – Lebach –, abgedruckt.

S. 215: Das Recht auf die Identität der Person, auf persönliche Ehre, den guten Namen und Ruf, am eigenen Bild, am eigenen Wort und auf die Achtung des privaten und familiären Lebensbereichs ist in Art. 26 Abs. 1 der Verfassung der Portugiesischen Republik vom 2. April 1976 verankert.

S. 215: Jeder, der sich in Griechenland aufhält, genießt nach Art. 5 Abs. 2 der Verfassung der Griechischen Republik vom 9. Juni 1975 ohne Unterschied der Nationalität, der Rasse oder Sprache und religiösen oder politischen Anschauungen den unbedingten Schutz seines Lebens, seiner Ehre und Freiheit. Ein Vorbehalt besteht nur für die im Völkerrecht vorgesehenen Fälle.

S. 215: Nach Art. 18 Abs. 1 der Verfassung des Königreich Spaniens vom 29. Dezember 1978 hat jeder das Recht auf Ehre, auf die persönliche und familiäre Intimsphäre und das Recht auf das eigene Bild.

S. 215: Der irische Staat hat nach Art. 40 Abs. 3 der Verfassung der Republik Irland vom 1. Juli 1937 die persönlichen Rechte der Bürger zu achten und sie, soweit dies durchführbar ist, zu verteidigen und zu schützen. Zu den vier Rechtsgütern, auf die sich die staatliche Schutzpflicht insbesondere erstreckt, gehören die Person und der gute Name.

S. 215: Art. 8 Abs. 1 der Europäischen Konvention zum Schutze der Menschenrechte und Grundfreiheiten vom 4. November 1950 begründet für jedermann einen Anspruch auf Achtung seines Privat- und Familienlebens, seiner Wohnung und seines Briefverkehrs. Da die Ausübung der Freiheit der Meinungsäußerung ausdrücklich Pflichten und Verantwortung mit sich bringt, besteht nach Art. 10 Abs. 2 ein Gesetzesvorbehalt, dessen Schutzzweck unter anderem die Moral, der gute Ruf und die Rechte anderer sind.

S. 215: Nach Art. 17 des Internationalen Pakts über zivile und politische Rechte vom 19. Dezember 1966 darf niemand willkürlichen oder ungesetzlichen Eingriffen in sein Privatleben, seine Familie, seine Wohnung, seine Korrespondenz oder unrechtmäßigen Angriffen auf seine Ehre und seinen guten Ruf ausgesetzt sein. Jeder hat Anspruch auf Rechtsschutz gegen solche Eingriffe oder Angriffe.

S. 215: Das Zitat »Die verlorene Ehre des Bundesbürgers« stammt von Rolf Stürner, Die verlorene Ehre des Bundesbürgers – Bessere Spielregeln für die öffentliche Meinungsbildung?, JZ 1994, S. 865.

S. 216: Zur Interpretation des Bundesverfassungsgerichts – der Aufschrift »A soldier is a murder«: BVerfGE 93, 266 (303 ff.); – des Autoaufklebers »Soldaten sind Mörder«: BVerfGE 93, 266 (297).

S. 216: Zur Auslegung des Bundesverfassungsgerichts, die Bezeichnung eines Parteipolitikers sei mehr eine Auseinandersetzung in der Sache und weniger eine Diffamierung der Person: BVerfGE 82, 272 (283 f.) – Zwangsdemokrat –.

S. 217: Zur schillerschen Naivität: Friedrich Schiller, Über naive und sentimentalische Dichtung, ders., Werke in drei Bänden, hrsg. v. Herbert G. Göpfert, Bd. II, 1981, S. 540.

S. 217: Joseph von Eichendorff veröffentlichte sein Werk »Aus dem Leben eines Taugenichts« 1826, Neudruck hrsg. von Joseph Kiermeier-Debre, 1997.

S. 218: Das Zitat von Friedrich Dürrenmatt stammt aus ders., Der Verdacht (1951), Werksausgabe Bd. 19, 1980, S. 118 (249).

S. 218: Zu dem Katalog, den die Strafrechtsprechung für Autofahrer entwickelt hat, die sich in einer Verkehrssituation disziplinlos verhalten: Herbert Tröndle/Thomas Fischer, Strafgesetzbuch, 53. Aufl., 2006, § 185 Rn. 9 f.; Schönke/Schröder/Theodor Lenckner, Strafgesetzbuch, 27. Aufl., 2006, § 185 Rn. 13.

S. 219: Vgl. zu den spekulativen Behauptungen einer Prominentenhochzeit: BVerfG, 1. Kammer des Ersten Senats, Beschl. v. 26.4.2001 – 1 BvR 758/97 –, NJW 2001, S. 1921 (1926).

S. 222: Den aufgeführten Aphorismus formuliert Ludwig Wittgenstein in ders., Tractatus Logico-Philosophicus (1921), 1955, 4.002 (62).

S. 226: Die Folgen des notwendigen Kompromisses in der Demokratie beschreibt Max Frisch, Stiller, 1954, S. 323.

Kapitel IX. Die Macht des Geldes

S. 232: Aristoteles unterscheidet in der Nikomachischen Ethik zwischen der Gerechtigkeit beim Austausch von Gütern zwischen Privaten, der iustitia commutativa, und der Gerechtigkeit bei der Zuteilung öffentlicher Lasten und Wohltaten, der iustitia distributiva, vgl. ders., Nikomachische Ethik, Buch V, 1131a (übersetzt von Franz Dirlmeier, 1956, S. 100 f.).

S. 233: Ein demokratisches Staatsvolk findet seine Mitte in seiner Kultur, Tradition, geschichtlichen Verbundenheit und politischen Finalität. So, wie der staatliche Zusammenhalt eine Voraussetzung der Demokratie bildet, eint das Demokratieprinzip ein Staatsvolk in der Gemeinsamkeit von Kultur, Rechtsverständnis, wirtschaftlichen und politischen Anliegen, vgl. hierzu eingehend Paul Kirchhof, Der demokratische Rechtsstaat – die Staatsform der Zugehörigen, in: J. Isensee/ders. (Hrsg.), Handbuch des Staatsrechts der Bundesrepublik Deutschland, Bd. IX, 1997, § 221 Rn. 9.

S. 235: Das Bonmot »Die Phönizier haben das Geld erfunden, aber warum so wenig?«, wird dem österreichischen Dichter Johann Nepomuk Nestroy (1801–1862) zugeschrieben.

S. 235: Das deutsche Abgabenrecht unterscheidet zwischen Steuern sowie Beiträgen und Gebühren als entgeltähnliche Abgaben, vgl. Paul Kirchhof, Staatliche Einnahmen, in: J. Isensee/ders. (Hrsg.), Handbuch des Staatsrechts der Bundesrepublik Deutschland, Bd. IV, 2. Aufl. 1999, § 88 Rn. 45 ff., 181 ff.

S. 236: Der Grundsatz, wonach der Steuerzahler keinen größeren Einfluss auf das Staatshandeln gewinnt, weil er es finanziert hat, ergibt sich aus der Kompetenzordnung des Grundgesetzes: Der Verfassungsgeber hat die Einnahmegewalt des Staates, welche Steuern erhebt, von der Ausgabengewalt, die Leistungen gewährt, nach Kompetenzen und Rechtmäßigkeitsanforderungen getrennt, vgl. hierzu Hanno Kube, Finanzgewalt in der Kompetenzordnung, 2004, S. 211 f. Dementsprechend trifft der Haushaltsgesetzgeber seine Verwendungsentscheidung unbefangen und in Distanz zu dem Finanzier des Staates. Die Grundlage der Verwendungsgleichheit, die hierdurch möglich wird, bildet die Vollständigkeit des Haushaltsplans nach Einnahmen und Ausgaben, vgl. hierzu Paul Kirchhof, Staatliche Einnahmen, in: J. Isensee/ders. (Hrsg.), Handbuch des Staatsrechts der Bundesrepublik Deutschland, Bd. IV, 2. Aufl. 1999, § 88 Rn. 14.

S. 237: Das Sprachbild, im Geld verkörpere sich »geprägte Freiheit«, verwendet das Bundesverfassungsgericht in seiner Entscheidung B VerfGE 97, 350 (371) – Euro – und lehnt sich dabei an ein Wort Fjodor Dostojewskis aus dem Roman »Aufzeichnungen aus einem Totenhaus« (Erster Teil, übersetzt von Dieter Pommerenke, 1994, S. 25) an.

S. 237: Friedrich August von Hayek hat das Geld als »eines der großartigsten Werkzeuge der Freiheit, die der Mensch je erfunden hat« bezeichnet; es biete ihm die meisten Möglichkeiten, die Frucht seiner Arbeit zu genießen (ders., Der Weg zur Knechtschaft, in: Gesammelte Schriften in deutscher Sprache, Bd. 1, übersetzt von Eva Röpke, 2004, S. 80).

S. 237: Zu dem Schutz des Geldwertes durch die Eigentumsgarantie des Art. 14 Abs. 1 GG hat das Bundesverfassungsgericht ausgeführt: »Eine wesentliche Freiheitsgarantie des Eigentums liegt gerade darin, Sachgüter und Geld gegeneinander austauschen zu können. Die Gleichwertigkeit von Sach- und Geldeigentum ist auch eine der Funktionsgrundlagen des Art. 14 GG. Geld ist geprägte Freiheit; es kann frei in Gegenstände eingetauscht werden«, vgl. B VerfGE 97, 350 (371) – Euro –.

S. 238: Zum Einlösungsvertrauens des Geldeigentümers: B VerfGE 97, 350 (371 f.) – Euro –.

S. 238: Die Geldtheorie schreibt dem Geld im Wesentlichen die volkswirtschaftlichen Funktionen des allgemeinen Tauschmittels, des Wertaufbewahrungsmittels und der Recheneinheit zu, vgl. Werner Ehrlicher, Geldtheorie und Geldpolitik, in: Handwörterbuch der Wirtschaftswissenschaft, Bd. 3, 1981, S. 374 (377); Reiner Schmidt, Öffentliches Wirtschaftsrecht, Allgemeiner Teil, 1990, S. 347; Otmar Issing, Einführung in die Geldtheorie, 12. Aufl., 2001, S. 1 ff.

S. 238: Die Entwicklung der rechtswissenschaftlichen Diskussion um den verfassungsrechtlichen Schutz des Geldwertes zeichnet Hugo J. Hahn, Währungsrecht, 1990, S. 222 f., nach.

S. 238: Die nach ihrer Belastungs- und Ertragswirkung wichtigsten Steuerarten, die das Einkommen und die Vermögensverwendung besteuern, greifen auf das in Bewegung befindliche Vermögen zu; in der Regel setzt der Steuerzugriff des Staates also an der freiwilligen Vermögensdisposition des Eigentümers, nicht am ruhenden Bestand des Vermögens an. Zu diesem Prinzip eingehend Paul Kirchhof, Staatliche Einnahmen, in: J. Isensee/ders. (Hrsg.), Handbuch des Staatsrechts der Bundesrepublik Deutschland, Bd. IV, 2. Aufl., 1999, § 88 Rn. 74 f.; ders., Der Grundrechtsschutz des Steuerpflichtigen, in: AöR 128 (2003), S. 1 (15 f.).

S. 238: Gerade das Geldeigentum sichert unter den Wirtschafts- und Arbeitsbedingungen der Gegenwart die individuelle Existenz und stützt die persönliche Freiheit des Grundrechtsberechtigten. Daher ist insbesondere das Geldeigentum angesprochen, wenn das Bundesverfassungsgericht in ständiger Rechtsprechung erklärt, der Eigentumsgarantie komme im Gesamtgefüge der Grundrechte »die Aufgabe zu, dem Träger des Grundrechts einen Freiraum im vermögensrechtlichen Bereich zu sichern und ihm dadurch eine eigenverantwortliche Gestaltung seines Lebens zu ermöglichen«, vgl. B VerfGE 50, 290 (339) – Mitbestimmung –; 53, 257 (290) – Versorgungsausgleich I –; 97, 350 (370 f.) – Euro –.

S. 239: Die Eigentumsgarantie des Art. 14 Abs. 1 GG schützt die einzelnen Vermögensgegenstände des Grundrechtsberechtigten zunächst in ihrem konkreten, dem hoheitlichen Zugriff vorausliegenden Bestand. Enteignet der Staat aus Gründen des Gemeinwohls ein Sacheigentum und überwindet er hierdurch die Bestandsgarantie, so muss er dem Eigentumszugriff jedoch gem. Art. 14 Abs. 3 S. 2 GG in Geld entschädigen; das Eigentumsgrundrecht entfaltet sich unter diesen Umständen als Vermögenswertgarantie, vgl.

BVerfGE 58, 300 (323) – Nassauskiesung; vgl. auch E 24, 367 (397) – Deichordnungsgesetz –; 46, 268 (285) – Bodenreformgesetz –.

S. 239: Garant des Geldwertes ist üblicherweise die Volkswirtschaft eines bestimmten Staates. Wird eine nationale Währung im Zuge einer Währungsunion ersetzt, so stützt sich das Einlösungsvertrauen der Wirtschaftsbeteiligten fortan nicht mehr auf die staatlich verfasste Rechtsgemeinschaft, sondern wird von einer anderen Rechtsgemeinschaft und deren Wirtschaftskraft getragen. Zur eigentumsrechtlichen Bedeutung der Ersetzung der Deutschen Mark durch den Euro vgl. BVerfGE 97, 350 (371 f.) – Euro; Paul Kirchhof, Das Geldeigentum, in: Festschrift für Walter Leisner, 1999, S. 635 (643 ff.); ders., Die Mitwirkung Deutschlands an der Wirtschafts- und Währungsunion, in: Festschrift für Franz Klein, 1994, S. 61 (75 f.).

S. 240: In ihrer Bilanz der bundesdeutschen Währung stellte die Deutsche Bundesbank 1988 fest, dass sich das Preisniveau in der Bundesrepublik Deutschland im Zeitraum von 1948 bis 1988 um jährlich 2,7 % erhöht hatte. Das bedeutet, dass die Deutsche Mark in diesen 40 Jahren etwa zwei Drittel ihrer Kaufkraft eingebüßt hat (Deutsche Bundesbank, Vierzig Jahre Deutsche Mark, Monatsbericht Mai 1988, 1988, S. 13).

S. 240: Anlässlich der Anpassung der Berechnungsgrundlagen des Außenwerts der Deutschen Mark an die außenwirtschaftliche Entwicklung erläutert die Deutsche Bundesbank, Aktualisierung der Außenwertberechnungen, Monatsbericht April 1989, 1989, S. 44 ff., den Begriff des nominalen und realen Außenwerts der Währung.

S. 241: Art. 88 Satz 2 GG sieht vor, dass Aufgaben und Befugnisse im Rahmen der Europäischen Union der Europäischen Zentralbank übertragen werden können, die unabhängig und dem vorrangigen Ziel der Preisstabilität verpflichtet ist. Die Übertragung der Befugnisse der Bundesbank auf die Europäische Zentralbank wurde durch die 38. Grundgesetzänderung vom 21. Dezember 1992 möglich und findet sich in BGBl. I, S. 2086.

S. 241: Die Anforderungen für eine Teilnahme an der Europäischen Währungsunion formuliert Art. 121 EGV (ex Art. 109j). Unter anderem wird in dem Verfahren geprüft, ob ein hoher Grad an dauerhafter Konvergenz erreicht ist. Maßstab hierfür sind die sog. Konvergenzkriterien (Preisstabilität, tragbare Finanzlage der öffentlichen Hand, Einhaltung der normalen Bandbreiten des Wechselkursmechanismus, Niveau der langfristigen Zinssätze). Die Konvergenzkriterien sind durch das Protokoll über die Konvergenzkriterien nach Art. 121 des Vertrages zur Gründung der Europäischen Gemeinschaft konkretisiert.

S. 241: Nach Feststellung des Bundesverfassungsgerichts genügt die Verpflichtung der Europäischen Zentralbank auf das vorrangige Ziel der Preisstabilität gemäß Art. 4 Abs. 2 (ex Art. 3a Abs. 2), Art. 105 Abs. 1 EGV der gesonderten Verfassungspflicht der Bundesrepublik Deutschland aus Art. 88 Satz 2 GG). Der Grundsatz der loyalen Zusammenarbeit gemäß Art. 10 EGV (ex Art. 5) verpflichtet die Gemeinschaftsorgane, die verfassungsrechtliche Anforderung einer Stabilitätsgemeinschaft zu achten (BVerfGE 89, 155 (201 f.) – Maastricht –).

S. 241: In der Entscheidung BVerfGE 97, 350 – Euro – stellte das Bundesverfassungsgericht nochmals ausdrücklich fest, dass die Mitwirkung Deutschlands an der Europäischen Währungsunion nach Art. 23 und Art. 88 Satz 2 GG grundsätzlich gestattet ist. Der Währungsumtausch von der Deutschen Mark zum Euro findet in diesen Bestimmungen eine ausreichende verfassungsrechtliche Grundlage, so dass die Eigentumsfreiheit gemäß Art. 14 Abs. 1 GG nicht verletzt sein kann (BVerfGE 97, 350 (372) – Euro –). In der Entscheidung betont das Bundesverfassungsgericht die Verpflichtung der Bundesregierung, des Bundestages und des Bundesrates, die Europäische Währungsunion als Stabilitätsgemeinschaft mitzugestalten (BVerfGE 97, 350 (376) – Euro –).

S. 245: Das Kontinuitätsprinzip ist ein wesentlicher Zweck der juristischen Person (Fritz

Rittner, Die werdende juristische Person. Untersuchungen zum Gesellschafts- und Unternehmensrecht, 1973, S. 212 ff.). Die juristische Person ist eine zweckgebundene Organisation, der die Rechtsordnung die Rechtsfähigkeit verliehen hat (BGHZ 25, 134 (144); Dieter Reuter, in: Münchener Kommentar zum Bürgerlichen Gesetzbuch, Bd. 1, 4. Aufl. 2001, vor § 21 Rn. 2). Die juristische Person ist zwar biologisch unsterblich, ihre Existenz hängt aber davon ab, dass sie in der Rechtsordnung als Rechtssubjekt konstituiert wird (Josef Isensee, Anwendung der Grundrechte auf juristische Personen, in: J. Isensee / P. Kirchhof (Hrsg.), Handbuch des Staatsrechts der Bundesrepublik Deutschland, Bd. V, 2. Aufl., 2000, § 118 Rn. 11).

S. 245: Hans J. Wolff, Organschaft und Juristische Person. Untersuchungen zur Rechtstheorie und zum öffentlichen Recht, Bd. I, 1933, S. 1–87, hat den Theorienstreit, der in der deutschen Rechtswissenschaft im 19. und Anfang des 20. Jahrhunderts über die juristische Person herrschte, grundlegend aufgearbeitet.

S. 246: Grund für das Verbot der Kapitalgesellschaften in England war das Platzen der sog. »South Sea Bubble«. Viele Anleger in England und Frankreich versprachen sich märchenhafte Gewinne aus Geschäften mit den Südseekolonien. Irrationale Übertreibungen führten zu einer Spekulationsblase, die mit den Vorgängen im Jahr 2000 verglichen werden (Malcolm Balen, A Very English Deceit. The Secret History of the South Sea Bubble and the First Great Financial Scandal, 2000). Als der Südseeschwindel aufflog, kam es zum Erlass der Bubble Act vom 18. Aug. 1720. Nachdem vorher zahlreiche nicht privilegierte Gesellschaften sich gebildet hatten, welche sich der solidarischen Haftung durch Ausgabe von Inhaberaktien zu entziehen suchten, wurden jetzt alle nicht von der Krone durch Freibriefe oder vom Parlament inkorporierten Gesellschaften unterdrückt und die Gründung neuer Vereine mit Ausschließung der Solidarhaft und Übertragbarkeit der Anteile verboten. Die Akte wurde erst 1825 wieder aufgehoben, als ein neues Gründungsfieber ausbrach (H. J. Meyer (Hrsg.), Meyers Konversations-Lexikon, Bd. 1, 4. Aufl., 1885, – Stichwort: »Aktie und Aktiengesellschaft«, S. 266).

S. 246: In Frankreich kommt Mitte des 18. Jahrhunderts eine Fundamentalkritik am Körperschaftswesen auf. Für Jean-Jacques Rousseau, Du Contrat social ou Principe du droit politique, 1762, Liv. II, Chap. III, stellt jede Vereinigung neben den Staat eine Verfälschung des allgemeinen Willens dar. Die revolutionäre Idee zielt daher auf die Abschaffung der Korporation.

S. 246: Die Haftungsbeschränkung der Korporation kommt bereits in dem römischen Satz »quod universitas debet singulus non debent« zum Ausdruck. Er galt grundsätzlich auch in der mittelalterlichen Staats- und Korporationslehre. Dennoch war in der damaligen Rechtspraxis eine Haftung des Einzelnen nicht ausgeschlossen. Der singulus musste grundsätzlich subsidiär haften, wenn die Vollstreckung in das Korporationsvermögen nicht erfolgreich war. Der Haftungsanteil richtete sich im Zweifel nicht nach Köpfen, sondern nach dem Vermögen (Otto von Gierke, Das deutsche Genossenschaftsrecht, Bd. III, Die Staats- und Korporationslehre des Altertums und des Mittelalters und ihre Aufnahme in Deutschland, 1881, S. 378 f.). Dieses Verständnis von der Korporation setzt sich in der Neuzeit fort. Die korporative Haftung hat bis ins siebzehnte Jahrhundert hinein eine individualrechtliche Wirkung (Otto von Gierke, Das deutsche Genossenschaftsrecht, Bd. IV, Die Staats- und Korporationslehre der Neuzeit, 1913, S. 34 f., 132).

S. 246: Die ersten Aktiengesellschaften treten in Preußen im 18. Jahrhundert auf. Sie entwickeln sich aus anderen Rechtsformen – wie öffentliche Körperschaften – heraus. Erste Kodifikationen des Aktienrechts gibt es in Deutschland erst der Mitte des 19. Jahrhunderts. Danach bedurften Aktiengesellschaften und Kommanditgesellschaften auf Aktien der staatlichen Genehmigung. Die Konzessionspflicht wurde erst nach und nach gesetzlich abgeschwächt. Im Norddeutschen Bund wurde das Konzessionssystem 1870 im Grundsatz beseitigt. Auch in Deutschland blieb nach der Liberalisierung der Kapitalgesellschaften eine Periode des Aktienschwindels nicht aus (Johannes Semler, in: Münchener Kommentar zum Aktiengesetz, Bd. 1, 2. Aufl. 2000, Einl. Rn. 18 ff.).

S. 246: Der Begriff »juristische Person« bürgert sich erst zu Beginn des 19. Jahrhunderts in Deutschland ein (Karl Haff, Institutionen des Deutschen Privatrechts, Bd. I, 1927, S. 62).

S. 247: In der Rechtssache DODGE et al. v. FORD MOTOR CO. et al. entschied der Supreme Court of Michigan am 7. Februar 1919. Der einschlägige Abschnitt lautet: »[...] There should be no confusion (of which there is evidence) of the duties which Mr. Ford conceives that he and the stockholders owe to the general public and the duties which in law he and his codirectors owe to protesting, minority stockholders. A business corporation is organized and carried on primarily for the profit of the stockholders. The powers of the directors are to be employed for that end. The discretion of directors is to be exercised in the choice of means to attain that end, and does not extend to a change in the end itself, to the reduction of profits, or to the nondistribution of profits among stockholders in order to devote them to other purposes. [...] It is said by appellants that the motives of the board members are not material and will not be inquired into by the court so long as their acts are within their lawful powers. As we have pointed out, and the proposition does not require argument to sustain it, it is not within the lawful powers of a board of directors to shape and conduct the affairs of a corporation for the merely incidental benefit of shareholders and for the primary purpose of benefiting others, and no one will contend that, if the avowed purpose of the defendant directors was to sacrifice the interests of shareholders, it would not be the duty of the courts to interfere. [...]« (204 Mich. 459, 507).

S. 247: Zum Fall Vodafone/Mannesmann: BGH 3. Strafsenat, Urteil vom 21.12.2005, NJW 2006, S. 522.

S. 250: Global Compact/United Nations Global Compact ist der englische Name für einen weltweiten Pakt der Vereinten Nationen, mit dem eine bessere Kooperation zwischen der Weltorganisation und der Wirtschaft angestrebt wird, um die Globalisierung sozialer und ökologischer zu gestalten. Er wurde am 31. Januar 1999 von UN-Generalsekretär Kofi Annan in einer Rede anlässlich des Weltwirtschaftsforums in Davos vorgeschlagen. Am 26. Juli 2000 wurde in New York begonnen, diesen Plan zu verwirklichen. Mehrere hundert Unternehmen aus aller Welt haben sich der Initiative bereits angeschlossen.

S. 250: Mit der Mitbestimmung in deutschen Unternehmen und der Anwendung der Vereinigungsfreiheit auf Kapitalgesellschaften befasste sich das Bundesverfassungsgericht in BVerfGE 50, 290 (355 ff.) – Mitbestimmung –.

S. 250: Aufsichtsratsmitglieder in Publikumsaktiengesellschaften sind nach ihrem Selbstverständnis keine »Anteilseignervertreter«, deren Handeln nur auf das Gesellschafterinteresse ausgerichtet wäre. Sie fühlen sich vielmehr dem Unternehmensinteresse verpflichtet (Werner Flume in Allgemeiner Teil des Bürgerlichen Rechts, Bd. I, 2. Teil, Die juristische Person, 1983, S. 56).

S. 251: »The Ten principles« bilden die Grundsätze des Global Compacts. Sie sind in die Kategorien Menschenrechte, Arbeitsbedingungen, Umwelt und Anti-Korruption unterteilt und in der Broschüre »The Global Compact«, hrsg. von den Vereinten Nationen aufgeführt (www.unglobalcompact.org).

Kapitel X. Aufbruch in den Garten der Freiheit

S. 256: Zu den Steuern im antiken Griechenland: Heinz Kolms, Steuern II, Geschichte, in: Handwörterbuch der Wirtschaftswissenschaft, Bd. 7, 1977, S. 310.

S. 257: Zum römischen »tributum«: Paulys Real-Encyklopädie der Classischen Altertumswissenschaft, 13. Halbband, 1939, S. 1 (7, 54, 61).

S. 257: Der gemeine Pfennig als Merkmal der Unfreiheit: Peter Schmid, Der Gemeine Pfennig von 1495. Vorgeschichte und Entstehung, verfassungsgeschichtliche, politische und finanzielle Bedeutung, 1989, S. 378 ff.

S. 257: Zum Finanzsystem des Absolutismus: Fritz Karl Mann, Steuerpolitische Ideale, 1937, S. 38 ff.; Hans-Peter Ullmann, Der deutsche Steuerstaat, 2005, S. 8, 15 f.

S. 258: Zum Entstehen der Idee einer allgemeinen, für jedermann gleichen Steuerlast: Gustav Schmoller, Die Epochen der preußischen Finanzpolitik, Jahrbuch für Gesetzgebung, Verwaltung und Volkswirtschaft im Deutschen Reich 1 (1878), Nachdruck 1990, S. 33 (112).

S. 258: Steuern belasten den Vermögenserwerb, den Vermögensbestand und die Vermögensverwendung: Paul Kirchhof, Die Besteuerung im Verfassungsstaat, 2000; ders., Der Grundrechtsschutz des Steuerpflichtigen, in: Archiv des Öffentlichen Rechts, Bd. 128, 2003, S. 1–51; ders., Die staatsrechtliche Bedeutung der Steuerreform, in: Jahrbuch des Öffentlichen Rechts der Gegenwart, 2006, S. 1–33.

S. 259: Zur Beschränkung der Besteuerungsbefugnisse des Fürsten: Magna Carta libertatum von 1215, bearb. von Hans Wagner, 2. Aufl., Bern 1973, S. 21 f. (33 f.).

S. 260: Zur Aussage aus dem Zweiten Politischen Testament Friedrichs des Großen über das Maß der Steuerbelastung: Die politischen Testamente der Hohenzollern, bearb. von Richard Dietrich, 1986, S. 499.

S. 260: Zum auch steuerlichen Anlass der Französischen Revolution: Alexis de Tocqueville, Der alte Staat und die Revolution – L'Ancien Régime et la Révolution (Paris 1856), in der Übersetzung von Theodor Oelckers, Taschenbuchausgabe, 1989, S. 107. An dieser Stelle trifft er auch folgende, weiterhin gültige Aussage: »Seit dem Augenblick, wo die Steuer darauf zielte, nicht diejenigen zu treffen, die am fähigsten waren, sie zu bezahlen, sondern diejenigen, die am unfähigsten waren, sich dagegen zu wehren, musste man zu der scheußlichen Konsequenz hingeführt werden, sie dem Reichen zu ersparen und den Armen damit zu belasten.«

S. 260: Die französische Verfassung von 1791 ist in: Staatsverfassungen – eine Sammlung wichtiger Verfassungen der Vergangenheit und Gegenwart in Urtext und Übersetzung, hrsg. von Günther Franz, 2. Aufl., 1964, S. 303, abgedruckt. Die Erklärung der Menschen- und Bürgerrechte von 1789 ist die Präambel der Verfassung von 1791. Art. 13 und Art. 14 der Erklärung der Menschen und Bürgerrechte regeln die Besteuerungsgewalt (a. a. O., S. 306 f.). Article 13 – Pour l'entretien de la force publique et pour les dépenses d'administration une contribution commune est indispensable; elle doit être également répartie entre tous les citoyens en raison de leurs facultés. Article 14 – Tous les citoyens ont le droit de constater par eux-mêmes ou par leurs représentants la nécessité de la contribution publique, de la consentir librement, d'en suivre l'emploi et d'en déterminer la quotité, l'assiette, le recouvrement et la durée.

S. 261: Zu den finanzpolitischen Folgen des 1. Weltkriegs: Klaus Epstein, Matthias Erzberger und das Dilemma der deutschen Demokratie, 1962, S. 373 ff.; Theodor Eschenburg, Matthias Erzberger – Der große Mann des Parlamentarismus und der Finanzreform, 1973, S. 140 ff.

S. 261: Welche Zäsur der 1. Weltkrieg auch für die Einkommensteuerbelastung darstellte,

374

verdeutlicht die vergleichende Studie: Die deutsche Einkommensbesteuerung vor und nach dem Kriege, Hg. Statistisches Reichsamt, 1925.

S. 261: Die Begründung zum Reichseinkommensteuergesetzentwurf vom 29. November 1919, Nationalversammlung 1919 Drs. Nr. 1624, abgedruckt in: FinArch 37 (1920), S. 235 (591), stellte ausdrücklich fest, dass das Einkommen durch das neue Steuerrecht bis zur »äußersten Grenze des Erträglichen« belastet werden sollte.

S. 262: Die Einführungsrede von Erzberger vor der Weimarer Nationalversammlung am 8. Juli 1919 ist in Matthias Erzberger, Reden zur Neuordnung des deutschen Finanzwesens vom Reichsminister der Finanzen, 1919, S. 3–19, abgedruckt. Die aufgeführten Zitate finden sich auf S. 5.

S. 262: Zur politischen Intention des Erzberger Zitats »Ein guter Finanzminister ist der beste Sozialisierungsminister«: Theodor Eschenburg, Matthias Erzberger – Der große Mann des Parlamentarismus und der Finanzreform, 1973, S. 144.

S. 262: Zur Entwicklung des Steuertarifs nach dem 2. Weltkrieg: Peter Bareis, Die Reform der Einkommensteuer vor dem Hintergrund der Tarifentwicklung seit 1934, in: P. Kirchhof/W. Jakob/A. Beermann (Hrsg.), Festschrift für Klaus Offerhaus, 1999, S. 1053, 1058.

S. 263: Zur Lastenausgleichsabgabe: Peter Graf Kielmansegg, Nach der Katastrophe – Eine Geschichte des geteilten Deutschlands, 2000, S. 360 ff.

S. 264: Die sog. Reichensteuer wird durch das Steueränderungsgesetz 2007 eingeführt (vgl. BT-Drucks. 16/1545; BR-Drucks. 464/06). Das Gesetz wurde vom Bundestag am 29. Juni 2006 beschlossen (vgl. BT-Plenarprot. 16/43, S. 3997 A). Der Bundesrat stimmte dem Gesetz am 7. Juli 2006 zu (BR-Plenarprot. 824, S. 229 D).

S. 266: Zur Besteuerung des »fundierten Einkommens« BVerfGE 13,331 (347 ff.) – personenbezogene Kapitalgesellschaft –; 93, 121 (139 f.) – Vermögenssteuer –; Begründung des Preußischen Gesetzesentwurfs vom 2. November 1892 wegen einer Ergänzungssteuer, Nr. 6 der Drucksachen des preußischen Abgeordnetenhauses (17. Legislaturperiode, V. Session 1982/93), abgedruckt in: Finanzarchiv 10, Bd. 1 (1893), S. 370 ff.: K. Tipke, Die Steuerrechtsordnung, Bd. II, 2. Aufl., 2003, S. 922 ff.

S. 270: In der nach ihm benannten Steuer schreibt James Tobin in: ders., A Proposal for Monetary Reform, Eastern Economic Journal 1978, S. 153, von einer Besteuerung bestimmter Finanzumsätze mit dramatisch hohen Erträgen, allerdings, um die Märkte zu stabilisieren, nicht um das Steuersystem umzustellen.

S. 270: Das Zitat von Popitz zur Verbrauchssteuer findet sich in Johannes Popitz, Allgemeine Verbrauchssteuer, in: W. Gerloff/F. Meisel, Handbuch der Finanzwissenschaft, 2. Bd., 1927, VI. 2. A., S. 180 (182).

S. 271: Von Justis Zitat ist in Johann Heinrich Gottlob von Justi, System des Finanzwesens, nach vernünftigen aus dem Endzweck der bürgerlichen Gesellschaften, aus der Natur aller Quellen der Einkünfte des Staates hergeleiteten Grundsätzen und Regeln, 1766 (Nachdruck 1969), S. 460 abgedruckt.

S. 271: Das Zitat, nach dem die direkten Steuern das Finanzwesen veredelten, die indirekten hingegen ins Gemeine herabzögen, stammt von Constantin Frantz, Die sociale Steuerreform als die conditio sine qua non, wenn der socialen Revolution vorgebeugt werden soll, 1881, Neudruck 1972, S. 170.

S. 271: Zur finanztheoretischen Kontroverse der Frühkameralisten: Der Akzisen-Streit. Schriften zur finanztheoretischen Kontroverse deutscher Frühkameralisten, hrsg. v. Detlef J. Blesgen und Ralf P. Welter, 1717 und 1718, Nachdruck 2006.

S. 272: Das Zitat aus der Dichtung des Mittelalters über den Wein findet sich bei Jacob und Wilhelm Grimm, Deutsches Wörterbuch, 11. Bd. III. Abt., 1936, Spalte 736.

S. 272: Zum Begehr Leopold Mozarts, von der Weinsteuer befreit zu werden: Johann Heinrich Kumpf, Die Mozarts und die Steuern. Divertimento fiscale in zehn Sätzen, 1991, S. 31 f.

S. 273: Die protestantische Wirtschaftsethik formuliert Max Weber in ders., Die protestantische Ethik und der »Geist« des Kapitalismus, Teil I, in: Archiv für Sozialwissenschaft und Sozialpolitik, XX. Band (1904), S. 1–54, Teil II, in: a.a.O., XXI. Band (1905), S. 1–110.

S. 273: Im Jahr 2005 betrugen die Einnahmen des Bundes aus der Mineralölsteuer 40,1 Mrd. Euro, aus der Tabaksteuer 14,3 Mrd. Euro und aus der Stromsteuer 6,5 Mrd. Euro. Die Versicherungsteuer machte 8,7 Mrd. Euro, die Branntweinsteuer 2,2 Mrd. Euro, die Kaffeesteuer 1,0 Mrd. Euro, die Schaumweinsteuer 0,5 Mrd. Euro aus (vgl. Bundesministerium der Finanzen, Monatsbericht Februar 2006, S. 65, Tabelle 15).

S. 273: Zur Verfassungswidrigkeit der früheren Umsatzsteuer: BVerfGE 21, 12 – Allphasenumsatzsteuer.

S. 274: Zu den statistischen Daten des geltenden Umsatzsteuerrechts: Statistisches Bundesamt, Fachserie 14/Reihe 8, Finanzen und Steuern, Umsatzsteuer 2003, Wiesbaden 2005, Texteil Nr. 2 u. 5, Tabellenteil Nr. 1.1.

S. 275: Aristoteles unterscheidet in der Nikomachischen Ethik zwischen der Gerechtigkeit beim Austausch von Gütern zwischen Privaten (iustitia commutativa) und der Gerechtigkeit bei der Zuteilung öffentlicher Lasten und Wohltaten (iustitia distributiva): ders., Nikomachische Ethik, Buch V, 1131a (übersetzt von Franz Dirlmeier, 1956, S. 100 f.).

S. 276: Zur Verfassungswidrigkeit einer Steuer, wenn mangelhafte Verfahrensregelungen zu einer Ungleichheit im tatsächlichen Belastungserfolg führen: BVerfGE 84, 239 – Zinsurteil.

S. 276: Nach dem Bundesverfassungsgericht fordert der Gleichheitssatz nicht eine immer mehr individualisierende und spezialisierende Gesetzgebung, die letztlich die Gleichmäßigkeit des Gesetzesvollzugs gefährdet. Eine typisierende Regelung führt oftmals zu einer gleichheitsgerechteren Ausgestaltung des Steuerzugriffs. Die Typisierung kann es mit sich bringen, dass kleinere Beträge größere Auswirkungen haben können, wenn eine betragsmäßige Grenze überschritten wird. Im Ergebnis fördert sie bei der Ordnung von Massenerscheinungen aber die Gleichheit im tatsächlichen Belastungserfolg (vgl. BVerfGE 96, 1 (6) – Weihnachtsfreibetrag). Dies verkannte der Reichsfinanzhof in seinem Pfennigurteil vom 22. Mai 1935, RFHE 38, 44.

S. 277: Die GmbH & Co. KG wurde 1912 vom Bayerischen Oberlandesgericht (BayObLGZ 13, 69), mit Entscheidung vom 4. Juli 1922 auch vom Reichsgericht (RGZ 105, 101) anerkannt. Zur Betriebsaufspaltung: Wolfram Reiß, in: P. Kirchhof (Hrsg.), EStG Kompakt-Kommentar, 6. Aufl., 2006, § 15 Rn. 75 ff.

S. 278: Zur Rechtsformgleichheit: BVerfGE 101, 151 – Schwarzwaldklinik.

S. 279: Zur Offenlegung von Steuerlisten im Ausland: Klaus Tipke, Die Steuerrechtsordnung, Bd. I, 2. Aufl., 2000, S. 213 f.

S. 279: Der Reichsminister der Finanzen legte bereits am 11. November 1931 auf Ersuchen des Reichstags eine »Denkschrift über die Offenlegung der Steuerlisten im Ausland« vor (RT-Drucks. V/1234).

S. 279: Die Fraktion der SPD brachte Anfang 1950 einen Antrag ein, öffentliche Steuerlisten einzuführen (BT-Drucks. I/602 Ziff. 7). Die Bestimmung sollte lauten: »Für die veranlagte Einkommensteuer sind bei jedem Finanzamt Listen zu führen, aus welchen ersichtlich ist: Name und Wohnung der Steuerpflichtigen, das für das Jahr erklärte und das veranlagte Einkommen. Diese Listen sind zur Einsicht für jedermann öffentlich zugänglich zu machen.« Der Antrag wurde abgelehnt (BT-Plenarprot. I/42, S. 1420 (D). Auch ein zweiter Versuch im folgenden Jahr hatte letztendlich keinen Erfolg (BT-Plenarprot. I/143, S. 5644 D ff.; I/145, S. 5740 C ff.).

S. 281: Nach der geschätzten Angabe des Verbands der Elektrizitätswirtschaft (VDEW) e.v. sind im Jahr 2005 rund 2,7 Milliarden Euro von den Stromversorgern an die Einspeiser von erneuerbaren Energien gezahlt worden. vgl. Pressemitteilung »Ökostrom-Förderung steigt auf drei Milliarden Euro« vom 31.10.2005.

S. 281: Die gesetzlichen Krankenkassen erhalten nach § 130a Abs. 1 SGB V von den Apotheken einen Abschlag in Höhe von 6 v. H. des Herstellerabgabepreises, der von den pharmazeutischen Unternehmen zu erstatten ist.

S. 283: Zur These, dass dem Herrscher uneingeschränktes Eigentum an dem Vermögen seiner Untertanen zuständе, um das Steuerbewilligungsrecht der Stände zu überwinden: Johann Jacob Moser, Von der Landeshoheit in Cameral-Sachen, 1773, Neudruck 1967, S. 107 f.; Fritz Karl Mann, Steuerpolitische Ideale, 1937, S. 15 f.

S. 283: »Steuererhebung ohne Zustimmung der Untertanen wäre Tyrannei«: Fritz Karl Mann, Steuerpolitische Ideale, 1937, S. 42 m. w. N.

S. 283: Zur Beschränkung der Besteuerungsbefugnisse des Fürsten: Magna Carta Libertatum von 1215, bearb. von Hans Wagner, 2. Aufl., Bern 1973, S. 21 f. (33 f.).

S. 283: Die Aussage aus dem Zweiten Politischen Testament Friedrichs des Großen über das Maß der Steuerbelastung findet sich in: Die politischen Testamente der Hohenzollern, bearb. von Richard Dietrich, 1986, S. 499.

S. 283: Das Zitat, dass der Staat »jene prinziplosen oder bloß von Willkür oder von hablustiger Berechnung diktierten Steuersysteme« zu unterlassen habe, stammt von Carl von Rotteck, Stichwort »Eigentum«, in: C. v. Rotteck/C. Welcker (Hrsg.), Das Staats-Lexikon – Encyklopädie der sämmtlichen Staatswissenschaften für alle Stände, Bd. IV, Altona 1846, S. 211 (214).

S. 283: Das Zitat von Lorenz von Stein zum Höchstmaß einer Steuer findet sich in: ders. Lehrbuch der Finanzwissenschaft, 5. Aufl., 1. Theil und 2. Theil, Erste Abtheilung 1885, 2. und 3. Abtheilung 1886, Bd. II, S. 359.

S. 283: Zum modernen Verständnis des Staates als einer Produktionsgemeinschaft: Joachim Lang, in: K. Tipke/J. Lang, Steuerrecht, 18. Aufl. 2005, § 1 Rn. 43 ff. m. w. N. Vgl. auch insb. §§ 1, 5, 15 StabG sowie § 51 Abs. 3 EStG (Steuersatzveränderung bei Störungen des gesamtwirtschaftlichen Gleichgewichts). Der Kapitalbildung und Wachstumsförderung soll auch die sog. »Duale Einkommensteuer«, welche Kapital ermäßigt besteuert, dienen (zu dieser vgl. Sachverständigenrat zur Begutachtung der gesamtwirtschaftlichen Entwicklung, Staatsfinanzen konsolidieren – Steuersystem reformieren. Jahresgutachten 2003/2004, Wiesbaden 2003, S. 333 ff.).

S. 284: Das Bundesverfassungsgericht leitet aus Art. 14 Abs. 2 GG die Grundregel ab, dass der Vermögensertrag einerseits für die steuerliche Gemeinlast zugänglich, andererseits dem Berechtigten ein privater Ertragsnutzen verbleiben muss (BVerfGE 93, 121 (138) – Vermögensteuer –). In einer jüngeren Entscheidung greift es wieder auf das allgemeine Verhältnismäßigkeitsprinzip zurück, um das zulässige Maß der Steuerbelastung zu bestimmen (BVerfG, Beschl. v. 18.1.2006, 2 BvR 2194/99, NJW 2006, S. 1191 – Obergrenze für Einkommen- und Gewerbesteuer –).

S. 284: Zum verfassungsrechtlichen Schutz des Geld- und Forderungseigentums: BVerfGE 45, 142 (179) – Kaufpreisanspruch – ; 51, 193 (216 ff.) – Warenzeichen – ; 70, 278 (285 f.) – steuerlicher Erstattungsanspruch – ; 78, 58 (71) – Ausstattungsschutz – ; 79, 174 (191) – Erbbaurecht – ; 83, 201 (208) – Vorkaufsrecht – ; 89, 1 (6) – Mietrecht – ; vgl. auch 70, 191 (199) – Fischereirechte – ; stRspr.

S. 285: Zur Konfiskationsschwelle Anfang des 20. Jahrhunderts: Hans-Peter Ullmann, Der deutsche Steuerstaat, 2005, S. 87 f.

S. 285: Grundlagenentscheidungen des Bundesverfassungsgerichts zum steuerlichen Existenzminimum sind: BVerfGE 87, 153 (170 f.) – Grundfreibetrag –; 82, 60 (85 ff.) – steuerfreies Existenzminimum –; 99, 216 (233) – Familienlastenausgleich –; 99, 246 (259 f.) – Kinderexistenzminimum I –.

S. 289: Zum verfassungsrechtlichen Vertrauensschutz und zum Verbot einer rückwirkenden Steuergesetzgebung: BVerfGE 72, 200 (241 ff.) – Deutsch-schweizerisches Doppelbesteuerungsabkommen –; 97, 67 (78 ff.) – Schiffsbausubvention –; 105, 17 (30 ff.) – Sozialpfandbriefe –.

S. 290: Das Bundessteuergesetzbuch soll die gegenwärtig mehr als 30 Bundessteuern auf vier zurückführen: eine Einkommensteuer (einschließlich Körperschaftsteuer), eine Umsatzsteuer, eine Erbschaftsteuer (einschließlich Schenkungsteuer) und eine Sonderverbrauchsteuer auf verschiedene Verbrauchsteuervorgänge. Zum Entwurf des 2. Buches, des Einkommensteuergesetzbuches (EStGB): Paul Kirchhof, Einkommensteuergesetzbuch – Ein Vorschlag zur Reform der Einkommen- und Körperschaftsteuer, 2004.

S. 290: Zur steuerlichen Behandlung von Freikarten für die Fußballweltmeisterschaft 2006: BMF-Schreiben vom 22.8.2005, IV B 2 – S 2144 – 41/05 und vom 30.3.2006, IV B 2 – S 2144 – 26/06; Bundesministerium für Finanzen, Pressemitteilung Nr. 69/2006 vom 24.5.2006, Die WM 2006 mit Freikarten genießen – Der Fiskus spielt mit!

S. 292: Um Anknüpfungspunkte für materielle Sonderregeln zu vermeiden, ist die Einteilung nach Einkunftsarten aufzugeben. Das Einkommen ist in einem Rechtsbegriff zu definieren (§ 2 Abs. 2 EStGB). Steuerpflichtige Einkünfte werden erzielt, wenn Zustands-, Handlungs- und Erfolgstatbestand erfüllt sind (§ 2 Abs. 3 EStGB), s. Paul Kirchhof, Einkommensteuergesetzbuch – Ein Vorschlag zur Reform der Einkommen- und Körperschaftsteuer, 2004, S. 36 ff.

S. 292: »Die Einkommensteuerschuld beträgt ein Viertel des Einkommens« ist der Wortlaut des § 2 Abs. 4 EStGB, s. Paul Kirchhof, Einkommensteuergesetzbuch – Ein Vorschlag zur Reform der Einkommen- und Körperschaftsteuer, 2004, S. 1.

S. 292: Die mathematische Formel für den Einkommensteuertarif findet sich in § 32a Abs. 1 EStG.

S. 292: Zum grundrechtlichen Schutz gegen das Zusammenwirken verschiedener Steuern zum Übermaß: Gregor Kirchhof, Kumulative Belastung durch unterschiedliche staatliche Maßnahmen, NJW 2006, S. 732 ff.

S. 294: Zum Gebot der Rechtsformneutralität im Steuerrecht: BVerfGE 101, 151 (155 f.) – Schwarzwaldklinik –.

S. 294: Zu den Plänen einer Unternehmensteuerreform, die Körperschaften noch stärker zu begünstigen: Entwurf der Bundesregierung für ein »Gesetz zur Verbesserung der steuerlichen Standortbedingungen«, BT-Drucks. 15/5554 (mit Stellungnahme des Bundesrates); Bundesministerium für Finanzen, Pressemitteilung Nr. 76/2006 vom 21.6.2006, Deutschland bekommt ein wettbewerbsfähiges Unternehmensteuerrecht; Bundesministerium für Finanzen, Pressemitteilung Nr. 88/2006 vom 12.7.2006, Kabinett beschließt Eckpunkte zur Unternehmensteuerreform.

S. 294: Die Besteuerungsunterschiede zwischen Körperschaften, Personengesellschaften und dem Einzelkaufmann können beseitigt werden, indem alle Personenvereinigungen einzig für Zwecke der Besteuerung zu einem Steuersubjekt zusammengefasst werden, der sog. »steuerjuristischen Person«, vgl. §§ 1, 11 EStGB, s. Paul Kirchhof, Einkommensteuergesetzbuch – Ein Vorschlag zur Reform der Einkommen- und Körperschaftsteuer, 2004, S. 1, 4, 193 ff.

S. 295: Die Steuer soll den Zahlungsfähigen treffen, nicht den Wehrlosen treffen: Alexis de Tocqueville, Der alte Staat und die Revolution – L'ancien régime et la révolution (1856), 2. Buch, 10. Kap., 3. Aufl., 1989, S. 107.

S. 295: Das Karl-Bräuer-Institut des Bundes der Steuerzahler hält eine Spanne der indirekten Steuerlast von bis zu 20 v. H. des Bruttolohnes nicht für unrealistisch. In einem Modellfall kommt es zu einer Gesamtbelastung mit Steuern auf die Einkommensverwendung in Höhe von 21,4 v. H. des Bruttoarbeitslohnes (vgl. dass., Sonderinformation 44, Entwicklung der Abgabenlast auf Löhne und Gehälter, Wiesbaden 2003, S. 35). Heute muss auf diese Zahlen noch die Anhebung des allgemeinen Umsatzsteuersatzes von 16 v. H. auf 19 v. H. durch das Haushaltsgesetz 2006 angerechnet werden (vgl. BR-Drucks. 142/06, S. 2; BR-Drucks. 332/06, S. 3). Das Gesetz wurde vom Bundestag am 23. Juni 2006 beschlossen (BT-Plenarprot. 16/41, S. 3897 A).

Kapitel XI. Abbau der Schulden

S. 299: Abbé Terray, der von 1768 bis 1774 das Amt des französischen Finanzministers bekleidete, wird das Wort zugeschrieben, alle hundert Jahre werde ein Staatsbankrott notwendig, damit der Staat wieder »reine Bahn« habe, wie Fritz Terhalle, Finanzwissenschaft, 1930, S. 538, wiedergibt.

S. 299: Die Beobachtung, es sei dem Staat kaum jemals gelungen, die öffentliche Schuld, die einmal eine bestimmte Höhe erreicht habe, auf gerechte und vollständige Weise zu begleichen, macht Adam Smith in der Erstauflage seines Werkes »An Inquiring into the Nature and Causes of the Wealth of Nations«, 1776 (dt.: Der Wohlstand der Nationen, übers. von H. C. Recktenwand, 1974, S. 803).

S. 300: Die gegenwärtige Verschuldung von Bund, Ländern und Gemeinden beziffert das Bundesministerium der Finanzen mit rund 1,5 Billionen Euro (vgl. die Veröffentlichung »Bundeshaushalt 2005 – Tabellen und Übersichten, November 2004«, S. 22, Tabelle 8, und S. 31, Tabelle 14). Würde der Staat jährlich 100 Mrd. Euro tilgen – in Anbetracht eines Gesamtsteueraufkommens von rund 450 Mrd. Euro (vgl. hierzu die Angaben des Bundesministeriums der Finanzen, a.a.O., S. 22, Tabelle 8) kaum realistisch –, so nähme die Tilgung bei einem unterstellten Zinssatz von 6 % rund 30 Jahre in Anspruch.

S. 300: Die Nettokreditaufnahme des Bundes im Jahr 2005 gibt das Bundesministerium der Finanzen (Monatsbericht Februar 2006, S. 99, Tabelle 3) mit 31,2 Mrd. Euro an. Sie liegt damit unter dem Betrag der Zinsen für Altschulden, den das Bundesministerium der Finanzen (a.a.O., S. 100, Tabelle 4) mit 37,4 Mrd. Euro ausweist. Im Jahr 2006 werden die durch Neuverschuldung eingenommenen Mittel in Höhe von 38,3 Mrd. Euro (hierzu Bundesministerium der Finanzen (Hrsg.), Monatsbericht März 2006, S. 42) bestenfalls gerade genügen, um die zu erwartende Zinslast von rund 37,6 Mrd. Euro (hierzu Bundesministerium der Finanzen (Hrsg.), Monatsbericht Juli 2006, S. 98, Tabelle 4) zu bedienen.

S. 300: Seit dem Jahr 2002 hat die Nettokreditaufnahme des Bundes das Investitionsvolumen im Sinne der Kreditbegrenzungsregel des Art. 115 Abs. 1 S. 2 GG in jedem Jahr überstiegen, vgl. für die Haushaltsjahre 2002 bis 2005 die Übersicht der Nettokreditaufnahmen und der investiven Ausgaben im Bundesministerium der Finanzen (Hrsg.), Monatsbericht Februar 2006, S. 99; für das Haushaltsjahr 2006 sind die voraussichtliche Nettokreditaufnahme sowie die vorgesehenen Investitionen dargestellt in Bundesministerium der Finanzen (Hrsg.), Monatsbericht März 2006, S. 42.

S. 301: Durch das Fünfzehnte Gesetz zur Änderung des Grundgesetzes vom 8. Juni 1967 (BGBl. I S. 581) wurde Art. 109 Abs. 2 GG dahingehend geändert, dass Bund und Länder »bei ihrer Haushaltswirtschaft den Erfordernissen des gesamtwirtschaftlichen Gleichgewichts Rechnung zu tragen« haben; in die Kreditbegrenzungsregel des Art. 115 Abs. 1 S. 2 GG fand der Begriff des »gesamtwirtschaftlichen Gleichgewichts« erst durch das Zwanzigste Gesetz zur Änderung des Grundgesetzes vom 12. Mai 1969 (BGBl. I S. 357) Eingang, vgl. dazu § 1 des Gesetzes zur Förderung der Stabilität und des Wachstums der Wirtschaft vom 8. Juni 1967 (BGBl. I S. 582); Klaus Stern/Paul Münch/Karl-Heinrich Hansmeyer, Gesetz zur Förderung der Stabilität und des Wachstums der Wirtschaft – Kommentar, 2. Aufl., 1972.

S. 301: Die Bindungen, die sich für die Haushaltswirtschaften von Bund und Ländern aus der Verpflichtung auf das gesamtwirtschaftliche Gleichgewicht gem. Art. 109 Abs. 2 GG ergeben, stellt Michael Rodi, in: R. Dolzer/K. Graßhof/K. Vogel (Hrsg.), Kommentar zum Bonner Grundgesetz (Bonner Kommentar), Loseblatt (Stand 12/2005), Art. 109 Rn. 138 ff., eingehend dar.

S. 302: Die Verpflichtung der EU-Mitgliedstaaten, die Staatsverschuldung grundsätzlich nicht über 60 %, die Neuverschuldung nicht über 3 % des Bruttoinlandsprodukts steigen zu lassen, ergibt sich aus Art. 104 Abs. 2 EGV in Verbindung mit Art. 1 des Protokolls Nr. 20 über das Verfahren bei einem übermäßigen Defizit.

S. 302: Ein Beispiel für das Aufweichen der europäischen Verschuldensmaßstäbe bilden die Beschlüsse des Rates der Europäischen Union gemäß Art. 104 Abs. 8 und Abs. 9 EGV gegenüber Deutschland und Frankreich vom 25. November 2003, vgl. Ulrich Palm, Der Bruch des Stabilitäts- und Wachstumspakts, EuZW 2004, S. 71; EuGH (Plenum), Urt. v. 13.7.2004 – C-27/04 (Kommission/Rat der Europäischen Union), EuZW 2004, S. 465.

S. 302: Lorenz von Stein rechtfertigte den Staatskredit als eine regelmäßige Form der Staatsfinanzierung, vgl. ders., Lehrbuch der Finanzwissenschaft, 2. Bd., 4. Aufl. 1878, S. 340 f. Den »Hass gegen die Staatsschuld« (a.a.O., S. 348) sah er nicht in dieser selbst, sondern allein in deren Verwendung begründet und rief dazu auf, die Staatsschuld fortan als »Höhepunkt der Staatswirtschaft« (ebd.) zu begreifen und sie sachgerecht zu verwenden.

S. 303: Albert Hensel sah es als finanzpolitische Notwendigkeit an, dass die durch Staatsleistungen begünstigte Generation diese auch finanzieren müsse. Die Staatsschuldenpolitik des Deutschen Reiches vor 1918 bezeichnete er als »Wechsel auf die Zukunft«, die darin nicht »den Gegenwartsverhältnissen gerecht« werde, vgl. ders., Der Finanzausgleich im Bundesstaat in seiner staatsrechtlichen Bedeutung, 1922, S. 171.

S. 303: Schon zur Zeit der Weimarer Republik hob Fritz Terhalle, Finanzwissenschaft, 1930, S. 523, es als Prinzip staatlicher Ausgabenwirtschaft hervor, dass jede öffentliche Ausgabe, die steuerfinanzierte ebenso wie die anleihegedeckte, sich bezahlt machen müsse.

S. 304: Die Belastungen, die sich für Freiheitsberechtigte aus den Folgen des Staatsbankrotts des Deutschen Reiches 1945 ergaben, führten sodann vielfach zu Verfahren vor dem Bundesverfassungsgericht, insbesondere zu BVerfGE 15, 126 (133 ff.) – Waldenfels –; BVerfGE 27, 253 (270 ff.) – Besatzungsschäden –; BVerfGE 41, 126 (149 ff.) – Reparationsschäden –. Zu der Frage der Reparationsschäden erklärte das BVerfG, gesetzliche Regelungen, die der Bewältigung des Staatsbankrotts dienten, könnten nicht mit verfassungsrechtlichen Maßstäben gemessen werden, wie sie für den Zwangseingriff in das Eigentum von Bürgern »zur Erfüllung einer normalen öffentlichen Aufgabe gelten«. Es müssten vielmehr Maßstäbe »aus der Ausnahmesituation des Staatsbankrotts entwickelt« werden, vgl. BVerfGE 41, 126 (152) – Reparationsschäden –.

S. 304: Die Grundentscheidung der Verfassung für die Steuerfinanzierung des Staates folgt aus der Garantie des privatnützigen Eigentums: Wenn Art. 14 GG die Wirtschaftsgüter grundsätzlich der freien Verfügungsgewalt der Grundrechtsträger zuordnet, verweist er den Staat darauf, sich strukturell nicht durch die Herrschaft über Produktionsmittel, sondern durch Teilhabe am Erfolg privaten Wirtschaftens zu finanzieren, vgl. Paul Kirchhof, Der Grundrechtsschutz des Steuerpflichtigen, in: AöR 128 (2003), S. 1 (15); ders., Staatliche Einnahmen, in: J. Isensee/ders. (Hrsg.), Handbuch des Staatsrechts der Bundesrepublik Deutschland, Bd. IV, 2. Aufl., 1999, § 88 Rn. 92.

S. 304: Die unbefangene Verwendungsentscheidung des Haushaltsgesetzgebers in Distanz zu den Financiers des Staates zählt zu den zentralen Errungenschaften des modernen Verfassungsstaates, vgl. Paul Kirchhof, Staatliche Einnahmen, in: J. Isensee/ders. (Hrsg.), Handbuch des Staatsrechts der Bundesrepublik Deutschland, Bd. IV, 2. Aufl., 1999, § 88 Rn. 14.

S. 305: Den Gesetzesvorbehalt, wonach nur das Parlament in dem öffentlichen Verfahren der Gesetzgebung zur Aufnahme eines Kredits ermächtigen darf, regelt das Grundgesetz in Art. 115 Abs. 1 S. 1 GG, der anordnet, die Aufnahme von Krediten bedürfe einer der Höhe nach bestimmten oder bestimmbaren Ermächtigung durch Bundesgesetz.

S. 306: Die Verfassung des Deutschen Reiches von 1871 knüpfte die Kreditaufnahme an ein »außerordentliches Bedürfnis«. Der Wortlaut von Art. 73 des Gesetzes betreffend die Verfassung des Deutschen Reiches vom 16. April 1871 ist nachzulesen in RGBl. 1871, S. 63 ff., sowie bei Ernst Rudolf Huber (Hrsg.), Dokumente zur deutschen Verfassungsgeschichte, Bd. 2, 3. Aufl. 1986, S. 401. Ähnlich hatte zuvor bereits Art. 51 der Verfassung des Deutschen Reiches vom 28. März 1849 (sog. Paulskirchenverfassung) vorgesehen, die Reichsgewalt sei nur »in außerordentlichen Fällen« befugt, »Anleihen zu machen«, vgl. Ernst Rudolf Huber (Hrsg.), Dokumente zur deutschen Verfassungsgeschichte, Bd. 1, 3. Aufl. 1978, S. 380.

S. 306: Die Warnung, eine Generation, die Staatsanleihen zur Finanzierung von Anschaffungen tätige, die für die folgende Generation ohne Wert sind, lebe »auf Kosten de[r] zukünftigen«, sprach Staatssekretär des Innern Graf von Posadowsky-Wehner in den Reichstagssitzungen vom 9. Juni 1902 (nachzulesen in den Stenographischen Berichten über die Verhandlungen des Deutschen Reichstages, St.B.5501D) und vom 12. Dezember 1905 (a.a.O., St.B.239B) aus.

S. 306: Zu dem Ergebnis, die Finanzierung von laufenden Ausgaben durch Anleihen sei prinzipiell bedenklich, gelangten der Staatssekretär des Reichsschatzamtes Freiherr von Thielmann in der Reichstagssitzung vom 8. Januar 1902 (Stenographische Berichte über die Verhandlungen des Deutschen Reichstages, St.B.3200D) sowie die Abgeordneten Graf zu Stolberg-Wernigerode und Bachem in den Reichstagssitzungen vom 8. und 9. Januar 1902 (a.a.O., St.B.3207A und 3230).

S. 306: Nach Art. 87 der Verfassung des Deutschen Reiches vom 11. August 1919 (»Weimarer Reichsverfassung«) durften Geldmittel im Wege des Kredits »nur bei außerordentlichem Bedarf und in der Regel nur für Ausgaben zu werbenden Zwecken beschafft werden«, vgl. Ernst Rudolf Huber (Hrsg.), Dokumente zur deutschen Verfassungsgeschichte, Bd. 4, 3. Aufl. 1991, S. 164.

S. 306: Die Auslegung des Art. 87 der Weimarer Reichsverfassung, das Erfordernis »zu werbenden Zwecken« gestatte nur solche kreditfinanzierte Aufwendungen, die sich finanziell lohnen, vertrat Friedrich Giese, Die Verfassung des Deutschen Reiches, 8. Aufl. 1931, Art. 87 Erl. 1. Giese zog auch den Schluss, es sei verfassungswidrig, einen Reichskredit für unproduktive Ausgaben, beispielsweise für Heer und Marine, einzusetzen (vgl. ders., a.a.O., Art. 87 Erl. 1; anders noch (auf der Grundlage des Art. 73 Reichsverfassung 1871): Die Grundsätze zur Unterscheidung zwischen Ordinarium und Extraordinarium in der Denkschrift zum Etat für 1901, revidiert im Jahre 1907, S. 47 f., die Ausgaben für Festungszwecke und Ausgaben bei der Marineverwaltung dem Extraordinarium zugewiesen hatten).

S. 306: Wie sich die Auslegung der tatbestandlichen Voraussetzungen der Erstfassung des Art. 115 GG, insbesondere des Begriffs der »Ausgaben für werbende Zwecke«, vor 1969 entwickelte, zeichnet das Gutachten zum Begriff der öffentlichen Investitionen, erstattet vom Wissenschaftlichen Beirat beim Bundesministerium der Finanzen und verabschiedet am 26. April 1980, Schriftenreihe des Bundesministeriums der Finanzen, Heft 29, S. 17, nach.

S. 306: Mit den Worten, der »traditionelle objektgebundene Deckungsgrundsatz« solle durch »eine moderne, situationsgebundene Betrachtungsweise« ersetzt werden, erläutert die Begründung des Regierungsentwurfs zur Neufassung des Art. 115 GG im Jahr 1969 den Wechsel der Konzeption bei der Schuldenbegrenzung, vgl. BT-Drucks. V/3040, S. 39.

S. 307: Die Hoffnung, mit der Ausnahmeermächtigung des neugefassten Art. 115 Abs. 1 S. 2 GG werde dem Parlament und der Regierung »ein modernes Instrument der Finanzpolitik des Staates« in die Hand gegeben, äußert der Bericht des Abgeordneten Dr. Arndt zum Regierungsentwurf der damaligen Neufassung des Art. 115 Abs. 1 S. 2 GG, vgl. zu BT-Drucks. V/3605, S. 13.

S. 308: Zu dem Ergebnis, die traditionellen Möglichkeiten zur Sanierung der Staatsfinanzen stünden heute nicht mehr zur Verfügung, gelangt Josef Isensee, Damoklesschwert über der Finanzverfassung: der Staatsbankrott, in: Festschrift für Peter Selmer, 2004, S. 687 (695 f.).

S. 308: Art. 88 Satz 2 GG sieht vor, dass Aufgaben und Befugnisse im Rahmen der Europäischen Union der Europäischen Zentralbank übertragen werden können, die unabhängig und dem vorrangigen Ziel der Preisstabilität verpflichtet ist. Nach Art. 105 Abs. 2 1. Spiegelstr. EG, Art. 3.1 1. Spiegelstr. ESZB-Satzung kommt dem Europäischen System der Zentralbanken (ESZB) die grundlegende Aufgabe zu, die Geldpolitik der Gemeinschaft festzulegen und auszuführen. Kompetenzträger sind in diesem System die Europäische Zentralbank (EZB) und die nationalen Zentralbanken (NZBen). Die Letztverantwortung für die Aufgabenerfüllung trifft jedoch nach Art. 9.2 ESZB-Satzung die EZB. Mit dieser Verpflichtung korrespondiert die Kompetenz der EZB, Innenrecht gegenüber den NZBen zu setzen (Art. 12.1 Abs. 2 S. 2, Art. 14.3 S. 1 ESZB-Satzung). Für die Festlegung der Geldpolitik besteht nach Art. 12.1 Abs. 1 S. 2 ESZB-Satzung eine Organkompetenz des EZB-Rates (vgl. auch Art. 18.2, Art. 19, Art. 20 ESZB-Satzung). Vgl. Ulrich Palm, in: Grabitz/Hilf (Hrsg.), Das Recht der Europäischen Union, Losebl. Stand: 30. ErgL, 03/2006, Art. 8 Rn. 17 ff.

S. 308: Den Schutz der Eigentumsgarantie des Art. 14 Abs. 1 GG vor der Entwertung des Geldes behandeln BVerfGE 97, 350 (370) – Euro – sowie Paul Kirchhof, Das Geldeigentum, in: Festschrift für Walter Leisner, 1999, S. 635 (641 ff.).

S. 313: Das Verfahren der »Deckungsquote« wendet derjenigen Gebietskörperschaft die meisten Finanzmittel zu, die den dringlichsten Bedarf darlegen kann, vgl. hierzu Rudolf Wendt in J. Isensee/P. Kirchhof (Hrsg.), Handbuch des Staatsrechts der Bundesrepublik Deutschland, Bd. IV, 2. Aufl., 1999, § 104, Rn. 56 (zu weiteren Verteilungsmaßstäben dort Rn. 76 ff.); Jürgen W. Hidien; in: Dolzer/K. Graßhof/K. Vogel (Hrsg.), Bonner Kommentar, Loseblatt (Stand 12/2005), Art. 106 Rn. 777 ff., 851 ff.; zum Begriff der Finanzkraft vgl. ders., Handbuch Länderfinanzausgleich, 1999, S. 128 ff.

S. 314: Durch Bundesbeschluss vom 22. Juni 2001, angenommen in der Volksabstimmung vom 2. Dez. 2001, wurde die Bundesverfassung wie folgt geändert (vgl. Amtliche Sammlung des Bundesrechts 2002, S. 241):
Art. 126 Haushaltsführung.
[1]Der Bund hält seine Ausgaben und Einnahmen auf Dauer im Gleichgewicht. [2]Der Höchstbetrag der im Voranschlag zu bewilligenden Gesamtausgaben richtet sich unter Berücksichtigung der Wirtschaftslage nach den geschätzten Einnahmen. [3]Bei ausserordentlichem Zahlungsbedarf kann der Höchstbetrag nach Absatz 2 angemessen erhöht werden. Über

382

eine Erhöhung beschließt die Bundesversammlung nach Artikel 159 Absatz 3 Buchstabe c. [4]Überschreiten die in der Staatsrechnung ausgewiesenen Gesamtausgaben den Höchstbetrag nach Absatz 2 oder 3, so sind die Mehrausgaben in den Folgejahren zu kompensieren. [5]Das Gesetz regelt die Einzelheiten.

Kapitel XII. Der Weg zum besseren Recht

S. 319: Den Fall vom Leichengericht an Papst Formosus geben Rudolph Sohm, Kirchenrecht, Zweiter Band. Katholisches Kirchenrecht, 1923, S. 302 ff., und Hans Schneider, Die juristische Bewältigung der Vergangenheit – Betrachtungen über die Behandlung unrechter Herrschafts-Akte, in: H. Schneider/V. Götz (Hrsg.), Festschrift für Werner Weber, 1974, S. 375 (376 ff.) wieder.

S. 319: Auf den Anschlag des Harmodios und des Aristogeiton geht Hans Friedel, Der Tyrannenmord in Gesetzgebung und Volksmeinung der Griechen, 1937, S. 28, ein.

S. 320: Friedrich Schillers »Wilhelm Tell« ist in ders., Werke in drei Bänden, hrsg. v. G. Göpfert, Bd. III, 1981, S. 553, abgedruckt.

S. 320: Der wohl 1599 entstandene »Julius Caesar« von William Shakespeare findet sich in der zweisprachigen Gesamtausgabe, Bd. 25, übersetzt von Frank Günther, 2005.

S. 320: Amt und Autorität des Papstes sowie die Möglichkeit des Amtsverzichts stellt Barbara Ries, Amt und Vollmacht des Papstes, 2003, S. 142 f., 218 f., dar.

S. 321: Die Absetzung und Neuwahl von Königen im Mittelalter erläutert Ernst Schubert, Königsabsetzung im Mittelalter. Eine Studie zum Werden der Reichsverfassung, 2005, der den Königsmord insbesondere auf S. 550 behandelt.

S. 321: Die Krankheit Ludwigs II. von Bayern untersucht Heinz Häfner, Ein unzurechnungsfähiger (?) König an einem Wendepunkt deutscher Geschichte – Ludwig II. von Bayern, in: Jahrbuch der Heidelberger Akademie der Wissenschaften 2004, 2005, S. 37.

S. 323: Bärbel Boley wird der Satz zugeschrieben »Wir wollten Gerechtigkeit, aber wir bekamen den Rechtsstaat.«

S. 323: Der Kammerbeschluss des Bundesverfassungsgerichts zur Währungsumstellung vom 26.2.1991 – 1 BvR 172/91 findet sich in Deutsch-Deutsche Rechtszeitschrift 1991, 190.

S. 324: Die Fundstelle für die Entscheidung des Bundesverfassungsgerichts zum Einigungsvertrag ist BVerfGE 82, 316 – Einigungsvertrag –.

S. 325: Über die Verfassungsmäßigkeit der Aufrechterhaltung der Sperrklausel gemäß § 6 BWahlG für die erste gesamtdeutsche Wahl entschied das Bundesverfassungsgericht in BVerfGE 82, 322 – Gesamtdeutsche Wahl –.

S. 326: Das »Mauerschützenurteil« findet sich in BVerfGE 95, 96. Der Fall bezüglich des in der Spree schwimmenden Opfers findet sich ab S. 118 ff. Es handelt sich um ein verbundenes Verfahren.

S. 327: Zur Frage der Strafbarkeit und Verfolgbarkeit früherer Mitarbeiter und Agenten des Ministeriums für Staatssicherheit und des militärischen Nachrichtendienstes der DDR nach der Vereinigung Deutschlands: BVerfGE 92, 277 – DDR-Spionage –.

S. 328: Mit der Verfassungsmäßigkeit arbeitsrechtlicher Regelungen, die im Zuge der Auflösung und Abwicklung öffentlicher Einrichtungen der DDR getroffen worden waren, setzt sich das BVerfG in den Entscheidungen BVerfGE 84, 133 (145 ff.) – Warteschleifenregelung – und E 85, 360 (371 ff.) – Akademieauflösung – auseinander.

S. 328: Die Grundsatzentscheidung des BVerfG zu den Folgefragen der Bodenreform bildet BVerfGE 84, 90 – Bodenreform I – (dort insbesondere zu den Anforderungen des Gleichheitssatzes an Ausgleichsregelungen, S. 128 ff.); das BVerfG hat seine Position in BVerf-

GE 94, 12 – Bodenreform II – bestätigt; vgl. auch BVerfGE 102, 254 – Bodenreform III –, E 112, 1 – Bodenreform IV – sowie EGMR, Große Kammer, Entsch. v. 02.03.2005 – 71916/01 u. a., NJW 2005, 2530 (von Maltzan u. a./Deutschland); EGMR, Große Kammer, Urt. v. 30.06.2005 – 46720/99 u. a. (Jahn u. a./Deutschland), NJW 2005, 2907. S. 329: Wie auch das BVerfG wiederholt bekräftigt hat (vgl. BVerfGE; 45, 142 (167) – Kaufpreisanspruch –; 97, 67 (78) – Schiffbauverträge –; 105, 48 (57) – Entscheidungserheblichkeit –), stellt die Verlässlichkeit der Rechtsordnung eine Grundbedingung für die Geltung des Rechts dar. S. 330: Anforderungen an die Zulässigkeit rückwirkender Gesetze aus dem Rechtsstaatsprinzip hat das BVerfG in E 13, 261 (270 ff.) – Rückwirkende Steuergesetzgebung –; E 72, 200 (240 ff.) – Doppelbesteuerungsabkommen –; E 97, 67 (77 ff.) – Schiffbauverträge –; E 105, 17 (30 ff.) – Sozialpfandbriefe – entwickelt. S. 330: Die Entscheidung des BVerfG zu den Schiffbausubventionen steht in BVerfGE 97, 67. S. 331: Der Beschluss des BVerfG zu den Sozialpfandbriefen (BVerfGE 105, 17) hat den Grundrechtseingriff des Gesetzgebers vornehmlich an den Verfassungsgewährleistungen der Verhältnismäßigkeit (S. 32 ff.) und des Vertrauensschutzes (S. 36 ff.) gemessen. S. 333: Die Verfassung ist das Gedächtnis einer Demokratie; hierzu eingehend Paul Kirchhof, Die Identität der Verfassung, in: J. Isensee/ders. (Hrsg.), Handbuch des Staatsrechts der Bundesrepublik Deutschland, Bd. II, 3. Aufl. 2004, § 21 Rn. 1 ff.; ders., Das Grundgesetz als Gedächtnis der Demokratie – Die Kontinuität des Grundgesetzes im Prozess der Wiedervereinigung und der europäischen Integration, in: M. Heckel (Hrsg.), Die innere Einheit Deutschlands inmitten der europäischen Einigung, Tübinger rechtswissenschaftliche Abhandlungen, Bd. 82, 1996, S. 35.